Narrative Freiheit

Arbeiten zur Praktischen Theologie (APrTh)

Herausgegeben von
Alexander Deeg, Wilfried Engemann, Christian Grethlein,
Jan Hermelink und Marcell Saß

Band 59

Verena Schlarb

Narrative Freiheit

Theologische Perspektiven zur Seelsorge mit alten Menschen in Pflegeheimen

EVANGELISCHE VERLAGSANSTALT
Leipzig

Verena Schlarb, Dr. theol., Jahrgang 1980, studierte evangelische Theologie in Heidelberg, Rom und Bonn. Derzeit ist sie Vikarin der Evangelischen Landeskirche in Baden. Von 2009 bis 2013 arbeitete sie am Lehrstuhl für Seelsorge der Universität Heidelberg und war parallel praktisch in der Seelsorge tätig. Die Autorin wurde mit dieser Arbeit im Jahr 2013 von der Theologischen Fakultät der Universität Heidelberg promoviert.

Bibliographische Information der Deutschen Nationalbibliothek
Die Deutsche Nationalbibliothek verzeichnet diese Publikation in der Deutschen Nationalbibliographie; detaillierte bibliographische Daten sind im Internet über http://dnb.dnb.de abrufbar.

Printed in Germany · H 7872

Das Buch wurde auf alterungsbeständigem Papier gedruckt.

Cover: Jochen Busch, Leipzig
Satz: Zacharias Bähring, Leipzig
Druck und Binden: Hubert & Co., Göttingen

ISBN 978-3-374-04060-5
www.eva-leipzig.de

Meinen Großeltern

Vorwort

Die vorliegende Arbeit wurde im Sommersemerster 2013 von der Theologischen Fakultät der Ruprecht-Karls-Universität Heidelberg als Dissertation angenommen. Für die Veröffentlichung wurde sie geringfügig überarbeitet.

Der Weg zur Promotion war für mich ein Abenteuer. Das gute Ende dieses Projekts verdanke ich nicht zuletzt den Menschen, die mit mir unterwegs waren:

Meinem Doktorvater, Prof. Dr. Wolfgang Drechsel: Er hat mein Interesse an Themen der Seelsorge mit alten Menschen geweckt und die Arbeit konstruktiv und wohlwollend begleitet. Danke für die stete Unterstützung in Rat und Tat sowie für die Erstellung des Erstgutachtens!

Prof. Dr. Helmut Schwier: Er hat das Zweitgutachten verfasst. Herzlichen Dank!

Prof. Dr. Markus Mühling: Er hat die Arbeit mit viel Zeit und Engagement aus systematisch-theologischer Sicht betreut.

Den alten Menschen, an deren Leben ich teilhaben durfte: Sie haben mich reich beschenkt, mir neue Sichtweisen eröffnet und kritischen Anstoß zum Denken gegeben.

Angelika Ruf: Sie hat mit Freude und Geduld das mühevolle Korrekturlesen übernommen.

Christine Lungershausen: Sie hat mitgedacht und kritisch gegengelesen, wie auch Annette Denneler, Dr. des. Elisabeth Gebhardt und Kathrin Hager.

Den Mitarbeiterinnen und Mitarbeitern des Seelsorgezentrums der badischen Landeskirche: Sie haben mir konstruktive Rückmeldungen gegeben und Evelyn Drechsel hat meine ersten praktischen Schritte in der Seelsorge engagiert begleitet.

Prof. Dr. Jochen Schmidt: Er war Gesprächspartner auf einer frühen Etappe.

Meinem KSA-Kurs: Von und mit ihnen habe ich viel in der Seelsorge gelernt.

Meinen Freundinnen und Freunden: Sie waren auf jeder Wegstrecke mit dabei, mal fröhlich plaudernd, mal kritisch anfragend, oft ermutigend, manchmal tragend oder auch ertragend. Ohne sie wäre ich diesen Weg nicht gegangen.

Last, but noch least – meiner Familie: Sie hat mich ziehen lassen, mich vermisst und von Herzen unterstützt.

Ihnen und Euch allen den herzlichsten Dank!

Mein Dank gilt weiterhin der Evangelischen Landeskirche in Baden mit dem Zentrum für Seelsorge: Ihr großzügiges Stipendium hat es mir ermöglicht, mich auf die Dissertation zu konzentrieren. Danke auch der Theologischen Fakultät der Universität Heidelberg für die Abschlussfinanzierung durch das Gerhard-von-Rad-Stipendium.

Der VELKD und der Evangelischen Landeskirche in Baden danke ich für großzügigen Druckkostenzuschüsse.

Besten Dank den Herausgebern der Arbeiten zur Praktischen Theologie für die Aufnahme in ihre Reihe sowie den Mitarbeitern der Evangelischen Verlagsanstalt für die Betreuung der Drucklegung.

Karlsruhe, Erntedank 2014

Inhaltsverzeichnis

Einleitung ... 15

1. Relevanz des Themas ... 15
2. Zielsetzung ... 16
3. Forschungsüberblick ... 17
3.1 Vom Schweigen der Hirten ... 17
3.2 ... zu deren Erwachen: Zum Forschungsstand in Poimenik und Praktischer Theologie ... 18
3.3 Interdisziplinarität ... 23
4. Fragestellung ... 24
5. Vorgehen ... 24
6. Methodische Anmerkungen ... 25

Kapitel I: Möglichkeiten und Grenzen von Selbständigkeit und Selbstbestimmung alter Menschen in Pflegeheimen ... 27

1. Einleitung ... 27
2. Selbständigkeit und Selbstbestimmung – begriffliche Klärungen ... 28
2.1 Selbständigkeit ... 28
2.2 Selbstbestimmung ... 28
2.2.1 Selbstbestimmung statt Autonomie ... 28
2.2.2 Begriffsklärung ... 31
3. Zur Lebenssituation alter Menschen in Pflegeheimen ... 31
3.1 Vorbemerkungen ... 31
3.2 Pflegebedürftigkeit ... 32
3.3 Zur Situation in der stationären Pflege ... 34
3.3.1 Bewohnerinnen und Bewohner ... 34
3.3.2 Gesundheitszustand und Wohlbefinden ... 35
3.3.2.1 Somatische Krankheiten ... 35
3.3.2.2 Psychische Krankheiten ... 36
3.3.2.3 Paradox des subjektiven Wohlbefindens ... 38
3.3.3 Heimübersiedlung ... 38
3.3.4 Wohnsituation ... 41
3.3.5 Möglichkeiten und Einschränkungen ... 41
3.3.5.1 Alltägliche Verrichtungen und Gestaltungsspielräume ... 41
3.3.5.2 Freizeitaktivitäten ... 43
3.3.5.3 Personalsituation und freiheitsentziehende Maßnahmen ... 43
3.4 Auswertung ... 45

4. Herausforderungen von Seelsorge mit alten Menschen in Pflegeheimen ... 47
4.1 Eigene Ängste und Abwertungen ... 48
4.2 Fremdheit ... 49
4.3 Grenzen des Lebens ... 49
4.4 Abhängigkeiten ... 50
5. Zwischenüberlegungen: Freiheit und Erzählen ... 51

Kapitel 2: Narrative Freiheit? Zur Freiheit im lebensgeschichtlichen Erzählen ... 53

1. Einleitung ... 53
2. Wolfgang Drechsel ... 56
2.1 Einleitung ... 56
2.2 Darstellung ... 56
2.2.1 Der Erzählprozess ... 56
2.2.2 Identitätsbildung ... 58
2.2.3 Freiheit im lebensgeschichtlichen Erzählen ... 60
2.2.4 Theologische Deutung lebensgeschichtlichen Erzählens ... 62
2.2.5 Seelsorgeverständnis ... 63
2.3 Kritik ... 64
2.3.1 Kritische Anfragen ... 64
2.3.2 Implikationen für die Seelsorge mit alten Menschen in Pflegeheimen ... 67
2.3.3 Resümee: Freiheit im lebensgeschichtlichen Erzählen? ... 68
3. Alasdair MacIntyre ... 69
3.1 Einleitung ... 69
3.2 Darstellung ... 69
3.2.1 Krise der Ethik ... 69
3.2.2 Tugendethik und narrative Einheit des Lebens ... 70
3.2.3 Narrative Grundstruktur des Lebens ... 71
3.2.4 Narratives Selbst und narrative Suche nach dem Guten ... 73
3.2.5 Gemeinschaften, Tradition und Identität ... 74
3.2.6 Funktionen von Erzählungen ... 76
3.3 Kritik ... 77
3.3.1 Kritische Anfragen ... 77
3.3.2 Implikationen für die Seelsorge mit alten Menschen in Pflegeheimen ... 80
3.3.3 Resümee: Freiheit im lebensgeschichtlichen Erzählen? ... 82
4. Stanley Hauerwas ... 83
4.1 Einleitung ... 83
4.2 Darstellung ... 84
4.2.1 Kirche – »a truthful polity« ... 85

4.2.2 Erzählungen und Charakter ... 86
4.2.3 Das Leben als Abenteuer ... 88
4.2.4 Freiheit und Autonomie ... 90
4.2.5 Funktionen von Erzählungen ... 93
4.3 Kritik ... 94
4.3.1 Kritische Anfragen ... 94
4.3.2 Implikationen für die Seelsorge mit alten Menschen in Pflegeheimen ... 96
4.3.3 Resümee: Freiheit im lebensgeschichtlichen Erzählen? ... 99
5. Robert W. Jenson ... 100
5.1 Einleitung ... 100
5.2 Darstellung ... 100
5.2.1 Gottesfrage als Folge menschlicher Zeitlichkeit ... 101
5.2.2 Der trinitarische Gott als die Einheit der Zeit ... 101
5.2.3 Trinitarische Beziehungen ... 103
5.2.4 Gott als Ereignis ... 105
5.2.5 Gott als Person ... 105
5.2.6 Gott als Geist ... 107
5.2.7 Gott als Diskurs ... 107
5.3 Kritik ... 109
5.3.1 Kritische Anfragen ... 109
5.3.2 Implikationen für die Seelsorge mit alten Menschen in Pflegeheimen ... 111
5.3.3 Resümee: Freiheit im lebensgeschichtlichen Erzählen? ... 115
6. Paul Ricoeur ... 116
6.1 Einleitung ... 116
6.2 Darstellung ... 116
6.2.1 Aporien der Zeit ... 116
6.2.2 Mythos und Mimesis ... 118
6.2.3 Dissonante Konsonanz und Synthesis des Heterogenen ... 119
6.2.4 Rekonfiguration der Zeit ... 120
6.2.5 Einheit der Zeit ... 121
6.2.6 Narrative Identität ... 122
6.3 Kritik ... 123
6.3.1 Kritische Anfragen ... 123
6.3.2 Implikationen für die Seelsorge mit alten Menschen in Pflegeheimen ... 124
6.3.3 Resümee: Freiheit im lebensgeschichtlichen Erzählen? ... 127
7. Christiane Tietz ... 128
7.1 Einleitung ... 128
7.2 Darstellung ... 129
7.2.1 Grundlinien ... 129
7.2.2 Rechtfertigung ... 130
7.2.3 Selbstannahme ... 131

7.2.3.1 Implizite Selbstannahme ... 131
7.2.3.2 Explizite Selbstannahme ... 132
7.2.4 Christliche Liebe versus Selbstliebe ... 135
7.3 Kritik ... 136
7.3.1 Kritische Anfragen ... 136
7.3.2 Implikationen für die Seelsorge mit alten Menschen in Pflegeheimen ... 137
7.3.3 Resümee: Freiheit im lebensgeschichtlichen Erzählen? ... 141
8. Martin Seel ... 142
8.1 Einleitung ... 142
8.2 Darstellung ... 143
8.2.1 Den Kurs des eigenen Handelns bestimmen ... 143
8.2.2 Selbstbestimmung als Antworten: bestimmen und sich bestimmen lassen ... 143
8.2.3 Glück und weltoffene Selbstbestimmung als Selbstzweck ... 145
8.3 Kritik ... 146
8.3.1 Kritische Anfragen ... 146
8.3.2 Implikationen für die Seelsorge mit alten Menschen in Pflegeheimen ... 149
8.3.3 Resümee: Freiheit im lebensgeschichtlichen Erzählen? ... 151
9. Dieter Thomä ... 152
9.1 Einleitung ... 152
9.2 Darstellung ... 153
9.2.1 Selbstbestimmung als Selbstverantwortung? ... 153
9.2.2 Kritik an einer diachronen Perspektive ... 154
9.2.3 Selbstbestimmung als Leben nach einem Plan? ... 154
9.2.4 Selbstbestimmung und Selbstliebe ... 155
9.2.5 Funktionen lebensgeschichtlichen Erzählens ... 156
9.3 Kritik ... 158
9.3.1 Kritische Anfragen und Würdigung ... 158
9.3.2 Implikationen für die Seelsorge mit alten Menschen in Pflegeheimen ... 158
9.3.3 Resümee: Freiheit im lebensgeschichtlichen Erzählen? ... 160
10. Fazit: Narrative Freiheit ... 161
10.1 Abgrenzungen ... 161
10.2 Drei Ebenen des Freiheitsbegriffs ... 162
10.3 Identität ... 163
10.3.1 Zum Begriff personaler Identität ... 164
10.3.1.1 Selbstheit und Selbigkeit ... 164
10.3.1.2 Gegenwärtige und eschatische Identität ... 164
10.3.1.3 Gegenwärtige Identität: faktisches Selbst – basales und narratives Selbst ... 168
10.3.2 Zur Bildung personaler Identität ... 170

10.3.3 Aspekte von Freiheit im Zusammenhang der Identitätsbildung ... 173
10.4 Personalität ... 175
10.5 Narrative Freiheit als christliche Lebensdeutung ... 177
10.5.1 Gott als Gespräch ... 177
10.5.2 Gott als Ereignis und Klammer um die Zeit ... 178
10.5.3 Das Leben als Abenteuer ... 179
10.6 Narrative Freiheit als differenzierte Selbstannahme ... 181
10.6.1 Differenzierte Selbstannahme ... 182
10.6.2 Differenzierte Selbstannahme und Erzählen ... 184
10.7 Narrative Freiheit als Selbstbestimmung ... 185
10.7.1 Begriffliche Unterscheidungen ... 185
10.7.1.1 Situative Selbstbestimmung ... 185
10.7.1.2 Erleben von Selbstbestimmung ... 188
10.7.1.3 Lebensgeschichtliche Selbstbestimmung ... 189
10.7.2 Selbstbestimmung theologisch ... 191
10.7.3 Selbstbestimmung und Erzählen ... 192
10.8 Zusammenfassung ... 194

Kapitel 3: Narrative Freiheit und Seelsorge mit alten Menschen in Pflegeheimen ... 197

1. Einleitung ... 197
2. Was macht Seelsorge mit alten Menschen in Pflegeheimen aus? ... 197
2.1 Situation und Herausforderungen von Seelsorge mit alten Menschen in Pflegeheimen ... 197
2.2 Aspekte eines Verständnisses von Seelsorge mit alten Menschen in Pflegeheimen ... 200
2.3 Formen und Dimensionen von Seelsorge mit alten Menschen in Pflegeheimen ... 203
3. Aufgaben von Seelsorge mit alten Menschen in Pflegeheimen ... 205
3.1 Seelsorgerinnen und Seelsorger als Gesprächspartner 205
3.1.1 ... für Alltägliches ... 205
3.1.2 ... für Lebensgeschichtliches ... 206
3.1.3 ... in Krisensituationen und beim Heimeinzug ... 209
3.1.3.1 Krisen, kritische Lebensereignisse und Formen der Bewältigung ... 209
3.1.3.2 Impulse für die Seelsorge ... 211
3.1.4 ... mit christlichem Deutungsangebot ... 213
3.1.4.1 Im Gespräch ... 213
3.1.4.2 Im liturgischen und rituellen Handeln ... 214
3.2 Begleitung von Menschen mit Demenz ... 216
3.2.1 Herausforderungen ... 216

3.2.2 Impulse für die Seelsorge 217
3.2.2.1 Verbal-kognitive Aspekte 218
3.2.2.2 Ganzheitlich-leibliche Aspekte 219
3.2.2.3 Relational-soziale Aspekte 220
3.2.2.4 Lebens- und zeitgeschichtliches Wissen 221
3.2.2.5 Der Personalität entsprechen – zum Erleben von Identität beitragen 222
3.3 Förderung von Freiheit als Selbstbestimmung und Selbstannahme 224
3.3.1 Förderung von Selbstbestimmung 225
3.3.1.1 Einleitung 225
3.3.1.2 Fürsorge und Selbstbestimmung? 225
3.3.1.3 Seelsorge und die Förderung von Selbstbestimmung 227
3.3.1.4 Seelsorge und die Grenzen von Selbstbestimmung 233
a) Selbstbestimmung und das ungelebte Leben 233
b) Selbstbestimmung und Scham 235
3.3.2 Förderung von Selbstannahme 238
3.3.2.1 Annahme der Person als von Gott angenommen 239
3.3.2.2 Differenzierte Annahme des faktischen Selbst des Anderen 240
3.4 Begleitung von Sterbenden 243
4. Haltungen für die Seelsorge mit alten Menschen in Pflegeheimen 246
4.1 Einleitung 246
4.2 Gott im Gespräch 247
4.3 Im Licht der Rechtfertigung sola gratia 250
4.4 Nächstenliebe und Professionalität 252
4.5 Zukunftsoffenheit und Hoffnung 254
4.6 Begleitung und Unterstützung im Abenteuer 257
4.7 Zur Freiheit befreit 260

SCHLUSS 263

1. Ertrag 263
1.1 Narrative Freiheit 263
1.2 ... in einer Deutung des Lebens als Abenteuer 263
2. Ausblick 264

Literatur 267

Einleitung

1. Relevanz des Themas

Allenthalben ist vom Altern und vom gesellschaftlichen Wandel die Rede. Es wandelt sich die Altersstruktur unserer Gesellschaft und es wandeln sich unsere gesellschaftlichen Bilder vom Altern. Die demographischen Zahlen stehen für die quantitative Dimension dieser Veränderungen, die vielfältigen Bezeichnungen für Menschen im dritten Lebensalter (»neue Alte«, »junge Alte«, »Best Ager« etc.)[1] für deren qualitative Dimension.[2]

Nur eines scheint kaum im Wandel begriffen: die allgemein verbreitete Angst vor möglicher Pflegebedürftigkeit, die nicht zuletzt in regelmäßig wiederkehrenden Schreckensszenarien über die Situation in der stationären Pflege ihren verdichteten Ausdruck findet.[3]

> »The images of long-term care are images of frailty and despair, loneliness and destitution, and above all a profound sense of loss, a loss not only of things, but of who and what we are. These attitudes undoubtedly reflect society's perceptions of [...] nursing homes.«[4]

So wird das Leben in Pflegeheimen aus einer an »Autonomie«[5] orientierten Sichtweise[6] im Zeichen von Verlust und Verzicht wahrgenommen und beschrieben. Erving Goffmans bereits in den 60er-Jahren veröffentlichte und bis heute diskutierte These vom Altenheim als totaler Institution,[7] deren Bewohnerinnen und Bewohner gezwungen seien, Selbständigkeit, Individualität und Privatheit aufzugeben, verleiht weitverbreiteten Befürchtungen Ausdruck.

Ausgelöst durch den Verlust von Selbständigkeit scheinen »Autonomie« bzw. Selbstbestimmung bedroht und Freiheit kaum mehr möglich. Häufig

---

[1] Vgl. Klie, Grauen, 178.

[2] Vgl. Mulia, Altenbildung, 15.

[3] Vgl. exemplarisch Fussek/Loerzer, Alt und abgeschoben.

[4] Agich, Dependence, 2.

[5] Der Autonomiebegriff ist in diesem Zusammenhang kritisch zu sehen, weshalb er bis zu einer Klärung der Terminologie in Anführungszeichen gesetzt wird; zum Gebrauch der Begriffe »Autonomie« und »Selbstbestimmung« s. Kapitel 1, 2.2.

[6] Den hohen Stellenwert von »Autonomie« für die ältere Generation belegen jüngst die Ergebnisse der »Generali Altersstudie 2013«, denen zufolge »Autonomie« das Leitmotiv der 65- bis 85-Jährigen darstellt (vgl. Köcher/Bruttel, Generali Altersstudie, 251); vgl. auch die Ergebnisse von Charbonnier, Religion im Alter, 444f.

[7] Vgl. Goffman, Asyle, 16f.

kommt es in der Wahrnehmung zu einer doppelten Reduktion: Freiheit wird auf »Autonomie« reduziert und diese wiederum vorwiegend im Zusammenhang weitreichender medizinethischer Entscheidungen hinsichtlich des Lebensendes gesehen (z. B. Sterbehilfe).[8] Das alltägliche Leben alter Menschen in Pflegeheimen mit seinen Begrenztheiten und Spielräumen, seinen »Freiheiten von« *und* »Freiheiten zu« gerät darüber nur allzu leicht aus dem Blick.

Vor dem Hintergrund dieser kritischen gesellschaftlichen Außenwahrnehmungen und der Situation in den Einrichtungen selbst vollzieht sich Seelsorge an einem spannungsvollen Ort. Sie geschieht an einem Lebensort, an den kaum jemand aus freien Stücken ziehen möchte; an einem Arbeitsplatz, an dem hohes persönliches Engagement, höchste professionelle Anforderungen, notorischer Mangel an Fachpersonal und niedrige Bezahlung aufeinandertreffen; an einem Ort, der für viele Menschen Zukunft ist und der doch nicht für »die Zukunft« steht; an einem Ort schließlich, der auf Defizite reduziert wahrgenommen wird und an dem doch vielen Menschen geholfen wird, mit ihren Einschränkungen zu leben.

Seelsorgerinnen und Seelsorger, die mit alten Menschen in Pflegeheimen arbeiten, kommen nicht umhin, sich zu diesen und vielen weiteren Spannungen zu verhalten. Wer sich in solch ambivalenten Feldern bewegt und letztlich auch positionieren muss, tut gut daran, bewusst mit den eigenen Bildern, Auffassungen und Vorstellungen umzugehen.

2. Zielsetzung

Vor diesem Hintergrund ist es das Ziel der vorliegenden Arbeit, zu einer poimenischen »Selbst-Verständigung« über Seelsorge mit alten Menschen in Pflegeheimen beizutragen. Es geht um eine theoretische Reflexion von Seelsorge, die von der Praxis ausgehend auf die Praxis hin nach theologischen Perspektiven fragt. Diese spezifisch theologische Zugangsweise erscheint angemessen, weil Seelsorge sich im Horizont des christlichen Glaubens vollzieht. Dadurch stehen andere anthropologische Sichtweisen im Hintergrund der Seelsorge, als sie mit rein gerontologischen oder philosophischen Zugangsweisen zu alten Menschen gegeben sind: Es geht in der Seelsorge um den Menschen vor Gott. Deshalb kommt die Poimenik nicht umhin, ihre Menschen- und Altersbilder theologisch zu reflektieren.

Im vierten Abschnitt der Einleitung wird die spezifische Fragestellung, anhand derer dieses Ziel verfolgt wird, näher ausgeführt. Zuvor wird der Blick jedoch geweitet und die Situation der deutschsprachigen poimenischen Diskussion zur Seelsorge mit alten Menschen im Zusammenhang der Praktischen Theologie skizziert.

---

8 Zu Letzterem vgl. RÜEGGER, Selbstbestimmung, 535f.

3. Forschungsüberblick

Das Ziel dieses Abschnittes ist es, die vorliegende Arbeit im Horizont des poimenischen und praktisch-theologischen Diskurses zu verorten. Dazu wird ein Überblick über neuere Veröffentlichungen zum Thema gegeben.[9]

3.1 Vom Schweigen der Hirten ...

2005 fasste Wolfgang Drechsel seine Analysen zum Stand der poimenischen Forschung im Bereich der Seelsorge mit alten Menschen pointiert in einem Aufsatztitel zusammen: »Das Schweigen der Hirten? Altenseelsorge als (kein) Thema poimenischer Theoriebildung«[10]. Gründe für dieses Schweigen sah er in wesentlichem Zusammenhang mit der Dominanz der Seelsorgebewegung in der Seelsorgetheorie seit den späten 60er- bis 70er-Jahren. Diese sei mit spezifischen Normativitäten einhergegangen, durch die die Seelsorge mit alten Menschen gleichsam zum blinden Fleck der Seelsorgetheorie – so lässt sich wohl im Sinne Drechsels formulieren – geworden sei:[11]

> Neben (1.) der »Abgrenzung von den Vätern« (exemplarisch in Eduard Thurneysen), die zugleich »die Alten« repräsentierten, sieht Drechsel diese Normativitäten 2. im emanzipatorischen Anliegen der Seelsorgebewegung und ihrem Interesse an Entwicklung und Wachstum, 3. in der Orientierung von Seelsorge an Problemlösung und Integration, 4. in ihrem Bemühen um Heilung im Zuge therapeutischer Orientierung. Weitere bedeutsame Normativitäten verortet er 5. im Gespräch als maßgeblichem Paradigma von Seelsorge sowie 6. in der Ausrichtung am autonomen Subjekt bzw. 7. am »schwachen Subjekt« der Postmoderne, das gleichermaßen eines hohen Maßes an Ressourcen bedürfe.[12]

Zu all diesen Grundzügen und normativen Ansprüchen verhält sich das hohe Alter sperrig; spätestens, wenn angesichts von Pflegebedürftigkeit oder Demenz Entwicklungsmöglichkeiten, Heilungsaussichten, Sprachfähigkeit, »Autonomie« und die Verfügbarkeit von Ressourcen an ihre Grenzen kommen.

Das Schweigen der Hirten von den alten Menschen scheint vor diesem Hintergrund weniger mit dem Thema als vielmehr mit einem dominanten Paradigma der Seelsorgetheorie zusammenzuhängen, das in Kombination mit defizitorientierten Altersbildern zu einem beredten Schweigen geführt hat. Eine Seelsorgetheorie, die der Lebenssituation von Pflegeheimbewohnerinnen und -bewohnern

---

9 Für einen Überblick über ältere Veröffentlichungen sei auf vorliegende Forschungsüberblicke verwiesen: vgl. Drechsel, Schweigen, 46f.; Fröchtling, Menschen mit Demenz, 217–220.

10 Drechsel, Schweigen, 45.

11 Vgl. Drechsel, Schweigen, 47–49.

12 Vgl. Drechsel, Schweigen, 49–57.

gerecht werden will, muss folglich andere Schwerpunkte setzen und andere Ziele verfolgen, als es im Zuge der Seelsorgebewegung lange Zeit der Fall war.

3.2 ... zu deren Erwachen: Zum Forschungsstand in Poimenik und Praktischer Theologie

Tatsächlich hat sich in den letzten zehn Jahren viel getan: 2008 schrieb Fröchtling, die Seelsorge mit alten Menschen entwickele sich von einem weißen Fleck hin zu einem Grenzgebiet der Poimenik.[13] Diese Tendenz lässt sich im Blick auf die letzten fünf Jahre bestätigen: Das Interesse am Alter(n) ist nun auch in der evangelischen Seelsorgelehre angekommen.[14] Dabei kann davon ausgegangen werden, dass diese Entwicklung vom steigenden gesamtgesellschaftlichen Interesse am Thema[15] beeinflusst ist.

So ist ein deutlicher Anstieg der Zahl an Veröffentlichungen zu Themen des Alter(n)s in der Praktischen Theologie allgemein wie in der Seelsorge im Speziellen zu verzeichnen.[16] Dabei vollzieht sich die theoretische Reflexion in diesem Bereich zur Zeit überwiegend in Form von *Aufsätzen*.[17] Zu nennen sind in diesem Zusammenhang *erstens* mehrere einschlägige Sammelbände, die zumeist interdisziplinär ausgerichtet sind.[18] *Zweitens* sind zuletzt immer wieder

13 Vgl. FRÖCHTLING, Menschen mit Demenz, 220.

14 Die Diakoniewissenschaften sowie die katholische Altenpastoral haben sich des Themas früher angenommen, vgl. DRECHSEL, Schweigen, 46, Anm. 6. Exemplarisch sei auf die Dissertation des Psychologen und katholischen Theologen Ulrich Moser aus dem Jahr 2000 verwiesen (MOSER, Identität), die bis heute als Standardwerk der Seelsorge mit alten Menschen bzw. der Seelsorge in Altenheimen angesehen werden kann. Einen besonderen Wert erhält diese Arbeit für die Seelsorge dadurch, dass sie fachkundig und strukturiert gerontologische Theorien auf die Seelsorge in Altenheimen bezieht und dadurch – wenn auch in die Jahre gekommen – wichtige Grundlagen und »Handwerkszeug« bereitstellt. An neueren katholischen Veröffentlichungen sei insbesondere auf die Dissertation von Anne Schütte (2006) hingewiesen, die mit starkem institutionellem Fokus arbeitet (SCHÜTTE, Würde), sowie auf das Handbuch christliche Altenarbeit »Altern in Freiheit und Würde«, das Martina Blasberg-Kuhnke und Andreas Wittrahm 2007 herausgegeben haben (BLASBERG-KUHNKE/WITTRAHM (Hg.), Altern).

15 »Das Thema Altern hat Konjunktur.« (STEINMEIER, Editorial, 421); vgl. auch CHARBONNIER, Religion im Alter, 93.

16 Vgl. auch den Forschungsüberblick zum Thema Alter(n) in der Praktischen Theologie mit einem eigenen Abschnitt zur Altenseelsorge bei CHARBONNIER, Religion im Alter, 177–198.

17 Vgl. aber z. B. SPRAKTIES, Sinnorientierte Altenseelsorge. Auf Bücher, die vorrangig Leitfäden für die Seelsorgepraxis darstellen, ohne im eigentlichen Sinne theologisch-theoretische Reflexion dieser Praxis zu bieten, wird im Folgenden nicht eingegangen. Für die Seelsorge in stationären Einrichtungen sei exemplarisch verwiesen auf BROMKAMP (Hg.), Praxisbuch; MUNTANJOHL, Alter.

18 Der erste in diesem Zusammenhang wichtige Sammelband wurde von Susanne Kobler-von Komorowski und Heinz Schmidt 2005 in erster Auflage herausgegeben (KOBLER-VON KOMOROWSKI/SCHMIDT (Hg.), Seelsorge im Alter). Hierin kommen Themen

Themenhefte in für die Poimenik bedeutsamen Zeitschriften[19] erschienen sowie *drittens* einzelne Zeitschriften-Artikel. Dabei kommt der Seelsorge mit demenzkranken Menschen ein wachsender Stellenwert zu.[20]

Monographien zum Thema Alter(n) finden sich im Bereich der deutschsprachigen Praktischen Theologie allgemein sowie in der Seelsorgelehre im Speziellen deutlich weniger. Exemplarisch wird im Folgenden auf drei der umfassendsten neueren Monographien im Bereich der Praktischen Theologie eingegangen – allesamt Qualifikationsschriften:[21]

---

der Seelsorge mit alten Menschen und nicht zuletzt mit Menschen in stationären Einrichtungen aus vielfältigen Perspektiven in den Blick. 2007 erschien der Sammelband von Ralph Kunz (Hg.), Religiöse Begleitung im Alter, in dem die Thematik mit einem Schwerpunkt auf religionsgerontologischen Perspektiven betrachtet wird. Als Beitrag zu einer »Lebenskunst des Alterns« verstehen die Herausgeber Thomas Klie, Martina Kumlehn und Ralph Kunz ihre 2009 veröffentlichte »Praktische Theologie des Alterns« (Klie/Kumlehn/Kunz (Hg.), Praktische Theologie), in der neben gerontologischen Beiträgen und einem systematisch-theologischen Beitrag Positionen aus den verschiedenen Disziplinen der Praktischen Theologie versammelt sind, von denen viele für die Seelsorge relevant sind. Im selben Jahr gaben Kumlehn und Klie einen weiteren Sammelband heraus (Kumlehn/Klie [Hg.], Aging), der neben praktisch-theologischen Positionen auch systematisch-theologische und neutestamentliche Beiträge beinhaltet.

19 Exemplarisch sei auf drei Ausgaben der Zeitschrift »Wege zum Menschen« verwiesen, »die seit Mitte des letzten Jahrhunderts zur wichtigsten wissenschaftlichen Plattform der Poimenik geworden ist« (Morgenthaler, Seelsorge, 381): WzM 59,5 (2007); WzM 62,5 (2010) sowie WzM 64,2 (2012). Die Themenhefte in den Zeitschriften »Praktische Theologie« (Heft 41,4 [2006] mit dem Titel »Alter als Chance – ein Perspektivenwechsel!«) und »Pastoraltheologie« (PTh 98,9 [2009]) legten ihren Schwerpunkt vor allem auf Themen im Zusammenhang des dritten Lebensalters.

20 Hier sei exemplarisch der spannende Austausch zwischen Manfred Josuttis und Detlef Spitzbart im Deutschen Pfarrerblatt genannt (vgl. Josuttis, Dasein ohne Bewusstsein, Spitzbart, Gefühl; Josuttis, Bewusstsein ohne Dasein); vgl. als weitere Beispiele Aus der Au, Leiblichkeit; Depping, Demenz; Keetmann/Bejick, Menschen; Kiessling, Vergessen; Pfaff, Gegenwärtigkeit; Roser, Demenzerkrankung; vgl. auch die Beiträge im Text der EKD: Kirchenamt der Evangelischen Kirche in Deutschland (Hg.), Leben mit Demenz. Für umfassende deutsch- und englischsprachige Literaturangaben zum Thema Demenz bis 2008 vgl. Fröchtling, Menschen mit Demenz, 478–523; für einen aktuelleren Stand deutschsprachiger Veröffentlichungen im Bereich der Praktischen Theologie vgl. Roy, Demenz, 9–12.

21 Über diesen Überblick hinaus ist auf drei Dissertationen hinzuweisen, die aufgrund ihres Erscheinungsdatums nicht mehr ausführlich in den Forschungsüberblick aufgenommen werden konnten: Zum einen die beiden empirisch ausgerichteten Arbeiten Charbonnier, Religion im Alter; Marti, Zusammenspiel; zum anderen die Arbeit von Roy, Demenz. Roy, die das Thema Demenz nicht im Kontext von Alters-, sondern von Krankheitsdiskursen verortet wissen will (vgl. a. a. O., 10), entwickelt ein theologisches Demenzparadigma und befragt dieses auf seine Konsequenzen für die Seelsorgetheorie hin. Dabei ergeben sich auf theologischer Ebene deutliche Anknüpfungspunkte zur vorliegenden Arbeit.

2008 erschien *Andrea Fröchtlings* Habilitationsschrift »Und dann habe ich auch noch den Kopf verloren. Menschen mit Demenz in Theologie, Seelsorge und Gottesdienst wahrnehmen«. Ihr Buch repräsentiert und bündelt den Stand der Forschung zum Zeitpunkt der Veröffentlichung:

> Fröchtling behandelt nicht nur das Thema Altersbilder ausführlich, beschreibt grundlegende medizinische Wahrnehmungsmodelle der Alzheimer-Demenz sowie Therapieansätze und beschäftigt sich mit Auswirkungen der Krankheit auf Familiensysteme, sondern sie reflektiert die Thematik auch theologisch. Dabei formuliert sie von einer Wahrnehmung von Demenz als »theological disease« ausgehend zentrale Anfragen an die Theologie sowie eigene theologische Vorschläge zu den von ihr behandelten Themen. Schließlich geht sie ausführlich auf Seelsorge mit Menschen mit Demenz ein, entwickelt ein eigenes, »ludisches« Seelsorgeverständnis und gibt Anregungen zu Gottesdiensten mit Menschen mit Demenz.

Fröchtling hat damit einen soliden Referenzpunkt für die poimenische Auseinandersetzung mit Demenz geschaffen. Sie ist zugleich eine der ersten Autorinnen bzw. Autoren, die sich – neben einer umfassenden Darstellung demenzassoziierter Theorien – intensiv der theologischen Reflexion des Themas widmet. Die weitere Beschäftigung mit der Thematik wird unter Bezugnahme auf ihr Buch erfolgen.

2009 veröffentlichte *Matthias Dannenmann* seine Greifswalder Dissertation »Die Begleitung älterer Menschen durch Bildung, Gemeindeaufbau und Seelsorge. Ein wachsender Auftrag christlicher Gemeinden in einer älter werdenden Gesellschaft«. Er konzentriert sich auf die Gruppe der »neuen Alten«, die er als Herausforderung für Kirche und Gemeindeaufbau ansieht, der durch geistige und geistliche Auseinandersetzung mit dieser Personengruppe begegnet werden müsse.[22]

> Das Buch bietet eine Auseinandersetzung mit dem Alter als demographische Herausforderung, mit älteren Menschen in der Kirche, mit biblischen Menschen- und Altersbildern, dem Thema entsprechend mit Fragen des Gemeindeaufbaus, zu denen Empfehlungen gegeben und exemplarisch Projekte vorgestellt werden. Es enthält auch ein Kapitel zur Seelsorge.

Dannenmanns Beitrag ist zweifellos für Fragen des Gemeindeaufbaus hinsichtlich der von ihm anvisierten Personengruppe von Wert. Allerdings werden in diesem Entwurf grundlegende Probleme in der Annäherung an Themen der Seelsorge mit hochaltrigen Menschen offenkundig, aus denen im Umkehrschluss Grundlinien für das weitere Vorgehen in der vorliegenden Arbeit abgeleitet werden: *Erstens* bedarf es stärker der theologischen Reflexion

---

22 Vgl. DANNENMANN, Begleitung, 2.

von Seelsorge mit alten Menschen denn der reinen biblischen Verortung des Themas.[23] Eine Beschränkung auf biblische Perspektiven zur Altersthematik suggeriert eine Übertragbarkeit in die heutige Zeit, die den großen soziokulturellen Unterschieden zwischen den Epochen und damit auch den Herausforderungen, die mit dem Thema in der Gegenwart einhergehen, nicht gerecht zu werden vermag.[24] *Zweitens* gilt es, auch das hohe Alter nicht ausschließlich in defizitorientierter Sichtweise zu sehen:[25] So bleiben auch und gerade dann, wenn die Verletzlichkeit hochaltriger Menschen gewürdigt und nach angemessenen Umgangsformen damit gesucht wird, die Fähigkeiten und Ressourcen alter Menschen im Blick zu behalten.[26] *Drittens* bedarf es kaum weiterer Handlungsanleitungen für die Praxis der Seelsorge mit alten Menschen, wenn diese nicht zugleich poimenisch und theologisch reflektiert werden.

---

23 Biblische Menschen- und Altersbilder stellt Dannenmann differenziert auf immerhin 56 Seiten dar, vgl. DANNENMANN, Begleitung, 119–175; s. Anm. 36.

24 Vgl. dazu wie allgemein zu Grenzen der Anwendbarkeit biblischer Alter(n)s-Aussagen in der Gegenwart MULIA, Altenbildung, 41f.

25 Auch wenn sich sein Interesse nicht auf hochaltrige Menschen richtet, scheint Dannenmanns Wahrnehmung dieser Personengruppe unterbestimmt. Er sieht hochaltrige Menschen in scharfem Kontrast zu den »neuen Alten« und beschreibt sie geradezu plakativ: »Im Fokus sind [...] nicht die Hochaltrigen im vierten Lebensabschnitt, nicht die pflegebedürftigen und depressiven Alten, sondern zukunftsorientierte Menschen, die sich aufgrund ihrer bisher erbrachten Leistungen und Erfahrungen in Kirche und Gesellschaft engagieren wollen« (DANNENMANN, Begleitung, 2). Dazu passt, dass das, was er zur Seelsorge mit hochaltrigen Menschen schreibt, sich auf die Themen »kranke alte Menschen«, »depressive alte Menschen«, »trauernde Menschen« und »sterbende Menschen« beschränkt (vgl. a. a. O., 269–281).

26 Nur dann wird es möglich sein, den grundlegendsten Erkenntnissen der neueren gerontologischen Forschung Rechnung zu tragen, die sowohl die Potentiale hochaltriger Menschen als auch den großen Einfluss von Altersbildern immer wieder hervorhebt. Heinz Rüegger schreibt in diesem Zusammenhang: »Bedenkt man, dass unter den Menschen, die in den grossen Volkskirchen am kirchlichen Leben teilnehmen, das Segment der alten Menschen überproportional stark vertreten ist, erstaunt, dass die Theologie sich nicht viel früher und stärker am Aufbruch der Gerontologie als interdisziplinärem Zweig der Wissenschaften beteiligt hat. Seelsorgliche Begleitung alter Menschen ist heute nicht mehr denkbar ohne Kenntnisnahme elementarer gerontologischer Einsichten. Dazu gehört insbesondere, die durch das Phänomen der Langlebigkeit entstandene neue Bedeutung des Alters in seinen unterschiedlichen Phasen und Herausforderungen in Rechnung zu stellen, [...] und entgegen früheren paternalistisch-betreuungsorientierten, letztlich defizitgesteuerten Paradigmen der Altersarbeit ein ressourcenorientiertes, am autonomen Subjektsein alter Menschen ausgerichtetes Paradigma ins Spiel zu bringen.« (RÜEGGER, Altern, 148f.). Diesem Anliegen ist zuzustimmen, wenn die Frage nach einem angemessenen Verständnis von Autonomie bzw. Selbstbestimmung auch noch zu stellen sein wird. Die Notwendigkeit, Verletzlichkeit und Kompetenzen alter Menschen zusammenzudenken, wird auch in der EKD-Orientierungshilfe »Im Alter neu werden können« betont (KIRCHENAMT DER EVANGELISCHEN KIRCHE IN DEUTSCHLAND (Hg.), Alter, 60).

Schließlich erschien 2011 *Christian Mulias* religionspädagogische Dissertation »Kirchliche Altenbildung. Herausforderungen – Perspektiven – Konsequenzen«, in der Theorie und Praxis reflektiert miteinander verbunden werden. Ziel und Ergebnis seiner umfassenden Arbeit ist der Aufweis von Herausforderungen und Chancen kirchlicher Altenbildung in der Spätmoderne,[27] wobei nicht nur konkrete religionsdidaktische, bildungsstrategische, kirchen- und professionstheoretische Konsequenzen erarbeitet werden, sondern auch die Frage nach der Sprachfähigkeit des Christentums im Blick bleibt.

> Im ersten Teil seiner Arbeit expliziert Mulia den theoretischen und konzeptionellen Hintergrund seiner Untersuchung (Altern aus soziologischer, kulturgeschichtlicher und biblischer Sicht; philosophische und theologische Anthropologie; Ansätze kirchlicher Altenarbeit; Religiosität im Alter). Der zweite Teil geht auf vier Lernfelder des Alters ein, die jeweils auf ihre gerontologischen, geragogischen und theologischen Chancen und Herausforderungen hin befragt und mit Beispielen guter Praxis korreliert werden (1. Biographie; 2. Produktivität, Ehrenamt und Zivilgesellschaft; 3. Kultur, Kunst und Ästhetik; 4. Körper, Gesundheit, Reisen und Spiritualität). Der dritte Teil schließlich bündelt die Ergebnisse der Untersuchung und erarbeitet Konsequenzen für die kirchliche Altenbildung der Zukunft.

Mulia versteht seine Untersuchung als religionspädagogischen Beitrag zu einer Praktischen Theologie des Alterns.[28] In diesem Anliegen treffen sich also seine und die vorliegende Arbeit. Dabei treibt jene aus religionspädagogischer und eher am dritten Lebensalter orientierter Sichtweise mit sehr weitem Fragehorizont Praktische Theologie, während diese aus seelsorglicher Sicht, bezogen auf das vierte Lebensalter und mit Fokus auf der Frage nach Seelsorge in Pflegeheimen ihren Beitrag zu leisten sucht.

Wie anhand des Überblicks deutlich wird, besteht hinsichtlich der Seelsorge mit *hochaltrigen* Menschen sowie konkret mit alten Menschen in *Pflegeheimen* im evangelischen Bereich nach wie vor Reflexionsbedarf. Neben den katholischen Dissertationen von Ulrich Moser aus dem Jahr 2000, einem Standardwerk, sowie von Anne Schütte aus dem Jahr 2006,[29] finden sich vorwiegend Praxisratgeber oder Aufsatzliteratur.[30] Diese wiederum legt den Schwerpunkt häufig auf Fragen der Seelsorge mit demenzkranken Menschen, wovon ausgehend dann – en passant – die Frage nach Seelsorge in Pflegeeinrichtungen in den Blick gerät.[31]

---

27 Vgl. MULIA, Altenbildung, 23.

28 Vgl. MULIA, Altenbildung, 23.

29 S. oben Anm. 14.

30 Vgl. z. B. PLIETH, »..., wenn Sie kommen, bin ich schön.«; MÄULE/RIEDEL, Bedürfnisse; MUNTANJOHL, Der letzte Umzug; PECHMANN, Fremde.

31 Vgl. exemplarisch KIESSLING, Vergessen; PFAFF, Gegenwärtigkeit.

3.3 Interdisziplinarität

Das Interesse an Themen des Alter(n)s beschränkt sich nicht mehr ausschließlich auf die Praktische Theologie. Im deutschsprachigen Raum gab es zuletzt immer wieder auch Veröffentlichungen im Bereich der Systematischen Theologie, vor allem in der Ethik.[32] Zwar ist deren Anzahl nach wie vor gering, dennoch scheint sich eine wünschenswerte Annäherung der Disziplinen zumindest anzudeuten, wenn einerseits die Praktische Theologie – wie bei Mulia oder Fröchtling – vermehrt systematisch orientiert arbeitet und wenn die lange Zeit allein der Praktischen Theologie überlassene Thematik andererseits in der Systematik aufgegriffen wird.

Dies scheint auch dringend vonnöten, wenn die Theologie im breiten und bewegten Diskurs der Wissenschaften zum Thema Alter(n) eine nennenswerte Stimme haben will. »Muss man mitreden, wenn ohnehin schon alle darüber reden?«[33], fragt der Präsident der Heidelberger Akademie der Wissenschaften Peter Graf Kilmansegg provokativ in seinem Vorwort zu einem interdisziplinären Band zum Thema »Was ist Alter(n)?«. Und gibt auch gleich die Antwort: »Das hängt davon ab, ob man etwas zu sagen hat.«[34] Auf der Konferenz, die Grundlage der Publikation war, sei das Fehlen der Theologie bedauert worden, die aber doch gewiss etwas zu sagen habe.[35] Das hat sie. Damit ihr Fehlen im polyphonen interdisziplinären Diskurs nicht länger bedauert werden muss, scheint ein verstärkter innertheologischer Diskurs unumgänglich. Dafür bedarf es der engeren Verquickung der theologischen Disziplinen, die sich – wie beschrieben – gerade andeutet und zu der die vorliegende Arbeit aus seelsorglicher Sicht beitragen will.

---

[32] Vgl. z. B. Aus der Au, Leiblichkeit; Höfner, Alter; Körtner, Leib, 158–182; Rüegger, Würde; Rüegger, Alter(n); Schneider-Flume, Alter; Schwöbel, Menschenwürde; Thomas/Thomas, Autonomie. Als ältere Veröffentlichungen seien exemplarisch genannt Auer, Altern; Jüngel, Mensch, sowie die – v.a. im katholischen Bereich – bis heute regelmäßig zitierten Veröffentlichungen Rahner, Grundverständnis; Guardini, Lebensalter. Anders präsentiert sich die Lage im englischsprachigen Raum, wo z. B. bereits 1975 im Anschluss an einen theologischen Workshop, der mit dem Ziel stattfand »to consider, in an ecumenical way, the implications of theology both for older people and for the process of aging« (Fitzgerald/Woodruff, Foreword, 95), ein ganzes Themenheft der Zeitschrift »Pastoral Psychology« zu Fragen einer Theologie des Alterns herausgegeben wurde (Pastoral Psychology 24 [1975]). Darin erschien z. B. ein Aufsatz von David Tracey zu eschatologischen Perspektiven auf das Altern (Tracey, Perspectives) oder auch Don Brownings »Preface to a Practical Theology of Aging« (Browning, Preface). Zusammenfassungen zentraler systematisch-theologischer Positionen finden sich bei Charbonnier, Religion im Alter, 169–177.

[33] Kielmansegg, Vorwort, V.

[34] Kielmansegg, Vorwort, V.

[35] Vgl. Kielmansegg, Vorwort, VII.

4. Fragestellung

Die Fragestellung, anhand derer die Zielsetzung dieser Arbeit verfolgt wird, setzt bei den eingangs beschriebenen Ängsten vor dem Verlust von Selbständigkeit und »Autonomie« ein. Es geht einerseits darum, die Einschränkungen selbständigen und selbstbestimmten Lebens vieler Bewohnerinnen und Bewohner, die sich auch als »Freiheiten von« beschreiben lassen, wahrzunehmen. Nicht nur die Betroffenen selbst erleben diese vielfach als schmerzhaft, sondern auch für Außenstehende, nicht zuletzt für Seelsorger, können Begegnung und Umgang damit schwierig sein. Zugleich soll es aber nicht bei einer letztlich defizitorientierten Sichtweise bleiben. Statt sich also allein auf »Freiheiten von« zu konzentrieren, sollen »Freiheiten zu« herausgearbeitet werden, die auch angesichts von Einschränkungen, wie sie mit Pflegebedürftigkeit und Heimübersiedlung einhergehen, gegeben sein können.

Im Hintergrund der folgenden Fragestellung steht *erstens* die Annahme, dass Selbständigkeit und Selbstbestimmung Aspekte von Freiheit darstellen, auf die sich der Freiheitsbegriff aber *zweitens* nicht reduzieren lässt. *Drittens* wird davon ausgegangen, dass Seelsorge einen Einfluss auf die Freiheit von Menschen haben kann, selbst für den Fall, dass sich an Maß und Möglichkeiten selbständigen Handelns wenig ändern sollte.

Die Fragestellung dieser Arbeit lautet daher folgendermaßen: *Inwiefern kann Seelsorge mit alten Menschen in Pflegeheimen zu deren Freiheit beitragen*?

In der Suche nach Antworten auf diese Frage wird es nicht darum gehen, einen umfassenden Begriff von Freiheit zu entwickeln. Vielmehr werden von der Seelsorgepraxis her und auf sie hin einzelne Aspekte von Freiheit erarbeitet. Diese werden im Begriff der narrativen Freiheit zusammengebracht, ohne den Anspruch, diesen erschöpfend zu füllen.

5. Vorgehen

Der Frage, inwiefern Seelsorge mit alten Menschen in Pflegeheimen zu deren Freiheit beitragen kann, wird in drei Schritten nachgegangen.[36]

Unter der Überschrift »Möglichkeiten und Grenzen von Selbständigkeit und Selbstbestimmung alter Menschen in Pflegeheimen« zielt Kapitel 1 auf eine nähere Beschreibung der Lebenssituation in Pflegeheimen in ihren Grenzen und Möglichkeiten (3.) sowie auf eine Beschreibung der Herausforderungen, die

[36] Auf eine Darstellung biblischer Perspektiven auf das Alter(n) wird in der vorliegenden Arbeit verzichtet. Solche Darstellungen finden sich ausführlich und fundiert in der neueren Literatur zum Thema, so dass in diesem Zusammenhang nur auf diese verwiesen sei; vgl. exemplarisch Mulia, Altenbildung, 41–67, insbesondere die instruktive Auswertung a. a. O., 64–67; Charbonnier, Religion im Alter, 163–169; speziell zum Alter(n) im Alten Testament vgl. Fröchtling, Menschen mit Demenz, 74–82; zum Kapitel bei Dannenmann s. oben Anm. 23.

sich daraus für Seelsorgerinnen und Seelsorger ergeben (4.). Das Bild, das hier gezeichnet wird, dient als »Resonanzraum«[37] aller folgenden systematisch-theologischen und seelsorglichen Überlegungen. Die Situationsbeschreibung erfolgt in einer Mischung aus Empirie und Theorie, um ein möglichst plastisches Bild zu gewährleisten, vor dessen Hintergrund die Herausforderungen für die Seelsorge benannt werden können. Der inhaltlichen Auseinandersetzung mit der Thematik voran stehen terminologische Erwägungen zu Selbständigkeit, Autonomie und Selbstbestimmung (2.).

Am Ende von Kapitel 1 (5.) wird die Fragestellung spezifischer im seelsorglichen Geschehen verortet und damit eine entscheidende Weiche für den Fortgang der Arbeit gestellt. Die Arbeit vollzieht gleichsam einen »narrative turn«: Von der These ausgehend, dass Seelsorge insbesondere durch lebensgeschichtliches Erzählen zur Freiheit von Bewohnerinnen und Bewohnern beitragen kann, werden im Folgenden konkrete Aspekte dieser Freiheit erörtert.

Kapitel 2 fragt und sucht deshalb nach Aspekten von Freiheit im lebensgeschichtlichen Erzählen – auf dem Hintergrund von Ansätzen aus Theologie und Philosophie (2.–9.).[38] Im Fazit des Kapitels (10.) erfolgt eine eigene systematisch-theologische Reflexion der Thematik, in der drei wesentliche Aspekte narrativer Freiheit benannt, ausgeführt und theologisch verortet werden.

In Kapitel 3 wird der mögliche Beitrag von Seelsorge zur Freiheit von Bewohnerinnen und Bewohnern im Zusammenhang der vorangehenden Überlegungen näher ausgeführt. Dazu wird eingangs beschrieben und bestimmt, was Seelsorge mit alten Menschen in Pflegeheimen aus Sicht der Verfasserin ausmacht (2.). Im Anschluss daran werden vor dem Hintergrund von Kapitel 2 zentrale Aufgaben dieser Seelsorge ausgearbeitet und anhand von Beispielen aus der Praxis veranschaulicht (3.). Kapitel 3 zielt auf Vorschläge für Haltungen von Seelsorgerinnen und Seelsorgern, die freiheitseröffnend wirken können (4.).

In einem Schlusswort wird der Ertrag der Arbeit in aller Kürze zusammengefasst (1.) und ein Ausblick gegeben (2.).

6. Methodische Anmerkungen

Im Hintergrund der poimenischen Reflexion von Fragen der Seelsorge mit alten Menschen in Pflegeheimen stehen meine eigenen praktischen Seelsorgeerfahrungen, die ich seit 2009 in einem Pflegeheim gesammelt habe. Die im Seelsorgeteil angeführten Beispiele sind verfremdet weitgehend dieser Praxis entnommen oder beruhen auf dem Austausch mit anderen Seelsorgerinnen bzw. Seelsorgern. Sie wurden zumeist – wie in der Seelsorgeausbildung üblich – in Form von Gesprächsprotokollen im Anschluss an die Begegnungen

37 Thomas/Thomas, Autonomie, 134.

38 Zum Vorgehen und zur Begründung der Auswahl der behandelten Ansätze s. in der Einleitung zu Kapitel 2.

dokumentiert. Dieses Verfahren erscheint insofern angemessen, als es in der Wiedergabe von Beispielen um die Veranschaulichung des theoretisch Erarbeiteten geht und nicht um eine ausführliche Wahrnehmung, Beschreibung und Analyse der Sichtweisen von Bewohnerinnen und Bewohnern. Dies wäre ein anderes, stärker empirisch orientiertes Projekt gewesen. Die vorliegende Arbeit zielt auf eine theologische und seelsorgetheoretische Reflexion seelsorglicher Praxis. Sie ist deshalb aus Sicht einer Seelsorgerin für Seelsorgerinnen und Seelsorger geschrieben.

Kapitel 1: Möglichkeiten und Grenzen von Selbständigkeit und Selbstbestimmung alter Menschen in Pflegeheimen

1. Einleitung

Geht es in der vorliegenden Arbeit darum, mögliche Beiträge von Seelsorge zur Freiheit von Pflegeheimbewohnerinnen und -bewohnern herauszuarbeiten, so ist es nötig, deren Lebenssituation hinsichtlich ihrer konkreten Freiheiten näher in den Blick zu nehmen. Im vorliegenden gerontologischen Kapitel soll deshalb ein allgemeiner Überblick über Einschränkungen und Möglichkeiten alter Menschen in Pflegeheimen gegeben werden. Ein besonderes Augenmerk liegt dabei auf Möglichkeiten und Grenzen selbständigen Handelns, weil Freiheits- und Selbstbestimmungsthematik durch den Verlust von Selbständigkeit bei Pflegebedürftigkeit überhaupt erst brisant werden.[39] Die Möglichkeiten und Grenzen von Selbständigkeit und Selbstbestimmung alter Menschen in Pflegeheimen stellen den Ausgangspunkt der weiteren Überlegungen zur Freiheitsthematik dar, ohne dass der Freiheitsbegriff auf diese beiden Aspekte reduziert werden soll.

Im Anschluss an Christine und Günter Thomas können die folgenden gerontologischen Überlegungen – wie beschrieben – als Resonanzraum betrachtet werden, auf dessen Hintergrund sich die weiteren theologischen und seelsorglichen Ausführungen vollziehen.[40]

Im Folgenden wird in einem ersten Schritt näher auf die Begriffe Selbständigkeit und Selbstbestimmung eingegangen (2.). Ein Überblick über die Lebenssituation von Bewohnerinnen und Bewohnern wird im nächsten Abschnitt gegeben (3.). Daran anschließend werden aus dieser Situation resultierende Herausforderungen für Seelsorgerinnen und Seelsorger benannt (4.). Das Kapitel schließt mit Überlegungen zum weiteren Vorgehen (5.).

---

[39] Auch die im Auftrag des Bundesministeriums für Familien, Senioren, Frauen und Bildung deutschlandweit durchgeführten repräsentativen Studien zu Hilfe- und Pflegebedürftigkeit tragen der Bedeutung von Fragen der Selbständigkeit bei Pflegebedürftigkeit Rechnung; sie tragen allesamt den Titel »Möglichkeiten und Grenzen selbständiger Lebensführung« (abgekürzt: MuG I-IV); vgl. exemplarisch Schneekloth/Wahl (Hg.), MuG III; Schneekloth/Wahl (Hg.), MuG IV.

[40] Vgl. Thomas/Thomas, Autonomie, 134f.

2. SELBSTÄNDIGKEIT UND SELBSTBESTIMMUNG – BEGRIFFLICHE KLÄRUNGEN

2.1 Selbständigkeit

Selbständigkeit kann – vor allem im Zusammenhang eines negativen Freiheitsverständnisses, das Freiheit vor allem als »Freiheit von« versteht – als wichtige Form von Freiheit angesehen werden.[41] In dieser Arbeit wird in Anlehnung an Andreas Kruse unter Selbständigkeit die Fähigkeit und der Wille verstanden, »ein von Hilfen anderer Menschen weitgehend unabhängiges Leben zu führen«[42]. Als selbständig kann eine Person auch dann beschrieben werden, wenn sie zwar Hilfen benötigt, diese aber so handhabt, dass sie in den für sie zentralen Lebensbereichen dennoch unabhängig handeln kann.[43] Selbständigkeit stellt insofern einen Gegenbegriff zur Abhängigkeit dar und wird in hohem Maße von den Fähigkeiten einer Person bestimmt.[44] Sie erleichtert personale Selbstbestimmung, ohne deren notwendige Voraussetzung zu sein.[45]

2.2 Selbstbestimmung

2.2.1 Selbstbestimmung statt Autonomie

In dieser Arbeit wird der Selbstbestimmungsbegriff anstelle des Autonomiebegriffs verwendet. Dies geschieht, um dessen unrealistische Implikationen von vornherein auszuschließen: Härle legt einleuchtend dar, dass der Begriff der Selbstbestimmung realistischer ist als jener und dass er besser zum Ausdruck bringt, was mit »Autonomie« häufig gemeint ist.[46]

Das wichtigste Argument dafür, statt »Autonomie« in dieser Arbeit »Selbstbestimmung« zu gebrauchen, besteht darin, dass der Terminus »Autonomie« (wörtlich: Selbstgesetzgebung) durch den Aspekt des Gesetzes auf eine *allgemeine Gültigkeit* verweist. Dies wird besonders deutlich in der bis heute geistesgeschichtlich maßgeblichen Prägung des Begriffs[47] durch Immanuel Kant. Demgegenüber wird der Ausdruck – gerade im medizinethischen oder auch im gerontologischen Bereich – heute zumeist nicht verwendet, um die Orientierung von Handlungen an allgemeingültigen Grundsätzen zu bezeichnen, wie es bei Kant der Fall war, sondern dann, wenn es um individuelle Präferenzen geht.[48]

---

41 Vgl. RÜEGGER, Selbstbestimmung, 530.
42 KRUSE, Menschenbild, 244.
43 Vgl. KRUSE, Menschenbild, 244.
44 Vgl. HEINEMANN-KNOCH, Möglichkeiten und Grenzen, 20.
45 Vgl. HUBER, Autonomie, 33.
46 Vgl. HÄRLE, Autonomie, 218–229.
47 Vgl. POHLMANN, Art. Autonomie, 707.
48 Vgl. im Zusammenhang des Begriffs der Patientenautonomie POLKE, Individualität, 82f.

Bei Kant sind keineswegs individuelle Neigungen die Grundlage von Autonomie, im Gegenteil. Er sieht in der Autonomie des freien Willens die Grundvoraussetzung sittlichen Handelns. Autonomie besteht darin, dass der freie Wille sich selbst das Gesetz seines Handelns gibt. Diese Selbstgesetzgebung des freien, sittlichen Willens ist nicht etwa durch Wünsche oder Vorlieben eines Menschen bestimmt, sondern besteht in der Anerkennung und Übernahme dessen, was die praktische Vernunft gebietet. Diese gebietet – als überindividuelle Größe – nach dem kategorischen Imperativ zu handeln, d. h. so zu handeln, dass die eigenen Maximen Gegenstand allgemeiner Gesetzgebung sein könnten.[49] D. h. Autonomie im Kant'schen Sinne beruht gerade auf der Anerkennung von und Ausrichtung an *allgemeinen* Gründen des Handelns.

Der Begriff in Kant'scher Prägung steht damit im Gegensatz zum Anspruch an Individualität, den der Begriff der Patientenautonomie impliziert und um den es auch in den Autonomie-Diskursen im Blick auf das Leben in Pflegeheimen geht. Der Terminus »Patientenautonomie« wird ja gerade dort verwendet, wo es darum geht, auf das aus Sicht des einzelnen Menschen Erstrebenswerte zu verweisen, auf das ihm und seinen Neigungen Entsprechende.[50] Für Kant kommt eine Bestimmung des eigenen Handelns durch die vorgegebenen eigenen Antriebe einer Heteronomie gleich.[51]

> »Patientenautonomie kann darum nach dem Kantischen Verständnis geradezu heteronom werden, wenn sie sich nämlich nicht nach dem universalen und allgemein gültigen Moralgesetz, sondern nach dem in einer konkreten Situation als angenehm und erstrebenswert angesehenen Gut ausrichtet.«[52]

Die gegenwärtig weit verbreitete Verwendung des Autonomiebegriffs lässt sich nicht nur aufgrund der von Kant her implizierten allgemeinen Gültigkeit kritisch befragen. Vielmehr wird im Sprachgebrauch häufig von *jeglicher* Regelhaftigkeit abgesehen. Weder wird mit dem Begriff beschrieben, dass sich ein Subjekt an Allgemeingültigkeit beanspruchenden Regeln orientiert, noch, dass es sich an die Regeln hält, die es sich selbst gibt.[53] Da der Begriff »Selbstbestim-

---

49 Vgl. etwa die erste Formulierung des kategorischen Imperativs bei Kant, Grundlegung, 21: »Was kann das aber wohl für ein Gesetz sein, dessen Vorstellung, auch ohne auf die daraus erwartete Wirkung Rücksicht zu nehmen, den Willen bestimmen muß, damit dieser schlechterdings und ohne Einschränkung gut heißen könne? Da ich den Willen aller Antriebe beraubt habe, die ihm aus der Befolgung irgend eines Gesetzes entspringen könnten, so bleibt nichts als die allgemeine Gesetzmäßigkeit der Handlungen überhaupt übrig, welche allein dem Willen zum Prinzip dienen soll, d.i. ich soll niemals anders verfahren als so, daß ich auch wollen könne, meine Maxime solle ein allgemeines Gesetz werden.«; vgl. zum gesamten Abschnitt Härle, Autonomie, 222–224.

50 Vgl. Brunn/Rolf, Selbstbestimmung, 10–12.

51 Vgl. Seel, Sich bestimmen lassen, 281.

52 Brunn/Rolf, Selbstbestimmung, 11.

53 Für den Hinweis hierauf danke ich Prof. Dr. Jochen Schmidt.

mung« von vornherein keine Regelhaftigkeit beinhaltet – weder allgemein noch individuell –, erscheint seine Verwendung als angemessener.

Schließlich beinhaltet der Begriff Autonomie vielfach die Annahme von Unabhängigkeit.[54] Dies ist z.B. hinsichtlich der Selbstgesetzgebung von Staaten auch sinnvoll, so dass er hier mit einigem Recht zur Anwendung kommt.[55] Im Blick auf die Lebenssituation pflegebedürftiger Menschen beinhaltet der Autonomiebegriff in liberaler Tradition aber Schwierigkeiten:[56] Er impliziert die Annahme eines entscheidungsfähigen und unabhängigen Subjekts, so dass in Bezug auf ein Leben in Pflegebedürftigkeit der Eindruck eines Paradoxon entstehen kann:

> »The paradox is that the underlying concept of autonomy involves a view of persons as robust and independent, whereas the reality of long-term care shows individuals who need support and companionship, needs that seem inimical to this ideal. [...] The paradox arises when the fragility and vulnerability of individuals needing long-term care are approached from the perspective of the standard view of autonomy that implicitly involves a robust concept of individual capacity.«[57]

Ein Verständnis von Autonomie als Unabhängigkeit kann hinsichtlich der Lebenssituation in Pflegeheimen zu plakativen Urteilen im Sinne eines Ganz-oder-gar-Nicht verleiten. Dazu passt, was Rüegger hinsichtlich der Diskurse im Zusammenhang des Lebensendes zusammenfassend festhält: Während die »großen Fragen« – z.B. nach Sterbehilfe – breit diskutiert werden, bleibt die Frage weitgehend außen vor, welche Bedeutung der Selbstbestimmung von Menschen im Pflegealltag zukommt.[58]

Vor diesem Hintergrund wird im Folgenden der Begriff »Selbstbestimmung« anstelle des Autonomiebegriffs verwendet.[59] Zugleich wird versucht, den weiteren Überlegungen einen Begriff von Selbstbestimmung zugrunde zu legen, der als relationaler und relativer Begriff[60] der Lebenssituation in Pflegebedürftigkeit Rechnung trägt.

Nach diesen Vorbemerkungen soll nun der Begriff der Selbstbestimmung inhaltlich gefüllt werden:

---

[54] Vgl. Härle, Autonomie, 222.

[55] Vgl. Härle, Autonomie, 219f.

[56] Vgl. dazu ausführlich Agich, Dependence, 13–50 sowie (u.a. mit Bezug auf Agich) Rüegger, Selbstbestimmung, 530–534.

[57] Agich, Dependence, 1.

[58] Vgl. Rüegger, Selbstbestimmung, 536.

[59] Dies ist in Einzelfällen nicht möglich – dann, wenn auf Literatur zurückgegriffen wird, in der der Autonomiebegriff verwendet wird.

[60] Vgl. Härle, Autonomie, 231.233f.

2.2.2 *Begriffsklärung*

Selbstbestimmung wird – in einem grundlegenden Sinn[61] – im *Gegenüber zum Handeln unter Zwang*[62] verstanden. Sie meint die Möglichkeit und die Fähigkeit eines Menschen, seinem eigenen Willen gemäß zu handeln[63] bzw. darüber zu verfügen, dass andere gemäß seinem eigenen Willen an ihm bzw. für ihn handeln. Selbstbestimmung ist ein relativer Begriff, insofern das Maß (bewusster) Selbstbestimmung z. B. von den kognitiven Fähigkeiten und der Lebenssituation einer Person abhängig ist.[64]

Der Begriff der Selbstbestimmung beinhaltet in dieser Gegenüberstellung zur Fremdbestimmung eine am Subjekt orientierte Sichtweise des Menschen.[65] Er hat die Funktion, Menschen davor zu schützen, als bloßes Objekt und nicht als Subjekt behandelt zu werden. Die Orientierung am Subjekt als maßgebliche Perspektive medizinischen Handelns, wie sie etwa im Nürnberger Kodex seit 1947 für Versuche am Menschen festgeschrieben ist, resultierte insbesondere aus den Erfahrungen mit den menschenverachtenden und -vernichtenden Umgangsweisen der NS-Medizin, bei denen Menschen gerade nicht als Subjekte behandelt wurden.[66] Die Achtung von Selbstbestimmung in diesem grundlegenden Sinn kann als Ausdruck der Achtung vor der Würde eines Menschen verstanden werden.[67]

3. Zur Lebenssituation alter Menschen in Pflegeheimen

3.1 Vorbemerkungen

Im Folgenden geht es darum, einen Überblick darüber zu gewinnen, was die soziale und gesundheitliche Situation der Menschen ausmacht, die in Pflege-

---

[61] Für weitere begriffliche Unterscheidungen bzw. Klärungen s. Kapitel 2, 10.7.1.

[62] Vgl. Hilpert, Art. Selbstbestimmung, 1566: »Im üblichen Verständnis meint [Selbstbestimmung] die Unabhängigkeit der handelnden Person von psychischem oder physischem Zwang, von Fremdbestimmung durch andere oder von politischen Einschränkungen.«

[63] Vgl. ähnlich Rolf, Tragfähigkeit, 63: »›Selbstbestimmung‹ bezieht sich, zumindest wenn sie als *bewusste* und *reflektierte* Selbstbestimmung verstanden wird, sowohl auf die Möglichkeit als auch auf die Fähigkeit, dem eigenen Willen gemäß zu handeln, sich also für ein Verhalten zu entscheiden und intentional ein Ziel anzustreben.«

[64] Vgl. Rolf, Tragfähigkeit, 63–65. Zur Unterscheidung bewusster und unbewusster Selbstbestimmung s. Anm. 887.

[65] Vgl. Hilpert, Art. Selbstbestimmung, 1566.

[66] Vgl. Rüegger, Selbstbestimmung, 531f.

[67] Vgl. Härle, Selbstbestimmung oder Menschenwürde, 251. Umgekehrt kann die Missachtung der Selbstbestimmung einer Person eine Missachtung ihrer Menschenwürde ausdrücken; mit der Missachtung oder dem Verlust von Selbstbestimmung geht aber keineswegs der Verlust von Menschenwürde einher; s. dazu Kapitel 2, 10.4; vgl. Härle, Lebensqualität, 45.

heime einziehen bzw. die dort leben.[68] Solch ein Überblick muss in hohem Maße generalisierend sein. Es bleibt daher angesichts aller verallgemeinernden Aussagen, die im Folgenden getroffen werden, auf die hohe *inter- wie intraindividuelle Heterogenität von Alternsprozessen* zu verweisen, d. h. auf die Tatsache, dass diese sehr unterschiedlich ablaufen – sowohl zwischen einzelnen Personen als auch hinsichtlich einzelner Aspekte des Alternsprozesses bei einer einzelnen Person.[69]

Der folgende Überblick knüpft an statistische Daten an, die vor allem zwei Erhebungen entnommen sind: *Zum einen* bezieht er sich auf die vom Bundesministerium für Familie, Senioren, Frauen und Jugend in Auftrag gegebene Studie »Möglichkeiten und Grenzen selbstständiger Lebensführung in stationären Einrichtungen« (MuG IV), die 2008 veröffentlicht wurde und die sich in großen Teilen auf Daten aus dem Jahr 2005 bezieht.[70] Diese Studie untersucht die Situation von Bewohnerinnen und Bewohnern unterschiedlicher vollstationärer Alteneinrichtungen,[71] wobei vor allem Veränderungen im Pflegebedarf zwischen 1994 und 2005 in den Blick genommen werden und nach Lebensqualität, Versorgungssituation und Möglichkeiten selbständiger Lebensführung in Heimen gefragt wird.[72] *Zum anderen* werden Daten der Pflegestatistik 2011 des Statistischen Bundesamtes herangezogen,[73] die auf die Situation von Pflegebedürftigen im Sinne des Pflegeversicherungsgesetzes (SGB XI) eingeht.[74] Von diesen statistischen Aspekten ausgehend werden dann – je nach Thema und Bedarf – verschiedene gerontologische bzw. pflegewissenschaftliche Theorien oder auch Gesetzestexte herangezogen, um zu einer möglichst wirklichkeitsnahen Beschreibung der Lebenssituation in Pflegeeinrichtungen zu gelangen.

3.2 Pflegebedürftigkeit

Bevor ein Überblick über die Situation von Pflegeheimbewohnerinnen und -bewohnern skizziert wird, soll kurz auf den *Begriff der Pflegebedürftigkeit* nach SGB XI eingegangen werden:

---

68 Für einen allgemeinen Überblick über zentrale Erkenntnisse der Alter(n)sforschung aus praktisch-theologischer Sicht vgl. Charbonnier, Religion im Alter, 93–122. Die Auszüge der Dissertation, die den für die Praktische Theologie relevanten Forschungsstand zum Thema Religion und Alter darstellen sowie ein praktisch-theologischer Überblick zum Thema Alter(n) finden sich zusammengefasst auch in Charbonnier/Roy, Religion – Alter – Demenz, 354–399.

69 Vgl. Wahl/Heyl, Gerontologie, 45f.

70 Schneekloth/Wahl (Hg.), MuG IV.

71 Es sind vor allem vollstationäre Dauerpflegeeinrichtungen im Blick, denn 97% aller vollstationären Altenheime sind als Leistungserbringer im Rahmen der Pflegeversicherung anerkannt. Wohn- und Betreuungsformen wie Betreutes Wohnen etc. wurden von MuG IV nicht mit berücksichtigt; vgl. Schneekloth/Wahl (Hg.), MuG IV, 47–49.

72 Vgl. Schneekloth/Wahl (Hg.), MuG IV, 44.

73 Pfaff, Pflegestatistik 2011.

74 Vgl. Pfaff, Pflegestatistik 2011, 4. Zur Problematik von Erhebungen zu Pflegebedürftigkeit anhand von Daten auf Grundlage von SGB XI s. Anm. 76.

Nach SGB XI §14 sind Personen pflegebedürftig, »die wegen einer körperlichen, geistigen oder seelischen Krankheit oder Behinderung für die gewöhnlichen und regelmäßig wiederkehrenden Verrichtungen im Ablauf des täglichen Lebens auf Dauer, voraussichtlich für mindestens sechs Monate, in erheblichem oder höherem Maße [...] der Hilfe bedürfen.«[75] Die Einschätzung des Schweregrads einer vorliegenden Pflegebedürftigkeit erfolgt nach den Pflegestufen des SGB XI.[76] Seit Jahren wird eine Veränderung des Begriffs der Pflegebedürftigkeit angestrebt, weil zahlreiche *de facto* pflegebedürftige Personen von dem stark somatisch orientierten und an Pflegehandlungen ausgerichteten Pflegebedürftigkeitsbegriff von SGB XI nicht berücksichtigt werden.[77]

Etwa 743000 nach SGB XI pflegebedürftige Personen werden in Deutschland vollstationär in Heimen[78] betreut, das sind ca. 30% aller Pflegebedürftigen, die unter das Pflegeversicherungsgesetz fallen.[79] Vor diesem Hintergrund ist die Bedeutung der Versorgung in Heimen nicht zu unterschätzen: Anders als die Momentaufnahme mit einer vergleichsweise niedrigen Zahl von ca. 5% älterer Menschen, die derzeit in Heimen versorgt werden, nahelegt, ist die Wahrscheinlichkeit, im Lauf des Lebens einmal in eine stationäre Einrichtung der Altenhilfe aufgenommen zu werden, recht hoch. Längsschnittlich gesehen zeigt sich, dass sie bei Männern bei etwa 20% liegt, bei Frauen sogar bei ca. 40%.[80] Pflegeheimen kommt damit ein zunehmend wichtiger Stellenwert als Lebens- und Wohnort pflegebedürftiger Menschen zu.

---

75 SGB XI, §14.1.

76 Pflegestufe I erhält, wer täglich mindestens 46 Minuten Pflege im Bereich der Alltagsverrichtungen benötigt (sogenannte Grundpflege, dazu zählen Körperpflege, Ernährung und Mobilität) und zusammen mit dem Unterstützungsbedarf im hauswirtschaftlichen Bereich auf 90 Minuten täglicher Pflege kommt. Pflegestufe II wird anerkannt, wenn ein Pflegeaufwand von drei Stunden täglich vorliegt, wovon mindestens zwei Stunden für die Grundpflege benötigt werden. Pflegestufe III hingegen bezieht sich auf mindestens fünfstündigen Pflegebedarf bei mindestens vierstündiger Grundpflege täglich, vgl. SGB XI, §15.3.

77 Vgl. dazu BUNDESMINISTERIUM FÜR GESUNDHEIT, Pflegebedürftigkeit. In der Einteilung der Pflegestufen nach SGB XI, §15 bleibt eine große Zahl pflegebedürftiger Menschen außen vor: 1. Pflegebedürftige, deren Pflege weniger als 46 Minuten täglich umfasst (»Pflegestufe 0«); 2. Pflegebedürftige, die einer weitgehenden Versorgung bedürfen, die aber nicht im Bereich der Alltagsverrichtungen liegt, insbesondere psychisch kranke Menschen; 3. Menschen, die kürzer als sechs Monate pflegebedürftig sind; vgl. SCHAEFFER/WINGENFELD, Pflegerische Versorgung, 480.

78 Insgesamt ist ein Rückgang von Wohnplätzen für alte Menschen ohne Pflegebedarf zu verzeichnen: Fast alle stationären Alteneinrichtungen zählen zu den vollstationären Dauerpflegeeinrichtungen – 85% aller Bewohner sind pflegebedürftig im Sinne von SGB XI, weitere 6% können zur sogenannten Pflegestufe 0 gerechnet werden, d.h. sie sind pflegebedürftig, haben aber weniger Pflegebedarf als in SGB XI festgesetzt; vgl. SCHNEEKLOTH/WAHL (Hg.), MuG IV, 151.

79 Vgl. PFAFF, Pflegestatistik 2011, 9.

80 Vgl. MOLLENKOPF, Umwelten, 350.

3.3 Zur Situation in der stationären Pflege

Die Situation in der stationären Pflege lässt sich vor dem Hintergrund der wahrgenommenen Literatur folgendermaßen beschreiben:[81]

3.3.1 Bewohnerinnen und Bewohner

In Heimen und speziell in Pflegeheimen leben vor allem *hochaltrige Menschen*: Etwa 68% aller Bewohnerinnen und Bewohner vollstationärer Heime sind 80 Jahre und älter.[82] Die Lebensphase ab etwa 80 bzw. 85 Jahren lässt sich als Phase der Hochaltrigkeit bezeichnen,[83] die sich deutlich vom »jungen Alter« ab etwa 60 Jahren unterscheidet.[84] In diesem Lebensabschnitt steigt die Wahrscheinlichkeit von Multimorbidität, Pflegebedürftigkeit und Demenz deutlich an,[85] so dass sie als eine »sehr verletzliche Lebensphase mit zunehmender Unmöglichkeit der effektiven Kompensation von Defiziten«[86] angesehen werden kann. Auch hierbei bleibt allerdings erneut auf die hohen inter- und intraindividuellen Unterschiede des Alterns zu verweisen: Sie lassen das chronologische Alter insofern nur bedingt für solche Grenzziehungen tauglich erscheinen, als gelingende Kompensation auch bei Hochaltrigen noch möglich sein kann.[87] Zieht eine Person ins Pflegeheim ein, ist dies aber zumeist Ausdruck der Tatsache, dass sie Verluste nicht mehr ausreichend kompensieren kann.

In (Pflege-)Heimen leben überwiegend *Frauen*:[88] Der Frauenanteil unter den nach SGB XI Pflegebedürftigen in Heimen liegt bei 74%[89] und auch unter allen Heimbewohnerinnen und -bewohnern lag er 2005 bei etwa 73%.[90] In diesen Zahlen spiegelt sich zum einen die höhere Lebenserwartung von Frauen wider,[91] zum anderen aber auch die Tatsache, dass alte Frauen häufiger alleine leben als alte Männer und dadurch weniger soziale Unterstützung haben als diese.[92]

---

[81] Für einen Überblick vgl. z.B. auch SCHÜTTE, Würde, 21–72, die stärker, als es in der vorliegenden Arbeit der Fall ist, auf institutionelle Fragen und die Perspektive von Mitarbeiterinnen und Mitarbeitern eingeht.

[82] Vgl. SCHNEEKLOTH/WAHL (Hg.), MuG IV, 84.

[83] Vgl. BUNDESMINISTERIUM FÜR FAMILIE (Hg.), Vierter Altenbericht, 53.

[84] Vgl. WAHL/HEYL, Gerontologie, 53. Zur Unterscheidung zwischen Drittem und Viertem Lebensalter im Anschluss an Peter Laslett vgl. MULIA, Altenbildung, 31f. sowie MAERCKER, Psychologie, 3f.

[85] Vgl. BUNDESMINISTERIUM FÜR FAMILIE (Hg.), Vierter Altenbericht, 53.

[86] WAHL/HEYL, Gerontologie, 54.

[87] Vgl. BUNDESMINISTERIUM FÜR FAMILIE (Hg.), Vierter Altenbericht, 54. Die Möglichkeiten, den eigenen Alternsprozess zu beeinflussen, werden in der Gerontologie unter dem Begriff der Plastizität des Alterns diskutiert; vgl. KRUSE/WAHL, Zukunft Altern, 340; WAHL/HEYL, Gerontologie, 50; RÜEGGER, Altern, 147.

[88] Vgl. unter der Überschrift »Das Pflegeheim – Welt der Frauen« KOCH-STRAUBE, Fremde Welt, 362–369.

[89] Vgl. PFAFF, Pflegestatistik 2011, 8.

[90] Vgl. SCHNEEKLOTH/WAHL (Hg.), MuG IV, 84.

[91] Vgl. MOLLENKOPF, Umwelten, 351.

[92] Vgl. MOLLENKOPF, Umwelten, 351 sowie PFAFF, Pflegestatistik 2009, 7.

Die Anzahl an Pflegebedürftigen in Heimen steigt,[93] was im Zusammenhang der Alterskorrelation von Pflegebedürftigkeit gesehen werden muss.[94] Zusätzlich sind die Personen, die in Pflegeheime einziehen, *vielfach schwer- und schwerstpflegebedürftig*:[95] 2011 lag der Anteil von Personen mit Pflegestufe III in Heimen bei 20%, unter den zuhause Gepflegten nur bei 9%.[96] »Heime sind [...] mehr und mehr von Stätten langjährigen Wohnens zu Einrichtungen der Pflege und Krankheitsbewältigung in den Spät- und Endstadien chronischer Krankheit geworden.«[97] Gründe für das steigende Maß an Pflegebedürftigkeit von Bewohnerinnen und Bewohnern liegen in der steigenden Lebenserwartung sowie in dem Wunsch, möglichst lange zuhause zu wohnen.[98]

In Heimen leben überwiegend *alleinstehende* Menschen: Nur etwa 15% aller Bewohnerinnen und Bewohner waren 2005 in einer festen Partnerschaft oder verheiratet.[99] Knapp die Hälfte aller Bewohnerinnen und Bewohner (47%) wurde wöchentlich von Verwandten, meist von den eigenen Kindern,[100] besucht, 12% erhielten wöchentlich und weitere 13% monatlich Besuch von Freunden oder Bekannten.[101] Etwa 6% hatten keine Verwandten.[102]

3.3.2 Gesundheitszustand und Wohlbefinden

Pflegebedürftigkeit tritt häufig im Zusammenhang mit *Multimorbidität* auf, dem gleichzeitigen Erkranken an verschiedenen (chronischen) Krankheiten.[103] Diese stellt einen wichtigen Prädiktor für ungünstige Krankheitsentwicklungen dar, in deren Verlauf es zum Verlust selbständiger und selbstbestimmter Lebensführung, zu Einschränkungen der Lebensqualität sowie zu erhöhtem Versorgungsbedarf kommen kann.[104]

3.3.2.1 Somatische Krankheiten

Im Bereich der *somatischen* Krankheiten sind bei Heimbewohnern vor allem *Einschränkungen der Mobilität* zu nennen sowie *Herz-Kreislauferkrankungen* und *Inkontinenz*. Im Zuge der Befragung von Pflegekräften im Rahmen von

---

93 Vgl. SCHNEEKLOTH/WAHL (Hg.), MuG IV, 337.

94 Vgl. STATISTISCHES LANDESAMT BADEN-WÜRTTEMBERG (Hg.), Wandel, 75.

95 Vgl. SCHAEFFER/WINGENFELD, Pflegerische Versorgung, 483.

96 Vgl. PFAFF, Pflegestatistik 2011, 8f.

97 SCHAEFFER/WINGENFELD, Pflegerische Versorgung, 484.

98 Vgl. MOLLENKOPF, Umwelten, 351.

99 Vgl. SCHNEEKLOTH/WAHL (Hg.), MuG IV, 86.

100 Vgl. SCHNEEKLOTH/WAHL (Hg.), MuG IV, 133.

101 Vgl. SCHNEEKLOTH/WAHL (Hg.), MuG IV, 340.

102 Vgl. SCHNEEKLOTH/WAHL (Hg.), MuG IV, 133.

103 Angaben zur Prävalenz von Multimorbidität in der Bevölkerung ab 60 Jahren schwanken zwischen 65% und über 80%, vgl. HOLZHAUSEN/SCHEIDT-NAVE, Multimorbidität, 48; vgl. zum Thema Multimorbidität zudem STRUPPEK, Patientensouveränität, 19f.

104 Vgl. HOLZHAUSEN/SCHEIDT-NAVE, Multimorbidität, 49.

MuG IV ergab sich folgendes Bild:[105] Für 70% der Bewohnerinnen und Bewohner wurden Bewegungseinschränkungen angegeben, für je 48% Herz-Kreislauferkrankungen und Kontrollverlust über Wasser bzw. Stuhl.[106] An Diabetes litten 26% der Bewohnerinnen und Bewohner, an Sprachstörungen 23% und starke Einschränkungen beim Hören bzw. Sehen wurde für etwa je ein Fünftel der Bewohner angegeben (22% bzw. 19%). Knapp ein Fünftel der Bewohnerinnen und Bewohner litt an den Folgen von Schlaganfällen.[107] Insgesamt wurde 2005 für »96% der Bewohnerinnen und Bewohner von Alteneinrichtungen angegeben, unter einer lang anhaltenden körperlichen Behinderung oder einer körperlichen chronischen Erkrankung zu leiden.«[108]

Zu den somatischen Krankheiten kommen vielfach *psychische Erkrankungen*:

3.3.2.2 Psychische Krankheiten

Die meisten Bewohnerinnen und Bewohner von Pflegeeinrichtungen leiden an einer Form von *Demenz*. Am weitesten verbreitet ist die Alzheimer-Demenz.[109] Charakteristisch für Demenzen sind *kognitive Einbußen*, der zunehmende Verlust des autobiographischen und semantischen Gedächtnisses,[110] sowie *nichtkognitive Symptome* wie Stimmungsschwankungen und Wesensveränderungen der betroffenen Personen.[111]

In der Vertiefungsstudie des Zentralinstituts für seelische Gesundheit Mannheim zu MuG IV »Menschen mit Demenz in stationären Pflegeeinrichtungen: aktuelle Lebens- und Versorgungssituation« von 2006/2007 lag der Anteil von Menschen mit Demenz bei etwa 69%.[112] Er variierte zwischen einzelnen Einrichtungen von weniger als 50% bis zu 90%, lag im Schnitt aber bei 50–70%.[113] Dabei war die Demenz bei Heimbewohnerinnen und -bewohnern durchschnittlich stärker ausgeprägt als bei Menschen mit Demenz, die privat

[105] Die Angaben beruhen auf den Auskünften der Pflegekräfte und insofern auch auf deren Kenntnisstand, so dass keine präzisen Diagnosen angegeben werden, sondern eher grobe Einschätzungen (vgl. Schneekloth/Wahl [Hg.], MuG IV, 91). Dies scheint für eine Einschätzung aus Sicht von Seelsorgerinnen und Seelsorgern aber ausreichend zu sein.

[106] Vgl. Schneekloth/Wahl (Hg.), MuG IV, 92.

[107] Vgl. Schneekloth/Wahl (Hg.), MuG IV, 94; vgl. dort auch zu weiteren Krankheiten.

[108] Schneekloth/Wahl (Hg.), MuG IV, 94.

[109] Vgl. Aus der Au, Leiblichkeit, 134; Fröchtling, Menschen mit Demenz, 83. Im Rahmen der vorliegenden Arbeit werden weder Symptomatik noch Entstehung oder Entwicklung von Alzheimer-Demenz dargestellt, weil dies in der neueren Seelsorgeliteratur ausführlich und fundiert geschah (vgl. z. B. Fröchtling, Menschen mit Demenz, 83–102). Für ausführliche medizinische Informationen vgl. Ding-Greiner, Demenz.

[110] Vgl. Summa, Erinnern, 158.

[111] Vgl. Aus der Au, Leiblichkeit, 134.

[112] Vgl. Schneekloth/Wahl (Hg.), MuG IV, 210.

[113] Vgl. Schneekloth/Wahl (Hg.), MuG IV, 337.

gepflegt wurden.[114] Die Einschätzung einer *schweren* Demenz macht sich fest an einer weitgehenden zeitlichen und räumlichen Desorientiertheit, am Unvermögen zur Übernahme von Aufgaben oder Problemlösungen und am Hilfebedarf in allen Bereichen der Selbstversorgung.[115] (So konnte unter den Bewohnerinnen und Bewohnern mit schwerer Demenz kaum jemand sich selbst waschen, gut drei Viertel waren völlig unselbständig beim Toilettengang, gut die Hälfte brauchte vollständige Hilfe beim Essen und etwa 84% beim Anziehen.[116] Immerhin gut 9% der Demenzkranken wurden über PEG-Sonden künstlich ernährt, während dies bei nur 1,5% der übrigen Bewohnerinnen und Bewohner der Fall war.[117])

Im Zuge der Vertiefungsstudie ergab sich, dass Bewohnerinnen und Bewohner mit Demenz im Schnitt um drei Jahre älter waren als andere Bewohner, dass sie deutlich weniger mobil waren (Mobilitätseinschränkungen bei ca. 68% der Demenzkranken gegenüber ca. 46% bei Bewohnern ohne Demenz) und dass sie weit häufiger bettlägerig und inkontinent waren als Bewohner ohne Demenz.[118]

Nicht nur durch kognitive Symptome, sondern auch durch *nicht-kognitive Symptome* bringen Demenzen deutliche Belastungen mit sich: Depressive Symptome sind mit ca. 39% häufig, lagen im Zuge von MuG IV bei demenzerkrankten Bewohnerinnen und Bewohnern aber nur unwesentlich über dem Maß bei Bewohnern ohne Demenz (ca. 37%).[119] Bewohnerinnen und Bewohner mit Demenz litten zwei- bis dreimal häufiger als andere an Verhaltensauffälligkeiten wie Agitiertheit, Apathie, reduziertem oder extremem Bewegungsdrang sowie an psychiatrischen Symptomen wie Wahnvorstellungen oder Halluzinationen.[120] Während sowohl kognitive als auch nicht-kognitive Symptome großen Einfluss auf das Maß an Selbständigkeit einer Person haben, wirken sich MuG IV zufolge gerade nicht-kognitive Symptome zusätzlich stark auf die Lebensqualität aus, denn statistisch reduzieren sie die Chance auf förderliche Aktivitäten und positive Emotionen.[121] Insgesamt lässt sich festhalten: »je schwerer die Ausprägung der Demenz, desto höher die Wahrscheinlichkeit bewegungs- und freiheitseinschränkender Maßnahmen und desto geringer die Chance auf Aktivitäten und positive Emotionen.«[122]

Zudem sind *depressive Symptome* unter Heimbewohnerinnen und -bewohnern weit verbreitet: Es kann davon ausgegangen werden, dass etwa 40% der

114 Etwa 57% der an Demenz Erkrankten in Heimen litten unter einer schweren Demenz, während in Privathaushalten nur ca. 22% schwer an Demenz erkrankt waren, vgl. Schneekloth/Wahl (Hg.), MuG IV, 210.

115 Vgl. Schneekloth/Wahl (Hg.), MuG IV, 181.

116 Vgl. Schneekloth/Wahl (Hg.), MuG IV, 181f.

117 Vgl. Schneekloth/Wahl (Hg.), MuG IV, 177.

118 Vgl. Schneekloth/Wahl (Hg.), MuG IV, 177f. 210.

119 Vgl. Schneekloth/Wahl (Hg.), MuG IV, 179.

120 Vgl. Schneekloth/Wahl (Hg.), MuG IV, 178. 210.

121 Schneekloth/Wahl (Hg.), MuG IV, 216.

122 Schneekloth/Wahl (Hg.), MuG IV, 216.

Bewohnerinnen und Bewohner depressive Symptome zeigen;[123] zusätzlich wurde in den Erhebungen von MuG IV für immerhin 14% aller Bewohnerinnen und Bewohner von Alteneinrichtungen eine *schwere* Depression angegeben.[124]

Auch das *Suizidrisiko* nimmt mit dem Alter deutlich zu,[125] wobei Depressionen zu den Hauptrisikofaktoren für Suizidalität im Alter zählen.[126] Neben psychischen Störungen ist vor allem von einem Einfluss der körperlichen Konstitution auf suizidales Verhalten auszugehen: »Trotz der hohen Inkonsistenz der Befunde lässt sich sagen, dass Multimorbidität, funktionelle Beeinträchtigungen, fehlende Heilungsaussichten und Schmerzerleben die Suizidrate deutlich erhöhen.«[127]

3.3.2.3 Paradox des subjektiven Wohlbefindens

Insgesamt ist dennoch von einer erstaunlichen Konstanz der *Lebensqualität* und des subjektiven Wohlbefindens bis ins hohe Alter hinein auszugehen. In diesem Zusammenhang wird vom *Paradox des subjektiven Wohlbefindens* gesprochen, das mit Staudinger bezeichnet werden kann als der »Sachverhalt, dass sich widrige Lebensumstände (z.B. gesundheitliche und finanzielle Beeinträchtigungen) im Gruppenmittel [...] kaum bis gar nicht in den Bewertungen des subjektiven Wohlbefindens widerspiegeln.«[128] Allerdings kommt auch dieses Paradoxon im hohen Alter an Grenzen.[129] So kam die Berliner Altersstudie zwar auch zu dem Ergebnis einer hohen Stabilität des subjektiven Wohlbefindens,[130] es wurde aber deutlich, dass die Lebensqualität von Pflegeheimbewohnerinnen und -bewohnern insgesamt unter der des Altersdurchschnitts lag.[131]

3.3.3 Heimübersiedlung

Als Gründe für die *Heimübersiedlung* wurde vom Pflegepersonal im Rahmen von MuG IV für zwei Drittel der Bewohnerinnen und Bewohner ihr schlechter Gesundheitszustand bzw. das Maß an Pflegebedürftigkeit genannt (66%). Weitere Gründe waren fehlende soziale Netzwerke bzw. Überlastung der Angehörigen (57%), eine für die Pflege ungeeignete Wohnsituation (22%) sowie

---

[123] Vgl. Becker, Fähigkeiten, 263; Schneekloth/Wahl (Hg.), MuG IV, 179.

[124] Vgl. Schneekloth/Wahl (Hg.), MuG IV, 95. Im institutionellen Kontext wird zuweilen von einer Prävalenz depressiver Erkrankungen zwischen 14–42% ausgegangen, vgl. Kuzma/Pantel/Schröder, Prävention, 189.

[125] Vgl. Schmidtke/Sell/Löhr, Epidemiologie, 5.

[126] Vgl. Kessler, Suizidprävention, 207.

[127] Kessler, Suizidprävention, 207.

[128] Staudinger, Paradox, 186, zitiert nach Wahl/Heyl, Gerontologie, 176.

[129] Vgl. Wahl/Heyl, Gerontologie, 176; vgl. zum Wohlbefindensparadoxon auch Maercker, Psychologie, 24–26.

[130] Smith, Wohlbefinden, 542.

[131] Vgl. dazu Bundesministerium für Familie (Hg.), Vierter Altenbericht, 74; Smith, Wohlbefinden, 534–536.

der Wunsch, den Angehörigen nicht zur Last zu fallen (8%).[132] »[...] [Aus] Sicht des Pflegepersonals ist es demnach vorrangig der Verlust von Selbstständigkeit, der vor dem Hintergrund fehlender privater Versorgungsmöglichkeiten durch Angehörige oder Bekannte zu dem Wechsel in das Heim geführt hat.«[133] Mit einem Heimeintritt geht manchmal die Hoffnung auf mehr soziale Kontakte und Möglichkeiten gemeinsamer Freizeitgestaltung einher.[134]

Angesichts der Tatsache, dass etwa ein Viertel (24%) aller durch MuG IV berücksichtigten Personen unmittelbar aus dem Krankenhaus ins Heim eingezogen ist, während weitere 13% direkt aus der Psychiatrie bzw. einer Reha-Klinik einzogen, kann die Heimübersiedlung in den meisten Fällen als Notlösung, zumindest aber als Notfallreaktion[135] beschrieben werden. Häufig geschieht der Umzug in solchen Fällen unter hohem Zeitdruck, unter Beteiligung mehrerer Außenstehender (Ärzte, Angehörige etc.), ohne einen wirklichen Abschied von der alten Wohnung und ohne die Wohnung selbst aufzulösen.[136] Struppek kommt in ihrer Studie zur Patientensouveränität in Pflegeheimen, die auf qualitativen Interviews mit Pflegeheimbewohnerinnen und -bewohnern beruht, zu einem ernüchternden Schluss im Blick auf den Heimeinzug:

> »Selbst wenn Menschen allein die Entscheidung getroffen haben, in ein Pflegeheim zu ziehen, entbehrt dieser Entschluss an Freiwilligkeit. Unter den befragten Bewohnern gaben einige an, nach Abwägen aller Möglichkeiten zu der Erkenntnis gelangt zu sein, dass der Umzug ins Pflegeheim darunter die beste, die einzige oder auch diejenige ist, die am meisten Selbstbestimmung gewährleistet [...]. Alle Bewohner jedoch, und besonders natürlich diejenigen, die durch die Umstände oder andere beteiligte Akteure zum Umzug ins Pflegeheim gedrängt wurden, hätten es bevorzugt, ihr gewohntes Leben im häuslichen Wohnumfeld fortführen zu können. Unter dieser Prämisse steht das Leben im Heim: Es ist bestenfalls die notgedrungen akzeptierte Alternative, nie das Umfeld erster Wahl.«[137]

Zugleich kann der Einzug ins Pflegeheim als *kritisches Lebensereignis* angesehen werden,[138] dessen Bewältigung entscheidenden Einfluss darauf hat, wie zufrieden eine Bewohnerin oder ein Bewohner mit dem weiteren Leben im Heim ist.[139] Typisch für kritische Lebensereignisse ist es,

---

132 Vgl. SCHNEEKLOTH/WAHL (Hg.), MuG IV, 90.

133 SCHNEEKLOTH/WAHL (Hg.), MuG IV, 90.

134 Vgl. SCHNEEKLOTH/WAHL (Hg.), MuG IV, 90 sowie WAHL/REICHERT, Übersiedlung, 18.

135 Vgl. MOSER, Identität, 115.

136 Vgl. MOSER, Identität, 115.

137 STRUPPEK, Patientensouveränität, 203.

138 Vgl. zum Folgenden und insgesamt zum Thema Altenheimübersiedlung als kritisches Lebensereignis ausführlich und anschaulich MOSER, Identität, 110–124.

139 Vgl. MOSER, Identität, 336.

»[...] dass sie das Person-Umwelt-Passungsgefüge attackieren, es in einen Zustand des Ungleichgewichts überführen, dass sie subjektive Theorien als die bislang unhinterfragten Gewissheiten erschüttern und dass sie heftige Emotionen auszulösen in der Lage sind und den Betroffenen nicht selten den Schlaf, den Appetit und die Lebenslust rauben. Die Botschaft, die solche Ereignisse transportieren, lautet in der Regel, dass die Welt nicht mehr die ist, die sie einmal war, und dass auch die Betroffenen nicht mehr die sind, die sie einmal waren. Die bisherige Sicht der Dinge greift nicht mehr; die Person und ihre Umwelt – sie passen nicht mehr zueinander.«[140]

Eine solche Störung im Passungsgefüge bedarf der Auseinandersetzung mit der veränderten Situation und ihrer Bewältigung, so dass das Passungsgefüge – im besten Fall – ein neues Gleichgewicht erhält.[141] In diesem Zusammenhang kann der Seelsorge nach der Heimübersiedlung eine wichtige Rolle zukommen.[142]

Moser stellt im Anschluss an Kruse u. a. fünf Stile dar, mit denen Menschen auf die Altenheimübersiedlung reagieren.[143] Sie seien exemplarisch für eine Vielzahl möglicher Interpretationen angeführt:

- Der *erste* Stil zeichnet sich durch Konstanz und durch die Annahme von Einschränkungen aus, wenn im Heim die Möglichkeit besteht, die eigenen Fähigkeiten beizubehalten und neue Aufgaben zu übernehmen. Die Heimübersiedlung wird als Teil des eigenen Lebens akzeptiert.
- Der *zweite* Stil geht mit einem Rückzug von früheren Kontakten einher, der zu einer Besinnung auf sich selbst und zur Aktivierung zuvor ungenutzter Fähigkeiten führt.
- Der *dritte* Stil ist durch Niedergeschlagenheit, Resignation und Rückzug gekennzeichnet, so dass bestehende Handlungsspielräume weder wahrgenommen noch genutzt werden.
- Einen *vierten* Stil zeigen Menschen, die den Heimeinzug als extremen Einbruch in ihrer Biographie erleben, nach einer Zeit großer Niedergeschlagenheit aber zu ihren alten Interessen und Kontakten zurückfinden.
- Schließlich gibt es *fünftens* Menschen, die sich nach einer Zeit der Eingewöhnung den Gegebenheiten des Heimlebens anpassen und dieses positiv deuten.[144]

Ambivalenzen und Unsicherheiten, die in der Entscheidung zur Heimübersiedlung bei Bewohnern und ihren Angehörigen mitschwingen, können durch

[140] Filipp/Aymanns, Kritische Lebensereignisse, 13.

[141] Vgl. Filipp/Aymanns, Kritische Lebensereignisse, 127f.

[142] Im Anschluss an Filipp und Aymanns lassen sich mentale und sozial-interaktive Bewältigungsformen voneinander unterscheiden; s. dazu Kapitel 3, 3.1.3.1.

[143] Vgl. zum Folgenden Moser, Identität, 121f. Auf ein Phasenmodell für die Heimübersiedlung beziehen sich Baumann, u. a., Übergang, 294–304. Kritisch an solchen Phasenmodellen ist allerdings ihre schematische Ausrichtung sowie die hohe implizierte Normativität.

[144] Vgl. zum Folgenden Moser, Identität, 121f.

die Erfahrung des Lebens im Heim bestätigt, verstärkt oder auch ausgeräumt werden;[145] dies scheint sich in den unterschiedlichen Umgangsweisen von Bewohnerinnen und Bewohnern mit der Situation zu manifestieren.

3.3.4 Wohnsituation

Die Eingewöhnung im Heim wird maßgeblich durch die Frage beeinflusst, ob eine Person in einem *Einzel-* oder in einem *Doppelzimmer* lebt. Zwar steigt der Anteil von Einzelzimmern,[146] allerdings gibt es noch immer erstaunlich viele Doppelzimmer: So entfielen 2011 etwa 60% der Pflegeplätze in der Dauerpflege auf Einzelzimmer (500 000 von 831 000). Entsprechend leben noch immer knapp 40% aller Bewohnerinnen und Bewohner in Doppelzimmern.[147]

Dabei ist die Frage, ob eine Person in einem Einzel- oder in einem Doppelzimmer lebt, als wichtiger Faktor für die Zufriedenheit von Pflegeheimbewohnerinnen und -bewohnern anzusehen.[148] Die Einschränkungen von Privatsphäre und Möglichkeiten der Selbstbestimmung, die durch Doppelzimmer verursacht werden, erscheinen gravierend.[149] Erschwerend kommt hinzu, dass Bewohnerinnen und Bewohner kaum Einfluss darauf nehmen können, mit wem sie ihr Zimmer teilen.[150]

Die *Verweildauer* in Heimen sinkt insgesamt: Während sie 1994 noch ca. viereinhalb Jahre betrug, lag sie 2005 bei dreieinhalb Jahren.[151] Dabei divergiert sie laut MuG IV stark zwischen einzelnen Personen: Etwa ein Fünftel aller Bewohnerinnen und Bewohner starb während des ersten halben Jahres (22%) und ca. ein Drittel im Laufe eines Jahres (31%). Zugleich gab es aber auch zahlreiche Menschen, die fünf Jahre oder länger in einem Heim lebten (ebenfalls etwa 22%).[152] Insgesamt kann von einer Verlagerung des Sterbeorts vom Krankenhaus ins Pflegeheim ausgegangen werden.[153]

3.3.5 Möglichkeiten und Einschränkungen

3.3.5.1 Alltägliche Verrichtungen und Gestaltungsspielräume

Entsprechend dem hohen und steigenden Grad an Pflegebedürftigkeit sind die meisten Bewohnerinnen und Bewohner in der selbständigen *Verrichtung alltäglicher Dinge* eingeschränkt. Während 64% der Bewohnerinnen und Bewohner zum Zeitpunkt der Erhebung von MuG IV den Großteil des Tages auf den Beinen

---

145 Vgl. Wahl/Reichert, Übersiedlung, 18.

146 Dies zeigt der Vergleich der Zahlen des Statistischen Bundesamtes 2009 und 2011 (vgl. Pfaff, Pflegestatistik 2009, 15 und Pfaff, Pflegestatistik 2011, 16).

147 Vgl. Pfaff, Pflegestatistik 2011, 16.

148 Vgl. Heinemann-Knoch, Möglichkeiten und Grenzen, 89f.

149 Vgl. Heinemann-Knoch, Möglichkeiten und Grenzen, 89.

150 Vgl. Heinemann-Knoch, Möglichkeiten und Grenzen, 87.

151 Vgl. Schneekloth/Wahl (Hg.), MuG IV, 153.

152 Vgl. Schneekloth/Wahl (Hg.), MuG IV, 153.

153 Vgl. Thönnes/Jakoby, Menschen, 337.

waren, verbrachten 8% nur drei bis fünf Stunden außerhalb des Bettes und ca. 11% waren bettlägerig im engen Sinne des Wortes.[154]

Im Blick auf die *Aktivitäten des täglichen Lebens* (Activities of Daily Living – ADLs) stellte sich das Bild bei MuG IV folgendermaßen dar: 57% der Bewohnerinnen und Bewohner konnten sich nicht alleine waschen oder duschen und 31% nur mit Schwierigkeiten. 43% konnten unmöglich allein die Toilette benutzen und 21% nur mit Problemen. 40% der Bewohnerinnen und Bewohner waren nicht in der Lage, allein im Zimmer umherzulaufen und 16% konnten das nur schwerlich. 17% konnten nicht alleine essen oder trinken und weitere 22% nur mit Schwierigkeiten.[155]

Bei den *instrumentellen Aktivitäten des täglichen Lebens* (IADLs) waren die Einschränkungen noch höher: 78% der von der Studie berücksichtigten Bewohnerinnen und Bewohner konnten keine öffentlichen Verkehrsmittel benutzen, 77% konnten nicht selbst einkaufen, 69% ihre Finanzen nicht selbst regeln, 55% keine Besuche machen und 58% sich nicht außerhalb des Heimes zurechtfinden. Immerhin 36% der Personen konnten nicht selbst telefonieren.[156]

Die Ursachen für die Einschränkungen in alltäglichen Verrichtungen waren sehr unterschiedlich – kognitiv, psychisch oder körperlich.[157] Hinsichtlich der Frage nach der Selbständigkeit kommt es aber auch weniger auf den Grund der Einschränkungen als vielmehr darauf an, *dass* zahlreiche Bewohnerinnen und Bewohner in nahezu allen Lebensbereichen auf Hilfe angewiesen waren. Mit diesem Sachverhalt kompetenz- und selbständigkeitsfördernd umzugehen, ist Aufgabe der Pflege.[158] Für die Seelsorge wird es vor allen Dingen wichtig sein, die Tatsache des Angewiesenseins wahrzunehmen, zu würdigen und einen angemessenen seelsorglichen Umgang damit zu finden.

Gerade gegenüber der Situation in den 90er-Jahren sind die Heime insgesamt zunehmend individuell orientiert, sodass von institutioneller Seite aus deutliche *Handlungsspielräume* bestehen: MuG IV ergab, dass fast alle Bewohnerinnen und Bewohner die Möglichkeiten hatten, ihr Zimmer persönlich zu gestalten, eigene Möbel mitzubringen, Besuch zu empfangen und einen eigenen Zimmerschüssel zu besitzen. 90% der Bewohnerinnen und Bewohner konnten 2005 auch selbst bestimmen, wann sie aufstehen und schlafen gehen wollten. Drei viertel aller Bewohnerinnen und Bewohner konnte die Essenszeiten selbst bestimmen, 70% durften frei über ihr Bargeld verfügen und 41% besaßen einen eigenen Hausschlüssel. 81% konnten die zuständige Pflegekraft wechseln, wobei dies nahezu allen pflegebedürftigen Personen möglich war, die eine Pflegekraft des anderen Geschlechts hatten.[159] In den Fällen, in denen die beschrie-

---

[154] Vgl. Schneekloth/Wahl (Hg.), MuG IV, 104.
[155] Vgl. Schneekloth/Wahl (Hg.), MuG IV, 102.
[156] Vgl. Schneekloth/Wahl (Hg.), MuG IV, 102.
[157] Vgl. Schneekloth/Wahl (Hg.), MuG IV, 102.
[158] Vgl. Kaltenegger, Lebensqualität, 283.
[159] Vgl. Schneekloth/Wahl (Hg.), MuG IV, 129.

benen Handlungsspielräume nicht bestanden, waren die Bewohnerinnen und Bewohner meist nicht dazu in der Lage – z. B. aufgrund psychischer Einschränkungen.[160]

Es hat also den Anschein, als gingen die bestehenden Einschränkungen stärker auf die persönlichen Fähigkeiten einer Person zurück als auf die institutionellen Rahmenbedingungen. Im Sinne eines negativen Verständnisses von Freiheit bestehen demzufolge also »alle Möglichkeiten« und die institutionellen Hürden präsentieren sich – zumindest in dieser Studie – als marginal. Allerdings entfallen in den meisten Fällen die gewohnte Alltagsroutine und sowohl Notwendigkeit als auch Möglichkeit zur Übernahme alltäglicher Aufgaben. Zudem stellt sich vielfach die Frage, inwiefern Bewohnerinnen und Bewohner auch darin gefördert und unterstützt werden, ihre theoretisch gegebenen Handlungsspielräume zu nutzen und ihre verbliebenen Fähigkeiten zu selbständigem Handeln auszubauen. Nur dann können theoretisch gegebene Spielräume auch als solche wahrgenommen und genutzt werden.

3.3.5.2 Freizeitaktivitäten

Hinsichtlich der *Freizeitaktivitäten* machen die Autoren von MuG IV drei Typen von Heimbewohnerinnen und -bewohnern aus. *Erstens*: Der Großteil der Bewohnerinnen und Bewohner verbrachte den Alltag im Heim: Sie sahen fern oder hörten Radio (87%), lasen (54%) und hatten Kontakt mit anderen Bewohnerinnen und Bewohnern (65%). *Zweitens*: Ein kleinerer Teil der Bewohnerinnen und Bewohner verließ das Heim noch regelmäßig, z. B. zum Spaziergang (50%). Ein *dritter* Typ ging Hobbies innerhalb der Einrichtung nach, wie z. B. Handarbeiten (14%). Am angebotenen Programm der Einrichtungen nahmen 54% der Bewohnerinnen und Bewohner teil – dabei schien auch im Heim Vielfalt erwünscht zu sein: Sport und Gymnastik, Möglichkeiten für eigene Hobbies, aber auch Geselligkeit und Kultur gehörten mit dazu.[161]

3.3.5.3 Personalsituation und freiheitsentziehende Maßnahmen

Mit dem höheren Einzugsalter und dem erhöhten Maß an Pflegebedürftigkeit werden Fachwissen und Professionalisierung in der Altenpflege zunehmend wichtiger. Dazu kommt die steigende Notwendigkeit sozialer Betreuung und psychiatrischer Pflege. Dem stehen aber ein wachsender *Personalmangel* und gerade das Fehlen ausgebildeter Fachkräfte diametral entgegen.[162] Zwar gab es 2005 mehr Fachkräfte als noch 1994.[163] Dennoch wirkt die »vielfach schwierige Personalsituation [...] spürbar einschränkend. Es hat den Anschein, dass sich mit den momentan verfügbaren Personalressourcen in der Breite der pflegeri-

---

160 Vgl. Heinemann-Knoch, Möglichkeiten und Grenzen, 129.

161 Vgl. Schneekloth/Wahl (Hg.), MuG IV, 136f.

162 Vgl. Struppek, Patientensouveränität, 33.

163 Vgl. Schneekloth/Wahl (Hg.), MuG IV, 339.

schen Versorgung auf Dauer keine substantiellen Innovationen nachhaltig werden vorantreiben lassen können.«[164]

Eng im Zusammenhang mit der Qualifikation des Pflegepersonals und der Frage nach gerontopsychiatrischer Qualifizierung steht das Maß des Einsatzes *freiheitsentziehender Maßnahmen* (FeM) in der Pflege. Der Begriff beschreibt Maßnahmen, die die körperliche Bewegungsfreiheit einschränken, von den Betroffenen selbst nicht entfernt werden können bzw. die es verhindern, auf den eigenen Körper zuzugreifen.[165] FeM können anhand mechanischer Vorrichtungen vollzogen werden, z. B. durch Bettgitter, Gurte oder Stecktische, oder durch den freiheitsentziehenden Einsatz von Medikamenten – beispielsweise dann, wenn sie mit dem Ziel verabreicht werden, den Bewegungsdrang einer demenzkranken Person zu unterbinden.[166]

FeM werden noch immer regelmäßig eingesetzt: In einer Untersuchung in 30 Hamburger Pflegeheimen wurde 2008 eine routinemäßige Anwendung von FeM aufgewiesen,[167] wobei das Maß ihres Gebrauchs zwischen den Heimen stark variierte. Benutzt wurden vor allen Dingen Bettgitter, während Gurte oder Stecktische selten gebraucht wurden.[168] Auch die Mannheimer Vertiefungsstudie im Zuge von MuG IV ergab, dass vor allem Bettgitter eingesetzt wurden.[169]

Anhand der Ergebnisse der Vertiefungsstudie[170] wird deutlich, dass besonders Menschen mit Demenz von FeM betroffen sind. Die Maßnahmen wurden außer bei Demenz dann wahrscheinlicher, wenn eine Person in erhöhtem Maße hilfebedürftig war, wenn sie bettlägerig war und wenn sie sich aggressiv verhielt. Für Personen, die verstärkt auf Hilfe angewiesen, aber nicht bettlägerig waren, schien das Risiko von FeM noch einmal höher zu sein.[171] Bei fast der Hälfte der Bewohnerinnen und Bewohner mit Demenz wurde zeitweise ein Bettgitter angebracht,[172] wobei dies bei ca. 30% der Bewohner auf eigenen Wunsch hin und in der Hälfte der Fälle mit einer richterlichen Genehmigung erfolgte.[173] Auch körpernahe Fixierungen kamen bei Personen mit Demenz vermehrt vor (ca. 9% gegenüber weniger als 2% bei Menschen

---

164 Schneekloth/Wahl (Hg.), MuG IV, 341.

165 Vgl. Berzlanovich/Kohls, Freiheitsentziehende Maßnahmen, 356.

166 Vgl. Berzlanovich/Kohls, Freiheitsentziehende Maßnahmen, 357.

167 Köpke, Methodenpapier, 46.

168 Vgl. Köpke, Methodenpapier, 46

169 Vgl. Schneekloth/Wahl (Hg.), MuG IV, 193.

170 Vgl. zum Folgenden Schneekloth/Wahl (Hg.), MuG IV, 192–196.

171 Vgl. Schneekloth/Wahl (Hg.), MuG IV, 195f.

172 Teilweise werden deutlich höhere Zahlen genannt, vgl. Berzlanovich/Kohls, Freiheitsentziehende Maßnahmen, 358.

173 Vgl. Schneekloth/Wahl (Hg.), MuG IV, 192. Bei etwa einem Fünftel der Bewohner war keine Genehmigung nötig, weil sie sich nicht mehr zielgerichtet oder willkürlich bewegen konnten, vgl. ebd.

ohne Demenz).[174] Wurden FeM bei Personen ohne Demenz durchgeführt, so geschah dies in der Hälfte der Fälle ohne richterliche Genehmigung, vermutlich als einmalige Maßnahmen.[175]

Einer der wichtigsten Gründe, die für den Einsatz von FeM angegeben werden, stellt neben dem eigenen Sicherheitsbedürfnis einer Person ihre *Sturz- und Verletzungsgefahr* dar.[176] Ein Nutzen solcher Einschränkungen ist allerdings fraglich, vielmehr können insbesondere körpernahe Fixierungen mitunter schädliche Folgen zeitigen: Außer psychischen Belastungen durch Freiheitseinschränkungen sind auch somatische Komplikationen zu nennen – allgemein durch Rückgang der Bewegungsfähigkeit und die dadurch nachfolgend erhöhte Sturzgefahr; aber z.B. auch durch Entzündungen, Thrombosen und nicht zuletzt durch Strangulierungen.[177]

FeM *können* als zulässig angesehen werden, wenn und solange sie der Person selbst dienen, z.B. wenn diese sich selbst oder andere in erheblichem Maß gefährdet. Sie stellen aber auch eine massive Gewaltanwendung dar und schränken nicht nur die Selbständigkeit der Person, sondern vor allem auch ihre Selbstbestimmungsmöglichkeiten in hohem Maße ein.[178]

3.4 Auswertung

Was lässt sich vor dem Hintergrund dieses Überblicks für die weiteren Überlegungen festhalten?

Die meisten Bewohnerinnen und Bewohner von Pflegeheimen sind wegen ihrer Pflegebedürftigkeit nur eingeschränkt dazu in der Lage, ihren Alltag selbständig zu gestalten (Seh- und Höreinbußen, kognitive Einbußen etc.). Aufgrund dessen sind auch ihre Möglichkeiten, selbstbestimmt zu handeln, zuweilen vermindert und in hohem Maße von ihrem Umfeld abhängig[179] – davon, ob ihnen angemessene Handlungsmöglichkeiten eingeräumt werden und ob sie in der Wahrnehmung und Ausübung von Selbständigkeit und Selbstbestimmung gefördert werden oder nicht. Wie selbständig und selbstbestimmt pflegebedürftige Personen in ihrem Alltag sind, hängt somit neben institutionellen Rahmenbedingungen u.a. stark davon ab, wie sich die einzelne pflegende Person verhält,[180] so dass hier nur schwerlich allgemeine Urteile gefällt werden können. Es ist die Aufgabe guter Pflege, Selbständigkeit und Selbstbestimmung von Bewohnerinnen und Bewohnern zu fördern und sie an ihren Fähigkeiten

---

174 SCHNEEKLOTH/WAHL (Hg.), MuG IV, 193.

175 Vgl. SCHNEEKLOTH/WAHL (Hg.), MuG IV, 193.

176 Vgl. SCHNEEKLOTH/WAHL (Hg.), MuG IV, 193f.

177 Vgl. BERZLANOVICH/KOHLS, Freiheitsentziehende Maßnahmen, 357f.

178 BERZLANOVICH/KOHLS, Freiheitsentziehende Maßnahmen, 356.

179 Insgesamt lässt sich eine mit dem Alter steigende »Umweltabhängigkeit« feststellen, vgl. SAUP, Alten- und Pflegeheime, 242; vgl. dazu auch WITTRAHM, Tage, 133.

180 Gerade Pflegekräfte mit fehlender oder geringer Ausbildung scheinen unselbständiges Verhalten zu befördern, vgl. KALTENEGGER, Lebensqualität, 282.

und Kompetenzen orientiert zu unterstützen.[181] Gelingt dies, sind Heime keineswegs als Stätten der Einschränkung persönlicher Freiheiten anzusehen. Im Gegenteil, dann kommt ihnen die Funktion zu, solchen Menschen selbständiges und selbstbestimmtes Handeln zu ermöglichen, die dazu allein nicht mehr in der Lage waren oder wären – indem verloren gegangene Fähigkeiten kompensiert und Grundbedürfnisse befriedigt werden.[182]

Allerdings präsentiert sich die Situation in der stationären Altenpflege von den institutionellen Rahmenbedingungen her schwierig, wie nicht zuletzt der Vierte Altenbericht der Bundesregierung herausstreicht:

> »Die stationären Einrichtungen der Altenhilfe sind bekanntermaßen längst [...] Versorgungsinstitutionen Schwer- und Schwerstpflegebedürftiger. [...] Gerade in der Pflege Hochaltriger, die durch großen Zeitaufwand und Geduld gekennzeichnet ist, bedroht der Zeitdruck die Qualität der Pflege. Indikatoren der Pflegequalität zeigen, dass stationäre Pflegeeinrichtungen oft überfordert sind. Die gängige Vorstellung ist derzeit, dass immer mehr Qualität mit immer weniger Geld erbracht werden könne. [...] [Ökonomischer] Druck beherrscht fachliche Entscheidungen, die Personalführung ist mit einem übergroßen Anteil an Hilfskräften außerordentlich schwierig. Dazu scheint die angespannte Personalsituation einen Abwärtstrend zu beschleunigen, der die begrenzte Anzahl ausgebildeter Pflegefachkräfte überlastet und zu vermehrten Kündigungen führt, während in Ballungsräumen bereits keine Fachkräfte mehr zu bekommen sind. Gleichzeitig nimmt der Anteil der Schwerstpflegebedürftigen in den Einrichtungen der stationären Altenpflege zu. Hier sind zunehmende Versorgungsprobleme zu erwarten.«[183]

Ziel des vorliegenden Kapitels ist es, einen Überblick über Einschränkungen und Handlungsspielräume von Pflegeheimbewohnerinnen und -bewohnern zu geben. Ein solcher Überblick ist zwangsläufig verallgemeinernd und kann in keinem Fall die Wahrnehmung einer konkreten Person in einem konkreten Heim ersetzen. Aber er kann einerseits Probleme aufzeigen, wie sie durch die beschriebenen Gegebenheiten (z. B. Personalmangel, Doppelzimmer, FeM, erhöhten Pflegebedarf, Demenzen) gegeben sind, und andererseits davon abhalten, ausschließlich auf Defizite und Einschränkungen zu fokussieren, mit denen es Heimbewohnerinnen und -bewohner zu tun haben: Auch im hohen Lebensalter gibt es Entwicklungsmöglichkeiten, gerade auch im seelisch-geistigen Bereich.[184]

---

181 Vgl. dazu §2.1 SGB XI: »Die Leistungen der Pflegeversicherung sollen den Pflegebedürftigen helfen, trotz ihres Hilfebedarfs ein möglichst selbständiges und selbstbestimmtes Leben zu führen, das der Würde des Menschen entspricht. Die Hilfen sind darauf auszurichten, die körperlichen, geistigen und seelischen Kräfte der Pflegebedürftigen wiederzugewinnen oder zu erhalten.«

182 Vgl. Kaltenegger, Lebensqualität, 281.

183 Bundesministerium für Familie (Hg.), Vierter Altenbericht, 287.

184 Vgl. Kruse, Neue Seelsorge, 37.

Es sollte darüber hinaus deutlich geworden sein, dass viele Einschränkungen nicht allein auf die Situation in Pflegeheimen zurückzuführen sind, sondern auch auf die Fragilität und Verletzlichkeit der hochaltrigen und pflegebedürftigen Menschen selbst; auch wenn z.B. gerade bei demenzkranken Menschen Betreuung und Pflege häufig noch zu wenig auf individuelle Bedürfnisse ausgerichtet sind.[185]

Vor diesem Hintergrund wird an dieser Stelle kein Urteil über Möglichkeiten und Grenzen selbständigen und selbstbestimmten Handelns von Pflegeheimbewohnern gefällt – es könnte nur unzureichend sein. Im Zuge der vorliegenden poimenischen Arbeit soll es vielmehr darum gehen, sich einigen der Fragen und Herausforderungen zu stellen, die sich aus der wahrgenommenen Lebenssituation in Pflegeheimen für Seelsorge und Poimenik ergeben. Der letzte Abschnitt diente dazu, die Wahrnehmung dieser Situation zu schärfen. Herausforderungen für die Seelsorge werden im Folgenden herausgearbeitet.

4. Herausforderungen von Seelsorge mit alten Menschen in Pflegeheimen

Bevor auf Herausforderungen von Seelsorge mit alten Menschen in Pflegeheimen eingegangen wird, soll zuvor in aller Kürze der *Reichtum* dieser Seelsorge zur Sprache kommen.

Besucht man als Seelsorger oder Seelsorgerin hochaltrige Menschen, so begegnet man zugleich Menschen mit einem großen Schatz an Lebenserfahrungen.[186] Diese kommen in vielfältigen lebensgeschichtlichen Erinnerungen zum Ausdruck, die häufig gerade dann erzählt werden, wenn die äußeren Grenzen und der Lebensraum enger werden.[187] Sie begegnen aber nicht nur in Erzählungen und im bewusst Erinnerten, sondern sie sind über das Leibgedächtnis in der Person selbst leibhaftig geworden.[188] So kann auch in der mitunter nonverbalen Begegnung mit demenzkranken Menschen noch eine Fülle an Leben auf unmittelbare Weise erfahrbar werden.

Menschen kennen zu lernen und seelsorglich zu begleiten, die teilweise mit großen Einschränkungen leben müssen, die dennoch ihren Lebenswillen und ihre Zufriedenheit nicht verlieren und denen es gelingt, sich und ihr Le-

185 Vgl. Kruse/Wahl, Zukunft Altern, 291.

186 Vgl. Drechsel, Welt, 205f.; Sprakties, Sinnorientierte Altenseelsorge

187 Vgl. Drechsel, Das Spezifische, 483.

188 Thomas Fuchs hebt die Bedeutung des sogenannten Leibgedächtnisses für die Kontinuität personalen Selbstseins hervor (Fuchs, Leibgedächtnis, 238). »Das explizite, autobiographische Gedächtnis repräsentiert die Vergangenheit nur als vergangene. Das Gedächtnis des Leibes dagegen vermittelt die eigentliche, lebendige Gegenwart der Vergangenheit.« (Fuchs, Leibgedächtnis, 237).

ben anzunehmen, ist eindrücklich.[189] Dazu leuchtet der Sinn seelsorglichen Handelns im Pflegeheim zumeist unmittelbar ein: Viele Bewohnerinnen und Bewohner, gerade diejenigen, die wenig Besuch erhalten, freuen sich über die Zuwendung und Anerkennung, die ein Seelsorgebesuch bedeutet.[190] Seelsorge mit alten Menschen in Pflegeheimen ist ein wechselseitiges Geschehen: Auch Seelsorgerinnen und Seelsorger können hier viel an persönlicher Bedeutsamkeit erfahren.[191]

Zugleich gibt es auch *Herausforderungen*, denen begegnet werden muss. Vom Umgang mit ihnen hängt ab, wie die Tätigkeit als Seelsorger oder Seelsorgerin wahrgenommen und beurteilt wird. Einige dieser Herausforderungen sollen im Folgenden benannt werden:

4.1 Eigene Ängste und Abwertungen

In der Begegnung mit Bewohnerinnen und Bewohnern von Pflegeheimen werden Seelsorgerinnen und Seelsorger auch mit ihren persönlichen Ängsten vor der eigenen Endlichkeit und dem eigenen Alter(n) sowie mit ihren Urteilen, Vorurteilen und Abwertungen konfrontiert. Nicht nur die Fülle des Lebens, sondern auch seine Endlichkeit und Verletzlichkeit begegnen bei hochaltrigen Menschen gleichsam leibhaftig.[192] Leicht geschieht es vor diesem Hintergrund, dass die Angst vor der eigenen, in jeder Lebensphase potentiell bedrohlichen Endlichkeit ausgelagert und dem hohen Alter zugeschrieben wird.[193] Insofern bedarf es der differenzierten Wahrnehmung nicht nur des Gegenübers, sondern auch der eigenen Person in ihrer Befindlichkeit, in ihren Bedürfnissen und ihren Ängsten[194] sowie in ihren Gegenübertragungen.[195] Sich der Gefahr, die mit eigenen negativen Altersbildern verbunden ist, bewusst zu sein (»Ageism«[196]), ist hier von hohem Stellenwert.

Negative gesellschaftliche Altersbilder wirken sich deutlich auch in den Bereich von Kirche, Theologie und Seelsorgetheorie aus.[197] Vor diesem Hintergrund lässt sich Seelsorge im Pflegeheim als eine Aufgabe verstehen, die zwar von hoher subjektiver Bedeutsamkeit sein kann, der aber auch im kirchlichen und seelsorglichen Kontext immer wieder mit Abwertung begegnet wird.

---

[189] Vgl. zum Umgang alter Menschen mit Verlusten sowie zum Thema Lebenszufriedenheit exemplarisch Kruse/Wahl, Zukunft Altern, 187–194.

[190] Vgl. Knöbel-Methner, Altenheimseelsorge.

[191] Kritisch ist dies sicherlich dann zu sehen – und zwar erst und nur dann –, wenn die persönliche Bedürftigkeit von Seelsorger oder Seelsorgerin zum zentralen Movens seelsorglicher Tätigkeit wird; s. dazu unten Anm. 933.

[192] S. oben Anm. 187.

[193] Vgl. Drechsel, Welt, 209.

[194] Vgl. Moser, Identität, 316.

[195] Vgl. Wiedemann, Angst, 34f.

[196] Vgl. Moser, Identität, 315f.

[197] Vgl. Drechsel, Das Spezifische, 472f.

4.2 Fremdheit

Die Lebenssituation im Pflegeheim unterscheidet sich in vielem vom privaten Wohnen und Bewohnerinnen und Bewohner sind zum großen Teil in einer gänzlich anderen Zeit groß geworden als die Menschen, die professionell in der Seelsorge tätig sind. Es kann von einem kulturellen Unterschied[198] zwischen Pflegeheimbewohnerinnen und Seelsorgern gesprochen werden, der sich angesichts der »Fremden Welt Pflegeheim«[199] verschärft.[200]

Es seien nur einige Beispiele für Fremdheitserfahrungen genannt: Fremdheit kann spürbar werden im Umgang mit Themen im Zusammenhang des Nationalsozialismus.[201] Sie kann dadurch entstehen, dass man Bewohnerinnen und Bewohnern räumlich sehr nahe kommt, eine räumlich-leibliche Nähe eingeht, die der Nähe der Beziehung kaum entspricht – indem man z. B. auf dem Bett Platz nimmt, indem man Wäsche zur Seite räumt, bevor man sich setzt u.ä. Fremdheit entsteht, wenn etwa Uringeruch das Betreten eines Zimmers erschwert. Sie prägt häufig Begegnungen mit demenzkranken Menschen. Schnell kann dann der Nutzen des eigenen seelsorglichen und theologischen Handwerkszeugs fraglich werden (Demenz als »theological disease«[202]). Die Herausforderung im Umgang mit solchen Erfahrungen kann darin gesehen werden, die Fremdheit wahrzunehmen, auszuhalten und – ohne sie zu nivellieren – nach Zugängen zu Bewohnerinnen und Bewohnern zu suchen, die angesichts aller Fremdheit Nähe ermöglichen.

4.3 Grenzen des Lebens

Auch die Endlichkeit und die Verletzlichkeit des Lebens begegnen in Pflegeheimen unübersehbar und leibhaftig. Thomas Rentsch schreibt im Blick auf das Altern von der »Radikalisierung der menschlichen [...] Grundsituation«,[203] die mit den physischen, psychischen, sozialen und kulturellen Aspekten des Alterungsprozesses einhergehe.[204] Alters- und gesundheitsbedingte Einschränkungen, sich verringernde Möglichkeiten und die gleichermaßen reale wie realisierbare

[198] Vgl. MOSER, Identität, 319.

[199] So der Titel der ethnologischen Studie von Ursula Koch-Straube (Koch-Straube, Fremde Welt). »Nicht anders als eine afrikanische Kultur im Vergleich mit einer europäischen kann das Pflegeheim als ein fremdes Territorium gegenüber anderen sozialen Einheiten betrachtet werden, ausgestattet mit einer eigenen, sich von anderen unterscheidenden Kultur, einer eigenen Philosophie des Lebenssinns, eigenen Werten, Normen und Regeln zur Bewältigung des Alltags.« (a. a. O., 25).

[200] Vgl. zum Thema der Fremdheit des Alters im Blick auf Gesellschaft, Theologie, Kirche und Poimenik DRECHSEL, Welt, 194–203.

[201] Vgl. MOSER, Identität, 319.

[202] So Andrea Fröchtling im Anschluss an David Keck, vgl. FRÖCHTLING, Menschen mit Demenz, 165.

[203] RENTSCH, Altern, 58.

[204] Vgl. RENTSCH, Altern, 58f. Zur Kritik an der näheren Ausführung seiner These des Alterns als »Werden zu sich selbst« s. Anm. 801.

Nähe des Todes stellen nicht nur Bewohnerinnen und Bewohner sowie Pflegende vor Herausforderungen, sondern auch Seelsorgerinnen und Seelsorger.

Da müssen Menschen sich von vielem verabschieden, was ihnen wichtig ist: von der eigenen Wohnung in jedem Falle, oft auch von nahestehenden Menschen, Partnern und Freunden, von sozialem Status, körperlicher Gesundheit und nicht zuletzt von Aufgaben, die über lange Zeit hinweg das Leben bestimmt haben oder gar Lebensinhalt waren. Mit der Heimübersiedlung werden (andere) Möglichkeiten ausgeschlossen – in den meisten Fällen ist das Pflegeheim die letzte Station.[205] In all dem liegt ein Abschied von Selbstverständnissen: Inwiefern bin ich noch dieselbe bzw. derselbe, wenn sich meine Lebensbedingungen vollständig ändern und wenn ich einen Großteil dessen, was mir wichtig war und ist, aufgeben muss? Diese Fragen verschärfen sich angesichts von Demenz: Inwiefern ist eine Person noch dieselbe, wenn sie ihre bewussten Erinnerungen sukzessive einbüßt?

In der Seelsorge gilt es, mit der Interpretation und Reaktion des Gegenübers angemessen umzugehen. Um dem Gegenüber gerecht werden zu können, ist es nötig, dass Seelsorgerinnen und Seelsorger immer wieder ihre eigene Sichtweise (kritisch) reflektieren und sich dessen vergewissern, was sie selbst trägt. Worin liegt Trost, wenn sich absehbar kaum etwas bessern wird? Was hilft, die Dinge auszuhalten, wie sie sind? Was trägt angesichts massiver Verunsicherungen? Worin liegen Einheit und Kontinuität des Lebens begründet?

4.4 Abhängigkeiten

Die Frage nach der Freiheit stellt sich angesichts der Einschränkungen, mit denen alte Menschen in Pflegeheimen leben müssen – seien diese gesundheitlicher, psychischer, sozialer oder institutioneller Natur. Dabei kommen in der Frage nach der Freiheit die Schwierigkeiten und Herausforderungen, die mit der Wahrnehmung der Grenzen des Lebens einhergehen, kristallisiert zum Ausdruck. So kann gerade die Begegnung mit Abhängigkeiten für Seelsorgerinnen und Seelsorger eine echte Herausforderung sein. Als Seelsorger müssen sie der Befindlichkeit des Gegenübers und dem häufig gegebenen Leiden an der eigenen Abhängigkeit begegnen und damit gut umgehen. Dies kann genau dann schwierig werden, wenn man selbst – als freiheitsliebender Mensch – ins Pflegeheim kommt und sich der Blick auf Einschränkungen und Abhängigkeiten verengt, ohne dass dabei die auch in dieser Situation gegebenen Möglichkeiten und Freiheiten im Blick bleiben. Der Hinweis auf die Begegnung mit eigenen Ängsten wurde bereits gegeben.[206]

---

205 Vgl. MUNTANJOHL, Der letzte Umzug, 296.

206 Härles Hinweise, mit der Angst vor einer Abhängigkeit, die aufgrund des Verlusts von Selbstkontrolle bei Demenz entstehe, könne man »bei Licht besehen eigentlich gelassen umgehen« (HÄRLE, Lebensqualität, 45), überzeugen in ihrer Begründung über die Ähnlichkeit zum Lebensanfang wenig. Nun soll nicht in Abrede gestellt werden,

Worin liegt Freiheit angesichts immer enger werdender Grenzen? Was kann Freiheit bedeuten angesichts des Verlusts von Selbständigkeit und manifester (physischer) Abhängigkeiten? Worin liegt Zukunft, worin liegt Hoffnung, wenn kaum mehr Zeit und Möglichkeiten bleiben?

Um die Frage nach der Freiheit soll es im Folgenden auch gerade deshalb gehen, weil sich in ihr die Herausforderungen der Seelsorge mit alten Menschen in Pflegeheimen verdichten.

5. Zwischenüberlegungen: Freiheit und Erzählen

Sollen Aspekte von Freiheit im Zusammenhang der Seelsorge mit alten Menschen in Pflegeheimen entdeckt und aufgewiesen werden, so erscheint es sinnvoll und naheliegend, mit der Suche danach bei einem für diese Seelsorge zentralen kommunikativen Geschehen anzusetzen: beim Erzählen. Gründe dafür liegen in der Praxis selbst: Bei der Seelsorge in Pflegeheimen wird viel erzählt. Wo, wenn nicht hier, entstehen Räume der Freiheit selbst angesichts von Pflegebedürftigkeit? Wo, wenn nicht hier, kann Seelsorge Freiheit eröffnen? Die große Vielfalt an Erfahrungen, Erinnerungen und Geschichten gehört – wie bereits beschrieben – zum großen Schatz der Altenseelsorge. In Erzählungen eröffnen sich Welten, die über den begrenzten Raum des Zimmers und des Pflegeheims hinausreichen: Was heute ist, wer man heute ist, wird ergänzt durch die Erinnerung daran, wer man einmal war; die Gegenwart erhält durch die Vergangenheit größere Tiefe und Weite. Über diese praxisorientierte Zugangsweise hinaus gibt es auch theologisch gute Gründe, das Erzählen als einen Ansatzpunkt für eine Antwort auf die Frage nach der Freiheit zu wählen: Im Sinne einer narrativen Theologie kommt Erzählungen ein entscheidender Stellenwert für Gott und

dass eine Haltung der Gelassenheit der eigenen – möglicherweise von Demenz bestimmten – Zukunft gegenüber gerade aus theologischen bzw. religiösen Gründen angebracht sein mag. Aber von der durch Abhängigkeit und Angewiesenheit geprägten Situation am Anfang des Lebens darauf zu schließen, man könne darauf »vertrauen, dass wir auch im Zustand schwerer und schwerster Demenz die Erfahrung machen werden, dass Menschen da sind, die sich um uns kümmern, die uns versorgen, die uns mit ihrer Fürsorge und Liebe begleiten« (ebd.), scheint doch gewichtige Unterschiede der Situationen zumindest nicht zu benennen: Dies betrifft nicht nur den pathologischen Charakter einer Demenzerkrankung, den Härle erwähnt (vgl. a.a.O., 48). Während eine liebevolle Versorgung von Babys in den meisten Fällen mit großer Selbstverständlichkeit durch die Eltern gegeben ist, sieht die Situation am Lebensende – gerade bei alleinstehenden Menschen – häufig anders aus. Hier bedarf es einer deutlich größeren gesellschaftlichen und kulturellen Anstrengung, um angemessene, geschweige denn liebevolle Versorgung und Begleitung zu gewährleisten. Vielleicht wäre hier stärker zu unterscheiden – zwischen einer Angst vor jeglicher Abhängigkeit und einer Angst vor Abhängigkeit, die aus der realen Gefahr resultiert, dass elementaren Bedürfnissen einer abhängigen Person durch die jeweilige Umwelt nicht entsprochen wird.

die Welt zu – ein Stellenwert, der selbst dann noch gegeben ist, wenn das eigene Erzählen aufhört, z. B. in fortgeschrittenen Stadien einer Demenz.

Es ist zu erwarten, dass sich in dem alltäglichen Vorgang des Erzählens Aspekte von Freiheit festmachen lassen, die bei einer oberflächlichen Sichtweise nur allzu leicht aus dem Blick geraten. Es ist auch zu erwarten, dass sich durch das Erzählen neue Dimensionen von Freiheit eröffnen. Vor diesem Hintergrund wird die Frage nach der Freiheit in Pflegeheimen im Folgenden zugespitzt auf die Frage nach Freiheit in dem und durch das lebensgeschichtliche Erzählen.

Der hohe Stellenwert des Erzählens für die Seelsorge allgemein wurde verschiedentlich erarbeitet:[207] Seit den 70er- und 80er-Jahren kam es in unterschiedlichen Wissenschaften (z. B. in Psychologie, Soziologie, Gerontologie) vom englischsprachigen Raum ausgehend zu einem »Erinnerungsboom«[208]. Im Zuge dessen entstand ein gesteigertes Interesse am Thema Lebensgeschichte und Biographiearbeit.[209] So hat die Thematik ihren Weg nicht nur in die Pflege, sondern auch in Praktische Theologie und Seelsorge gefunden.[210] In dieser Arbeit wird das Erzählen nun spezifischer aus Sicht der Seelsorge in Pflegeheimen hinsichtlich der Freiheitsthematik in den Blick genommen. Dabei gehen die folgenden Überlegungen nicht von einer systematisierten Herangehensweise an das Erzählen aus, wie sie etwa für Formen der Biographiearbeit typisch sind.[211] Es geht um das nicht systematische, alltägliche Erzählen, um die Storys und Geschichten, wie sie in der Seelsorge mit alten Menschen auf vielfältige Weise begegnen – zumeist als kleinräumige Erinnerungen und manchmal auch als Erzählungen, die einen Großteil des Lebens umfassen.

Inwiefern liegt im lebensgeschichtlichen Erzählen aus theologischer Sicht Freiheit? Inwiefern entsteht durch das Erzählen Freiheit? Welchen Beitrag kann vor diesem Hintergrund Seelsorge zur Freiheit alter Menschen in Pflegeheimen leisten? Während den ersten beiden Fragen im Folgenden systematisch-theologischen Teil dieser Arbeit nachgegangen wird (Kapitel 2), ist die dritte Frage Gegenstand des Seelsorgekapitels (Kapitel 3).

---

[207] Vgl. den kurz gefassten Überblick bei Klessmann, Seelsorge, 142-145.

[208] Fröchtling, Menschen mit Demenz, 295; vgl. dazu auch Drechsel, Erinnerung, 209.

[209] Vgl. Fröchtling, Menschen mit Demenz, 294f.

[210] Vgl. exemplarisch Bierlein, Arbeit; Drechsel, Lebensgeschichte, Kumlehn, Vergessen; Schütte, Würde, 198–208; Schwab, Lebensgeschichte; Streib, Erzählen.

[211] Vgl. Specht-Tomann, Biografiearbeit, 2.

Kapitel 2: Narrative Freiheit? Zur Freiheit im lebensgeschichtlichen Erzählen

1. Einleitung

Aus der Wahrnehmung der Lebenssituation alter Menschen in Pflegeheimen in Theorie und Praxis ergab sich die Fragestellung dieser Arbeit (Inwiefern kann Seelsorge mit alten Menschen in Pflegeheimen zu deren Freiheit beitragen?) sowie der Ansatz, sich dieser Frage über das Erzählen zu nähern. Die Lebenssituation im Pflegeheim als Ort, an dem sich Seelsorge vollzieht, wurde oben als Resonanzraum der folgenden theologischen Überlegungen beschrieben. Von ihm her und auf ihn hin entstand die Frage nach der Freiheit; von ihm her und auf ihn hin wird im Folgenden nach Antworten gesucht. Nun gilt es, ein Verständnis von Freiheit zu entwickeln, das im Pflegeheim trägt.

Was könnte ein solches Freiheitsverständnis ausmachen? *Erstens* wird es im Horizont eines christlichen Wirklichkeitsverständnisses zu verorten sein. Gerade dessen eschatologische Dimension ist im Blick auf die Seelsorge bei hochaltrigen Menschen vielversprechend, denn sie beinhaltet eine Perspektive der Hoffnung. Vor diesem Hintergrund ist eine systematisch-theologische Reflexion sinnvoll und nötig. *Zweitens* sollte es erlauben, Freiheit angesichts starker vorgängiger Bestimmtheiten zu denken – nur unter dieser Voraussetzung kann von Freiheit bei hochaltrigen, pflegebedürftigen Menschen die Rede sein. *Drittens* geht es im lebensgeschichtlichen Erzählen, in dessen Zusammenhang im Folgenden nach Freiheit gefragt wird, immer auch um die Identität eines Menschen.[212] Es sollte deshalb möglich sein, die aufgewiesenen Aspekte von Freiheit in einem Verständnis von Identität zu verorten.

Das folgende Kapitel zielt also auf eine systematisch-theologische Reflexion von Freiheit in dem und durch das lebensgeschichtliche Erzählen. Diese wird durch den Ausdruck »narrative Freiheit« beschrieben, der in einzelnen Aspekten beleuchtet wird. Im Rahmen einer auf die Praxis zielenden Seelsorgearbeit scheint es nicht nötig, *einen* Begriff zu entwickeln, der jedem einzelnen dieser Aspekte hinreichend Rechnung trägt. Gleichzeitig erscheint für die weitere Arbeit aber ein Titel wünschenswert, unter dem sich das Beschriebene zusammenfassen lässt. Als solcher wird der Ausdruck »narrative Freiheit« im Folgenden gebraucht und spezifiziert.

---

212 Vgl. Mulia, Altenbildung, 144.

Die Systematische Theologie lässt sich mit Michael Meyer-Blanck als der Entdeckungszusammenhang beschreiben,[213] in dem nach Aspekten von Freiheit und theologischen Implikationen des Seelsorgegeschehens gefragt wird. Um zu einer systematisch-theologischen Reflexion narrativer Freiheit zu gelangen, wird aber keineswegs ausschließlich auf systematisch-theologische Theorien und Denkansätze zurückgegriffen. Vielmehr wurden Ansätze aus unterschiedlichen Disziplinen nach inhaltlichen Kriterien ausgewählt, so dass nun in Denkweise und Anliegen sehr verschiedene Positionen aus Praktischer Theologie, Systematischer Theologie und Philosophie nebeneinanderstehen. Die Rezeption philosophischer Theorien trägt in den meisten Fällen dazu bei, zu größerer begrifflicher Schärfe und exakteren Unterscheidungen zu gelangen.

Das Vorgehen im folgenden Kapitel ist insofern eklektisch, als am Ende – bis auf Ausnahmen – nur einzelne Gedanken der verschiedenen Ansätze aufgegriffen und in die eigenen systematisch-theologischen Überlegungen aufgenommen werden.

Konkret werden folgende Positionen behandelt:
Am Anfang des Kapitels steht die Auseinandersetzung mit Wolfgang Drechsels Buch »Lebensgeschichte und Lebens-Geschichten. Zugänge zur Seelsorge aus biographischer Perspektive«[214] (2.). Sein Buch wurde als eine paradigmatische praktisch-theologische bzw. seelsorgliche Konzeption ausgewählt, weil hier poimenisches und systematisch-theologisches Denken eng verknüpft sind und sich insofern die größtmöglichen Anknüpfungspunkte für den Zusammenhang von Erzählen, Seelsorge und Freiheit erwarten ließen.

Ein Bezug zum weiteren philosophischen Kontext narrativ orientierter Ansätze wird exemplarisch in Auseinandersetzung mit dem Denken des kommunitaristischen Philosophen Alasdair MacIntyre hergestellt. Dazu wird sein Hauptwerk »Der Verlust der Tugend. Zur moralischen Krise der Gegenwart«[215] herangezogen (3.), das insbesondere im ausgehenden 20. Jahrhundert breit diskutiert wurde.[216] MacIntyre vollzieht in diesem Werk eine Wendung hin zu einer narrativen Zugangsweise zu Ethik und Philosophie, so dass dem Erzählen in dieser Konzeption im Rahmen einer narrativen Ontologie der höchstmögliche Stellenwert zukommt.

Im nächsten Schritt wird der Ansatz eines Theologen behandelt, der stark von MacIntyre beeinflusst ist: der des amerikanischen Ethikers Stanley Hauerwas, einem Vertreter des theologischen Kommunitarismus (4.). Von Hauerwas' narrativer Theologie gehen wegweisende Impulse für den Fortgang der Arbeit

---

213 Vgl. MEYER-BLANCK, Implikationen, 32.

214 DRECHSEL, Lebensgeschichte.

215 MACINTYRE, Verlust.

216 Vgl. FETZER, Tradition, 2. Zugleich reißt die Rezeption bis heute nicht ab. Als exemplarischer Ausdruck dessen kann das Erscheinen eines Kommentars zu »Der Verlust der Tugend« im letzten Jahr angesehen werden (vgl. LUTZ, Reading After Virtue).

sowie für die Auswahl der weiteren Autoren aus, wenngleich seine theologischen Begründungen zuweilen eher unzureichend bleiben.

Daher wird für eine stärker begriffliche und theologische Fundierung der von Hauerwas aufgegriffenen Gedanken auf Aspekte aus Robert W. Jensons Theologie zurückgegriffen (5.). Jenson, den Wolfhart Pannenberg »one of the most original and knowledgeable theologians of our time«[217] nennt, verortet das Erzählen im trinitarischen Gottesbild selbst und bietet gerade mit seinem Gottesverständnis Deutungsmöglichkeiten, an denen eine theologische Theorie der Altenseelsorge anknüpfen kann.

Bereits im Zusammenhang der Besprechung von Jensons Gottesverständnis zeigt sich, dass die Thematik von Zeit und Ewigkeit für die Frage nach narrativer Freiheit von Bedeutung ist. Dem wird im Folgenden weiter nachgegangen, wobei es im Zusammenhang der Fragestellung dieser Arbeit nicht darum geht, die philosophischen oder systematischen Diskurse zur Verhältnisbestimmung von Zeit und Ewigkeit aufzunehmen. Vielmehr wird Paul Ricoeurs Ansatz, das Erzählen als Antwort auf die Aporien der Zeit zu verstehen, auf das Erzählen im Zusammenhang der Seelsorge bezogen (6.).

Anschließend wird ein Gedanke von Hauerwas weiter verfolgt – und zwar der, Freiheit liege darin, das Leben als das eigene anzunehmen. Dazu wird Christiane Tietz' Theorie einer Freiheit der christlichen Selbstannahme untersucht (7.), die sich für die Frage nach Freiheit im lebensgeschichtlichen Erzählen fruchtbar machen lässt.

Ergänzend zur Selbstannahme kommt mit Martin Seel die Frage nach narrativer Freiheit als Selbstbestimmung in den Blick. Dazu wird Seels Begriff von Selbstbestimmung, wie er ihn in seinem »Versuch über die Form des Glücks«[218] darlegt, aufgenommen (8.). Hier bieten sich Anknüpfungspunkte für ein narratives Verständnis von Selbstbestimmung.

Anschließend wird vor dem Hintergrund der Kritik, die Dieter Thomä in seinem Buch »Erzähle dich selbst«[219] am Selbstbestimmungsbegriff sowie am Postulat eines Zusammenhangs von Selbstbestimmung und Erzählen übt, der Frage nach genau diesem Zusammenhang weiter nachgegangen (9.).

Das Kapitel schließt mit dem Versuch, verschiedene Aspekte narrativer Freiheit aufzuweisen und diese in einem theologischen Identitäts- und Personverständnis zu verorten. Dabei werden Perspektiven christlicher Lebensdeutung hervorgehoben, die in besonderem Maße freiheitseröffnend sein können (10.).

---

217 Pannenberg, Review to Jenson's Systematic Theology.

218 Seel, Versuch.

219 Thomä, Erzähle dich selbst.

2. WOLFGANG DRECHSEL

2.1 Einleitung

Als einschlägige praktisch-theologische Monographie zur Frage nach lebensgeschichtlichem Erzählen in der Seelsorge wurde Wolfgang Drechsels Buch »Lebensgeschichte und Lebens-Geschichten. Zugänge zur Seelsorge aus biographischer Perspektive« ausgewählt. Drechsel nimmt in seinem Buch einen Dreischritt vor. Ausgehend von seiner Analyse des Erzählprozesses (1) verortet er das seelsorgliche Geschehen, das er als lebensgeschichtliches Erzählen *coram Deo* versteht, in einer theologischen Perspektive, die den trinitarischen, christlichen Gott als einen Gott der Lebensgeschichte[220] versteht (2). Im Anschluss daran wird ein Konzept von Seelsorge aus lebensgeschichtlicher Perspektive entwickelt (3).

Allein dieser Aufbau des Buches macht deutlich, dass Drechsels Theorie lebensgeschichtlichen Erzählens sowie seine theologische und seelsorgliche Interpretation des Erzählprozesses sich aus der Wahrnehmung praktischen lebensgeschichtlichen Erzählens speisen. Sein Buch kann insofern als praktisch-theologische Reflexion seelsorglicher Praxis bezeichnet werden.

Im Folgenden wird in einem ersten Schritt Drechsels Verständnis des Erzählprozesses beschrieben. In einem zweiten Schritt wird es auf die Fragen nach Identität, Freiheit bzw. Selbstbestimmung sowie die Funktion lebensgeschichtlichen Erzählens hin befragt. Im Anschluss daran folgen die Darstellung seiner theologischen Interpretation des Erzählgeschehens sowie abschließend Kritik und Würdigung im Zusammenhang der Frage nach Freiheit im lebensgeschichtlichen Erzählen.

2.2 Darstellung

2.2.1 Der Erzählprozess

Drechsel Anliegen ist es, den Beitrag des Zuhörers zum lebensgeschichtlichen Erzählen hervorzuheben.[221] Ohne Gegenüber gibt es – so die Grundthese – kein lebensgeschichtliches Erzählen – sei das Gegenüber eine Person oder auch ein Tier bzw. ein Gegenstand, die »quasi-personalen Charakter erhalten«[222]. Er beruft sich dabei auf Henning Luthers These des »fiktiven Anderen«[223], der selbst bei der intimsten Tagebuchaufzeichnung immer mit gedacht sei.[224] Lebensgeschichtliches Erzählen wird konsequent als relationales Geschehen gedacht, in

220 Vgl. DRECHSEL, Lebensgeschichte, 257.
221 Vgl. DRECHSEL, Lebensgeschichte, 153.
222 DRECHSEL, Lebensgeschichte, 129.
223 LUTHER, Der fiktive Andere, 118.
224 Vgl. DRECHSEL, Lebensgeschichte, 129.

dem nicht nur das gegenwärtige zum vergangenen Ich in Beziehung tritt,[225] sondern das vor allem immer einen Zuhörer voraussetzt.

Drechsel sieht in der ausschließlichen Fokussierung auf das erzählende Subjekt, wie sie in der wissenschaftlichen Literatur häufig zu finden sei,[226] eine Abstraktion: Der Zuhörer wird rein passiv-rezeptiv verstanden, wodurch sein Einfluss auf das Erzählen grundlegend unterschätzt wird.[227] Da sich der Erzähler mit den Augen des Zuhörers sieht, beeinflusst der Zuhörer das Erzählgeschehen auf vielfältige Art und Weise: durch Zuhören, Nachfragen und Deuten, durch seinen Umgang mit dem Erzählten und nicht zuletzt durch seine körperliche Präsenz.[228]

Drechsel beschreibt dies durch die Vorstellung eines sogenannten Raumes der Interpretation, der im lebensgeschichtlichen Erzählen entsteht.[229] Dieser wird durch das Beziehungsgeschehen zwischen den Gesprächspartnern mit ihrer jeweiligen Hermeneutik und Situation geprägt.[230] Neben dem Zuhörer hat auch die Situation einigen Einfluss auf das Erzählen,[231] denn die Geschichte aus dem Leben beinhaltet häufig eine Interpretation der aktuellen Situation: Die Erzählung bringt die Wahrnehmung der gegenwärtigen Situation anhand einer früheren Erfahrung zur Sprache.[232]

Zwischen den Gesprächspartnern entsteht während des Erzählens eine »Hermeneutik-in-Beziehung«[233], in der sich (mindestens) zwei verschiedene Hermeneutiken zu etwas Neuem verbinden.[234] Im Raum der Interpretation wird das lebensgeschichtlich Erinnerte ausgelegt[235] und es entsteht ein lebensgeschichtlicher Text, der durch Erzählsubjekt, Zuhörer und Situation beeinflusst wird.[236] Die Wirklichkeitssicht des Zuhörers geht in die erzählte Lebensgeschichte ein und verändert damit auch Leben und Lebensgeschichten:[237] Von dieser These ausgehend ist es nur konsequent, dass Drechsel die Verantwortung professioneller Zuhörer (z. B. Seelsorger, Therapeuten oder Interviewpartner) besonders hervorhebt.

Diese Interpretation des Erzählprozesses beinhaltet die Unterscheidung zwischen der »Lebensgeschichte, die man hat«[238] und der erzählten Lebens-

---

225 Vgl. DRECHSEL, Lebensgeschichte, 127.
226 Vgl. DRECHSEL, Lebensgeschichte, 128.
227 Vgl. DRECHSEL, Lebensgeschichte, 128.
228 Vgl. DRECHSEL, Lebensgeschichte, 130.156.
229 Vgl. DRECHSEL, Lebensgeschichte, 152.191 sowie 195–199.
230 Vgl. DRECHSEL, Lebensgeschichte, 191.
231 Vgl. DRECHSEL, Lebensgeschichte, 184–188.
232 Vgl. DRECHSEL, Lebensgeschichte, 186.
233 DRECHSEL, Lebensgeschichte, 129.
234 Vgl. DRECHSEL, Lebensgeschichte, 129.
235 Vgl. DRECHSEL, Lebensgeschichte, 191.
236 Vgl. DRECHSEL, Lebensgeschichte, 191.213.
237 Vgl. DRECHSEL, Lebensgeschichte, 153–156.
238 DRECHSEL, Lebensgeschichte, 150.

geschichte.[239] Jene ist nur über diese zugänglich.[240] Die erzählte Lebensgeschichte versteht Drechsel als Text,[241] der sowohl der Lebensgeschichte, »die man hat«, als auch dem Subjekt gegenüber eigenständig ist.[242] Dieser Text ermöglicht dem erzählenden Subjekt Differenzerfahrungen: Es erfährt sich in Distanz zu sich selbst – als vergangenem und gegenwärtigem, als Subjekt und Objekt der Erzählung, als Hörer und Zuhörer zugleich. So kommt es zu einer Dezentrierung des Subjekts: Erinnerung wird nach außen getragen und wird – wie in einem Text – anschaubar, so dass auch Selbstverständliches nicht selbstverständlich bleiben muss und neue Wahrnehmungsspielräume eröffnet werden können.[243]

Wie Texte umgeschrieben werden können und ein Text durch einen neuen ersetzt werden kann, so sind auch Lebensgeschichten veränderbar. Das Maß der Veränderbarkeit sieht Drechsel als durch das erzählende Subjekt mit seiner Geschichte und seinen Fähigkeiten *begrenzt* an.[244] *Ermöglicht* wird die in der Differenzerfahrung gründende Veränderbarkeit durch das Gegenüber und die jeweilige Situation.[245] Drechsel kann das Maß an Fremdheit in einer Beziehung sogar »als eine Art Gradmesser für potentielle Veränderung in der eigenen Sicht von Lebensgeschichte«[246] sehen.

2.2.2 Identitätsbildung

Im lebensgeschichtlichen Erzählen geht es für Drechsel immer um die Frage nach der eigenen Identität.[247] Als Interessen, die hinter dem Erzählen stehen, nennt er die Herstellung von Zusammenhang zwischen Vergangenheit, Gegenwart und Zukunft, die Artikulation von Problemgeschichten, die ungelöst geblieben sind, sowie das Interesse am eigenen »Selbstprojekt«[248]. Für Drechsel hat lebensgeschichtliche Identität gerade angesichts der Bedingungen postmoderner Existenz (Individualisierung, Pluralisierung, Fragmenthaftigkeit)[249] mit der Stiftung von Einheit zu tun.[250] Die Einheit, die im lebensgeschichtlichen

239 Vgl. DRECHSEL, Lebensgeschichte, 150.
240 Vgl. DRECHSEL, Lebensgeschichte, 150.
241 Vgl. DRECHSEL, Lebensgeschichte, 150.
242 Vgl. DRECHSEL, Lebensgeschichte, 151.
243 Vgl. auch zum Vorangehenden DRECHSEL, Lebensgeschichte, 151.
244 Vgl. DRECHSEL, Lebensgeschichte, 158.
245 Vgl. DRECHSEL, Lebensgeschichte, 159.
246 DRECHSEL, Lebensgeschichte, 160.
247 Vgl. DRECHSEL, Lebensgeschichte, 208.
248 Vgl. DRECHSEL, Lebensgeschichte, 204–206. Zum »Selbstprojekt« vgl. a. a. O., 205–209. Als Selbstprojekt bezeichnet Drechsel Versuche des Subjekts, dem Leben eine Deutung zu geben, subjektfremde Widerfahrnisse und Prägungen als nicht allein durch Zufall bedingt einzuholen oder schlicht Antworten auf die Frage »Wer bin ich?« zu suchen und zu erzählen.
249 Vgl. DRECHSEL, Lebensgeschichte, 60–73.
250 Vgl. DRECHSEL, Lebensgeschichte, 70.

Erzählen angestrebt wird, wird – so Drechsels Pointe – als *zugesprochene Identität* erfahrbar.[251]

Hierin drückt sich sein Ansatz, lebensgeschichtliches Erzählen vom Zuhörer her zu denken, deutlich aus. Einheit bzw. Kohärenz entstehen für ihn nur in der Differenz lebensgeschichtlichen Erzählens (»Kohärenz in Differenz«).[252]

> »Die Außenposition, ohne die das Identitätsprojekt zerfällt, ist dem Subjekt allein nicht zugänglich. Konkrete Identitätsbestimmung im Sinne von lebensgeschichtlicher Selbstvergewisserung, Lebensgewissheit, Kontinuität, Kohärenz und auch Einheit des Subjektes ist ohne den konkreten Anderen im Situationsbezug nicht denkbar, verdankt sich dem anderen seiner selbst.«[253]

Fällt diese Außenposition weg und gibt es keine Differenz im lebensgeschichtlichen Erzählen, kann – so Drechsels Schlussfolgerung – auch keine Kohärenz mehr hergestellt werden. Die Lebensgeschichte, die nur eigene Texttraditionen reproduziert, erstarrt, das Subjekt verfehlt und verliert sich und die Lebensgeschichte wird vom Deutungen eröffnenden Symbol zum Diabol.[254]

Bei entsprechender Differenzerfahrung kommt das erzählende Subjekt aber zu einer neuen Sicht auf sich selbst; es kommt zu einem Neu-Entwurf des Subjekts.[255] Im lebensgeschichtlichen Erzählen wird das Subjekt dadurch immer wieder neu konstituiert – Drechsel bezeichnet dies mit dem Schlagwort vom »Paradoxon des Neuerschaffens dessen, das schon vorher da war«[256]. Neben der Charakterisierung von Identität als zugesprochener beschreibt er diese zudem mit Paul Ricoeur als narrative.[257]

Sein Verständnis der (Neu-)Konstitution von Identität verdeutlicht Drechsel bildhaft in kritischer Aufnahme von Heiner Keupps These der Patchwork-Identität. Um die einzelnen Stoffe des »Fleckerlteppichs«[258] zu einem Gesamtentwurf zusammenzustellen, bedürfe das Subjekt der Außenperspektive, die – auf das Erzählgeschehen angewendet – allein durch das Gegenüber lebensgeschichtlichen Erzählens zugänglich sei.[259]

---

[251] Vgl. DRECHSEL, Lebensgeschichte, 238.
[252] Vgl. den Abschnitt zu »Kohärenz in Differenz« bei DRECHSEL, Lebensgeschichte, 203–212, insbesondere 208f.
[253] DRECHSEL, Lebensgeschichte, 216.
[254] Vgl. DRECHSEL, Lebensgeschichte, 210.
[255] Vgl. DRECHSEL, Lebensgeschichte, 208.
[256] DRECHSEL, Lebensgeschichte, 220.
[257] Vgl. DRECHSEL, Lebensgeschichte, 217.
[258] DRECHSEL, Lebensgeschichte, 215.
[259] Vgl. DRECHSEL, Lebensgeschichte, 214–220.

2.2.3 Freiheit im lebensgeschichtlichen Erzählen

Drechsels Kritik am neuzeitlichen »autonomen Subjekt, als dem Repräsentanten von Einheit und des Ganzen«[260] und seine Option für ein schwaches Subjekt sind deutlich von der Münchner Postmodernediskussion um Ulrich Beck und Heiner Keupp beeinflusst.[261] Der Autonomiebegriff begegnet ausschließlich mit negativer Konnotation und als Folie, von der es sich abzugrenzen gilt.[262] Was Drechsel genau unter Autonomie versteht, wird allerdings nicht ausgeführt.[263] An einigen Stellen des Buches scheint die Tatsache von Bedingtheiten zu genügen, um Autonomie – in welcher Bestimmung auch immer – als unmöglich zu kennzeichnen.[264] Der Begriff der Selbstbestimmung begegnet deutlich seltener als der Autonomiebegriff, zugleich weniger polemisch und meist bei gleichzeitiger Betonung der Fremdbestimmtheit von Erzählgeschehen.[265]

Wie steht es nun aber um Freiheit bzw. Selbstbestimmung? Der Fokus von Drechsels Konzept lebensgeschichtlichen Erzählens liegt nicht auf der Frage nach der Freiheit, weshalb sich die folgende Darstellung aus anderen thematischen Zusammenhängen ergibt.

Ein wichtiger Aspekt von Freiheit im lebensgeschichtlichen Erzählen liegt Drechsel zufolge in der Möglichkeit des Umschreibens von Lebensgeschichte,[266] ganz konkret besteht sie darin, Vergangenes neu deuten und neue Zusammen-

---

[260] Drechsel, Lebensgeschichte, 69.

[261] Vgl. Drechsel, Lebensgeschichte, 58–78.

[262] Es seien exemplarisch einige Beispiele genannt: »[...] allein die sozialen und temporalen Bedingtheiten [...], die permanente Veränderbarkeit und Offenheit von Lebensgeschichten oder auch der Einfluss des ›Anderen meiner selbst‹ bei der lebensgeschichtlichen Darstellung machen deutlich, dass die Vorstellung eines mehr oder weniger autonomen Subjekts, das in der Rekonstruktion seiner Lebensgeschichte sich selber setzt bzw. sich seiner selbst vergewissert, letztlich unhaltbar ist.« (Drechsel, Lebensgeschichte, 152); »Allerdings – und dies ist noch einmal zu betonen – gibt es keine Rückkehr zu einer biographischen Unschuld und damit auch zum trauten Mythos von Autonomie und vom autonomen Subjekt.« (a. a. O., 176); »Aus lebensgeschichtsbezogener Perspektive, die im Blick auf die Beziehung immer schon eine Dezentrierung der ›Innenperspektive des Subjektes‹ beinhaltet, lässt sich kein Subjektbegriff denken, der neuzeitliche Autonomie in Rekonstruktion und Konstruktion und damit so etwas wie lebensgeschichtliche Autarkie repräsentiert.« (a. a. O., 225); »Dabei ist das Ereignis von Identität, Kohärenz und Einheit des Subjekts keine Angelegenheit einer *wie auch immer zu bestimmenden* Autonomie des Subjekts, im Sinne von Selbstkonstruktion, Selbstsetzung, sondern es ist durch die im Gegenüber des Subjektes gefundene Distanz zu sich selbst und die darin enthaltene Differenz bestimmt.« (a. a. O., 250, Kursivsetzung durch VS).

[263] Zuweilen scheint eine Identifizierung der Begriffe Autonomie und Autarkie vorzuliegen; vgl. das in Anm. 262 angeführte Zitat von Drechsel, Lebensgeschichte, 225.

[264] Vgl. das in Anm. 262 angeführte Zitat von Drechsel, Lebensgeschichte, 152.

[265] Vgl. z. B. Drechsel, Lebensgeschichte, 153.

[266] Vgl. Drechsel, Lebensgeschichte, 156–158.

hänge herstellen zu können.[267] Solche Neuentwürfe der erzählten Lebensgeschichte wirken sich auch aus auf die Lebensgeschichte, die man »hat«.[268]

Ein weiterer Aspekt von Freiheit kann zudem darin vermutet werden, dass für Drechsel in Seelsorgegesprächen Lebensgeschichten *weiter*geschrieben werden – nicht nur diejenige des Seelsorgepartners, sondern auch die Lebensgeschichte des Seelsorgers bzw. der Seelsorgerin sowie nicht zuletzt Gottes Lebensgeschichte selbst.[269]

Im *Akt* des Um- bzw. Weiterschreibens des lebensgeschichtlichen Textes wird das Subjekt jedoch keineswegs als selbstbestimmt gedacht. Zwar schreibt das erzählende Subjekt den Neuentwurf »im Allgemeinen seiner Selbstdeutung zu«[270], faktisch handelt es sich aber, dies wurde bereits deutlich, weitgehend um ein passiv gedachtes Geschehen: »Durch den Einfluss der Wirklichkeitssicht des Anderen meiner selbst wird meine Lebensgeschichte ›umgeschrieben‹. Es entsteht ein neuer Text.«[271] Neben dem zeitlichen Abstand zu lebensgeschichtlichen Ereignissen sowie der jeweiligen Situation bewirkt vor allem das jeweilige Gegenüber neue Interpretationsmöglichkeiten (Kohärenz in Differenz).

Die Grenzen der Veränderbarkeit von Lebensgeschichte liegen in den faktischen Geschehnissen eines konkreten Lebenslaufs sowie in den Fähigkeiten und Möglichkeiten des Subjekts, sich auf Veränderungen einzulassen.[272] Damit verdankt sich die Freiheit lebensgeschichtlichen Erzählens in Drechsels Konzeption vor allem dem Gegenüber. So bleibt dem Subjekt letztlich nur die Freiheit, sich – so dies überhaupt der Fall ist – für ein bestimmtes Gegenüber zu entscheiden:

> »Im Kontext der lebensgeschichtsbezogenen Frage nach sich selbst, gibt es keine Freiheit im Sinne einer reinen Unabhängigkeit, also einer ›Freiheit von‹, sondern nur eine ›Freiheit für‹. Eine Freiheit also, sich für eine bestimmte Form der Differenz, für einen konkreten Anderen zu entscheiden.«[273]

Das Maß der Fremdheit des Anderen dient – wie bereits beschrieben – als Gradmesser für das Maß der möglichen Veränderung von Lebensgeschichte[274] und damit für das Maß der Freiheit eines Subjekts.

---

267 Vgl. Drechsel, Lebensgeschichte, 159.
268 Vgl. Drechsel, Lebensgeschichte, 157.
269 Vgl. Drechsel, Lebensgeschichte, 364–366.
270 Drechsel, Lebensgeschichte, 157.
271 Drechsel, Lebensgeschichte, 157 (im Original kursiv).
272 Vgl. Drechsel, Lebensgeschichte, 158.
273 Drechsel, Lebensgeschichte, 209.
274 So sich das Subjekt überhaupt auf eine Veränderung einlassen kann, vgl. Drechsel, Lebensgeschichte, 160.

2.2.4 *Theologische Deutung lebensgeschichtlichen Erzählens*

Drechsel geht in seiner theologischen Interpretation des Erzählgeschehens von einer strukturellen Analogie zwischen Gottesgeschehen[275] bzw. theologischer Rede und lebensgeschichtlichem Erzählgeschehen aus.[276] Während für ihn die Theologie des Lebensgeschichtsthemas bedarf, um sich in ihrer Relevanz für die Gegenwart zu zeigen, wird das lebensgeschichtliche Erzählen aus einer Sichtweise *coram Deo* in eine neue Perspektive gerückt.[277]

Drechsel denkt diese Neuperspektivierung von Lebensgeschichte von einem trinitarischen Ansatz her und sieht die zentrale Aussage des Christentums darin, »dass Gott sich seiner Position extra nos entäußert hat, selbst konkret geworden ist, in Jesus Christus Mensch geworden und damit auch in die Gestalt einer bestimmten Lebensgeschichte eingegangen ist«[278]. Dieses *extra nos* wird ihm zum zentralen Bezugspunkt, der auch für den lebensgeschichtlichen Erzählprozess fruchtbar gemacht wird. Theologisch von Lebensgeschichte zu reden heißt, eine Lebensgeschichte als von Gott und damit *extra nos* wahrgenommene anzusehen und somit sich selbst wie den anderen *coram Deo* wahrzunehmen.[279] Den trinitarischen Gott, dessen Trinität allein als ökonomische in den Blick kommt,[280] beschreibt Drechsel als »Gott der Geschichte als der Lebensgeschichte«[281]. Er ist der Gott, der Lebensgeschichte und Lebensgeschichten bedingungslos rechtfertigt, annimmt und akzeptiert.[282] Gnade versteht er im

> »Sinne einer Annahme des Menschen, die nicht an wie auch immer durch den Menschen zu erfüllende Voraussetzungen gebunden ist, sondern bedingungsloses Entgegenkommen Gottes in Jesus Christus ist, als Akzeptanz menschlichen Lebens und darin Akzeptanz menschlicher Lebensgeschichte«[283].

Das Rechtfertigungsgeschehen wiederum ermöglicht den lebensgeschichtlichen Erzählprozess.[284] Dabei bestehen große Analogien zwischen beiden. Drechsel fasst die oben bereits ausführlich beschriebene Grundstruktur lebensgeschichtlichen Erzählens im Zusammenhang seiner theologischen Interpretation denn auch in der Frage zusammen: »Wie bekomme ich einen gnädigen Anderen meiner selbst?«[285]. D. h. es geht auch im alltäglichen Erzählen letztlich um die Frage nach der Rechtfertigung der eigenen Lebensgeschichte.

---

275 Vgl. Drechsel, Lebensgeschichte, 258.
276 Vgl. Drechsel, Lebensgeschichte, 246.
277 Vgl. Drechsel, Lebensgeschichte, 260.
278 Drechsel, Lebensgeschichte, 247.
279 Vgl. Drechsel, Lebensgeschichte, 245.
280 Vgl. Drechsel, Lebensgeschichte, 256.
281 Drechsel, Lebensgeschichte, 257 (im Original kursiv).
282 Vgl. Drechsel, Lebensgeschichte, 251f.
283 Drechsel, Lebensgeschichte, 249.
284 Vgl. Drechsel, Lebensgeschichte, 250.
285 Drechsel, Lebensgeschichte, 251.

Aus theologischer bzw. christlicher Perspektive tritt nun aber nicht mehr nur die konkrete Person mir gegenüber als gnädiger Anderer in den Blick, sondern diese konkrete, endliche Person in ihrer Begrenztheit und Gebrochenheit verweist auf den Anderen meiner selbst, auf Gott und dessen bedingungsloses annehmendes Ja zum Menschen und seiner Lebensgeschichte.[286] Der Beitrag des konkreten Anderen zur Gotteserkenntnis des erzählenden Subjekts ist dabei konstitutiv, von ihm her wird »der Grund eigenen Lebens überhaupt erst sichtbar und zugänglich«[287]. Das Wissen um das eigene Erzählen *coram Deo* beinhaltet für Drechsel ein Moment der Freiheit, da der Bezug auf Gott als Gegenüber Distanz von der konkreten, fragmentarischen Erzählsituation ermöglicht.[288] Der Zuspruch Gottes, der dem erzählenden Subjekt im eigenen Erzählen begegnet, bedeutet ihm bedingungslose Akzeptanz sowie Einheit, Kohärenz, Konsistenz und Identität.[289] Von dieser grundlegenden Annahme Gottes her wird dann wiederum das Gegenüber von zu hohen Ansprüchen durch das erzählende Subjekt entlastet.[290]

Sünde zeigt sich für Drechsel in dem Versuch des Subjekts, seine Lebensgeschichte allein, ohne Beteiligung eines Anderen zu rekonstruieren: Dabei wird Partikulares absolut gesetzt und versucht, Kohärenz und Ganzheit herzustellen, wo die eigene Fragmentarität anerkannt werden müsste.[291] Verweigert das Subjekt die Selbst-Differenz, die durch das Gegenüber ermöglicht wird, verliert es sich selbst und bemächtigt sich der Position Gottes in dem Versuch, sich selbst zu rechtfertigen.[292] Beim Zuhörer zeigt sich Sünde als Unfähigkeit zu hören und dem Subjekt in der nötigen Akzeptanz und Annahme zu begegnen.[293]

2.2.5 Seelsorgeverständnis

Drechsel versteht die Seelsorgebegegnung als Dreierbeziehung, in der letztlich drei Lebensgeschichten auf dem Spiel stehen – die des Seelsorgepartners, die des Seelsorgers und die Lebensgeschichte Gottes.[294] Durch die Benennung einer Begegnung als Seelsorgebegegnung bzw. durch das Kenntlichwerden der Seelsorgerin als Pfarrerin ist per se eine »Triangulierung«[295] der Gesprächssituation als einer Gesprächssituation *coram Deo* gegeben, die nicht erst eines explizit religiösen Gesprächsinhalts bedarf.[296] Durch diese Triangulierung ist Gottes Lebens- und Liebesgeschichte vom Seelsorgegeschehen mit betroffen, denn ihr

[286] Vgl. Drechsel, Lebensgeschichte, 251.243.
[287] Drechsel, Lebensgeschichte, 242.
[288] Vgl. Drechsel, Lebensgeschichte, 251.
[289] Vgl. Drechsel, Lebensgeschichte, 251.
[290] Vgl. Drechsel, Lebensgeschichte, 252.
[291] Vgl. Drechsel, Lebensgeschichte, 253.
[292] Vgl. Drechsel, Lebensgeschichte, 253.
[293] Vgl. Drechsel, Lebensgeschichte, 253.
[294] Vgl. Drechsel, Lebensgeschichte, 375.
[295] Drechsel, Lebensgeschichte, 39.
[296] Vgl. Drechsel, Lebensgeschichte, 38f.

Text wird darin fortgeschrieben.[297] Bringt die Seelsorgerin Elemente der christlichen Überlieferung ins Gespräch ein, können diese einerseits verinnerlicht werden,[298] andererseits beinhalten sie eine Widerständigkeit, die es erlaubt, die eigene Lebensgeschichte als zu Gottes Lebens- und Liebesgeschichte gehörig anzusehen[299] und dadurch Selbst-Distanz zu erfahren. Diese wiederum kann Selbstverständlichkeiten aufheben und z.B. auch problematische Sichtweisen neu überdenken lassen.[300]

2.3 Kritik

Es geht im Folgenden darum, Drechsels ohnehin grundlegend auf die Praxis ausgerichtete Erzähltheorie konkret für die Situation im Pflegeheim fruchtbar zu machen. Dazu werden in einem ersten Schritt einige kritische Anfragen an Drechsels Konzept erhoben, um in einem zweiten Schritt nach Implikationen für die Seelsorge in Pflegeheimen sowie nach konkreten Weichenstellungen für den Fortgang der Arbeit zu fragen.

2.3.1 Kritische Anfragen

Stellenwert des Zuhörers bzw. der Zuhörerin?

Eine der Stärken von Drechsels Konzeption, der Verweis auf die *Bedeutung des Zuhörers* für das lebensgeschichtliche Erzählen, kann zugleich kritisch gesehen werden: »Dem Anderen« als dem konkreten Zuhörer wird ein enorm hoher Stellenwert zugeschrieben. Er spricht dem erzählenden Subjekt Einheit und Identität zu und ermöglicht Freiheit im lebensgeschichtlichen Erzählen, denn nur durch ihn kommt es zur Freiheit des Neuentwurfs lebensgeschichtlicher Texte. Dem erzählenden Subjekt bleibt – wenn überhaupt – nur die Freiheit darüber zu entscheiden, *welchem* Anderen es seine Geschichte erzählt, oder besser: von wem es seine Geschichte miterzählen lässt. Auch Gotteserkenntnis wird vom Anderen her möglich, auf den hin die reformatorische Frage »Wie bekomme ich einen gnädigen Gott?« umformuliert wird. »Der Andere« erhält bei Drechsel nahezu sakramentalen Status.

Wer aber ist dieser Andere? Im konkreten Anderen scheint immer wieder Gott als der »ganz Andere« auf und zuweilen scheinen die Grenzen zwischen Gott und menschlichem Gegenüber zu verschwimmen. Wem verdanke ich meine Freiheit? Wer nimmt mich als ganze Person bedingungslos an? Was macht den qualitativen Unterschied zwischen mir und dem konkreten menschlichen Anderen aus? Gott als dem »ganz Anderen« gegenüber scheinen sich Andersartigkeit und Fremdheit zwischen Zuhörer und Erzähler doch eher in Grenzen

---

297 Vgl. Drechsel, Lebensgeschichte, 361.

298 Vgl. Drechsel, Lebensgeschichte, 363.

299 Vgl. Drechsel, Lebensgeschichte, 364.

300 Vgl. Drechsel, Lebensgeschichte, 363.

zu halten, denn während in der Beziehung zum göttlichen Anderen in jeder Ähnlichkeit eine immer noch größere Fremdheit vorliegen wird, wird doch verglichen dazu im Verhältnis zwischen Erzähler und Zuhörer bei aller noch so großen Fremdheit eine immer noch größere Ähnlichkeit vorliegen: die der Geschöpflichkeit.

Es kann bei der Lektüre von Drechsel Text der Eindruck entstehen, als würde dem Zuhörer zu viel zugetraut und zugemutet, während Erzähler bzw. Erzählerin mit sich machen und geschehen lässt. Ob sich aus der Analogie zu Gottes Heilshandeln im Rechtfertigungsgeschehen schließen lässt, dass auch im alltäglichen lebensgeschichtlichen Erzählen *alles* am *extra nos* liegt, kann doch zumindest zur Diskussion gestellt werden. Während der Mensch hinsichtlich seines Heils und seiner Rechtfertigung aus lutherischer Sicht in allem auf Gott als den ganz Anderen angewiesen ist, so ist er im Blick auf seine Lebensvollzüge nicht nur mit Freiheit ausgestattet, sondern geradezu ihr verpflichtet. Es besteht die Gefahr, dass die Fremdbestimmtheit im lebensgeschichtlichen Erzählen in einem Maße betont wird, das kaum mehr den Gedanken der Bestimmtheit zur verantwortlichen Freiheit – auch im lebensgeschichtlichen Erzählen – zulässt.

Freiheit im lebensgeschichtlichen Erzählen?

Dass *Freiheit* im Zusammenhang lebensgeschichtlichen Erzählens nicht unbedingt oder gar im Sinne von Autarkie gedacht werden kann, ist naheliegend, schließlich ist es endliche, menschliche und insofern immer auch bedingte Freiheit. Aber trotz der Bedingtheit von Freiheit, trotz einer Bedeutung, die dem Aspekt der Fremdheit im Blick auf die Veränderbarkeit von Lebensgeschichte sicherlich zukommt, dürfte doch die erzählende Person nicht geradezu als Verhinderungsgrund von Freiheit gesehen werden. Zwar wird das Subjekt in allem, was es ist, denkt, sagt und tut, von anderen Menschen, Umständen etc. beeinflusst. Aber wer seine Lebensgeschichte oder Geschichten aus seinem Leben erzählt, der erzählt selbst, der spricht selbst, angesichts aller ihn beeinflussenden Faktoren und in Reaktion darauf, der rechnet sich seine Erzählungen nicht nur selbst zu, sondern sie werden ihm auch zugerechnet. Wer erzählt, sei es in expliziter Antwort oder in stillschweigender Reaktion auf einen Anderen, der handelt, und wem Handlungsfreiheit zukommt, dem kommt auch Verantwortung für seine Handlungen und d. h. auch für seine Erzählungen zu.

Von hier aus wird die von Drechsel vorgenommene Unterscheidung zwischen einer – als unzulänglich gekennzeichneten – innersubjektiven Sichtweise, die den Erzähler als Handlungssubjekt fasst, und einer von außen kommenden Sichtweise, die das Erzählgeschehen als Beziehungsgeschehen gleich einer Ellipse mit zwei Brennpunkten versteht,[301] fraglich: Auch und gerade eine Betrachtung von außen wird z. B. in der Frage nach der Verantwortlichkeit einen lebensgeschichtlichen Text immer seinem Erzähler zuschreiben, es sei denn, es handelt sich of-

[301] Vgl. z. B. DRECHSEL, Lebensgeschichte, 222.

fensichtlich um absichtliche Manipulation. Die von Drechsel eingeführte Unterscheidung darf nicht dazu führen, dass der erzählenden Person die Möglichkeit abgestritten würde, ihre Beeinflussung durch die jeweiligen Gesprächspartner wahrzunehmen und das Erzählte *dennoch* als den eigenen Text zu begreifen.

Den Einfluss des Zuhörers herauszuarbeiten erscheint wichtig und richtig. Auch leuchtet es ein, dass die lebensgeschichtliche Erzählung sich nicht ausschließlich *einem* der interagierenden Subjekte zurechnen lässt. Aber Drechsels Darstellung birgt die Gefahr einer zu weitreichenden Entlastung des Subjekts von der Verantwortlichkeit für die eigene Person, die es auch im alltäglichen Erzählgeschehen wahrzunehmen gilt.

Bezüglich der Frage nach Freiheit im lebensgeschichtlichen Erzählen bedürfte es deshalb schärferer Differenzierungen als der Alternative völliger Autonomie oder umfassender Fremdbestimmtheit.

Eine stärkere Differenzierung erscheint auch im Blick auf die seelsorgliche Situation im Pflegeheim von Bedeutung – *gerade* wenn man die These vom Beitrag des Zuhörers zum Erzählgeschehen ernst nimmt. Werden Möglichkeiten der Selbstbestimmung weitgehend bestritten, legt dies ungute Umkehrschlüsse nahe: Es könnte eine Seelsorgerin dazu verleiten, überhaupt nicht mehr mit Möglichkeiten von Freiheit oder Selbstbestimmung z. B. bei Menschen mit starken körperlichen Einschränkungen zu rechnen. Es könnte Bewohner dazu verleiten, ihre Verantwortlichkeit für sich selbst gänzlich aufzugeben. Es scheint wenig damit geholfen zu sein, Selbstbestimmung so weitgehend zu negieren.

Rechtfertigung der ganzen Lebensgeschichte?

Die große Bedeutung, die dem Anderen im lebensgeschichtlichen Erzählen zugerechnet wird, darf nicht zu einer Überforderung des Zuhörers von Lebensgeschichten führen. Zwar betont Drechsel, dass die Perspektive des Erzählens *coram Deo* und das Wissen um den bedingungslosen Zuspruch Gottes die Seelsorgebegegnung von zu hohen Ansprüchen entlasten.[302] Aber es besteht die Gefahr, dass bei einer verschwimmenden Unterscheidung des Anderen vom ganz Anderen diese Ansprüche erst entstehen. Wenn es als Aufgabe des Zuhörers angesehen wird, dem Erzählenden die letztlich nur durch Gott zu gewährende Annahme, Akzeptanz und Würdigung zuzusprechen, wenn auch auf fragmentarische und endliche Weise, dann steckt darin doch ein überaus hoher Anspruch.

Auf theologischer Ebene lässt sich an dieser Stelle zudem die Frage stellen, inwiefern das Versöhnungsgeschehen in Jesus Christus denn wirklich eine *bedingungslose Annahme*, Akzeptanz und Würdigung *der ganzen Lebensgeschichte* eines Menschen bedeutet.[303] Hier erscheint es vielversprechend, Person und Werk kon-

---

302 Vgl. Drechsel, Lebensgeschichte, 252.

303 Vgl. z. B. Drechsel, Lebensgeschichte, 257: »Solche über die ›eigene Lebensgeschichte Gottes‹ zum Ausdruck kommende Liebe findet [...] ihren unmittelbaren Ausdruck in Gottes Zuwendung und Zuspruch zur menschlichen Lebensgeschichte im Sinne von bedingungsloser Annahme, Akzeptanz und Würdigung. Weshalb sich auch sagen

sequenter zu unterscheiden. Drechsel schreibt über weite Strecken von der bedingungslosen Annahme des Subjekts mit seiner Lebensgeschichte, aber keineswegs immer.[304] Und die Lebensgeschichte bezieht sich nun einmal auf Handlungen, d. h. auf Werke.[305] Analog zu der Frage, wie es sich im Rechtfertigungsgeschehen verhält, lässt sich im Blick auf die Seelsorge die Anfrage stellen, ob es tatsächlich um umfassende Akzeptanz, Würdigung und Bestätigung nicht nur des Gegenübers, sondern auch seiner gesamten Lebensgeschichte geht. Eine Seelsorgerin ist sicherlich nicht Richterin über eine Lebensgeschichte. Und es wird in der Seelsorge immer darum gehen, das Gegenüber als Person anzunehmen. Aber wer könnte mit welcher Berechtigung die ganze Lebensgeschichte dieses Gegenübers mit all ihren Brüchen und Abgründen bestätigen und annehmen, gar rechtfertigen?

2.3.2 Implikationen für die Seelsorge mit alten Menschen in Pflegeheimen

Aufmerksamkeit auf die Rolle von Zuhörerin bzw. Zuhörer

Wenn nun der konkrete Beitrag, den Drechsel dem Zuhörer im Prozess lebensgeschichtlichen Erzählens zuschreibt, auch kritisiert wurde, so liegt doch die Stärke von Drechsels Entwurf zugleich darin, diesen Beitrag zum Thema zu machen und ihn hinsichtlich der verschiedenen Dimensionen lebensgeschichtlichen Erzählens zu bedenken. Bei aller benannten Kritik bleibt mit Drechsel die wichtige und prägende Rolle von Zuhörer oder Zuhörerin im lebensgeschichtlichen Erzählen zu betonen, eine Rolle, die häufig unterschätzt und nur allzu leicht übersehen wird. Drechsels These vom Beitrag des Anderen zum lebensgeschichtlichen Erzählen ist sinnvoll, hilfreich und notwendig, insbesondere lebensgeschichtlichen Konzeptionen gegenüber, die den Einfluss des Zuhörers auf das Erzählgeschehen nahezu ausblenden. Drechsels Konzeption hält dazu an, sich der eigenen Verantwortung und Macht sowie der Notwendigkeit der Reflexion eigener Wirklichkeitssicht auch als Zuhörerin bewusst zu werden. Mit welcher Auffassung ein Seelsorger ins Altenheim geht, wird die geführten Gespräche beeinflussen und auch Einfluss darauf nehmen, was das Gegenüber unter seiner Lebensgeschichte versteht, insofern sich alles Erzählte zur angenommenen oder explizierten Position des Zuhörers verhalten wird. Insbesondere für Seelsorgerinnen und Seelsorger scheint mit dieser Einsicht viel gewonnen.

Aufmerksamkeit auf die Bedeutung der Situation

Erhellend für die seelsorgliche Praxis ist gerade auch Drechsels Ansatz, jegliches lebensgeschichtliche Erzählen als für die jeweilige Gegenwart bedeutungs-

lässt: *Menschliche Lebensgeschichte findet ihren Grund im Sinne ihres bedingungslosen Gerechtfertigtseins in der Lebensgeschichte Gottes als einer Liebesgeschichte.*«

304 S. Anm. 303.

305 Von Gottes Liebe als Gericht ist in Drechsels Buch kaum die Rede. Dieser *topos* begegnet neben einem Zitat von Eberhard Jüngel (vgl. DRECHSEL, Lebensgeschichte, 257) noch einmal in der Rede von Gottes »Wort als annehmenden, würdigenden und *kritischen* Zuspruch« (a. a. O., 256, Kursivsetzung durch VS).

voll auszulegen.[306] Die Perspektive, beispielsweise vor einer Operation erzählte Kriegsgeschichten als »Stellvertretungsgeschichten« und »Container« zu verstehen, die die Bedrohlichkeit der Gegenwart mitteilbar werden lassen und zugleich eine Perspektive der Hoffnung mit einbringen, insofern auch der Schützengraben überstanden wurde,[307] erweist sich für die seelsorgliche Praxis als äußerst fruchtbar: Von einer solchen Deutung aus lassen sich auch im Altenheim viele banal wirkende Geschichten, deren Bedeutung sich nicht unmittelbar erschließt, als sehr wohl von Gewicht und Aussagekraft einordnen. Drechsels Perspektive auf den Einfluss der Situation lebensgeschichtlichen Erzählens auf das Erzählte und die Aussage des Erzählten über die Situation führt zu einer Würdigung auch kleinster lebensgeschichtlicher Erzählungen, die sich gerade im Umgang mit den vielen kleinen Storys, die im Altenheim erzählt werden, als hilfreich erweist. Diese Perspektive erleichtert es, mit tatsächlicher Aufmerksamkeit und Würdigung zuzuhören, ohne auf »das Eigentliche« einer Problemgeschichte o. ä. zu warten.

Ein Gespräch – drei Lebensgeschichten

Drechsels Entwurf macht zudem auf eindrückliche Weise deutlich, dass in der Seelsorgebegegnung nicht nur der Erzähler oder die Erzählerin, sondern auch der Zuhörer mit seiner Lebensgeschichte »auf dem Spiel steht«, insofern er vom Seelsorgepartner, dessen Erzählungen und Deutungen her selbst in seiner Lebens- und Glaubensgeschichte angefragt und ausgelegt wird.[308] Auch der Gedanke der Seelsorgebeziehung als einer dreifachen Beziehung überzeugt: Gottes Lebens- und Liebesgeschichte stellt – selbst implizit – den Bezugsrahmen von Seelsorgegesprächen dar und an der Geschichte von Gottes Leben und Liebe wird in jeder Seelsorgebegegnung weitergeschrieben.

Drechsels Konzept von lebensgeschichtlicher Seelsorge erweist sich als ein Ansatz, der eine dezidiert theologische Sichtweise auf ein Geschehen eröffnet, das sich in vielen Fällen gänzlich säkular präsentiert. Auch wenn im Blick auf das Verhältnis von Selbst- und Fremdbestimmung in seinem Konzept manches offen bleibt, so stellt es doch einen zentralen Beitrag zur Sprachfähigkeit theologischer Interpretation in ihrem Bezug zu lebensgeschichtlichen Erzählungen dar.

2.3.3 Resümee: Freiheit im lebensgeschichtlichen Erzählen?

Hinsichtlich der Frage nach *Freiheit im lebensgeschichtlichen Erzählen* lässt sich von Drechsel her folgender Ertrag festhalten:

Freiheit im lebensgeschichtlichen Erzählen muss als Freiheit *angesichts* der jedem Erzählen inhärenten Bestimmtheiten zu denken sein – neben der konkreten Lebensgeschichte, die eine Person »hat«, gehören zu diesen Bestimmtheiten

---

306 Vgl. insbesondere den instruktiven Abschnitt der Einführung Drechsel, Lebensgeschichte, 11–44.

307 Vgl. Drechsel, Lebensgeschichte, 22f.

308 Vgl. Drechsel, Lebensgeschichte, 40. 43.

der Zuhörer bzw. die Zuhörerin sowie die konkrete Situation, in der erzählt wird. Im theologischen Nachdenken über Freiheit im lebensgeschichtlichen Erzählen muss der Passivität des Rechtfertigungsgeschehens Rechnung getragen werden können, ohne dass dadurch Handlungs- und Gestaltungsspielräume ausgeblendet werden.

Die Fragestellung, von der ausgehend die Erzählthematik in den Blick genommen wurde (Welche Formen von Freiheit bestehen auch angesichts von z.B. Pflegebedürftigkeit oder Abhängigkeiten noch?), ist also mit dem Rekurs auf das Erzählen nicht einfach beantwortet. Vielmehr stellt sie sich angesichts der Bedingtheiten des Erzählprozesses wieder neu: Wie kann Freiheit im lebensgeschichtlichen Erzählen gedacht werden – auch angesichts der Bedingtheiten, die jedem Erzählen innewohnen?

Von dieser praktisch-theologischen Position ausgehend soll der Blick nun einer philosophischen, kommunitaristischen Position zugewendet werden. Alasdair MacIntyre diagnostizierte in den 80er-Jahren eine Krise der liberalistisch und individualistisch ausgerichteten Ethik, auf die er mit der Forderung einer Erneuerung der Tugendethik reagierte. Für eine solche ist die Identität einer Person von zentralem Stellenwert, so dass für ihn das Erzählen zum maßgeblichen Paradigma ethischen Nachdenkens wurde.[309] Was lässt sich von MacIntyre her für die Frage nach Freiheit im lebensgeschichtlichen Erzählen gewinnen?

3. Alasdair MacIntyre

3.1 Einleitung

Der Kommunitarist Alasdair MacIntyre misst der Erzählung in seiner Ethik einen zentralen Stellenwert bei. Im Folgenden soll es darum gehen, in einem ersten darstellenden Teil die Bedeutung, die dem lebensgeschichtlichen Erzählen in seinem Denken zukommt, herauszuarbeiten, wobei ein besonderer Schwerpunkt auf den Fragen nach der Entstehung von Identität und nach der Freiheit liegen wird. Im Zuge einer kritischen Würdigung wird nach dem Ertrag seines erzähltheoretischen Ansatzes für die Lebenssituation in Pflegeheimen gefragt.

3.2 Darstellung

3.2.1 Krise der Ethik

In seinem Hauptwerk »After Virtue« von 1981 (deutsch: »Der Verlust der Tugend. Zur moralischen Krise der Gegenwart«) zielt Alasdair MacIntyre darauf,

[309] Vgl. Mühling, Ethik, 216.

eine neue Tugendethik zu etablieren.[310] Um seinen tugendethischen Ansatz und vor allem die Funktion, die er der Erzählung darin einräumt, einordnen zu können, ist ein kurzer Blick auf MacIntyres theoretische Voraussetzungen nötig.

Seinem Bestreben nach der Etablierung einer neuen Tugendethik liegt eine drastische Gegenwartsdeutung zugrunde: Er vergleicht in einem von ihm selbst so genannten »beunruhigenden Gedankenexperiment«[311] den Zustand der gegenwärtigen Moralphilosophie mit dem der Naturwissenschaften nach einer Katastrophe, die zum Verlust nahezu allen naturwissenschaftlichen Wissens geführt habe. Die moderne Situation der Ethik sieht er als stark durch den sogenannten Emotivismus geprägt an, der trotz seiner inhaltlichen Schwäche allgemeine Verbreitung gefunden habe.[312] Im Zuge einer Orientierung an Gefühlen und Vorlieben seien moralische Meinungsverschiedenheiten nicht mehr lösbar und moralische Urteile zu einer Frage des Geschmacks geworden.[313] So gehe es im sozialen Leben emotivistischer Prägung nicht mehr darum, in Anerkennung der reinen Zweckhaftigkeit des Gegenübers durch gute Argumente zu überzeugen, sondern andere Menschen würden manipuliert und als Mittel zum Erreichen der eigenen Ziele verstanden.[314]

Für MacIntyre ist das emotivistische Selbst maßgeblich durch einen Mangel an sozialer Identität und letzten Kriterien geprägt – es kann sich für jede Rolle und jeden Standpunkt entscheiden und ist dabei nur an seine persönlichen Haltungen, Vorlieben und Entscheidungen gebunden.[315] »Es ist ein Selbst ohne gegebene Kontinuität, außer der des Körpers [...] und der Erinnerung, die so gut es geht seine Vergangenheit sammelt.«[316] So kommt es für MacIntyre zu einer Paradoxie: Der moderne Mensch sieht sich selbst als autonom an und legt großen Wert auf seine Autonomie; zugleich steht er faktisch permanent in manipulativen Beziehungen, die letztlich auf der Anerkennung gesellschaftlicher Fiktionen (wie Recht, Nützlichkeit und Effektivität) gründen.[317]

3.2.2 Tugendethik und narrative Einheit des Lebens

Angesichts dieser Gesellschaftsanalyse ist es MacIntyres Anliegen, die orientierende Funktion der Ethik wiederzugewinnen. Um dies zu erreichen setzt er

---

310 Vgl. zu MacIntyre FETZER, Tradition, 92–115 sowie die Einführung bei MÜHLING, Ethik, 216–218.

311 MACINTYRE, Verlust, 13.

312 Zum Emotivismus vgl. z. B. den Überblick bei MÜHLING, Ethik, 87–90.

313 Vgl. MACINTYRE, Verlust, 26; FETZER, Ansätze, 229. Für einen Überblick über MacIntyres Verständnis des Emotivismus vgl. JOISTEN, Das »narrative Selbst«, 189–193.

314 Vgl. MACINTYRE, Verlust, 41f.

315 Vgl. MACINTYRE, Verlust, 53.

316 MACINTYRE, Verlust, 53.

317 Vgl. FETZER, Tradition, 96f.105 sowie MACINTYRE, Verlust, 97. Für eine Darstellung (und Kritik) der kommunitaristischen Kritik am Autonomiebegriff, die sich stark auf MacIntyre bezieht, vgl. zusammenfassend AGICH, Dependence, 31–35.

auf eine Erneuerung der aristotelischen Tugendlehre.[318] Wichtig für das Verständnis von MacIntyres Erzählkonzept ist es, dass sich eine Tugend nicht nur in bestimmten Lebenssituationen, sondern im gesamten Leben eines Menschen zeigt.[319] Insofern muss das Leben für ihn auch als Ganzes betrachtet und als Einheit verstanden werden können. Das Leben als ein Ganzes zu sehen, wird gegenwärtig durch verschiedene Hindernisse erschwert: sozial dadurch, dass das Leben in verschiedene Abschnitte mit jeweils unterschiedlichen Verhaltensweisen und Normen unterteilt wird (Arbeit – Freizeit; Jugend – Alter); philosophisch zum einen dadurch, dass über den Einzelnen unter Absehung von seinen Rollen nachgedacht wird, und zum anderen dadurch, dass nur einzelne, für MacIntyre »atomistisch«[320] verstandene Handlungen in den Blick genommen werden, statt den Gesamtzusammenhang von Handlungen zu betrachten.[321] MacIntyre reagiert auf diese Problemanalyse, indem er von einer narrativen Einheit des Lebens ausgeht.[322] Diese ist für seinen tugendethischen Ansatz zentral.

Nachdem die Funktion der Erzählung in MacIntyres Ethikkonzept nun grob verortet wurde – sie konstituiert die Einheit des Lebens – soll im Folgenden näher darauf eingegangen werden, wie er die narrative Konstitution des Selbst und narrative Einheit des Lebens versteht.

3.2.3 Narrative Grundstruktur des Lebens

In Anlehnung an Aristoteles[323] bezeichnet MacIntyre den Menschen als »ein Geschichten erzählendes Tier«[324]. So versteht er nicht die aristotelische Frage »Was soll ich tun?« als Schlüsselfrage des Menschen, sondern sieht die Frage »Als Teil welcher Geschichte oder welcher Geschichten sehe ich mich?« als die Grundfrage an, von der ausgehend jene erst beantwortet werden kann.[325] Bereits in dieser Fragestellung klingt die große Bedeutung an, die MacIntyre den Erzählungen der Tradition beimisst. Dies lässt das folgende Zitat noch einmal deutlicher zutage treten:

> »Weil wir alle in unserem Leben Erzählungen ausleben und unser Leben mit Hilfe der Erzählungen, die wir ausleben, verstehen, eignet sich die Form der Erzählung dazu, die Handlungen anderer zu verstehen. Geschichten werden gelebt, bevor sie erzählt werden – außer in Romanen.«[326]

[318] Vgl. FETZER, Ansätze, 231.
[319] Vgl. MACINTYRE, Verlust, 274.
[320] MACINTYRE, Verlust, 273.
[321] Vgl. MACINTYRE, Verlust, 273f.
[322] Vgl. MACINTYRE, Verlust, 274f.
[323] Vgl. JOISTEN, Das »narrative Selbst«, 193.
[324] MACINTYRE, Verlust, 288.
[325] Vgl. MACINTYRE, Verlust, 288.
[326] MACINTYRE, Verlust, 283.

Für MacIntyre hat das Leben selbst eine narrative Grundstruktur,[327] die dem Leben nicht etwa erst nachträglich aufgeprägt wird,[328] wodurch Leben und Erzählung aufs engste miteinander verquickt sind.

Diese narrative Grundstruktur des Lebens zeigt sich deutlich in MacIntyres Verständnis des Handlungsbegriffs. Er lehnt es ab, von *einer* Handlung ausgehend zu denken. Demgegenüber betont er, dass einzelne Handlungen nur als Teile eines größeren Zusammenhangs zu verstehen seien.[329] Handlungen sind für ihn immer Teil einer möglichen oder tatsächlichen Geschichte bzw. mehrerer Geschichten.[330]

Für MacIntyre gehören die Begriffe Handlung und Erzählung zusammen. Sie werden verbunden über den Begriff der Verständlichkeit. Dabei sieht er den Begriff einer verständlichen Handlung als grundlegender an als den einer Handlung als solcher.[331] Dies liegt an dem hohen Stellenwert, den er dem Begriff der Verantwortung beimisst: Verantwortung ist für MacIntyre das Kriterium der Unterscheidung zwischen Menschen und anderen Wesen, denn nur Menschen können für ihr Handeln zur Rechenschaft gezogen werden[332] und Andere um Rechenschaft bitten.[333] Beides sind Vorgänge von fundamentaler Bedeutsamkeit für das Entstehen von Erzählungen. Ein Geschehen als Handlung anzusehen, bedeutet für MacIntyre, »es in einer Form von Beschreibung zu bestimmen, mit deren Hilfe wir sehen können, daß dieses Vorkommnis auf verständliche Weise den Intentionen, Motiven, Leidenschaften und Zwecken des Handelnden entspringt.«[334] Insofern ist die Person verantwortlich für ihr Handeln und kann jederzeit nach einer verständlichen Erklärung dafür gefragt werden.[335]

Wirklich verständlich werden Handlungen MacIntyre zufolge aber nur, wenn sie in ein größeres Ganzes eingeordnet werden können: Den Zusammenhang, in dem eine Handlung stattfindet und auf den ihre Intention zielt, bezeichnet er als deren Rahmen, der immer selbst eine Geschichte hat und der nur über Geschichten zugänglich ist.[336] Als wesentlich für den Begriff des Rahmens sieht er an,

---

327 Vgl. Fetzer, Tradition, 95.

328 Dazu MacIntyre, Verlust, 282: »Ich stelle also sowohl Gespräche im einzelnen wie menschliche Handlungen im Allgemeinen als dargestellte Erzählungen vor. Die Erzählung ist nicht das Werk von Dichtern, Dramatikern und Romanciers, die über Ereignisse nachdenken, die keine erzählerische Ordnung hatten, bevor der Sänger oder Schriftsteller ihnen eine gab: narrative Form ist weder Verkleidung noch Dekoration.«

329 Vgl. MacIntyre, Verlust, 273. 279.

330 Vgl. MacIntyre, Verlust, 286.

331 Vgl. MacIntyre, Verlust, 279.

332 Vgl. MacIntyre, Verlust, 280.

333 Vgl. MacIntyre, Verlust, 291.

334 MacIntyre, Verlust, 280.

335 Vgl. MacIntyre, Verlust, 280.

336 Vgl. MacIntyre, Verlust, 276.

> »daß ein Rahmen eine Geschichte hat, [...] innerhalb der die Geschichten der individuell Handelnden nicht nur angesiedelt sind, sondern angesiedelt sein müssen, weil die Geschichte eines individuell Handelnden und seiner Veränderungen in der Zeit ohne diesen Rahmen und dessen Veränderungen in der Zeit nicht zu verstehen ist.«[337]

Einzelne Handlungen sind immer auf einen oder mehrere Rahmen bezogen, von denen her sie ihren Sinn und ihre Verständlichkeit erhalten. So werden sie zu Episoden in einer oder mehreren Geschichten – in den Geschichten von Personen und in denen von Rahmen.[338] Handeln kann damit nur auf erzählende Weise charakterisiert, eingeordnet und d. h. auch verständlich werden. Aber der Zusammenhang, den MacIntyre zwischen Handlungen und Erzählungen herstellt, reicht noch weiter: Er bezeichnet Gespräche als dramatische Werke mit Anfang, Mitte und Ende und weiteren Analogien zu literarischen Werken. Dies überträgt er auf alle menschlichen Handlungen, als deren allgemeine Form er das Gespräch ansieht.[339] Von hier ausgehend schließt er: »Ich stelle also sowohl Gespräche im einzelnen wie menschliche Handlungen im allgemeinen als dargestellte Erzählungen vor.«[340] MacIntyre spezifiziert auch die Art dieser Erzählungen: Er sieht die Tragödie als die wahre Gattung des Lebens an, das sich wie jene im Umgang mit Konflikten vollziehe und in dem Gutes gegen Gutes stehen könne.[341]

3.2.4 Narratives Selbst und narrative Suche nach dem Guten

MacIntyres Annahme einer narrativen Grundstruktur des Lebens und die Charakterisierung des Menschen als verantwortlich bedingen den zentralen Stellenwert, den er dem Erzählen beimisst. Aus der narrativen Grundstruktur des Lebens ergibt sich die narrative Verfasstheit des Selbst. Für MacIntyre setzen die bisher behandelten Begriffe Erzählung, Verstehbarkeit und Verantwortlichkeit einerseits und der Begriff der persönlichen Identität andererseits einander gegenseitig voraus.[342] Dieser ist ohne jene und jene sind ohne diesen nicht zu denken. So vertritt er einen narrativen »Begriff des Selbst, dessen Einheit in der Einheit einer Erzählung ruht, die Geburt mit Leben und Tod wie die narrative Einleitung mit der Mitte und dem Ende verbindet.«[343] Brüche und Neuanfänge sind insofern immer nur relative Ereignisse, die der grundlegenden Kontinuität und Einheit des Lebens keinen Abbruch tun.[344] Die Einheit der individuellen Lebensgeschichte sieht er, dies wurde bereits deutlich, in der »Einheit

337 MACINTYRE, Verlust, 276.
338 Vgl. MACINTYRE, Verlust, 283.
339 Vgl. MACINTYRE, Verlust, 282.
340 MACINTYRE, Verlust, 282.
341 Vgl. hierzu auch FETZER, Ansätze, 234.
342 Vgl. MACINTYRE, Verlust, 291f.
343 MACINTYRE, Verlust, 275.
344 Vgl. dazu JOISTEN, Das »narrative Selbst«, 194.

einer in einem einzigen Leben verkörperten Erzählung«[345] begründet. Konkret stellt sich diese Einheit als die Einheit einer narrativen Suche nach dem Guten dar, die sich zwischen den Polen der Teleologie und der Unvoraussagbarkeit bewegt.[346] Um mit der Suche zu beginnen, bedarf es der Vorstellung eines Telos; zugleich wird das eigentliche Ziel der Suche erst in deren Verlauf und mit wachsender Selbsterkenntnis sichtbar,[347] denn innerhalb der vorgegebenen Bedingungen sind unzählig viele Fortsetzungen einer Erzählung möglich. Von hier ausgehend wird die Bedeutung der Frage »Als Teil welcher Geschichte sehe ich mich?« und ihre zentrale Position im MacIntyre'schen Denken besser einschätzbar: Sie ist für ihn der Weg, in einer narrativen Suche die persönliche Antwort auf die Frage nach dem Guten und damit auf die Frage »Was soll ich tun?« zu finden. Für eine erfolgreiche narrative Suche bedarf es der Tugenden. MacIntyre versteht sie als die Dispositionen,

> »die uns [...] bei der relevanten Art von Suche nach dem Gut unterstützen, indem sie uns in die Lage versetzen, die Leiden, Gefahren, Versuchungen und Ablenkungen zu überwinden, denen wir begegnen, und die uns mit wachsender Selbsterkenntnis und wachsendem Wissen über das Gute ausstatten«[348].

Menschen sind also Teile von Geschichten und sie sind sowohl Protagonisten in der Erzählung ihres Lebens als auch – im besten Fall – deren Koautoren.[349] Der Aspekt der Koautorschaft verweist wie die Teilhabe an Geschichten auf die – trotz der Betonung der Verantwortlichkeit – in hohem Maße passiv gedachte Bestimmung von Lebensgeschichten.

3.2.5 Gemeinschaften, Tradition und Identität

MacIntyre wehrt sich dezidiert gegen jeden Individualismus und sieht nicht nur die persönliche Identität in engem Zusammenhang zur sozialen Identität, sondern bringt diese wiederum in engen Zusammenhang mit der historischen Identität eines Menschen.

---

345 MacIntyre, Verlust, 292.

346 Vgl. dazu neben MacIntyre, Verlust, 292f. 288.

347 Vgl. MacIntyre, Verlust, 292f., wo es u.a. heißt: »Im Verlauf der Suche und nur durch das Zusammentreffen und Fertigwerden mit vielfältigen Leiden, Gefahren, Versuchungen und Ablenkungen, die jede Suche mit Episoden und Zwischenfällen ausstatten, wird das Ziel der Suche schließlich verstanden. Eine Suche ist immer auch eine Erziehung über das Wesen dessen, was gesucht wird, und zur Selbsterkenntnis.«

348 MacIntyre, Verlust, 293.

349 Vgl. MacIntyre, Verlust, 285: »Jetzt muß ich betonen, daß das, was der Handelnde als Schauspieler verständlich tun und sagen kann, weitgehend von der Tatsache beeinflußt wird, daß wir nie mehr (und manchmal weniger) als die Koautoren unserer eigenen Erzählungen sind. Nur in unserer Phantasie leben wir die Geschichte, die uns gefällt. Im Leben unterliegen wir [...] immer bestimmten Beschränkungen. Wir kommen auf eine Bühne, die wir nicht eingerichtet haben, und wir sehen uns als Teil einer Handlung, die nicht von uns stammt.«

»[Die] Geschichte meines Lebens ist stets eingebettet in die Geschichte jener Gemeinschaften, von denen ich meine Identität herleite. Ich wurde mit Vergangenheit geboren; und der Versuch, mich auf individualistische Art von dieser Vergangenheit abzunabeln, bedeutet eine Deformierung meiner gegenwärtigen Beziehungen. Der Besitz einer historischen Identität und der Besitz einer sozialen Identität fallen zusammen. Man beachte, daß ein Aufstand gegen meine Identität immer eine Möglichkeit ist, sie auszudrücken.«[350]

MacIntyre sieht den Menschen stark von den ihn prägenden Rollen sowie von den Besonderheiten moralischen Handelns der Gemeinschaften her bestimmt, aus denen er kommt. Ein Mensch muss sich zu den Rollen verhalten, die ihm zugeschrieben werden, in die er gar hineingezwungen wird. Diese Rollen lernt er durch die Geschichten, die in einer Gesellschaft erzählt werden, kennen.[351] Eine Gesellschaft lässt sich für MacIntyre allein über die Geschichten verstehen, die ihre Wurzeln darstellen,[352] und zugleich sind für ihn Geschichten das wichtigste Mittel moralischer Erziehung.[353] Moralische Identität kann immer nur von dem sozialen Ort ausgehend gewonnen werden, an dem ein Mensch sich vorfindet: Zwar kann er die moralischen Beschränkungen der ihn umgebenden Gemeinschaften überschreiten, aber er muss von ihnen ausgehend sich moralisch entwickeln und kann sich nicht, wie losgelöst von jeder Herkunft oder Verortung, an vermeintlich allgemeinen Grundsätzen orientieren. Dies führe – eine radikale Abkehr von Kant – vielmehr zu einer unguten Verallgemeinerung und damit auch Verabsolutierung eigener und besonderer Ansichten.[354] Kurzum: Ein Mensch kommt aus Traditionen und muss sich zu diesen verhalten. Der Traditionsbegriff ist für MacIntyre positiv besetzt, er bedeutet gerade kein Festhalten am Alten um des Alten willen; vielmehr verkörpern lebendige Traditionen für ihn kontinuierliche Konflikte um die zu verfolgenden Güter.[355] Die Bedeutung, die MacIntyre Herkunft, Vergangenheit und Gemeinschaft für den Einzelnen zumisst, kommt pointiert im folgenden Zitat zum Ausdruck:

»Ich bin [...] zu wesentlichen Teilen das, was ich erbe, eine spezifische Vergangenheit, die in gewissem Umfang in meiner Gegenwart gegenwärtig ist. Ich sehe mich als Teil einer Geschichte und das heißt ganz allgemein als einer der Träger einer Tradition, ob mir das gefällt oder nicht, ob ich es erkenne oder nicht.«[356]

Die Frage »Was soll ich tun?« ist für MacIntyre allein vor dem Hintergrund der Frage »An welcher Geschichte habe ich teil?« zu beantworten. Die Antwort auf

---

350 MacIntyre, Verlust, 295.
351 Vgl. MacIntyre, Verlust, 288f.
352 Vgl. MacIntyre, Verlust, 288f.
353 Vgl. MacIntyre, Verlust, 163.
354 Vgl. MacIntyre, Verlust, 295.
355 Vgl. MacIntyre, Verlust, 296.
356 MacIntyre, Verlust, 295.

diese Frage findet eine Person im Rekurs auf ihre Vergangenheit, in der Begegnung mit der Tradition, aus der sie kommt, und mit den Rollen, die ihr zugeschrieben werden. Das dargestellte Konzept des narrativen Selbst steht damit einem emotivistisch verstandenen Selbst diametral entgegen, das MacIntyres Deutung zufolge von Vergangenheit und sozialer Prägung losgelöst vorrangig durch seine eigene Wahl bestimmt wird. Das Selbst, wie es MacIntyre sieht, bewohnt einen Charakter, der ihm vorgegeben ist.

3.2.6 Funktionen von Erzählungen

Im Folgenden sollen die Funktionen von Erzählungen bei MacIntyre noch einmal *zusammengefasst* werden:

1. Der lebensgeschichtlichen Erzählung kommt bei MacIntyre ein ontologischer Status zu, so dass die Erzählung wesensmäßig zum Menschsein dazugehört (der Mensch als »Geschichten erzählendes Tier«, die enge Verbindung von Handlung und Erzählung durch die infolge von Verantwortlichkeit geforderte Verständlichkeit).[357] Das Leben entspricht der Erzählform; die Erzählung entspricht dem Leben.

2. Die Lebensgeschichte konstituiert die Einheit des Lebens: Die Einheit eines Menschenlebens besteht in der Einheit *einer* Erzählung, die in diesem Leben verkörpert wird. Diese wird in einer narrativen Suche gestaltet, die sich zwischen Festlegung und Offenheit, zwischen Teleologie und Unvoraussagbarkeit bewegt.[358]

3. Die Person, deren Einheit in der Einheit einer Erzählung gründet, lernt ihre Welt und sich selbst in dieser narrativen Suche, d. h. in und durch Erzählungen kennen: Tradition und z. B. auch Rollenzuschreibungen oder moralische Anforderungen begegnen ihr in Form von Geschichten, so dass ihr die Bezugsgrößen ihrer persönlichen Handlungen (deren »Rahmen«) nur über Geschichten zugänglich werden.[359] Somit lernt sie sich selbst kennen, insofern sie in ihrer narrativen Suche Antworten auf die Frage findet, in welchen Geschichten sie sich selbst verortet und was davon ausgehend die Antwort auf die Frage »Was soll ich tun?« ist. Mit Dieter Thomä lässt sich die Funktion der lebensgeschichtlichen Erzählung bei MacIntyre als Selbstfindung beschreiben.[360]

4. Erzählungen sind für MacIntyre die notwendige Konsequenz aus der Verantwortung und damit aus der Freiheit eines Menschen: In ihnen legt eine Person Rechenschaft über ihre Handlungen ab.

---

357 Vgl. dazu THOMÄ, Erzähle dich selbst, 90, wo es u. a. heißt: »Die Lebensgeschichte ist nach MacIntyre nicht nur eine ergänzende Kompetenz des tugendhaften Lebens, auch nicht nur eine bloße Option, sondern Eigenart des Lebens, wie es ist, wesensmäßige Anlage des Menschen.« Zu MacIntyres »narrativer Ontologie« vgl. auch FETZER, Ansätze, 237.

358 Vgl. MACINTYRE, Verlust, 292.

359 Vgl. MACINTYRE, Verlust, 276.

360 Vgl. THOMÄ, Erzähle dich selbst, 84.

3.3 Kritik

3.3.1 Kritische Anfragen

Freiheit zur eigenen Geschichte?
Ein erster Punkt betrifft die Frage nach dem Einfluss der erzählenden Person auf ihre Erzählung. Aus MacIntyres Darstellung der narrativen Grundstruktur und Einheit des Lebens ergibt sich die Frage, woher die Erzählung, die in einem Leben dargestellt oder ausgelebt wird,[361] eigentlich stammt – denn schließlich wird man doch nur ausleben oder darstellen können, was – in welcher Form auch immer – bereits vorgegeben ist. Gibt es eine dem eigenen Handeln vorangehende »Grunderzählung«? Eine Art Drehbuch zur Aufnahme bzw. zum Film? Dass die eigene Geschichte auf eine gewisse Weise vorformuliert ist, legen auch Formulierungen nahe, die zum Teil schon angeklungen sind – wie z. B. die Frage, an welchen Geschichten man teil hat, oder die Aussage, das Selbst bewohne einen Charakter.[362] Wer ist dann aber Autor dieser meinem Handeln als Schauspielerin[363] zugrunde liegenden Erzählung? Ich selbst als Autorin meiner Geschichte etwa? Dies würde ein Maß an Selbstbestimmung beinhalten, das sich mit MacIntyres Ansatz kaum verbinden ließe, zumal er betont, dass die Frage nach der eigenen Autorschaft nicht die eigentliche Frage des Menschen sei.[364] So bliebe »die Tradition« als die meine Geschichte maßgeblich vorformulierende Instanz. Sollte dies der Fall sein – und es legt sich aus MacIntyres Ansatz nahe – so stellt sich die Frage, inwiefern einer Person, die »Erzählungen auslebt« oder »darstellt« tatsächlich Freiheit und Spielräume im Umgang mit der eigenen Tradition zugedacht werden. Zugleich betont MacIntyre jedoch im unmittelbaren Zusammenhang der Aussage, alle Menschen würden in ihrem Leben Erzählungen ausleben, dass Geschichten erst gelebt und dann erzählt werden.[365] Hier besteht also eine gewisse Spannung: Ist keine dem eigentlichen Handeln und der Erzählung über das Handeln vorangehende »Grunderzählung« mitgedacht?

Doch auch in diesem Fall lässt sich fragen, inwiefern bei MacIntyre eigentlich Freiheit im lebensgeschichtlichen Erzählen mitgedacht ist. Seine narrative Ontologie beinhaltet den Anspruch einer Entsprechung der Geschichte, die erzählt wird, und der Geschichte, die zuvor gelebt wird. Gibt es dann aber noch einen Spielraum für den Autor oder Erzähler einer Geschichte, sich der Geschichte der eigenen Person als Protagonist auf immer wieder unterschiedliche Art und Weise, erzählend, bestimmend und wieder neu bestimmend zu

361 Vgl. MacIntyre, Verlust, 282.
362 Vgl. MacIntyre, Verlust, 289.
363 MacIntyre unterscheidet zwischen einer Person als Autor bzw. Koautor einer Erzählung und als Schauspieler der (dargestellten) Erzählung; vgl. MacIntyre, Verlust, 285.
364 Vgl. MacIntyre, Verlust, 288.
365 Vgl. MacIntyre, Verlust, 283.

nähern? Thomä geht so weit, im Blick auf MacIntyre von einer Vereinnahmung der Person durch den Protagonisten zu schreiben, da der Autor sich damit begnügen müsse, zu schildern, wie es dem Protagonisten ergehe.[366] Der Einfluss des Autors bzw. des Erzählers einer Lebenserzählung, seiner Sicht der Dinge und seiner Kreativität sowie der Einfluss von Situation und Gegenüber, worauf Drechsel verwies, scheinen bei MacIntyre weitgehend außen vor zu bleiben, weil die Erzählung scheinbar ist und bleibt, wie sie geschehen ist.

Einheit des Lebens als Einheit einer Erzählung?

Zweitens lässt sich fragen, wer die Art von Erzählung, die MacIntyre meint, erzählen könnte. Er sieht die Einheit eines Lebens in der Einheit *einer* Erzählung begründet, die Geburt mit Leben und Tod verbindet.[367] Wer könnte diese eine Geschichte erzählen? Die von MacIntyre vorgestellte Art einer lebensgeschichtlichen Erzählung scheint wenig mit dem normalen lebensgeschichtlichen Erzählen zu tun zu haben, wie es beispielsweise im Altenheim begegnet. Ein solches Unterfangen, das Erzählen einer Geschichte, die die Einheit eines Lebens darstellt oder die in einem Leben dargestellt wird, erscheint nur aus einer theologischen (und möglicherweise eschatologischen) Perspektive denkbar, in der nicht ein Mensch die eine Erzählung eines Lebens zu erzählen hat, sondern in der Gott als derjenige angesehen wird, der die Geschichte eines Lebens erzählt. Eine solche theologische Sichtweise nimmt MacIntyre aber ja gerade nicht ein, so dass unklar ist, wie die Einheit der Erzählung eines Lebens gedacht werden kann. MacIntyres These von der einen, das gesamte Leben umfassenden Erzählung, scheint zudem nur schwer mit gegenwärtigen postmodernen Identitätstheorien vereinbar zu sein, in denen auf den fragmentarischen Charakter von Identitäten verwiesen wird.[368]

Freiheit der Tradition gegenüber?

Es stellt sich *drittens* die Frage, wie mit MacIntyre Freiheit der Tradition und der Gemeinschaft gegenüber gedacht werden kann. Thomä benennt MacIntyres Vorstellung der Entstehung personaler Identität mit dem Begriff der Selbstfindung, auch wenn dieser bei MacIntyre selbst nicht gebraucht wird. Tatsächlich kommen in diesem Begriff zentrale Aspekte von MacIntyres Ansatz treffend zum Ausdruck: Es geht ihm darum, dass eine Person sich im Gegebenen verortet, dass sie ihren Platz, ihre Rolle, ihre Identität in den und durch die sie umgebenden Geschichten findet und dass sie in der Begegnung mit ihrer Umwelt und mit den Traditionen, aus denen sie kommt, ihre eigene Erzählung entdeckt. Als Koautorin ihrer eigenen Geschichte kann sie diese aber wiederum

---

366 Vgl. Thomä, Erzähle dich selbst, 84. Zu Thomäs Vorstellung einer so genannten autobiographischen Triade, in der er zwischen Erzähler bzw. Autor, Protagonist und Person einer autobiographischen Erzählung unterscheidet, vgl. Thomä, Erzähle dich selbst, 26f.

367 Vgl. MacIntyre, Verlust, 275.

368 Vgl. exemplarisch Luther, Identität.

auch mitgestalten. Mit dieser an Umwelt und Traditionen orientierten Sichtweise steht MacIntyre individualistischen Konzeptionen entgegen, in denen sich ein als »autonom« verstandenes Subjekt selbst setzt – oder auch nur sich selbst autonom an allgemeinen Grundsätzen ausrichtet. Für MacIntyre gründen auch Moralvorstellungen in den konkreten Gemeinschaften, in denen eine Person lebt. Sätze wie »Der Besitz einer historischen Identität und der Besitz einer sozialen Identität fallen zusammen«[369] oder »Ich bin daher zu wesentlichen Teilen das, was ich erbe, eine spezifische Vergangenheit«[370] lassen aber die Frage entstehen, inwieweit der Mensch von MacIntyre seiner eigenen Tradition gegenüber auch als *frei* gedacht wird: Dass ein schlichtes Absehen von der eigenen Herkunft oder Tradition kaum je möglich sein wird, leuchtet ein – zumal auch im Widerstand gegen eine Position oder Prägung diese doch zugleich mit zum Ausdruck gebracht wird, und sei es in Abgrenzung. So weit ist MacIntyre sicherlich zuzustimmen und dies ist im Folgenden aufzunehmen. Aber sollte der Versuch, sich von der eigenen Vergangenheit abzunabeln, tatsächlich – immer bzw. notwendig – einer »Deformierung meiner gegenwärtigen Beziehungen«[371] gleichkommen? Wie steht es mit negativen Traditionen, mit denen zu brechen um eines guten Lebens oder rechten Handelns willen notwendig sein kann? Handelt es sich dann tatsächlich noch um eine Weiterführung dieser Tradition, was MacIntyre zufolge bei lebendigen Traditionen, in denen um das zu verfolgende Gut gerungen wird, ja erstrebenswert wäre? Wie tragfähig ist die Rede von der Tradition angesichts von widersprüchlichen Ansichten über zu verfolgende Ziele, über die womöglich gar nicht erst gestritten wird?[372]

Der Ansatz der Selbstfindung hat insofern Erklärungswert, als Identitätsbildung nur schwerlich denkbar erscheint ohne Bezugnahme auf die Vergangenheit einer Person und der Gemeinschaften, in denen sie lebt (familiär, religiös, kulturell) bzw. ohne eine Verortung in bzw. Positionierung zu ihrem sozialen Umfeld. Jedoch scheint der Aspekt der persönlichen Einflussnahme auf die eigene Identität bei MacIntyre unterbestimmt zu sein.

Vorordnung der Gemeinschaft vor das Individuum

Allgemein lässt sich bei MacIntyre eine Vorordnung der Gemeinschaft vor dem Individuum feststellen. Dies wird in der starken Vorordnung von Herkunft, Gemeinschaft und Tradition vor den einzelnen Menschen deutlich, aber z. B. auch in einer Anmerkung MacIntyres zum Personbegriff:

> »Just as a history is not a sequence of actions, but the concept of an action is that of a moment in an actual or possible history abstracted for some purpose from that

369 MACINTYRE, Verlust, 295.
370 MACINTYRE, Verlust, 295.
371 MACINTYRE, Verlust, 295.
372 Für grundlegende Kritik am kommunitaristischen Traditionsbegriff vgl. AGICH, Dependence, 32f.

> history, so the characters in a history are not a collection of persons, but *the concept of a person is that of a character abstracted from a history.*«[373]

In diesem Zitat wird wie an kaum einer anderen Stelle deutlich, dass die Rolle, die eine Person in ihrer Geschichte einnimmt, wichtiger ist als die Person selbst. Hier bleibt *viertens* kritisch zu fragen, ob nicht statt von einer solch klaren Vorordnung der Geschichte bzw. der Gemeinschaft vor die Person vielmehr von einer Gleichursprünglichkeit von Person und Geschichte auszugehen ist – denn anders als in einer Erzählung, in der Charaktere um der Gesamterzählung willen eingefügt werden, ist im Leben doch eher von einer gegenseitigen Beeinflussung von Person und Gemeinschaft bzw. Person und Geschichte auszugehen.

Erzählen, Handeln und Verantwortung

Das Verständnis von Verantwortung, das bei MacIntyre begegnet, bewegt sich *fünftens* in einer gewissen Spannung: Der Verantwortung kommt ein zentraler Stellenwert für die Entstehung von Identität zu, insofern sie das Erzählen für MacIntyre notwendig werden lässt und zur Konstitution von Erzählungen und damit von personaler Identität beiträgt.[374] Nun ist zwar die Verantwortlichkeit für die eigene Erzählung groß und MacIntyre sieht sie geradezu als Kriterium von Menschsein an,[375] der Spielraum persönlicher Freiheit erschien aber bisher sowohl auf der Handlungsebene (für die Person als Protagonistin ihrer Erzählung), besonders für den Fall, dass eine wie auch immer geartete »Grunderzählung« dem Handeln vorgängig sein sollte, als auch auf der Erzählebene (für die Person als Koautorin ihrer Erzählung) als nicht sonderlich groß.

Jedoch könnte diese Spannung als dem Leben durchaus angemessen sein: Wird nicht auch derjenige, der wenig für seine Lebensumstände und den Verlauf seines Lebens kann, ab einer bestimmten Erzählfähigkeit als dafür verantwortlich angesehen? Diese Faktizität der Verantwortung für die eigene Erzählung angesichts aller Fremdbestimmungen drohte bei Drechsel aus dem Blick zu geraten. Möglicherweise bietet MacIntyre hier Anknüpfungsmöglichkeiten.

3.3.2 Implikationen für die Seelsorge mit alten Menschen in Pflegeheimen

Zu würdigen ist an MacIntyres Konzept der Verweis auf die soziale und historische Bedingtheit und Prägung des Menschen. Sein Ansatz verleitet nicht dazu, vom realen Leben und den unterschiedlichen Einflüssen und Bedingungen, denen es unterliegt, abzusehen.

---

373 MACINTYRE, After Virtue, 217 [Hervorhebungen durch VS], vgl. dieselbe Stelle bei MACINTYRE, Verlust, 290. Aus Gründen der Nachvollziehbarkeit der Kritik wird hier die englische Originalversion angeführt.

374 Vgl. MACINTYRE, Verlust, 290.

375 Vgl. MACINTYRE, Verlust, 290f.

Bedeutung von Traditionen
Auf die Seelsorge im Pflegeheim angewandt lässt sich MacIntyres Ansatz an verschiedenen Stellen weiterdenken: Im Blick auf einen als radikalen Einschnitt erlebten Heimeintritt oder im Blick auf Demenz, die zu einem sukzessiven Abbruch der persönlichen Verortung in den eigenen Traditionen[376] führt, scheint die Betonung der Bedeutung von Vergangenheit, Herkunft und Tradition als wertvoller Beitrag. Die Frage: »Als Teil welcher Geschichte bzw. welcher Geschichten sehe ich mich?« scheint in einer Phase möglicher Verunsicherung über die eigene Funktion, Rolle und Zugehörigkeit infolge eines Heimeintritts eine Frage von höchstem seelsorglichen Stellenwert zu sein – zumal es nicht nur gilt, mit dem Abbruch altbekannter und für die eigene Identität bedeutungsvoll erscheinender Traditionen zu leben, sondern auch, sich in einem neuen Umfeld mit eigenen, oft fremden Traditionen einzufinden und sich zu diesen Traditionen zu verhalten. Auch in der Begegnung mit demenzkranken Menschen ist diese Frage von hoher Relevanz, wenn sie vielfach auch in leichter Abwandlung zu stellen sein wird: »Als Teil welcher Geschichte(n) sehe ich Dich?«. Im Zusammenhang von Heimübersiedlung und Demenz kommt ein Absehen von historischer Identität wohl tatsächlich einer Deformierung gleich.

Narrative Suche
MacIntyres Gedanke einer narrativen Suche, die sich zwischen Teleologie und Unvoraussagbarkeit bewegt, leuchtet ein, auch wenn ihr Einmünden in die eine, die Einheit des Lebens konstituierende Erzählung unter nicht-theologischen Vorzeichen – wie bereits besprochen – kritisch zu sehen ist. Lebensgeschichtliches Erzählen als eine Suchbewegung zu verstehen, die über die Frage, an welchen Geschichten man Anteil hat, sich der Frage nähert, was zu tun ist, könnte sich für ein Verständnis von Situationen lebensgeschichtlichen Erzählens als anregend erweisen: Wenn in Situationen im Altenheim Lebensgeschichtliches hervorgeholt, neu betrachtet und geordnet wird, wenn versucht wird, Zusammenhänge herzustellen zwischen dem, was war, und dem, was ist, wenn Menschen danach fragen, wie sie nun, im hohen Alter, unter vielfach gänzlich veränderten Lebensbedingungen leben wollen und können, dann kann man das mit dem Begriff einer narrativen Suche zwischen Teleologie und Unvoraussagbarkeit beschreiben.

Autonomie und Manipulation?
MacIntyres Annahme einer Paradoxie zwischen der Selbstwahrnehmung als autonom und dem faktischen Einfluss manipulativer Beziehungen auf die persönlichen Entscheidungen, scheint bedenkenswert zu sein. Von hier ausge-

[376] Bei MacIntyre ist der Traditionsbegriff weiter gefasst und stärker gesamtgesellschaftlich bezogen als im hier folgenden Gebrauch des Begriffs (vgl. z. B. Fetzer, Tradition, 2). Dennoch scheinen sich MacIntyres Erkenntnisse auch z. B. auf die Situation in Pflegeheimen beziehen zu lassen.

hend sind Überlegungen naheliegend, wie sie ähnlich im Zusammenhang der Selbstbestimmungsthematik in den Blick treten: Über Selbstbestimmung kann nur angesichts vielfach vorliegender Bestimmtheiten nachgedacht werden.[377] MacIntyre scheint selbst nicht weiter an der Frage nach der Selbstbestimmung interessiert zu sein. Möglicherweise eignet sich sein Ansatz aber dennoch als ein Modell, Selbstbestimmung angesichts vorgängiger Bestimmtheiten zu denken. Selbstbestimmung wäre dann als der Prozess bzw. das Ergebnis einer narrativen Suche zwischen Festlegung und Offenheit, zwischen Unvoraussagbarkeit und Teleologie zu verstehen. Hier wird weiterzudenken sein.

Narrative Ontologie
Auch MacIntyres Ansatz der narrativen Ontologie lässt sich für die Situation im Pflegeheim fruchtbar machen: Gehört Erzählen tatsächlich konstitutiv zum Menschsein, lässt sich der Mensch zutreffend als ein »Geschichten erzählendes Tier« beschreiben und wird Identität immer im Erzählen gebildet, dann stellt sich im Blick auf die Altenseelsorge die Frage nicht, ob es Sinn macht, »bloß« den Geschichten und Storys alter Leute zuzuhören – eine Frage, die sich aus der Praxis heraus in einer Verunsicherung über die eigene Rolle als Seelsorgerin durchaus stellen kann. Vor dem Hintergrund von MacIntyres narrativer Ontologie sind Geschichten nicht von der eigentlichen Identität zu trennen, sie sind kein Mittel zum Zweck der Identität. Damit erscheint lebensgeschichtliches Erzählen als ein Selbstzweck, weil es die (in Gemeinschaft) selbstverantwortete Gestaltung der Identität selbst ist.

3.3.3 Resümee: Freiheit im lebensgeschichtlichen Erzählen?
Für die weitere Auseinandersetzung mit der Frage nach *Freiheit im lebensgeschichtlichen Erzählen* bleibt zusammenfassend Folgendes festzuhalten:

Der Ertrag, der sich von MacIntyre her ergibt, liegt vor allem in mehreren Abgrenzungen sowie im Verweis auf die soziale und historische Bedingtheit von Personen. Anhand von MacIntyre wird deutlich, dass Freiheit im lebensgeschichtlichen Erzählen nicht das Absehen von den Traditionen bedeuten kann, aus denen ein Mensch kommt bzw. in denen er steht. Die Geschichten, in denen sich eine Person vorfindet bzw. selbst verortet, haben Einfluss auf die Erzählungen ihres eigenen Lebens, selbst wenn sie sich von ihnen lossagt. Auch noch in der Abgrenzung werden lebensgeschichtliche Erzählungen durch Traditionen (wie die einer Familie, eines Staates, einer Kirche bzw. Religionsgemeinschaft) geprägt sowie durch die Rollen, die einer Person zugeschrieben werden. So lässt sich der Einzug in die Institution Pflegeheim auch als Konfrontation mit einer neuen Tradition beschreiben: Bewohnerinnen und Bewohnern werden darin spezifische Rollen zugeschrieben und sie werden in anderen Geschichten verortet als zuvor (z. B. als Bewohnerin mit Pflegestufe 2, als Bewohnerin mit Alzheimer-Demenz etc.). Zwar bleibt MacIntyre gegenüber der Einfluss der ein-

377 S. dazu auch unten im Abschnitt zu Martin Seel Kapitel 2, 8.2.2.

zelnen Person auf die Geschichten und Gemeinschaften, in denen sie lebt, zu betonen, jedoch nicht im Sinne einer tatsächlichen Unabhängigkeit. Auch wer sich von einer Tradition lossagt, wird sich, so sie denn einflussreich genug ist, noch zu ihr verhalten und insofern von ihr beeinflusst sein, selbst wenn er sich nicht mehr dem Konflikt um das anzustrebende Gut stellt, der für MacIntyre lebendige Traditionen prägt.

Um weitere Anknüpfungspunkte für die Frage nach Freiheit im Erzählen zu finden, wird im Folgenden der Blick einem zweiten prominenten Vertreter des Kommunitarismus zugewendet:

4. Stanley Hauerwas

4.1 Einleitung

Auch der Theologe und Ethiker Stanley Hauerwas räumt dem Erzählen und der Erzählung einen zentralen Stellenwert in seinem Werk ein. Hauerwas ist Methodist aus Texas, der sich selbst als »high-church Mennonite«[378] bezeichnet, worin sich neben seiner römisch-katholischen Prägung seine maßgebliche Beeinflussung durch den mennonitischen Theologen John Howard Yoder sowie seine Wertschätzung für das mennonitische Gemeindeleben niederschlägt.[379] Hauerwas verortet sich dezidiert zwischen den Konfessionen, wobei sein Denken von einer grundlegenden Kritik an der reformatorischen Theologie und ihrem – wie Hauerwas es versteht – individualistischen Heilsverständnis durchzogen ist.[380] Er ist ein klarer Kritiker von Liberalismus und liberalistischer Staatsauffassung und macht spätestens ab 1983 den Pazifismus zu einem Kern seines Denkens.[381] Wie Alasdair MacIntyre wird er häufig zu den Vertretern des Kommunitarismus gezählt, wobei er stark von MacIntyres Philosophie beeinflusst ist und einige von dessen zentralen philosophischen Erkenntnissen für die theologische Ethik fruchtbar zu machen sucht.[382]

Im Folgenden wird – ähnlich wie bei den bisher behandelten Positionen – Hauerwas' Ansatz in einem ersten Schritt dargestellt, wobei besonders die Frage nach Funktion und Bedeutung des Erzählens in seinem Denken im Fokus steht. Es wird nach der Rolle des Erzählens im Zusammenhang der Identitätsbildung gefragt und schließlich Hauerwas' Freiheitsbegriff nachgegangen.

Die folgende Darstellung bezieht sich maßgeblich auf die 1981 erschienene Aufsatzsammlung »A Community of Character« sowie ergänzend auf Ausschnitte

---

378 HAUERWAS, Introduction, 6.

379 Vgl. HAUERWAS, Introduction, 6.

380 Vgl. ROMMEL, Ekklesiologie, 8.

381 Vgl. dazu HAUERWAS, Selig die Friedfertigen, 29.

382 Vgl. dazu u. a. HAUERWAS, Preface, X.

aus Hauerwas' 1983 auf Englisch (The Peaceable Kingdom) und 1995 auf Deutsch erschienenem Buch »Selig sind die Friedfertigen«. In einer abschliessenden Kritik und Würdigung seines Ansatzes wird es danach vor allem darum gehen, nach Anknüpfungspunkten im Zusammenhang der Seelsorge in Pflegeheimen zu fragen.

4.2 Darstellung

Für Hauerwas gehören Theologie und Ethik konstitutiv zusammen; er bezeichnet diese als einen Modus von jener[383] und die Wahrhaftigkeit christlicher Überzeugungen zeigt sich für ihn in ihrer praktischen Wirkmächtigkeit.[384] So lassen sich die nicht-materialen Abschnitte seiner ethischen Abhandlungen als fundamentaltheologische Grundlegungen lesen, was eine Rezeption aus der Perspektive einer Theorie bzw. Theologie der Seelsorge reizvoll macht.

Hauerwas denkt stark von Kirche und Heiligung ausgehend, wobei er die Unterscheidung zwischen sichtbarer und unsichtbarer Kirche ebenso ablehnt wie die zwischen Ethik, Dogmatik und Praktischer Theologie.[385] Er vertritt eine Tugendethik und ordnet die Frage, wer wir sein sollen, der Frage, was wir tun sollen, vor.[386] Es scheint MacIntyre anzuklingen, wenn Hauerwas hervorhebt, dass eine Handlung nicht etwa von allgemeinen Regeln ausgehend zu bewerten ist, sondern von ihrer Rolle in der Geschichte einer Gemeinschaft und von da ausgehend ihrer Bedeutung für das Individuum.[387]

Bis zu seinem Buch »A Peaceable Kingdom« 1983 hat Hauerwas vor allem Aufsätze und Aufsatzsammlungen veröffentlicht. Diese Form entspräche seinem Denken, wie er selbst in der Einleitung der Monographie angibt, und eine Zusammenfassung verzerre gar sein Verständnis von Theologie:

> »Theologie kann nicht durch ein allumfassendes Prinzip konstruiert werden. Wie ich zu zeigen versuche, widersetzt sich gerade der praktische Charakter, der der Theologie innewohnt, sein unverkennbarer Status als eine pastorale Disziplin, einer strengen Systematisierung.«[388]

Hauerwas verzichtet nicht nur dezidiert auf eine strenge Systematisierung seiner Theologie, sondern kultiviert zugleich ganz bewusst deren polemischen Charakter.[389]

---

383 Vgl. HAUERWAS, Selig die Friedfertigen, 30.
384 Vgl. HAUERWAS, Introduction, 1.
385 Vgl. dazu ROMMEL, Ekklesiologie, 5.
386 Vgl. HAUERWAS, Selig die Friedfertigen, 66.
387 HAUERWAS, Selig die Friedfertigen, 66.
388 HAUERWAS, Selig die Friedfertigen, 29; vgl. zum Vorangehenden a. a. O., 28f.
389 HAUERWAS, Selig die Friedfertigen, 25.

4.2.1 Kirche – »a truthful polity«

Hauerwas' Verständnis von Freiheit und Identität erschließt sich nicht ohne sein Kirchenverständnis. Es wird deshalb im Folgenden in einem ersten Schritt skizziert.

Im Rahmen seiner Tugendethik kommt der Kirche bzw. der Gemeinschaft ein zentraler Stellenwert zu, denn für Hauerwas ermöglicht sie das Entstehen und Wachsen von Tugenden beim Einzelnen.[390] Sein zentrales Anliegen in »A Community of Character« ist es, der sozialen Bedeutung der Kirche als einer eigenständigen Gesellschaft mit einer spezifischen Integrität zur Geltung zu verhelfen: »My wish is that this book might help Christians rediscover that their most important social task is nothing less than to be a community capable of hearing the story of God we find in the scripture and living in a manner that is faithful to that story.«[391]

Die Kirche ist dazu berufen, Kirche zu sein – und nicht zuallererst dazu, die Welt zu verbessern.[392] Er versteht die Kirche somit als ein Kontrastmodell zur Welt, die keinen Gott kennt.[393] Die Kirche erkennt die Story Gottes als die wahrhaftige Beschreibung ihrer eigenen Existenz an und formt ihr Leben dieser Geschichte gemäß. Anders als die Welt[394] setzt die Kirche nicht auf Gewalt und Macht, um ihr Überleben zu sichern,[395] sondern auf das Kreuz[396] und letztlich auf Gottes Handeln:[397] Sie hat keine Angst vor der Wahrheit, kann deshalb das Wachstum individueller Gaben und Differenzen ihrer Mitglieder fördern und den Anderen in seiner Andersartigkeit annehmen.[398] Trotz seines Verständnisses von Kirche als Kontrastmodell hat Hauerwas den Anspruch, keinen Rückzug aus der Welt zu propagieren, sondern schlicht auf die Andersartigkeit christlicher Lebensgestaltung zu verweisen.[399] Für ihn stellt die Kirche selbst eine Sozialethik dar.[400] Dies ergibt sich als Konsequenz seines Verständnisses der story Gottes, der gemäß sich die Kirche für Hauerwas zu bilden hat. Diese findet in der Christologie ihre zentrale Formulierung, wobei Erzählungen konstitutiv sind: »By recovering the narrative dimension of christology we will be able to see that Jesus did not have a social ethic, but that his story is a social ethic«.[401] Wie Jesus für Hauerwas eine Sozialethik *ist*, so hat auch die

[390] Vgl. dazu neben dem Folgenden auch Hauerwas, Selig die Friedfertigen, 66f.
[391] Hauerwas, Introduction, 1.
[392] Vgl. z. B. Hauerwas, Story-Formed Community, 10.
[393] Vgl. Hauerwas, Church and Liberal Democracy, 84; vgl. auch Hauerwas, Jesus, 50.
[394] Vgl. Hauerwas, Jesus, 50.
[395] Vgl. Hauerwas, Story-Formed Community, 10.
[396] Vgl. Hauerwas, Jesus, 50.
[397] Vgl. Hütter, Einführung, 6.
[398] Vgl. Hauerwas, Jesus, 50f.
[399] Vgl. Hauerwas, Story-Formed Community, 10.
[400] Vgl. Hauerwas, Story-Formed Community, 11 sowie Hütter, Einführung, 5f.
[401] Hauerwas, Jesus, 37.

Kirche selbst eine Sozialethik zu sein.[402] Mit seiner Betonung der narrativen Dimension von Christologie und Theologie geht eine grundlegende Kritik an einer theologischen Konzentration auf dogmatische Begriffe und Bekenntnisse einher: Man könne diese sehr wohl kennen, ohne Jesus selbst zu kennen, d.h. ohne den Glauben an ihn im eigenen Leben und in der eigenen Gemeinschaft zu bezeugen.[403] Aber Person und Werk Jesu Christi dürfen nicht voneinander getrennt werden und so können weder christliche Ethik noch Dogmatik von der story Jesu, von den allen Bekenntnissen zugrunde liegenden Erzählungen, getrennt betrachtet werden.[404]

Auf die einzelne Person bezogen kommt der Kirche die Funktion der Charakterbildung zu.[405] Wie die Geschichte Jesu die Kirche formt, so beeinflusst die Kirche ihre Mitglieder.

> »Die Kirche formt den Charakter von Menschen so, daß sie Gott gemäßer leben und so Gott kennenlernen können; Charakter ist für Hauerwas dabei die Fähigkeit, sich das eigene Leben, Entscheidungen wie Widerfahrnisse, durch die Einbettung in einen narrativen Zusammenhang zu eigen zu machen.«[406]

4.2.2 Erzählungen und Charakter

Der narrative Zusammenhang, in den Handlungen und Widerfahrnisse eingeordnet werden, wird, so Hauerwas, bei jedem Menschen maßgeblich durch die Geschichte bzw. die Geschichten geprägt, anhand derer eine Person ihr Leben interpretiert. Der Charakter einer Person hängt deshalb von den Erzählungen ab, die in ihrer Gemeinschaft bzw. ihren Gemeinschaften tradiert werden.[407]

Der Gedankengang der maßgeblichen Prägung der Person durch die Geschichten bzw. Traditionen, in denen sie sich vorfindet, ist von MacIntyre her bekannt. Über diesen hinausgehend zielt Hauerwas nun aber auf eine konkrete Qualifizierung der Geschichten und der Gemeinschaften: Jeder Mensch wird durch viele unterschiedliche Rollen und storys geprägt, die falsch oder richtig sein können und damit zu einer falschen oder richtigen Charakterbildung führen.[408] Menschen haben daher die Aufgabe, eine wahre Geschichte zur zentralen Geschichte ihres Lebens zu machen[409] und von ihr her einen kritischen

---

402 Vgl. weiterführend HÜTTER, Einführung, 5–9.

403 Vgl. HAUERWAS, Jesus, 41.

404 Vgl. HAUERWAS, Jesus, 43.

405 Dies gilt aber auch für alle anderen Gemeinschaften: »All politics should be judged by the character of the people it produces. The depth and variety of character which a polity sustains is a correlative of the narrative that provides its identity and purpose.« (HAUERWAS, Jesus, 51).

406 ROMMEL, Ekklesiologie, 15.

407 S. dazu Anm. 410; vgl. auch HAUERWAS, Character, 148: »Thus we become who we are through the embodiment of the story in the communities in which we are born.«

408 Vgl. HAUERWAS, Character, 151.

409 Vgl. HAUERWAS, Character, 149.

Blick auf die anderen Geschichten des Lebens zu gewinnen.[410] Ein Anzeichen einer wahren Geschichte ist, dass sie für die Herausforderung durch neue Erfahrungen offen bleibt und dass sie es nicht nötig hat, Differenzen zu negieren.[411] Zugleich ermöglicht es eine wahre Geschichte, Verantwortung für den eigenen Charakter zu übernehmen[412] und »to claim as mine what I wish I had not done, as well as what I have done well«[413]. Die christliche story ist für Hauerwas eine solch wahre Geschichte, die einen nüchternen, illusionslosen Blick auf das eigene Leben erlaubt und es ermöglicht, tugendhaft zu leben und sich der permanenten Versuchung von Selbsttäuschung entgegenzustellen.[414] Vor dem Hintergrund dieser story kann aus Schicksal Bestimmung werden und das Unerwartete, Fremde kann als Geschenk angenommen werden.[415]

Die story Gottes ermöglicht dies, da sie von einem Gott erzählt, der Vergebung ist;[416] sie ist die »story that not only provides the means to acknowledge the blunders as part of our own story, but to see ourselves in a story where even our blunders are part of an ongoing grace, i. e. are forgiven and transformed«[417]. Von der in dieser Geschichte eröffneten Vergebung her wird Erinnerung überhaupt erst möglich, da auch destruktive oder fruchtlose Geschichten erinnert werden dürfen.[418]

Erzählung, Charakter und Selbst stehen bei Hauerwas in engem Zusammenhang: »unser Charakter [ist, V.S.] nicht das Oberflächenphänomen einer tieferen Realität, die ›Selbst‹ genannt wird. Wir sind unser Charakter«[419]. Dieser Charakter ist durch unsere Geschichte geprägt, die uns zu dem macht, was wir sind.[420] Geschichtlich zu sein ist für Hauerwas geradezu gleichbedeutend mit Charakterbildung:

> »Geschichtlich zu sein bedeutet [...], daß ich fähig sein muß, mir meine Vergangenheit zu eigen zu machen. Ich muß lernen zu sagen: ›Ich habe dies getan.‹ Geschichtlich zu sein bedeutet, daß ich fähig sein muß, aus einer Folge von ›Ereignissen‹ eine

---

[410] Vgl. Rommel, Ekklesiologie, 23.

[411] Vgl. Hauerwas, Character, 151.

[412] Vgl. Hauerwas, Character, 149.

[413] Hauerwas, Character, 151; vgl. auch Hauerwas, Character, 149.

[414] Vgl. Hauerwas, Character, 132 sowie Hauerwas, Story-Formed Community, 18. Offen bleibt die Frage, wie die Überordnung der christlichen Erzählung über die anderen Erzählungen des Lebens mit Hauerwas' Aussage zusammengeht, es gäbe keine »story of stories« (Hauerwas, Character, 149).

[415] Vgl. Hauerwas, Story-Formed Community, 10.

[416] Vgl. dazu auch Rommel, Ekklesiologie, 24.

[417] Hauerwas, Character, 147.

[418] Vgl. Hauerwas, Moral Authority, 69.

[419] Hauerwas, Selig die Friedfertigen, 88.

[420] Vgl. Hauerwas, Selig die Friedfertigen, 88.

erzählte Geschichte zu machen – [...] eine, die mir ein hinreichendes Identitätsgefühl gibt, eine, die nicht nur in meine Vergangenheit blickt, sondern in die Zukunft weist und meinem Leben dadurch Ziel und Richtung gibt.«[421]

Ähnlich wie MacIntyre versteht Hauerwas die Einheit des Selbst somit als eine narrative Einheit. Erst die Erzählung macht es möglich, die verschiedenen Aspekte und Geschichten des Lebens und der Person zusammenzubringen.[422] Er vergleicht das Selbst und die Einheit des Selbst mit einem guten Roman:

»The unity of the self is [...] like the unity that is exhibited in a good novel – namely with many subplots and characters that we at times do not closely relate to the primary dramatic action of the novel. But ironically without such subplots we cannot achieve the kind of unity necessary to claim our actions as our own.«[423]

4.2.3 Das Leben als Abenteuer

Die Analogie zum Roman spiegelt sich in einem weiteren Gedankengang wider: Bei einem guten Roman scheint Hauerwas vorrangig an eine *Abenteuergeschichte* zu denken. Für ihn hat der Gedanke des Lebens als einem Abenteuer einen wichtigen Stellenwert,[424] denn Selbstbewusstsein,[425] Selbstrespekt, Wertempfinden und sogar Würde resultieren für Hauerwas aus dem Gefühl, an einem Abenteuer teilzuhaben und zu ihm beizutragen.[426] Für ihn ist ein Selbst ganz ohne Abenteuer nicht denkbar[427] und er beschreibt es als die grundlegendste Aufgabe einer Gemeinschaft, ihren Mitgliedern das Gefühl zu vermitteln, an einem Abenteuer teilzuhaben.[428] Solch ein Abenteuer scheint schon darin bestehen zu können, sich in der Welt und gegenüber anderen Menschen zu verorten, die eigene Rolle im Gegenüber zu den Rollen, die man selbst nicht übernehmen kann, auszutesten und in ihren Möglichkeiten und Grenzen zu leben.[429] Der

---

421 HAUERWAS, Selig die Friedfertigen, 84.

422 »In summary, I am suggesting that descriptively the self is best understood as a narrative, and normatively we require a narrative that will provide the skills appropriate to the conflicting loyalties and roles we necessarily confront in our existence.« (HAUERWAS, Character, 144).

423 HAUERWAS, Character, 144.

424 Nicht nur in »A Community of Character«, sondern auch in seinen anderen Schriften begegnet dieser Gedanke immer wieder, vgl. ROMMEL, Ekklesiologie, 32–34. Rommel weist ebenfalls darauf hin, dass der Gedanke von MacIntyres Vorstellung der narrativen Suche beeinflusst ist.

425 Vgl. HAUERWAS, Virtues, 127.

426 Vgl. HAUERWAS, Story-Formed Community, 13.

427 Vgl. HAUERWAS, Character, 148.

428 Vgl. HAUERWAS, Story-Formed Community, 13.

429 Vgl. HAUERWAS, Character, 148: »But it is equally important to be introduced to stories that provide a way to locate ourselves in relation to others, our society, and the universe. Stories capable of doing that may be thought of as adventures, for there can be no self devoid of adventure. What we crave is not dignity as an end in itself, but the

Erzählung kommt für das Verständnis des eigenen Lebens als Abenteuer eine wichtige Rolle zu,[430] denn ein Mensch braucht für Hauerwas die richtige Erzählung, von der her er sein Leben interpretiert, um es als ein Abenteuer sehen zu können. Für Hauerwas ist diese richtige und wahre Erzählung die christliche:

> »The story of God does not offer a resolution of life's difficulties, but it offers us something better – an adventure and struggle, for we are possessors of the happy news that God has called people together to live faithful to the reality that he is the Lord of this world. All men have been promised that through the struggle of this people to live faithful to that promise God will reclaim the world for his Kingdom. By learning their part in this story, Christians claim to have a narrative that can provide the basis for a self appropriate to the unresolved, and often tragic, conflicts of this existence.«[431]

Für Hauerwas stellt damit die christliche Überlieferung den Grund dar, von dem her das Leben als abenteuerliches Kämpfen mit der Hoffnung auf ein gutes Ende verstanden werden kann.

Das Gefühl, an einem würdigen Abenteuer teilzuhaben, versteht Hauerwas als den Nährboden, auf dem Tugenden wachsen können.[432] Abenteuer verlangen, so Hauerwas, nach Mut, Hoffnung[433] und Geduld[434] – nach Mut, weil die Zukunft in einem Abenteuer immer zweifelhaft ist,[435] nach Hoffnung, weil nur wer daran glaubt, dass es das Risiko wert ist, ein Abenteuer eingeht,[436] und nach Geduld, weil wir nur mit Geduld lernen, zu warten, auch wenn der weitere Weg nicht zu sehen ist.[437] Das Leben als Abenteuer zu denken, geht somit mit der oben beschriebenen Charakterbildung einher, denn Abenteuer ermöglichen Tugend und eine tugendhafte Person zu sein bedeutet für Hauerwas, die kommunikativen, emotionalen und rationalen Fähigkeiten zu entwickeln, die einem Menschen die Stärke geben, sich seine persönlichen Entscheidungen und das eigene Leben zu eigen zu machen.[438] Zugleich gilt im Umkehrschluss, dass ein

participation in a struggle that is dignifying. Without self-respect, integrity is impossible. And self-respect comes from a sense of the possession of a self correlative to our participation in a worthy adventure. Yet my very ability to take on a role in the adventure is dependent on my understanding that there are other roles I am not called on to play or cannot play. But the very existence of these other roles gives me the ability to step back and test my own involvement in the adventure. They provide a standpoint that helps me see the limits and possibilities of my own role.«

430 S. Anm. 434.

431 HAUERWAS, Character, 149.

432 Vgl. HAUERWAS, Virtues, 127.

433 Vgl. HAUERWAS, Virtues, 115.

434 Vgl. HAUERWAS, Virtues, 127.

435 Vgl. HAUERWAS, Story-Formed Community, 13.

436 Vgl. HAUERWAS, Virtues, 127.

437 Vgl. HAUERWAS, Virtues, 127.

438 Vgl. HAUERWAS, Virtues, 115.

tugendhaftes Leben automatisch abenteuerlich wird, da das Risiko von Ärger und Gefahren eingegangen wird, die sonst vielleicht sogar unerkannt bleiben würden.[439] Aber die dem Leben einer tugendhaften Person zugrundeliegende Erzählung lehrt, dass das Leben ohne dieses Risiko weniger interessant und gut wäre.[440]

4.2.4 Freiheit und Autonomie

Hauerwas lehnt es ab, Autonomie bzw. Unabhängigkeit als Bedingung oder Ziel moralischen Handelns zu verstehen. Aus einer christlichen Perspektive sei das Leben nicht als Leistung, sondern als Geschenk anzusehen: Christen strebten deshalb danach, aus der Überzeugung heraus zu leben, dass sie zueinander gehören.[441] Während Autonomie beinhalte, sich von allen Beziehungen außer den selbst gewählten zu befreien, bedeute wahre Freiheit für Christen, auf angemessene Weise abhängig zu sein, nämlich im Vertrauen auf Gott:[442] »for the Christian to be perfectly free means to be perfectly obedient. True freedom is perfect service.«[443] Dieser Gehorsam Gott gegenüber schlägt sich in der Art und Weise nieder, in der moralisches Handeln gelernt wird – nämlich dank der Aufnahme in eine Gemeinschaft von Jüngern und durch die Nachahmung eines Meisters.[444]

Freiheit ist für Hauerwas also gerade keine Unabhängigkeit und steht auch nicht für einen Zustand, in dem man absolute Kontrolle über sein Leben hat, im Gegenteil.[445] Außer Kontrolle zu leben stellt für ihn geradezu ein Kennzeichen christlicher Lebensführung dar[446].

Hauerwas' Freiheitsbegriff liegt sein Verständnis von Geschichtlichkeit zugrunde, die für ihn zweierlei impliziert: zum einen, dass wir Produkte unserer Geschichte sind, zum anderen aber auch, dass wir unsere Geschichte interpretieren und formen können, indem wir mit den Gegebenheiten unseres Lebens entsprechend unseren Bedürfnissen und Wünschen umgehen.[447] Dabei betont er den ersten Aspekt stark. Er geht davon aus, dass die wichtigen Entscheidungen im Leben im Rückblick eher als Widerfahrnisse erscheinen – selbst wenn sie zu dem Zeitpunkt, an dem sie getroffen werden, den Anschein einer freien Wahl haben: Hätte man damals nur mehr gewusst, hätte man bewusster und

---

[439] Vgl. HAUERWAS, Virtues, 115.

[440] Vgl. HAUERWAS, Virtues, 115.

[441] Vgl. HAUERWAS, Character, 130.

[442] Vgl. HAUERWAS, Character, 131.

[443] HAUERWAS, Character, 131.

[444] Vgl. HAUERWAS, Character, 131. Dabei ist anzumerken, dass Hauerwas' Verständnis von Autorität und leadership sich nicht etwa totalitär präsentiert, wie es in diesen kurzen Formulierungen den Anschein haben mag; vgl. dazu z. B. HAUERWAS, Story-Formed Community, 28–33.

[445] Vgl. HAUERWAS, Selig die Friedfertigen, 93.

[446] Vgl. HAUERWAS, Story-Formed Community, 11.

[447] Vgl. HAUERWAS, Selig die Friedfertigen, 84.

daher besser entscheiden können. Aus dieser Erfahrung resultiert laut Hauerwas allzu oft ein zur Selbsttäuschung führender Trugschluss, der nämlich, dass frei zu sein bedeute, nicht für die Entscheidungen einstehen zu müssen, die im Rückblick nicht voll und ganz als die eigenen erscheinen.[448]

Vor diesem Hintergrund will Hauerwas den Begriff der Freiheit von dem der Wahl bzw. der Handlung lösen. Im Anschluss an Frithjof Bergmann sieht Hauerwas das *Wesen der Freiheit darin, sich mit den von einem Menschen getroffenen Entscheidungen identifizieren und sein Leben als das eigene ansehen zu können.*[449] Freiheit bedeutet daher, Charakter zu haben und ist für Hauerwas eher eine Sache der Identität denn der Wahl. Nur eine gute Person kann demzufolge eine freie Person sein.[450] Auch Handlungsträgerschaft besteht für ihn nicht vorrangig darin, aktiv zu handeln und etwas zu verursachen, sondern liegt in der Fähigkeit, das eigene Handeln in der andauernden Geschichte einer Sprachgemeinschaft zu verorten.[451] Das Maß an Freiheit eines Menschen hängt daher von seiner Beschreibungsfähigkeit ab. Und diese wiederum ist nicht etwa eine rein intellektuelle Angelegenheit, sondern ist auch von Gewohnheit und von den Beschreibungen abhängig, die ein Mensch in seinen Gemeinschaften erlernt.[452]

Auch im Zusammenhang der Freiheit kommen der Erzählung und der Gemeinschaft in Hauerwas' Konzept damit wichtige Aufgaben zu: Die Möglichkeit, Charakter zu haben und mutig auf eine wahre Geschichte zu antworten, und also auch die Möglichkeit, frei zu sein, hängen davon ab, in der rechten Gemeinschaft in eine wahre Geschichte hineingenommen zu werden.[453]

Hauerwas lehnt den Gedanken ab, Freiheit bestehe in der Freiheit von Erzählungen oder in der Möglichkeit, sich diese auszusuchen. Die einzige Möglichkeit, destruktiven oder falschen Geschichten, unter deren Einfluss wir stehen, zu entkommen, ist, den eigenen Charakter von einer wahren story her

---

448 Vgl. HAUERWAS, Selig die Friedfertigen, 85.

449 Vgl. HAUERWAS, Selig die Friedfertigen, 86, wo er das Beispiel eines Freundes nennt, der keine Stelle als Philosophiedozent fand, daher Jura studierte, erfolgreicher Rechtsanwalt wurde und im Nachhinein sehr zufrieden mit diesem Werdegang war. Freiheit bestehe an dieser Stelle schlicht darin, aus der Notwendigkeit eine Tugend zu machen.

450 Vgl. HAUERWAS, Selig die Friedfertigen, 85.

451 Vgl. HAUERWAS, Selig die Friedfertigen, 91: »In bezug auf die Konzeption von Handlungsträgerschaft, die ich zu entwickeln versuchte, bedeutet ein Handelnder zu sein, daß ich fähig bin, meine Handlung in einer fortlaufenden Geschichte in einer bestimmten Sprachgemeinschaft zu verorten. Selbst was mir geschieht, meine Gewohnheit der Abhängigkeit, wird mir in dem Maße zu eigen, in dem ich fähig bin, diese zu einem Bestandteil meiner Geschichte zu machen. Ich bin nicht ein Handelnder, weil ich ›verursachen‹ kann, daß gewisse Dinge geschehen, sondern weil ich mir gewisse Dinge, die geschehen, ob durch das Ergebnis meiner Entscheidung oder nicht, durch meine Macht der Aufmerksamkeit und Absicht zu eigen machen kann.«

452 Vgl. HAUERWAS, Selig die Friedfertigen, 92.

453 Vgl. HAUERWAS, Selig die Friedfertigen, 92.

überformen zu lassen und Tugenden auszubilden.[454] Er wendet sich mit seiner Konzeption von Freiheit daher direkt und polemisch gegen den Liberalismus, der den Freiheitsbegriff von jeglicher Erzählung zu lösen beanspruche und dem er vorwirft, die Menschen – zu Unrecht – glauben zu lassen, sie seien so frei, dass sie sogar frei von ihrer Geschichte seien und sich ihre Geschichte daher ausdenken können.[455] In der Konsequenz liberalistischer Staatsauffassung werden individuelle Freiheit und die Sicherung von Eigeninteressen zum obersten Gebot.[456] In der Freiheit als einem Zweck an sich sieht Hauerwas jedoch eine »hohle Freiheit« – hohl, weil die meisten Menschen nicht wissen, was sie mit ihrer Freiheit anfangen sollen.[457] Indem Handelsbeziehungen zur favorisierten und dominierenden Beziehungsform liberaler Gesellschaften werden, herrschen Hauerwas zufolge Misstrauen gegenüber anderen Menschen und daraus folgende Einsamkeit vor.[458] Zwar nennen wir diese Einsamkeit Autonomie oder Freiheit, »but the freer we become the more desperate our search for forms of ›community‹ or ›interpersonal relationship‹ that offer some contact with our fellows.«[459] Wahre Freiheit ist in solcher Einsamkeit nicht möglich, denn sie eröffnet sich erst von anderen Menschen her: Von ihnen her wird es möglich, zu erkennen, auf welche Weise man durch die Beschäftigung mit sich selbst beschränkt ist: »unser Charakter ist ein Geschenk von anderen [...]. Unsere Freiheit liegt buchstäblich in den Händen anderer«[460]. Sie ziehen die eigenen Leistungen auf eine notwendige Weise in Zweifel und von ihnen wird die Geschichte erlernt, die dem eigenen Leben Sinn und Richtung gibt.[461]

Freiheit entsteht also nur in Gemeinschaft. Von hier aus schließt sich der Bogen zum Anfang dieser Darstellung und der Frage nach der Funktion der Kirche sowie zum Anfang von Hauerwas' Buch »A Community of Character«, wo Hauerwas es die Last seines Buches nennt, aufzuweisen, dass Freiheit nur durch die Teilhabe an einer wahrhaftigen Gemeinschaft entsteht, die in der Lage ist, tugendhafte Menschen zu bilden.[462]

---

454 Vgl. HAUERWAS, Virtues, 127 sowie ROMMEL, Ekklesiologie, 23.

455 Vgl. HAUERWAS, Church and Liberal Democracy, 84: »Ironically, the most coercive aspect of the liberal account of the world is that we are free to make up our own story. The story that liberalism teaches us is that we have no story, and as a result we fail to notice how deeply that story determines our lives.« Dieser Gedanke birgt für Hauerwas letztlich Zwang, verdeckten Zwang: Denn z. B. Demokratietheorien gaukelten uns vor, wir hätten dieser Staatsform qua Gesellschaftsvertrag zugestimmt, während die offensichtlich tyrannischen Herrscher doch nur durch »das Volk« ersetzt worden seien, das – wie sich am Kreuz Christi gezeigt habe – jedoch nicht weniger tyrannisch sei als jene, vgl. ebd.

456 Vgl. HAUERWAS, Church and Liberal Democracy, 78f.

457 HAUERWAS, Church and Liberal Democracy, 80.

458 Vgl. HAUERWAS, Church and Liberal Democracy, 81.

459 HAUERWAS, Church and Liberal Democracy, 81.

460 HAUERWAS, Selig die Friedfertigen, 95.

461 Vgl. HAUERWAS, Selig die Friedfertigen, 95 sowie HAUERWAS, Character, 144.

462 Vgl. HAUERWAS, Introduction, 2f.

4.2.5 Funktionen von Erzählungen

Der Begriff der Erzählung, gefasst als »story« oder »narrative«, begegnet bei Hauerwas in vielfältigen Bedeutungen.[463] Erzählungen sind für ihn ein anthropologisch-ontologisch bedeutsames Grundmoment geschichtlicher Existenz, denn er geht von einer narrativen Grundstruktur des Lebens aus, wie sie ähnlich auch schon bei MacIntyre zu finden war.[464] Zugleich sind Erzählungen die grundlegende Dimension theologischen und christlichen Denkens, da dieses notwendig an die Geschichte Gottes gebunden ist, wie sie sich in dessen Geschichte mit Israel und in der Geschichte Jesu gezeigt hat.[465]

In ihrer Funktion als Leitstory erscheint die christliche story bei Hauerwas als die eigentliche und richtige story eines Lebens, die, da sie eine wahre Geschichte ist und wahre Gemeinschaft prägt, allein die Bildung eines tugendhaften Charakters ermöglicht.[466] Sie erlaubt es, die Welt und sich selbst wahrhaftig anzusehen, von ihr aus lassen sich die einzelnen Geschichten eines Lebens zu einem sinnvollen Ganzen zusammenbringen, ohne dabei die Widersprüchlichkeiten des Lebens und die Tragik seiner Konflikte nivellieren zu müssen.[467] Für Hauerwas ermöglicht die christliche story Gemeinschaft, Charakter, Abenteuer, Tugendhaftigkeit und Freiheit. Zugleich lehnt er den Gedanken einer im Sinne eines universellen (moralischen) Standpunktes zu verstehenden »story of stories« aber explizit ab:[468] Moralität kann für Hauerwas immer nur in konkreten Gemeinschaften mit konkreten Geschichten und von diesen ausgehend gelernt werden.

Während MacIntyre Personen immerhin als Koautoren ihrer Geschichte bezeichnen konnte,[469] bezeichnet Hauerwas den Menschen an keiner Stelle als Autor oder Koautor seiner eigenen Geschichte. Vielmehr scheint allein Gott der

---

463 Rommel unterscheidet bei Hauerwas allein vier Bedeutungen des Begriffs Erzählung im Zusammenhang der Beschreibung personaler Identität: Storys begegneten bei Hauerwas 1. als Strukturmoment, 2. als konkrete, Loyalität einfordernde Einzelstory, 3. als »Gesamtstory« eines Lebens (diachron) und 4. als »Leitstory«, die synchron in kritischer Funktion über die Art der Integration verschiedener Einzelstorys in die Gesamtstory eines Lebens entscheide; vgl. Rommel, Ekklesiologie, 25.

464 Vgl. Rommel, Ekklesiologie, 25.

465 Vgl. Hauerwas, Selig die Friedfertigen, 70f: »Meine These ist, daß der narrative Modus für den christlichen Glauben weder nebensächlich noch zufällig ist. Es gibt keine grundsätzlichere Art, von Gott zu reden, als in einer Geschichte. Die Tatsache, daß wir Gott durch die Nacherzählung der Geschichte Israels und des Lebens Jesu kennenlernen, ist entscheidend für unser wahrhaftes Verständnis des Gottes, den wir anbeten, wie auch das der Welt, in der wir leben.«

466 Vgl. dazu neben der Darstellung in dieser Arbeit auch Rommel, Ekklesiologie, 25, besonders Anm. 62.

467 Vgl. z. B. Hauerwas, Character, 149.

468 Vgl. Hauerwas, Character, 149, vgl. dazu aber auch Rommel, Ekklesiologie, 28, die kritisch anfragt, ob der story Gottes bei Hauerwas nicht doch uneingestanden die Bedeutung einer »meta-narrative« zukomme.

469 S. dazu Kapitel 2, 3.2.4.

Autor von Lebensgeschichte zu sein,[470] so dass Sünde gerade darin besteht, sich selbst als Autor bzw. Autorin der eigenen Lebensgeschichte anzusehen.[471]

Die Bedeutung, die der Erzählung in Hauerwas' Denken zukommt, findet sich prägnant im folgenden Zitat zusammengefasst:

> »We are ›storied people‹ because the God that sustains us is a ›storied God,‹ whom we come to know only by having our character formed appropriate to God's character. The formation of such a character is not an isolated event but requires the existence of a corresponding society – a ›storied society‹.«[472]

4.3 Kritik

Hauerwas' Theologie erscheint in den wahrgenommenen Auszügen aus seinem Werk als kreativ und ideenreich, als polemisch und sehr individuell in seiner Position und dabei zuweilen schillernd in Begriffen und Gedankenführung. So beschränkt sich sein Stil des Theologietreibens nicht auf eine reine Sachlichkeit. Dem Wert entsprechend, den er dem Erzählen beimisst, erzählt er selbst Geschichten, die seine Theologie veranschaulichen.[473] Seine Texte lassen Emotionen nicht außen vor, wie auch sein persönliches Bekenntnis zur Polemik erahnen lässt. Dabei entsteht beim Lesen der Eindruck eines tiefen und guten Geschmacks am Leben in seiner ganzen Fülle – ein Eindruck, der die Frage nach Anknüpfungspunkten für die Seelsorge mit alten Menschen in Pflegeheimen besonders vielversprechend erscheinen lässt.

Hauerwas' eigener Ablehnung einer strengen Systematisierung seines Denkens folgend, soll es im Folgenden nicht darum gehen, seinen ethisch-theologischen Ansatz hinreichend zu kritisieren: Die Auseinandersetzung müsste zu umfassend und grundlegend geschehen. Vielmehr ist es das Ziel des folgenden Abschnitts, Hauerwas auf den von ihm selbst so genannten praktischen Charakter seiner Theologie als einer pastoralen Disziplin hin zu befragen und dementsprechend nach Anknüpfungspunkten für die Seelsorge im Pflegeheim zu fragen.

Einige Kritikpunkte an seiner Theologie bzw. seinem Freiheitsverständnis seien jedoch angemerkt:

4.3.1 Kritische Anfragen

Hohe normative Ansprüche

Der Versuch, seinen Ansatz für die Altenseelsorge fruchtbar zu machen, verleitet erstens dazu, die in seiner Theologie enthaltenen hohen normativen Ansprüche

---

470 Vgl. dazu die Analyse bei ROMMEL, Ekklesiologie, 29, die sich wiederum auf HÜTTER, Einführung, 1, bezieht.

471 Vgl. HAUERWAS, Selig die Friedfertigen, 30 sowie dazu die Darstellung bei ROMMEL, Ekklesiologie, 30.

472 HAUERWAS, Church, 91.

473 So z. B. in HAUERWAS, Story-Formed Community.

auf die Altenseelsorge zu übertragen. Hauerwas' Ekklesiologie mutet utopisch an in ihrem Verständnis von Kirche als einer Kontrastgesellschaft, in der – anders als in der Welt – Friedfertigkeit und Tugendhaftigkeit vorherrschen und in der das Evangelium den Charakter der Mitglieder prägt und wachsen lässt. Aus reformatorischer Sicht wird ihm hier hinsichtlich der Ekklesiologie ein Verständnis von Kirche als »corpus permixtum« entgegenzuhalten sein. Besonders deutlich wird die nötige Kritik an seinem Ansatz in seinem Verständnis von Erlösung: Er versteht unter Erlösung »eine Veränderung, bei der wir der Einladung folgen, ein Teil von Gottes Herrschaft zu werden, eine Herrschaft, durch die wir den Charakter annehmen, der einem Menschen entspricht, der Gottes Ruf gehört hat«[474]. Gerade im Blick auf die Altenseelsorge wird demgegenüber ein Verständnis von Rechtfertigung zu betonen sein, das von der Rechtfertigung sola gratia ausgeht, das am lutherischen »simul iustus et peccator« festhält und das die Ansprüche, die alten Menschen vielfach begegnen bzw. unter denen stehend sie sich selbst sehen, nicht noch aus theologischer Perspektive verschärft. Die Unverfügbarkeit des Glaubens ist dabei nicht nur im Blick auf Bewohnerinnen und Bewohner, sondern auch im Blick auf die Seelsorger zu betonen.

Freiheit und Lebensumstände?

Zweitens besteht bei Hauerwas' Freiheitsverständnis als der Fähigkeit, das Leben als das eigene anzunehmen, die Gefahr, dass äußere Lebensumstände und deren Einfluss auf das Maß an Freiheit einer Person ausgeblendet werden. Zwar ist sein Argument gegen ein Verständnis von Freiheit als einer Freiheit der Wahl genau im Bereich der äußeren Umstände angesiedelt: Wer entscheiden könne, ob er an Hunger oder an Folter sterben wolle, habe zwar die Wahl, sei aber nicht frei.[475] Aufgrund dieser richtigen Feststellung ist aber sicherlich nicht auf einen Verzicht eines konstitutiven Bezugs des Freiheitsbegriffs auf Freiheit ermöglichende Lebensumstände zu schließen. Um Hauerwas' Verständnis von Freiheit in seinen zweifelsohne gegebenen Stärken im Blick auf das Pflegeheim fruchtbar machen zu können, ohne dabei Anlass für Zynismus zu geben, erscheint eine *Unterscheidung zwischen Freiheitserleben und Freiheit* angebracht. Hauerwas' Freiheitsbegriff wäre dann im Sinne von Freiheitserleben zu verstehen, das notwendig zur Freiheit dazugehört, das aber noch keine konstitutive Aussage darüber enthält, ob eine Person auch von außen, unter Beachtung ihrer äußeren Lebensbedingungen, als frei angesehen werden kann.

Einfluss der Gemeinschaft

Drittens bewertet Hauerwas Autonomie, Unabhängigkeit und Selbstbestimmung durchgehend negativ. Der Mensch erscheint – noch stärker als bei MacIntyre – durch die Gemeinschaft bestimmt, was sich in Spitzensätzen ausdrückt wie »Das Ich ist mehr der Gemeinschaft untergeordnet als umgekehrt, denn wir

474 HAUERWAS, Selig die Friedfertigen, 80.

475 Vgl. HAUERWAS, Selig die Friedfertigen, 86.

entdecken das Ich durch die erzählte Tradition einer Gemeinschaft.«[476] Hier hat es den Anschein, als würde Hauerwas den Menschen damit zu stark durch die Gemeinschaft, in der er lebt, determiniert verstehen. Wenn ihm auch darin zuzustimmen ist, dass Personen durch ihre sozialen Bezüge und Rollen geprägt werden, so bleibt – wie bei MacIntyre – auch Hauerwas gegenüber zu betonen, dass die Personen selbst wiederum deutlichen Einfluss auf ihre Gemeinschaften haben. Dieser Einfluss der Person auf die Gemeinschaft erscheint bei Hauerwas als unterbestimmt, ebenso wie der Einfluss eines Menschen auf seine eigene Lebensgeschichte.

Einfluss auf die eigene Lebensgeschichte
Die Tatsache, dass Hauerwas den Menschen noch nicht einmal als Koautor seiner Lebensgeschichte ansieht, ist als eine polemische Wendung gegen den Liberalismus und dessen Absehen von Herkunft, Geschichte und Gemeinschaft zu verstehen, erscheint aber als ein überzogenes Absehen von den offensichtlichen Gestaltungsspielräumen, die ein Mensch im Blick auf seine Lebensgeschichte hat – und die auch aus theologischer Sicht nicht einfach auszublenden sind. Hauerwas ist in seinem Verständnis des Lebens als Geschenk aus theologischer Perspektive sicherlich zuzustimmen, – gleichwohl findet sich der Mensch als ein mit Freiheit ausgestattetes Wesen vor, so dass dem Geschenkcharakter des Lebens gerade in einer adäquaten Wahrnehmung und Gestaltung dieser Freiheit Rechnung zu tragen sein wird.

Diese Kritik erscheint angesichts von Hauerwas' Gedanken, die christliche story führe dazu, dass aus Schicksal Bestimmung werde, umso berechtigter, scheint sich darin doch ein deutlicher Fatalismus erkennen zu lassen. Hier werden Lebenswege und -geschichten schlichtweg angenommen, ohne danach zu fragen, ob sich daraus Handlungs- oder Veränderungsmöglichkeiten bzw. -notwendigkeiten für die Zukunft ergeben.

Zudem wird bei Hauerwas nicht ganz deutlich, wie weitgehend die Annahme des eigenen Lebens gedacht ist: Es besteht Gefahr, dass der Person mit der Annahme des eigenen Lebens zugleich auch die gesamte Verantwortung für alles zugerechnet wird, was in diesem Leben vorgefallen ist.

Diese grundsätzlichen Kritikpunkte gilt es, wahrzunehmen, wenn Hauerwas im Kontext der Altenseelsorge diskutiert wird. Dies soll im Folgenden geschehen:

4.3.2 Implikationen für die Seelsorge mit alten Menschen in Pflegeheimen

Freiheit als Annahme des Lebens als das eigene
Der Gedanke, Freiheit bestehe darin, sich mit den eigenen Entscheidungen zu identifizieren und das Leben als das eigene anzunehmen, erscheint im Blick auf die Lebenssituation im hohen Alter und konkret im Blick auf die Seelsorge

---

476 HAUERWAS, Selig die Friedfertigen, 74.

im Pflegeheim vielversprechend - weil es um eine Freiheit geht, die auch angesichts geringer Handlungsspielräume besteht. In einer Situation, in der viele Menschen sich als abhängig erleben und mit ihrer als Schicksal empfundenen Lebenssituation hadern, erscheint es zugleich als Ausdruck und Zugewinn von Freiheit, sein Leben als das eigene ansehen zu können. Wem dies möglich ist, der wird sich selbst - auch angesichts aller Passivität, Widerfahrnisse und Abhängigkeiten - als Handlungssubjekt erfahren, eine Eigenschaft, die nicht nur zum subjektiven Wohlbefinden beiträgt,[477] sondern die es ermöglicht, auch das hohe Alter als integralen Bestandteil des Lebens zu empfinden; eine Zeit, für die keineswegs von vornherein feststeht, dass das »Abenteuer« des Lebens in ihr unweigerlich ein Ende finden muss.

Freiheit und Beschreibungsfähigkeit

Hängt Freiheit in diesem Sinne von der Beschreibungsfähigkeit eines Menschen ab, dann kann der Seelsorge an dieser Stelle im Blick auf die Freiheit eine wichtige Bedeutung zukommen: Wenn das eigene Leben erzählt und erinnert wird; wenn eine Seelsorgerin hilft, Dinge zu benennen und Erfahrungen einen Namen zu geben; wenn sich aus der Perspektive des Evangeliums neue Verständnismöglichkeiten für festgelegte und festlegende Deutungsmuster eröffnen; wenn Seelsorger in der Begegnung mit demenzkranken Menschen Sprachangebote machen und so das ein oder andere in fremden Worten, zuweilen in Worten der christlichen Tradition formuliert werden kann.

Bezug zur eigenen Tradition

Ähnlich wie MacIntyre geht Hauerwas nicht davon aus, dass man sich von den Traditionen, aus denen man kommt, lossagen kann, wozu er auch keine Notwendigkeit zu sehen scheint. Dies gilt ebenfalls für repressive Herkunftsgeschichten[478] - eine steile und an anderer Stelle sicher auch kritisch zu diskutierende These. Anders als bei MacIntyre bietet Hauerwas durch den Gedanken der christlichen story als einer Leitstory, in die eine Person mit ihrer Lebensgeschichte hineingenommen wird, aber einen Ausweg aus negativ erlebten Geschichten: Zwar werden sie als Teil des Lebens, als Teil des Hauerwas'schen Abenteuerromans beibehalten; sie können aber überformt werden und es können - aufgrund einer neuen, z. B. der christlichen story - Tugenden ausgebildet werden.[479] So beanspruchen destruktive Geschichten zwar weiterhin ihren

[477] Zur Bedeutung von Kontrollerleben vgl. Martin/Kliegel, Grundlagen, 90f.

[478] Vgl. Rommel, Ekklesiologie, 23, besonders Anm. 50, sowie Hauerwas, Virtues, 125f.

[479] Auch an diesem Punkt bleiben jedoch Fragen offen: Zum einen stellt sich die Frage, worin die »story of God« besteht. Hauerwas benutzt den Ausdruck mit großer Selbstverständlichkeit, ohne dass geklärt würde, was genau darunter zu verstehen ist: Wie verhalten sich die »story of God« und biblische Geschichten zu einander? Wie verhält sich seine Ablehnung einer Fokussierung auf dogmatische Begriffe, als deren Kern eine über Erzählungen hinausgehende Wahrheit angenommen wird, zu dieser allgemeinen Annahme einer »story of God«? Zum anderen wird bei Hauerwas nicht deutlich, welchen

Platz in der Erzählung eines Lebens, ihrer Aussage über den Menschen wird aber nicht das letzte Wort gegeben, sondern der Mensch wird aus der Perspektive der story eines vergebenden und gnädigen Gottes her gesehen. Dieser Gedanke kann für die Seelsorge viel austragen; schließlich wird es in der Seelsorge darum gehen, dass *alle* Geschichten eines Lebens ihren Ort haben dürfen, in der Hoffnung, dass den destruktiven unter ihnen nicht das letzte Wort bleibt.

Das Leben als Abenteuer

Hauerwas' Gedanke, das Leben als Abenteuer zu verstehen und dieses Verständnis nicht als Nebensache anzusehen, sondern als etwas Grundlegendes für Selbstbewusstsein, Wertempfinden und Selbstverständnis, leuchtet ein. Zwar bleibt dieser Gedanke – wie Hauerwas auch selbst anmerkt[480] – schillernd und er wirkt eher intuitiv als stringent begründet. Auch sind so weit reichende Aussagen wie die, die Würde eines Menschen hänge davon ab, ob er an einem Abenteuer teilhabe, abzulehnen.[481] Dennoch hat dieser Gedanke im Blick auf die Seelsorge mit alten Menschen in Pflegeheimen großes Potential. So lässt sich einerseits das Seelsorgelernen und -treiben durchaus als Abenteuer beschreiben. Vor allem aber ist es eine Denkkategorie, die im Blick auf Lebenssituation und Seelsorge im Pflegeheim wohltuend wirken kann. Wessen Leben – möglicherweise unter aussichtslosen und schwierigsten Lebensumständen – als Abenteuer erscheint, den muss man als Seelsorgerin oder Pfleger ernst nehmen – in seinem Willen, in seinen Fähigkeiten und in seinen Zielen; den wird man nicht auf seine Schwächen reduzieren; dessen Schwierigkeiten dürfen als solche benannt werden, denn Schwierigkeiten, Bedrohungen und echte Gefahren gehören konstitutiv zu einem Abenteuer. Wer in einem Abenteuer steckt, braucht nicht vorrangig Mitleid,[482] Versorgung oder eher auf Kleinkinder ausgerichtete Bewegungsspiele, sondern Ermutigung und Unterstützung, gemeinsames Aushalten und Ausharren in Gefahr, Beistand, wo es droht, nicht mehr weiterzugehen oder wo kein Weg in Aussicht ist. Mut, Hoffnung und Geduld erscheinen in der Tat als zentrale Tugenden im Abenteuer des hohen Alters. Wer in einem Abenteuer steckt, der wird als ein Mensch mit Zukunft wahrgenommen, wenn auch mit einer ungewissen: Dann ist Demenz nicht bloß als Vorstufe zum Tod anzusehen; dann sind mit dem Tod nicht automatisch auch alle Abenteuer zu Ende. Wen man als in einem Abenteuer begriffen wahrnimmt, dem wird man Eigenarten zugestehen – weil er sich in einer besonderen Lebenssituation befindet, die jeder auf seine Weise leben und bestehen muss.

Einfluss die jeweilige Lesart einer Person bzw. einer Gemeinschaft auf die christliche Leitstory hat.

480 Vgl. HAUERWAS, Virtues, 151.

481 Zum Thema Würde s. Kapitel 2, 10.4.

482 Erfrischend lesen sich Hauerwas' Ausführungen zum Thema Mitleid, das er gänzlich ablehnt, da es zu Überforderung, resigniertem Nichtstun und vor allem zur Verleugnung nicht aufhebbaren Leidens führe, vgl. dazu ROMMEL, Ekklesiologie, 48.

Der Gedanke des Lebens als Abenteuer beinhaltet als heuristische Kategorie Potential im Blick auf die Seelsorge. Zugleich liegt es auf der Hand, dass ihm auch klare Grenzen innewohnen, auf theologischer wie auf seelsorglicher Ebene: So bleibt die Frage letztlich offen, welche Funktion der »story of God« für den Gedanken des Lebens als Abenteuer zukommt. Braucht es die christliche Botschaft überhaupt, um das Leben als Abenteuer zu sehen? Hauerwas gibt einzelne Hinweise: Ihm scheint es vor allem um den friedfertigen Kampf der Kirche zu gehen, um einen Kampf, den Gott mit der Verheißung seines Reiches belohnt.[483] Solch ein Ansatz lässt sich rechtfertigungstheologisch kaum einleuchtend erklären. Lässt sich der Gedanke des Lebens als Abenteuer vom Evangelium her dennoch sinnvoll denken?

Im Blick auf die Seelsorge wird der Gedanke des Lebens als Abenteuer weder allen Bewohnerinnen und Bewohnern bzw. deren Bedürfnissen gerecht, noch wird er jedem Seelsorger einen Zugang zur Welt von Pflegeheimbewohnern bieten, einer Welt, die in vielen Fällen doch geradezu als das Gegenteil eines Abenteuers wahrgenommen wird. Es handelt sich zugleich um einen elitären Gedanken – wer kann sich schon Abenteuer leisten? Auch kann die Vorstellung, mitten in einem Abenteuer zu stecken bzw. dieses bestehen zu müssen, oder – aus Seelsorgersicht – jemanden durch ein solches begleiten zu müssen, Druck entstehen lassen, den Druck, an ein bestimmtes Ziel gelangen zu müssen bzw. dafür zu sorgen, dass das Gegenüber ein solches Ziel erreicht. Dies wäre aus seelsorglicher Sicht sicherlich nicht erstrebenswert.

Aber es ist ein Gedanke, der eine neue Sicht auf die scheinbar so offensichtliche Sachlage im Pflegeheim ermöglicht, einer, der Lust auf Seelsorge macht und der vielleicht gerade in der Seelsorge mit Männern im Pflegeheim sein Recht hat. Mut, Hoffnung und Abenteuer – vielleicht braucht es mehr davon, wenn über Seelsorge in Pflegeheimen nachgedacht wird.

4.3.3 Resümee: Freiheit im lebensgeschichtlichen Erzählen?

Die Gedanken, die von Hauerwas für die Frage nach *Freiheit im lebensgeschichtlichen Erzählen* aufgegriffen werden können, lassen sich folgendermaßen zusammenfassen:

Erstens: Zur Freiheit im lebensgeschichtlichen Erzählen *trägt bei*, das eigene Leben anhand von Geschichten zu interpretieren, die den Menschen für die Herausforderungen und oft tragischen Konflikte des Lebens wappnen. Für Hauerwas stellt die christliche »story of God« die einzige wahre Geschichte dar, die dies ermöglicht. Auch in dieser Arbeit wird angenommen, dass der »christlichen story« genau eine solche lebensdienliche Funktion zukommen kann, die Freiheitsmöglichkeiten eröffnet: Die Botschaft vom Evangelium kann es Menschen ermöglichen, sich den Schwierigkeiten und Konflikten des Lebens zu stellen, diese anzunehmen und ihnen zu begegnen.

---

483 S. in der Darstellung Kapitel 2, 4.2.3.

Zweitens: Freiheit kann mit Hauerwas darin gesehen werden, das Leben als das eigene anzunehmen. Hier ist im Folgenden weiterzudenken.

Drittens: Von Hauerwas kann der Gedanke aufgegriffen werden, dass den Umgang mit der Tragik und den Schwierigkeiten des Lebens sowie die Annahme des eigenen Lebens insbesondere *solche* Geschichten erleichtern, die es erlauben, das Leben als *Abenteuer* zu sehen. Obwohl der Abenteuergedanke sich als sinnvolle heuristische Kategorie für die Altenseelsorge ausweisen ließ, bleibt seine Begründung bei Hauerwas unzureichend.

Die Position eines Theologen, der dem Erzählen einen ähnlich großen Stellenwert einräumt wie MacIntyre und Hauerwas, der die Kategorie des Erzählens dabei aber im Gottesbegriff selbst verortet und der in seiner systematisch-theologischen Begrifflichkeit präziser arbeitet als Hauerwas, soll im Folgenden vorgestellt werden:

5. Robert W. Jenson

5.1 Einleitung

Die Theologie des zeitgenössischen amerikanischen Theologen Robert W. Jenson bietet Anknüpfungspunkte für die Frage nach Freiheit im lebensgeschichtlichen Erzählen und für die theoretische Reflexion von Seelsorge in Pflegeheimen. Seine Theologie kann zudem herangezogen werden, um Gedanken, die bei Hauerwas eher *ad hoc* eingeführt wurden, theologisch besser zu verorten.

Jensons Ansatz soll im Folgenden skizziert werden. Dies geschieht vor dem Hintergrund seines Kapitels »The Triune God« in der von ihm selbst und Carl E. Braaten 1984 gemeinsam herausgegebenen »Christian Dogmatics«,[484] da der Grundansatz seines Denkens darin deutlicher zum Ausdruck kommt als in seiner zur Jahrtausendwende erschienenen »Systematic Theology«. Im Anschluss an eine kritische Reflexion wird es wieder um die Frage gehen, welche Erkenntnisse sich von Jenson her hinsichtlich der Freiheit im lebensgeschichtlichen Erzählen sowie für eine theologische Reflexion von Altenseelsorge gewinnen lassen.

5.2 Darstellung

Jenson entwickelt eine trinitarische Theologie, die er in kritischer Gegenposition zu Theologien verortet, die – von einem hellenistischen Gottesverständnis beeinflusst – Zeitlosigkeit zur zentralen Eigenschaft Gottes machen.[485]

---

484 Braaten/Jenson (Hg.), Christian Dogmatics.

485 Vgl. exemplarisch Jenson, Triune God, 87–89.185.

5.2.1 *Gottesfrage als Folge menschlicher Zeitlichkeit*

Die Frage nach Gott ist für Jenson letztlich die Frage nach der Ewigkeit. Die Gottesfrage stellt sich für ihn deshalb gerade als *Konsequenz der Zeitlichkeit* menschlicher Existenz, denn diese sei stets davon bedroht, als unzusammenhängende Abfolge von Ereignissen zu erscheinen.[486]

> »Human life is possible – or, in recent jargon, meaningful – only if past and future are somehow bracketed, only if their disconnection is somehow transcended, only if our lives somehow cohere to make a story. Life in time is only possible if there is such a bracket, that is, if there is eternity.«[487]

Jenson sieht alles Leben von dem Anliegen geprägt, Ewigkeit zu erlangen; eine christlich-religiöse Sichtweise versteht diese Ewigkeit als eine eigenständige Instanz: Gott, der für Jenson damit die Klammer um die Zeit darstellt.[488] Gott, so Jenson, ist die Einheit des Lebens, die Einheit von Erinnerung und Erwartung.[489] Er stellt den Ermöglichungsgrund einer konsistenten Erzählung des eigenen Lebens dar. Hiermit wird bereits deutlich, dass Jenson ein rein konstruktivistisches Verständnis von Identität und Lebensgeschichte ablehnt, demzufolge es allein die Aufgabe und Verantwortung der Person selbst wäre, eine Geschichte ihres Lebens zu konstruieren und diesem Leben dadurch Sinn zu verleihen.

Nun ist es für Jenson aber nicht einerlei, *welche* Ewigkeit angenommen oder nach welchem Gott gefragt wird,[490] da es für ihn nicht ausreicht, irgendeine Bedeutung des Lebens anzunehmen und da sich der Zusammenhang des eigenen Lebens erst durch eine konkrete Vorstellung von dieser Bedeutung erschließt:

> »Life is enabled not by a posit *that* life means but by a posit of *what* it means. The plot and energy of life are determined by which eternity we rely on, and the truth of any mode of life is determined by the reality of the eternity it posits. If we speak of ›God‹, our life's substance is given by which God we worship, and our life's truth is given by whether this is the God that really is.«[491]

5.2.2 *Der trinitarische Gott als die Einheit der Zeit*

Jenson argumentiert damit aus einer klar christlichen Positionalität heraus. Der christliche Gott, der Gott der Bibel, ist für ihn als der dreieinige Gott identifiziert: Er entwickelt seine Gotteslehre vollständig von der Trinitätslehre ausgehend.[492]

---

486 Vgl. JENSON, Triune God, 87.
487 JENSON, Triune God, 87.
488 Vgl. JENSON, Triune God, 87.
489 Vgl. JENSON, Triune God, 89.
490 Vgl. JENSON, Triune God, 83f.
491 JENSON, Triune God, 88.
492 Vgl. JENSON, Triune God, 83f.

Die trinitarische Formel »Vater, Sohn und Heiliger Geist« versteht Jenson als den Namen Gottes, der nicht nur beliebig gewählter Name ist, sondern der zugleich die zentralen identifizierenden Beschreibungen enthält, um auf genau diesen einen, keineswegs zeitlos gedachten Gott zu verweisen.[493] Der Gott des Neuen Testaments, für den sich die Anrede »Vater, Sohn und Heiliger Geist« vom liturgischen Gebrauch der Formel ausgehend durchgesetzt hat, ist – so Jenson – derjenige, der Jesus von den Toten auferweckt hat.[494] So versteht er denn auch die Trinitätslehre und die gesamte Theologie als Entfaltung des Satzes: Gott ist derjenige, der Jesus von den Toten auferweckt hat.[495]

Dass Gott Jesus und nicht Stalin, Lincoln oder das British Empire auferweckt hat, macht den Unterschied: »If God, in any sense, is Jesus [...] we cannot rightly talk of this God in any way that would make the temporal sequences, the stuff of narration, unessential to his being.«[496] Gott macht sich von der Geschichte abhängig bzw. ist als das, was die Zeit zusammenhält, immer schon zeitlich-geschichtlich, so dass Erzählungen von Jesus konstitutiv für das Gottesverständnis werden. Die trinitarische Formel ist für Jenson dabei ein »Slogan« für diese zeitliche Struktur des christlichen Gottesverständnisses.[497] In ihr drücken sich die drei zentralen *Identifikationen*[498] Gottes aus, die sich für Jenson aus der Auferstehung Jesu ableiten lassen.

Gottes *erste Identifikation* ist für ihn das, was mit Jesus passiert, Jesu Auferstehung. Der Plot von Jesu Leben war bedingungslose Liebe, die in bedingungsloser Hingabe sogar den Tod akzeptiert hat. Ist dieser Mensch auferstanden, gibt es – so Jenson – also auch jetzt noch einen bedingungslos Liebenden, der den Tod, und damit die Grenze der Liebe, schon hinter sich hat. Aus der Auferstehung von Jesus, dem Liebenden, leitet Jenson Liebe als das Ziel der Menschheit ab.[499]

> »If he died, his self-definition has been written to its end, as each of ours will be, but if he also yet lives, just this life so defined is not thereby a dead item of the past, but an item of living, surprising time, an item of the future and indeed of the last future.«[500]

---

493 JENSON, Triune God, 89.99. Jenson geht davon aus, dass es zur konkreten Identifizierung einer Person immer eines Namens sowie identifizierender Beschreibungen bedarf. Er erläutert das an einem Beispiel: »Mary kommt zum Essen.« – »Wer ist Mary?« – »Mary ist die, die gegenüber wohnt...«, vgl. JENSON, Triune God, 88.

494 Vgl. JENSON, Triune God, 90–92.

495 Vgl. JENSON, Triune God, 99.

496 JENSON, Triune God, 100.

497 JENSON, Triune God, 99.

498 Der Begriff der Identifikationen ersetzt bei Jenson den der trinitarischen Personen, vgl. JENSON, Triune God, 100–102.

499 Vgl. JENSON, Triune God, 100.

500 JENSON, Triune God, 100f.

Jesu Auferstehung, die dazu führt, dass er sowohl erinnert als auch erwartet werden kann und muss, markiert für Jenson die Gewissheit, dass die eschatische Zukunft die des dreieinigen Gottes sein wird. Gott erscheint damit von der Auferstehung und deren Verheißung aus als die Zeit umfassend, als die Einheit der Zeit.[501]

Die *zweite Identifikation* Gottes ist für Jenson der Geist, der seine Macht vor allem darin zeigt, dass es ein Ziel des Lebens gibt, das in der Gegenwart präsent ist und das den Menschen von den Bindungen an das, was gegenwärtig ist, löst.[502] »The Spirit is the power of the eschaton now to be at once goal and negation of what is.«[503]

Der Vater als die *dritte Identifikation* Gottes wird als der verstanden, der die Auferstehung bewirkt. In Jesu Anrede an den Vater wird dieser als die Transzendenz erkennbar, die in allen Handlungen und Leiden Jesu immer schon gegeben ist.[504] Gott als der Vater ist »the will in which all things have Jesus' love as their destiny.«[505]

Eine dreifache Identifikation Gottes ist für Jenson aufgrund der drei Zeitformen (Vergangenheit, Gegenwart, Zukunft) nötig.[506] Das Besondere des christlichen Glaubens liegt für ihn darin, dass diese in ihrer Unterschiedlichkeit und der darin gegebenen Bedrohlichkeit nicht negiert werden:[507] Der Vater als das Gegebene steht für die Vergangenheit, der Sohn für die Gegenwart von Gottes Wirklichkeit und der Geist für das Ergebnis von Jesu Werk in der Zukunft.[508] Ist Gott in diesen drei Identifikationen einer, so können die drei Zeitdimensionen differenziert zusammengedacht werden.

5.2.3 Trinitarische Beziehungen

Im Anschluss an Gregor von Nyssa versteht Jenson Gott als *göttliche Aktivität*, die auf den Menschen hin ausgerichtet ist und aus dem wechselseitigen Werk von Vater, Sohn und Geist besteht.[509] Jenson wehrt sich gegen ein Gottesverständnis, das Gott als ewige Substanz versteht und betont die Unabhängigkeit und mögliche Vorgängigkeit der Beziehungen zwischen den göttlichen Personen vor der jeweiligen einzelnen Person.[510]

---

501 Vgl. JENSON, Triune God, 101.
502 Vgl. JENSON, Triune God, 101.
503 JENSON, Triune God, 101.
504 Vgl. JENSON, Triune God, 101.
505 JENSON, Triune God, 101.
506 Vgl. JENSON, Triune God, 101f.
507 Vgl. JENSON, Triune God, 102.
508 Vgl. JENSON, Triune God, 101.
509 Vgl. JENSON, Triune God, 140, vgl. dort auch zum Folgenden: Jenson versteht »Gott« als ein Prädikat, das Subjekten zugeschrieben wird. Gregor von Nazianz aufgreifend illustriert er sein Verständnis von Gott durch einen Vergleich der Trinität mit dem Sonnenlicht. Anders als in der Tradition üblich vergleiche der Kappadozier Vater, Sohn und Geist nicht mit der Sonne und ihren Strahlen, sondern gehe von drei Sonnen aus, die so zueinander stünden, dass sie einen Sonnenstrahl ergeben: »The beam is God« (ebd.).
510 Vgl. JENSON, Triune God, 147.

Auch lehnt er die *Unterscheidung von immanenter und ökonomischer Trinität* grundlegend ab, da die Trinitätslehre durch die Annahme einer immanenten Trinität jegliche Bedeutung und den notwendigen Bezug zur Heilsgeschichte verliere und letztlich zur Geheimniskrämerei führe.[511] Anstelle einer präexistenten immanenten Trinität versteht er den Vater, den Menschen Jesus und ihren gemeinsamen Geist als den Geist der Glaubensgemeinschaft eschatologisch als immanente Trinität.[512] Die wahre Freiheit Gottes liegt für Jenson nicht in der Unberührtheit der immanenten Trinität durch die Geschichte, sondern in der Realität von Möglichkeiten und in der Offenheit für die Zukunft: »Genuine freedom is the reality of possibility, is openness to the future. Genuine freedom is Spirit.«[513]

Die in der Auferstehung verheißene Erneuerung allen Lebens durch den Geist im Eschaton ist ein zentraler Punkt in Jensons eigenem Vorschlag zum *Verständnis des trinitarischen Beziehungsgefüges*, das die Tradition deutlich verändert:[514] Gott wird aus Vergangenheit und Zukunft konstituiert. Der Vater zeugt den Sohn, Vater und Sohn hauchen den Geist. Dieser aber wird nicht rein passiv gedacht gleichwie der Vater nicht rein aktiv verstanden wird. Denn der Geist *bezeugt* den Sohn; Sohn und Geist gemeinsam *befreien den Vater* aus seiner überzeitlichen Transzendenz. Der Geist wird damit zu einem vom Vater unterschiedenen aber doch gleichwertigen Prinzip und alle drei Personen der Trinität werden als passiv und aktiv zugleich verstanden.[515]

> »The tradition could say how sending and obedience, giving and being given, are realities not merely between God and us, but in God – and so final goods. But it could not say how freeing and being freed, witnessing and being witnessed to, are equally realities in God.«[516]

Damit ist ersichtlich, dass der Gottesbegriff für Jenson nicht nur den Ursprung und das Ziel menschlicher Lebensgeschichten und menschlicher Identität bedeutet, sondern dass dieser Gott – wie der Mensch – zugleich sowohl eine Geschichte erlebt als auch an der Geschichte des Menschen mit all ihren Brüchen und Fragilitäten teilhat.

Von seinen biblisch, theologiegeschichtlich und theologisch begründeten[517] Ausführungen zur Dreieinigkeit Gottes ausgehend, entwickelt Jenson seine Aussagen über das Wesen Gottes. Jenson beschreibt *Gott als Ereignis, als Person, als Geist und als Diskurs*.[518]

---

511 Vgl. JENSON, Triune God, 142f.
512 Vgl. JENSON, Triune God, 155.
513 JENSON, Triune God, 156.
514 Vgl. zum Folgenden JENSON, Triune God, 156f.
515 Vgl. JENSON, Triune God, 156f.
516 JENSON, Triune God, 157.
517 Vgl. v.a. JENSON, Triune God, 99–161.
518 Vgl. zum Folgenden JENSON, Triune God, 153–179.

5.2.4 *Gott als Ereignis*

Inwiefern Gott für Jenson *Ereignis* ist, klang im Vorhergehenden bereits an. Jenson versteht den dreieinigen Gott im Anschluss an Karl Barth als Aktivität, als Akt zwischen den drei Personen (bzw. Identifikationen) und gerade darin als Ereignis.[519] Er grenzt sich von einem Verständnis Gottes als der wahren Substanz ab, die ihre Attribute unwiederbringlich besitzt und der die Veränderungen der Zeit nichts anhaben können.[520] Dabei begegnet er zwei Einwänden gegen ein Verständnis von Gott als Ereignis:

Erstens müsse ein Ereignis einer bleibenden Entität geschehen. Dem stimmt Jenson zu, zugleich bedeutet dies für ihn nicht, dass die Entität dem Ereignis vorgängig sein muss. Das Ereignis Gott »geschieht« Jesus und der Welt, die für Jenson erst dadurch in die Lage versetzt werden, tatsächlich zeitlich zu sein und Zukunft zu haben.[521] »Thus God is not an event in time, nor even an event extended through all time. God is rather the event by which the world has a future, to *be* a world of time. [...] God is the temporalizing of the world.«[522] Mit diesem Gedanken versucht Jenson wohl sicherzustellen, dass der zeitliche Gott, der an der menschlichen Geschichte partizipiert, an nichts ihm Fremden partizipiert oder sich von etwas ihm im Prinzip Fremden abhängig machen müsste.

Zweitens muss Gott ein logisches Subjekt sein können – auch wenn er keine Substanz ist: »It is just this point that has traditionally disqualified events as logical subjects: an event happens, and then where is it?«[523] Die Kontinuität des Ereignisses Gott liegt für ihn in dessen Dreieinigkeit: Was mit Jesus passiert, seine Sendung, sein Tod, seine Auferstehung, das endgültige Verwandeln der Welt durch seine Liebe, überdauert alle Zeit und hält die Zeit zusammen. Jenson bezieht sich auf Gregor von Nyssa, der das Wesen Gottes als zeitliche Unendlichkeit fasst – als die Unendlichkeit des Aktes Gott.[524] »The distinction and relation of three identities are a structure of pure triumphant possibility-as-such.«[525]

5.2.5 *Gott als Person*

Gott ist für Jenson *Person*.[526] Jenson verteidigt die Rede von der Personalität Gottes unter anderem gegen Johann Gottlieb Fichtes Kritik. Dessen Kritik, eine Person sei durch Selbstbewusstsein gekennzeichnet, wozu es eines *endlichen* Selbst bedürfe, wovon bei Gott aber nicht die Rede sein könne, entgegnet er mit der These, Gottes Selbstbewusstsein sei das eines endlichen Individuums –

519 Vgl. zur Ereignishaftigkeit Gottes Jenson, Triune God, 165–169, hier: 166.
520 Vgl. Jenson, Triune God, 166.
521 Vgl. Jenson, Triune God, 167.
522 Jenson, Triune God, 167f.
523 Jenson, Triune God, 168.
524 Vgl. Jenson, Triune God, 168f.
525 Jenson, Triune God, 169.
526 Vgl. zum Abschnitt zur Personalität Gottes Jenson, Triune God, 169–172.

nämlich das des Menschen Jesu.[527] Indem Gott sich selbst durch Jesus wahrnimmt, wird er aus Jensons Sicht nicht etwa eingeschränkt, sondern geradezu befreit: »God is conscious of his self as the person for all persons, as a particular defined love, and so is not shut in by this bounded self-conciousness, but freed.«[528]

Die Rede von der Unendlichkeit Gottes bedeutet für Jenson daher keinen Verzicht auf die Annahmen von Begrenzung und Definition. Gottes Freiheit liege vielmehr darin, nie eine neue Festlegung auszulassen, aber jede Festlegung zu transzendieren und – im Sinne des Alten Testaments – unbeschränkt treu zu sein.[529] Er sieht die Personalität Gottes im trinitarischen Beziehungsgefüge begründet und nicht etwa in den einzelnen trinitarischen Personen selbst, die er nicht als den Beziehungen vorgängig ansieht.[530] So versteht er Gott nicht als eine individuelle Person, auch wenn es mit Jesus eine individuelle Person gibt, die Gott ist.[531]

Kann man nun aber von einem Ereignis – als solches wurde Gott ja bisher beschrieben – zugleich als Person reden? Jensons Antwort lautet ja, tatsächlich könne *nur* ein Ereignis eine Person sein.[532] Es macht den Eindruck, als könne für Jenson nur Gott mit Recht Person genannt werden. Die Rede von der Personalität des Menschen erscheint demgegenüber eher als Tribut an menschliche Sündhaftigkeit:[533] Der Mensch ist, so Jenson, darauf angewiesen, die Ereignisse seines Lebens als einen dramatischen Zusammenhang zu verstehen und sie von daher in einer Kontinuität zu sehen. (Wie oben beschrieben ist für ihn deshalb die Gottesfrage so zentral.) Diese Kontinuität lässt sich für Jenson letztlich allein in Gottes Verheißung festmachen. Als Sünder hört der Mensch aber nicht auf die Verheißung, so dass seine Zeit auseinanderzufallen droht.[534] Hier setzt Jensons Personkonzept an:

> »Thus I am driven either to faith in God or to suppose a mysterious something other than my life and its intrinsic coherence, ›whose‹ life my life is, ›whose‹ deeds and sufferings the events of my life are. And so arises the myth of the ›person‹ I am as something other than the event that I am.«[535]

Aufgrund des mangelnden Vertrauens in Gott ist Jenson zufolge also beim Menschen von Personalität die Rede. Er scheint letztlich mit zwei Personbegriffen

527 Vgl. Jenson, Triune God, 170.
528 Jenson, Triune God, 170.
529 Vgl. Jenson, Triune God, 170.
530 Vgl. Jenson, Triune God, 170f. Von hier aus erklärt sich die Rede von den drei göttlichen Identifikationen, s. oben Kapitel 2, 5.2.2.
531 Vgl. Jenson, Triune God, 171.
532 Vgl. zum Folgenden Jenson, Triune God, 171f.
533 Vgl. Jenson, Triune God, 171.
534 Vgl. Jenson, Triune God, 171.
535 Jenson, Triune God, 171.

zu arbeiten: Einerseits einem umgangssprachlichen, der Personen als vorgängige individuelle Substanzen sieht, deren Wesen vom Ereignis ihres Lebens unterschieden ist; und andererseits dem Personbegriff, wie er auf Gott bezogen werden kann. Weil Gott seiner Verheißung vertraut, beschreiben bei Gott Person und Ereignis denselben Sachverhalt:[536] »With God, ›person‹ and ›event‹ are therefore only alternative insights into one reality.«[537]

5.2.6 Gott als Geist

Gott ist für Jenson *Geist.*[538] Mit dem Personkonzept geht einher, dass von Gott Wille und Vernunft (mind) ausgesagt werden. Jenson gibt dabei – unter Berufung auf Luthers Schrift »Vom unfreien Willen« – dem Willen den Vorrang, auch wenn die Vernunft für ihn mitgedacht werden muss. »We must make will the more central to our reflection, but we must posit a will that just *is* also mind. That is, we will think of God as spirit.«[539] Für Jenson ist die Vorstellung von Gott als einer alles wissenden, aber unbewegten Vernunft unbiblisch: Ganz im Gegenteil sieht er den Gott der Bibel als einen Sturm an, der den Menschen von dem, was er ist, zu dem hin bewegt, was er sein wird.[540] Im Sinne von Luthers Unterscheidung von *Deus revelatus* und *Deus absconditus* verweist er auf den ungezähmten Willen Gottes, der keineswegs gleichmäßig und sanft, sondern – mit dem Verweis auf das Kreuz – sogar in seiner Liebe abgründig begegne.[541] Dennoch versteht Jenson Gottes Willen als *treuen* Willen, ganz seiner Interpretation des alttestamentlichen Gottesbildes entsprechend.[542] Gott ist Wille und Verstand, die sich zu einer kreativen, verändernden und treuen Lebendigkeit verbinden.[543] Gottes Freiheit, sein kreativer Geist und seine Macht sind dabei für Jenson konstitutiv an die Leiblichkeit Jesu gebunden: »A ›pure‹ spirit would be either an impotent mind or an aimless will. To our salvation, the real God is neither. He is the living union of the Father and the Son. He has a body and therefore can be free creative spirit, the power of the last future.«[544]

5.2.7 Gott als Diskurs

Schließlich versteht Jenson Gott als *Diskurs bzw. als Gespräch.*[545] Dabei ist für ihn das Verständnis Gottes als Wort, das er in Joh 1,1 grundgelegt sieht und – historisch fragwürdig – als erstes *Dogma* der Christenheit bezeichnet, nicht nur

---

536 Vgl. Jenson, Triune God, 171f.

537 Jenson, Triune God, 172.

538 Vgl. zum Folgenden Jenson, Triune God, 172–175.

539 Jenson, Triune God, 174.

540 Jenson, Triune God, 173.

541 Vgl. Jenson, Triune God, 174.

542 Jenson, Triune God, 174.

543 Vgl. Jenson, Triune God, 174.

544 Jenson, Triune God, 175.

545 Vgl. zum Gedanken von Gott als Gespräch bzw. Diskurs insgesamt Jenson, Triune God, 175–177.

maßgeblich für seine These von Gott als Diskurs, sondern auch für die Rede von Gott als Ereignis, Person und Geist sowie für alle christliche Rede von Gott.[546]

Sprache ist für Jenson zum einen das Medium des Lebens in der Zeit, da die Welt immer nur durch Zeichen und Symbole und damit auch durch Sprache interpretiert zugänglich ist.[547] Zum anderen stellen Worte für ihn das Medium gemeinsamen Lebens dar, da die Welt sich nur über die Sprache als eine gemeinsame Welt verstehen lässt.[548]

Sprache ist für Jenson zudem die Art und Weise, wie Gott zu den Menschen in Beziehung tritt und mit ihnen in Beziehung bleibt. Und es ist wiederum die Sprache bzw. das Wort, in dem Gott für den Menschen gegenwärtig ist.[549] Sein Verständnis von Gott als Diskurs hängt von seiner Deutung der Trinität ab: Der Sohn ist das Wort und der Geist die Macht des Wortes, uns für die letzte Zukunft zu öffnen.[550] »And by the triune reality of whatever God is, the word that God is is an exchange, not a lecture. Thus the final characterization of God's reality must be: God is a conversation. Or choosing a more dignified word: God is discourse.«[551]

Daraus folgt für ihn eine klare Präferenz im Blick auf Zukunftsvisionen: Als christliche Vorstellung des Endes lässt er nicht etwa die einer großen Stille gelten, sondern Jensons eschatologische Vision besteht mit Bezug auf Offb 4–5 in einer großen Liturgie.[552]

Vor dem Hintergrund dieser Gottesvorstellung bietet Jenson zugleich eine konkrete Vorstellung davon, wie Gottes Gegenwart in der Welt zu denken ist: Die Kommunikation, die Gott ist, *ist* die Verkündigung von Gesetz und Evangelium und von dieser ausgehend ist er in der ganzen Welt präsent. Gott erscheint, wo Gespräche das menschliche Leben für die Zukunft öffnen.[553] Jenson bleibt jedoch wieder nicht bei einer rein verbal-geistigen Ebene stehen: Er betont die leibliche Dimension jeglicher Kommunikation und sieht das Leben der Kirche als die Verkörperung der Verkündigung von Gesetz und Evangelium an. Er kommt dadurch zu folgender These, welche die Grundthese seiner Theologie (»Jesus ist auferstanden«)[554] präzisiert: »It is into the embodiment of the gospel, that is, into the objective life of the church, that Christ is bodily risen.«[555]

---

546 Vgl. JENSON, Triune God, 175.
547 Vgl. JENSON, Triune God, 175.
548 Vgl. JENSON, Triune God, 175f.
549 Vgl. JENSON, Triune God, 176.
550 Vgl. JENSON, Triune God, 176.
551 JENSON, Triune God, 176.
552 Vgl. JENSON, Triune God, 176.
553 Vgl. JENSON, Triune God, 176.
554 Vgl. dazu insbesondere die im Rahmen dieser Darstellung nicht behandelte Ausführung zu Gottes Attributen bei JENSON, Triune God, 181–190.
555 JENSON, Triune God, 177.

5.3 Kritik

Jensons Ansatz bietet sich insofern für eine Auseinandersetzung mit dem Alter bzw. dem Altern an, als er mit seiner Theologie ganz dezidiert bei der Frage nach der Zeitlichkeit menschlicher Existenz einsetzt. Im Blick auf die Lebenssituation im Pflegeheim kann sich die Frage nach der Zeitlichkeit in ganz verschiedenen Hinsichten stellen, z. B. folgendermaßen: Inwiefern bin ich heute (pflegebedürftig und demenzkrank) noch die Frau, die ich in jungen Jahren war? Wer werde ich in Zukunft und mit fortgeschrittener Krankheit sein? Wie kann ich damit leben, dass mein Leben – mit Jenson ließe sich sagen: das Ereignis meines Lebens – unwiederbringlich dem Ende entgegengeht? Ähnliche Fragen ergaben sich bereits am Ende des ersten Kapitels dieser Arbeit.[556] Da Jensons Theologie mit seinem Ansatzpunkt bei der zeitlichen Existenz[557] vergleichbare Fragen beinhaltet (Wie kann ich damit umgehen, dass das Leben droht, in verschiedene Episoden zu zerfallen? Was hält die Zeit meines Lebens zusammen? Auf welche Ewigkeit kann ich vertrauen?) und da er nach dezidiert christlichen Antworten auf diese Fragen sucht, bietet sich sein Ansatz für Übertragungen auf die Seelsorge an. Gerade der Gedanke des Auseinanderbrechens der Lebensgeschichte in verschiedene, mehr oder weniger willkürliche Episoden bringt eine Problematik treffend zum Ausdruck, die mit der vom früheren Leben häufig stark unterschiedenen Lebenssituation im Pflegeheim und dem Verschwinden ganzer Episoden in der Erinnerung bei demenzkranken Menschen gegeben ist.

5.3.1 Kritische Anfragen

Zu Beginn seien wenige, zentrale Kritikpunkte an seinem Ansatz benannt, wobei diese Kritik – ähnlich wie im Abschnitt zu Hauerwas – keineswegs als erschöpfend verstanden wird.

Identifikation von immanenter und ökonomischer Trinität

Ein zentrales Problem liegt in seiner Identifikation von immanenter und ökonomischer Trinität. Bei Jenson wird damit exemplarisch deutlich, was sich als Gefahr schon bei Drechsel, aber auch bei Hauerwas angedeutet hat. Wird Gottes immanentes Wesen von seinem Wirken in der Heilsgeschichte unterschieden, so mag damit – an diesem Punkt ist Jenson sicherlich zuzustimmen – die Gefahr eines Unverständnisses für die Trinitätslehre einhergehen. Aber betrifft die Art und Weise zwischenmenschlicher Kommunikation Gottes innerstes Wesen und »ist« die Verkündigung von Gesetz und Evangelium die Kommunikation, die Gott ist, kommt es zu einer großen Abhängigkeit Gottes von menschlichen Verhaltensweisen. Gerade aus seelsorglicher Sicht droht damit ein enormer Anspruch an menschliche Kommunikation einherzugehen. Anders als Jenson annimmt, wird mit der Unterscheidung von immanenter und ökonomischer Tri-

[556] S. Kapitel 1, 4.3.

[557] Vgl. Jenson, Triune God, 87.

nität weniger Gottes Unberührbarkeit durch die Dinge der Welt verteidigt – bei der Unterscheidung geht es nicht um eine klare Trennung –, als vielmehr die Möglichkeit von Gottes freiem Handeln in einer Welt als Gedanke und damit als Hoffnung.[558] Die Konsequenzen der Identifikation von immanenter und ökonomischer Identität sind bei Jenson sehr weit reichend gedacht, so dass er die These vertreten kann, Jesus sei in das Gemeindeleben der sichtbaren Kirche hinein auferstanden. Hier wird der in Jensons Theologie enthaltene Anspruch noch greifbarer als zuvor. Hängt Gott in seinem Innersten z. B. von Predigt und Seelsorgetätigkeit ab, kann kein Mensch dem darin enthaltenen Anspruch je gerecht werden.[559] Von dieser These her scheint sich dann auch eine Verbindung zu einem der kritischsten Punkte in Hauerwas' Denken ziehen zu lassen: Die Kirche, in die hinein Christus auferstanden ist, müsste dann als Kontrastgesellschaft zur Welt gedacht werden, in der die Maßstäbe der Welt bereits in der Gegenwart übertroffen werden.

Spekulatives Denken?

Jenson teilt mit Hauerwas den narrativen Ansatz in der Systematischen Theologie. Über diesen hinausgehend, entwickelt er aus seinem Ansatz bei den Geschichten der christlichen Überlieferung aber weit reichende theologische Begrifflichkeiten und versucht seine Theologie als System zu denken, was Hauerwas geradeheraus abgelehnt hatte.

Allerdings erwecken Jensons Begriffe, seine Ausführungen zur Trinitätslehre und insbesondere der Abschnitt, in dem er sein Verständnis des innertrinitarischen Beziehungsgefüges darlegt, zuweilen den Eindruck des Spekulativen. So wird z. B. die Begründung der über die übliche westliche Trinitätslehre hinausgehenden Thesen, der Geist bezeuge den Sohn, was ebenso die Gottheit Gottes mitkonstituiere wie das Hervorgehen von Geist und Sohn aus dem Vater, und der Geist befreie gemeinsam mit dem Sohn den Vater, nicht vollends deutlich.[560] Allerdings ergeben sich bei Jenson – ähnlich wie bei Hauerwas – an verschiedenen Stellen spannende Thesen mit erkennbarem Potential im Blick auf Praktische Theologie und Seelsorge, deren systematisch-theologische Fundierung jedoch schillernd bleibt.

---

558 Zur Unterscheidung von ökonomischer und immanenter Trinität und deren Notwendigkeit vgl. Mühling, Art. Trinität.

559 Zwar wird man sagen können, dass auch Jenson eine Transzendenz Gottes kennt. Aber diese ist eine Transzendenz von Gottes Zukunft in der Gestalt des befreienden Geistes, die insofern unbestimmt und offen bleibt und bleiben muss. Ob mit dieser Transzendenz der dritten Person der Überforderung der göttlich-geschichtlichen Situation in Predigt und Seelsorgetätigkeit zur Genüge Einhalt geboten ist, kann zumindest in Frage gestellt werden.

560 Vgl. Jenson, Triune God, 156.

Konsequenzen des Gottesverständnisses?
Bereits in der Begründung für die Auswahl von Jensons Ansatz wurde auf sein von der Zeitlichkeit menschlicher Existenz ausgehendes Denken verwiesen. Jenson stellt seine trinitätstheologischen Ausführungen von vornherein unter das Vorzeichen der Suche nach dem, was die Zeit zusammenhält. Damit wird deutlich, dass es in Jensons Trinitätslehre nicht einfach um Gott an sich, sondern um den Gott geht, für den das Leben der Menschen zentrale Bedeutung hat. Zu dieser Grundfrage seines Ansatzes kommt – wie bereits dargestellt – eine weitere bedeutende Grundannahme, nämlich die, dass die *konkreten* Ewigkeitsvorstellungen von höchster Bedeutung für die jeweilige Füllung der Zeit eines Menschen sind.[561] Leider bleibt Jenson in dem behandelten Text zuletzt bei seinen dogmatischen Ausführungen stehen, ohne noch einmal zu diesen Ausgangspunkten und tatsächlich grundlegenden Fragen zurückzukehren, so dass seine Antworten den präzisen Ausgangsfragen gegenüber merkwürdig vage bleiben. Man würde erwarten, dass Jenson nun angeben kann, welcher Unterschied hier für den Menschen besteht, d.h. wie sich die Erzählungen menschlicher Geschichte(n) im Rahmen der Erzählung verschieden gedachter Ewigkeiten Gottes unterscheiden. Genau dies geschieht aber nicht.

Aber Jenson behandelt – im Blick auf die Situation von Seelsorge im Pflegeheim – im Eingangsteil seines Textes die richtigen Themen bzw. Fragen und er bietet mit seinem Rekurs auf die Trinitätslehre wichtige Ansatzpunkte. Er macht deutlich, dass und inwiefern es von der Vorstellung des christlichen als des trinitarischen Gottes her möglich ist, Zeitlichkeit und Ewigkeit zusammenzudenken – ohne dass daraus eine unüberwindbare Distanz aus der endlich-vergänglichen Welt hier und dem ewigen Gott dort resultieren müsste. Eine Stärke seines Ansatzes scheint genau in dem Bezug der Trinitätslehre auf die drei Dimensionen der Zeit zu liegen: dem Vater als Identifikation der Vergangenheit, dem Sohn als Identifikation der Gegenwart und dem Geist als Identifikation der Zukunft. Die Trinität erscheint in Jensons Ansatz als die Einheit der Zeit, die dennoch die Differenzierungen der Zeit zulässt und diese integriert. Diese Vorstellung für die Altenseelsorge und für die Frage nach Freiheit im lebensgeschichtlichen Erzählen fruchtbar zu machen, erscheint aussichtsreich – gerade insofern der trinitarische Gott als der die Zeit umfassende Gott im Seelsorgegeschehen als präsent gedacht werden kann, darf und muss.

5.3.2 Implikationen für die Seelsorge mit alten Menschen in Pflegeheimen

Gott und Zeitlichkeit
Jensons Gottesverständnis mit seiner Betonung von Zeitlichkeit, Veränderbarkeit und Ereignishaftigkeit erweist sich für die Altenseelsorge als ertragreich. Es steht einem Bild vom Menschen entgegen, das Jugend idealisiert und Alter stigmatisiert. Wenn Gott Ereignis ist, wenn sein Sein Anfänge und Verände-

561 Vgl. JENSON, Triune God, 88.

rungen beinhaltet, wenn das christliche, trinitarische Gottesbild sogar direkt auf die drei Dimensionen der Zeit ausgerichtet ist, dann lassen sich Ideale von ewiger Jugend und Anti-Aging kaum aus einem christlichen Weltbild heraus begründen. Sogar Sein-wollen-wie-Gott dürfte dann kaum mehr bedeuten, nach ewiger Beständigkeit und dem ewig gleichen schönen Lächeln zu streben. Christliche Ideale müssten dann dahingehend ausgerichtet sein, wahrhaftig das Ereignis des eigenen Lebens zu leben: in seiner Veränderbarkeit, seiner Prozessualität und damit auch in seiner Vergänglichkeit.

Auch lässt sich angesichts der These von der Ereignishaftigkeit Gottes sowie von Jensons Zukunftsorientierung her fragen, ob von Jenson her gedacht die Jugend tatsächlich für die Zukunft steht, während das Alter die Vergangenheit repräsentiert – wie es normalerweise üblich ist. Steht das Alter nicht auch der Vollendung des Ereignisses, das für Jenson immer etwas Zukünftiges ist, deutlich näher und ist insofern eigentliches und zugleich auch positives Symbol der Zukunft?

Theologische Verortung des Erzählens
Jensons Gottesverständnis liefert zudem eine Erläuterung für die Annahme eines hohen Stellenwertes von Erzählen und Kommunikation, ohne dass er sich auf ein bloßes Postulat beschränken würde, wie es bei Hauerwas den Anschein hatte. Von Jenson ausgehend erscheint das Erzählen von Geschichten als im engen Sinn theo-logisch begründet und damit als zentrale Aufgabe von Theologie und kirchlicher Praxis. Geschichten sind sowohl für die Gotteserkenntnis als auch für die Gotteserfahrung entscheidend – für jene, insofern Jenson alle Rede von Gott von dem Satz »Jesus ist auferstanden« ableitet, und für diese, insofern Gott allein von der Verkündigung von Gesetz und Evangelium ausgehend in der Welt präsent ist.[562] Zugleich beinhaltet Jensons Gottesbegriff über das reine Erzählen hinausgehende Kommunikation. Zwar kommt diese ansatzweise auch in ihrer leiblichen Dimension in den Blick, hier wären aber weitergehende Überlegungen wünschenswert.

Gott als Gespräch und menschliche Kommunikation
Die Kommunikation, die Gott für Jenson ist, wird nicht als Vorlesung oder einseitiger Monolog gedacht, sondern als Gespräch oder Diskurs. Erscheint hier Gott als in sich relational verfasst, als nicht nur kommunizierend, sondern geradezu *als* Kommunikation, lässt sich von hier ausgehend sicherlich kein Menschenbild ableiten, in dem der Mensch als vorrangig auf sich selbst bezogenes, monadenhaft unabhängiges Wesen erscheint. Jensons Gott in Beziehung verlangt nach einem Menschsein in Beziehungen. Erscheint dieser Gott in Christus als Leiblichkeit umfassendes, auf eine endliche Person bezogenes Sein, kann die Kommunikation, die diesem Gott und seiner Verkündigung entspricht, sich

562 Vgl. JENSON, Triune God, 176: »God is indeed present to every quark or every galaxy, but he is present to all things at and from the verbal event of the law and the gospel.«

nicht auf reine Geistigkeit beschränken. Allerdings bleibt die leibliche Dimension bei Jenson unterbestimmt: Wie ist die Leiblichkeit Gottes zu denken; wie die Präsenz Gottes in leiblicher Kommunikation? Hier wäre vor dem Hintergrund der philosophischen und theologischen Diskussion der letzten Jahre sicherlich weiterzudenken.[563]

Aus Jensons Vorstellung von Gott als Kommunikation ergeben sich mehrere Implikationen im Blick auf die Altenseelsorge: Kommunikation als primär leibliches Geschehen aufzufassen, wie es in der Seelsorge mit Demenzkranken vielfach angebracht ist, entspricht dem christlichen Gott zutiefst. Von hier aus kann auch die seelsorgliche Bedeutung von Liturgie, Abendmahl und Kirchenmusik hervorgehoben und begründet werden. Auch wenn Jensons These, Christus sei in das Leben der Kirche hinein auferstanden, in dieser Arbeit abgelehnt wird, entsprechen die leibhaften Vollzüge in Gottesdienst und Seelsorgebegegnung dem trinitarischen Gott. Ist Gott mit Jenson als Kommunikation zu verstehen, dann kommt von da ausgehend der Kommunikation als solcher ein hoher Stellenwert zu, so dass auch scheinbar banale oder oberflächliche Gespräche von hier aus ihren Wert erhalten. Besonders anstrebenswert sind mit Jenson aber solche Gespräche, die Zukunft eröffnen, denn sie entsprechen der Kommunikation, die Gott ist, auf besondere Weise; in ihnen zeigt sich Gottes Gegenwart. Dass dies auch noch für das hohe Alter gilt, scheint man kaum eigens anmerken zu müssen – und doch macht die übliche Wahrnehmung gerade diesen Hinweis unumgänglich.

Zukunftsoffenheit und Eschatologie

Der mit dem Geist identifizierten Zukunft kommt bei Jenson insgesamt ein hoher Stellenwert zu. Freiheit besteht für ihn gerade in der Realität von Zukunftsmöglichkeiten und in der Offenheit für die Zukunft.[564] Zwar bezieht Jenson diesen Freiheitsbegriff auf die trinitarisch begründete, wahre göttliche Freiheit, aber der Begriff scheint sich doch auf die Frage nach menschlicher Freiheit und ganz konkret ins Setting Pflegeheim übertragen zu lassen. Freiheit besteht in der Realität von Möglichkeiten. Wenn das gilt, müsste es als eine zentrale Aufgabe von Seelsorge – und durchaus auch von Heimorganisation – angesehen werden, über Zukunftsmöglichkeiten nachzudenken und diese gemeinsam im Gespräch zu eröffnen. Auch hier zeigt Jensons Gottesbild deutliche Stärken: Er sieht Gott gerade nicht im z. B. neuplatonisch oder mystisch gedachten Sinne als ewige Stille oder Ruhe an, sondern als Lebendigkeit, Kreativität und treuen Willen. Für Menschen, die am Leben hängen, die sich mit der häufig unfreiwillig erfahrenen »Ruhe« im Pflegeheim schwer tun oder nicht abfinden wollen, für Menschen, die auch am Ende ihres Lebens des Lebens nicht satt sind, mag ein solcher Gott und die Hoffnung auf eine Begegnung mit ihm als eine reizvolle Hoffnung erscheinen. Die Hoffnung auf einen solchen Gott bedeutet mehr

563 Vgl. dazu exemplarisch Alloa (Hg.), Leiblichkeit; Staudigl (Hg.), Leib.

564 Vgl. die Darstellung oben sowie Jenson, Triune God, 156.

als die Aussicht auf ewige Ruhe und – je nach Perspektive – Langeweile. Die Hoffnung auf diesen Gott erscheint – mit Hauerwas gesprochen – selbst als ein Abenteuer.

Bei Jenson erscheint Gott als einer, mit dem gerechnet werden muss und darf, auch am Ende des Lebens. Jensons Bezug auf Luthers Unterscheidung von *Deus revelatus* und *Deus absconditus* ist hier wichtig: Auch wenn Leiden jetzt nicht zu verstehen ist, auch wenn es sinnlos erscheint, entspricht es doch Gottes mitunter unverständlichem und durchaus abgründigem, letztlich aber treuem Willen,[565] von dem in Christi Auferstehung verheißen ist, dass er die Dinge zum Guten wenden wird. Bei Jenson ist dieses Versprechen im trinitarischen Sein Gottes selbst verankert, so dass aufgrund der Überwindung einer Situation größter Gottlosigkeit durch die Auferstehung keine Gefahr der Gottlosigkeit irgendeiner Situation in der Welt besteht. Allerdings wird hier im Blick auf die Seelsorge Vorsicht geboten sein: Die Erkenntnis des Verwiesenseins an den *Deus revelatus* im Wissen um den *Deus absconditus* und die Hoffnung auf Gottes Verheißung, die Dinge zum Guten zu wenden, wird immer nur Selbstdeutung sein können, da der Verweis auf diese Hoffnung deutlich zynisches Potential birgt.

Freiheit als die Realität von Möglichkeiten gründet für Jenson in Christi Auferstehung. Die Auferstehung im Sinne einer Offenheit für Möglichkeiten zu deuten, erscheint – zumeist sicherlich als *implizite* theologische Deutung des eigenen Glaubens – als eine hoffnungsvolle und fruchtbare Perspektive auf die eigene Seelsorgepraxis. Dieser Gedanke lässt sich zudem sinnvoll mit Hauerwas' Vorstellung des Lebens als einem Abenteuer verbinden, insofern von Jenson her gedacht der Tod dann nicht das unweigerliche Ende des Abenteuers sein muss.

Aktivität und Passivität

Jensons Gottesbild ist zutiefst von einer Ablehnung hellenistischer Theologie geprägt, so dass für ihn Gott zwar die wahre Freiheit ist, diese aber keineswegs allein dem Vater zugeschrieben wird. Im Gegenteil ist auch Gott der Vater auf Befreiung durch den Sohn und den Geist angewiesen – Jenson schreibt von der Befreiung aus der Transzendenz;[566] man könnte es wohl auch eine Befreiung zum Leben nennen. Jensons Gottesbild beinhaltet damit die Annahme von Angewiesensein in Gott selbst. Somit werden alle drei Identifikationen – d. h. Personen – der Trinität als aktiv und passiv zugleich gedacht. Im Blick auf das implizierte Menschenbild lässt sich festhalten, dass von Jensons Theologie aus-

---

565 Es ist deutlich, dass Jensons Ansatz, im Blick auf Gott den Willen der Vernunft vorzuordnen, die Gefahr des Voluntarismus birgt. Zwar betont er im Zusammenhang seiner Deutung des Alten Testaments Gottes Treue; diese Aussagen stehen aber neben Aussagen mit deutlich voluntaristischem Gottesbild, wie sich im folgenden Zitat zeigt: »The God of the Bible is a storm, blowing us like leaves from what we are to what we will be and only knowing us in this motion. [...] We must somehow learn to think God as *faithful* will.« (JENSON, Triune God, 173)

566 Vgl. JENSON, Triune God, 156.

gehend *weder Aktivität noch Passivität allein* zum Ideal menschlichen Lebens erhoben werden können. Von hier aus erscheint es nicht angebracht, Unabhängigkeit und Aktivität zu idealisieren, sondern einen Mittelweg zu beschreiben.

5.3.3 Resümee: Freiheit im lebensgeschichtlichen Erzählen?

Was lässt sich von Jenson her für die Frage nach *Freiheit im lebensgeschichtlichen Erzählen* festhalten?

Der trinitarische Gott als Klammer um die Zeit umfängt alles menschliche Sein und Erzählen, so dass der Glaube an den christlichen Gott von der Notwendigkeit entbindet, die Einheit des Lebens in einer lebensgeschichtlichen Erzählung selbst zusammenzuhalten. Zwar erscheint auch mit Jenson die Einheit des Lebens als eine narrative Einheit; aber als eine narrative Einheit, die – anders als bei MacIntyre – durch Gott gewährt wird, der selbst eine Erzählung ist. Menschliches Erzählen kann sich gerade deshalb »in Freiheit« und im Vertrauen darauf vollziehen, dass keine menschliche Erzählung aus Gottes Erzählung über die Welt herausfällt.

Freiheit im lebensgeschichtlichen Erzählen zu verorten, erscheint von Jenson her als sinnvolles Unterfangen: Von Jensons Gottesbild ausgehend erscheint Freiheit als etwas, das sich gerade in Beziehungen und in Konkretion vollzieht, das Definition und Festlegung voraussetzt, ohne festschreibend zu sein (Freiheit als Realität von Möglichkeiten) und das in seiner Konkretion mit Offenheit für die Zukunft einhergeht.

Jensons Ansatz bietet sich als eine theologische Grundlage der weiteren Überlegungen zum lebensgeschichtlichen Erzählen an. MacIntyre betonte die Bedeutung des Erzählens und von Traditionen auf sehr allgemeine Weise, während Hauerwas' Überlegungen zum Erzählen zwar konkreter wurden, teilweise aber erratisch und wenig begründet anmuteten, wenn sich auch anregende und im Zusammenhang der Fragestellung dieser Arbeit weiterführende Gedanken finden ließen. Demgegenüber präsentiert sich Jensons Theologie als ein Ansatz, der es erlaubt, die Bedeutung lebensgeschichtlichen Erzählens theologisch zu verorten und z. B. den Abenteuergedanken, wie er sich bei Hauerwas fand, theologisch weiterzudenken.

Zum weiteren Vorgehen: Die Positionen, die im Folgenden herangezogen werden, werden weniger ausführlich behandelt als die bisher analysierten Ansätze.[567] Bisher ging es darum, auf zum Teil recht ausführliche Weise ganze Denkansätze darzustellen, die in verschiedenen Aspekten fruchtbare Anstöße für die Altenseelsorge lieferten. Die meisten folgenden Positionen werden nur hinsichtlich einzelner Aspekte aufgenommen, nämlich konkret, soweit sie die bisherigen Überlegungen sinnvoll ergänzen, erweitern oder korrigieren.

---

567 Eine Ausnahme stellt der Ansatz von Christiane Tietz dar, s. Kapitel 2, 7.

Im nächsten Schritt wird auf Auszüge aus dem Werk Paul Ricoeurs eingegangen, wobei besonders der Zusammenhang von Zeiterfahrung und Erzählen sowie sein Verständnis narrativer Identität in den Blick genommen werden.

6. PAUL RICOEUR

6.1 Einleitung

Die Frage nach der Zeit trat bereits bei Jenson aus dezidiert theologischer Sicht in den Blick, wobei die Ausführungen hinsichtlich des eigentlichen menschlichen Erzählens vage blieben. Ricoeurs Theorie erlaubt an dieser Stelle konkretere Einsichten in den Erzählprozess. Sein Verständnis narrativer Identität bietet sich darüber hinaus an, um die Frage, wie sich im Erzählen Identität bildet, präziser zu bearbeiten, als es aufgrund der bisher behandelten Positionen möglich war.

Der Frage nach dem Zusammenhang von Zeit und Erzählen widmet sich Paul Ricoeur intensiv in seinem dreibändigen Werk »Zeit und Erzählung«, das auf Deutsch 1988–1991 erschien. Neben Grundgedanken aus Zeit und Erzählung soll im Folgenden Ricoeurs Ansatz der narrativen Identität skizziert werden.[568]

6.2 Darstellung

Ricoeur geht von der Grundthese aus, »daß die Zeit in dem Maße zur menschlichen wird, in dem sie sich nach einem Modus des Narrativen gestaltet, und daß die Erzählung ihren vollen Sinn erlangt, wenn sie eine Bedingung der zeitlichen Existenz wird«[569]. An anderer Stelle formuliert er: »In schematischer Form läuft unsere Arbeitshypothese also darauf hinaus, *die Erzählung als den Hüter der Zeit anzusehen*, sofern es ohne die erzählte keine gedachte Zeit gäbe.«[570] Diese Ricoeur'sche Grundthese – die das Bedingungsverhältnis zwischen Erzählen und Zeiterfahrung einer *prima-facie*-Verhältnisbestimmung gegenüber gleichsam umkehrt – soll im Folgenden näher ausgeführt werden, ohne jedoch die Details ihrer Begründung berücksichtigen zu können.

6.2.1 Aporien der Zeit

Ricoeur nimmt an, dass das spekulative zeitphilosophische Denken zwangsläufig aporetisch bleiben muss und geht von drei Hauptaporien der Spekulation

---

568 Die folgende Darstellung bleibt skizzenhaft. Für eine umfassende Darstellung und Interpretation von Ricoeurs Zeitdenken vgl. RÖMER, Zeitdenken, 254–456; zur Erzähltheorie vgl. HILLER, Gottes Geschichte, 123–161.

569 RICOEUR, Zeit und Erzählung I, 87, vgl. MATTERN, Ricoeur, 180.

570 RICOEUR, Zeit und Erzählung III, 389.

über die Zeit aus: Erstens einer gegenseitigen Verdeckung einer phänomenologischen und einer kosmologischen Perspektive auf die Zeit, zweitens dem Problem der Einheit der Zeit und drittens einer grundlegenden Unerforschlichkeit der Zeit. Dies weist er nicht zuletzt in ausführlichen zeitphilosophischen Analysen bei Aristoteles, Augustin, Kant, Husserl und Heidegger nach.[571]

Zur ersten Aporie: Ricoeur setzt mit einer Analyse des *Augustinischen Zeitbegriffs* aus Confessiones XI und den für ihn dort enthaltenen Aporien ein.

Augustin entwickelt den Begriff der »*distentio animi*«, um die Zeit zu beschreiben. Da die Vergangenheit nicht mehr und die Zukunft noch nicht ist, die Gegenwart aber vergeht, kommt er zu dem Schluss, dass die Ausdehnung (*distentio*) der Zeit allein in der Seele existiert: Die Seele spannt sich zwischen der Erinnerung des Vergangenen, der Aufmerksamkeit auf das Gegenwärtige und der Erwartung des Zukünftigen, und was bleibt, ist der Eindruck dieser Dinge in der aktiv-aufmerksam ausgerichteten Seele.[572] Die Ausdehnung der Zeit wird als die der Seele selbst verstanden, in der es damit eine dreifache Gegenwart gibt.[573] Die Zeit wird für Ricoeur in Augustins phänomenologischer Sicht zu einem Bewusstseinsphänomen, was zwangsläufig Probleme mit sich bringt, da sie sich als solches nicht mit der kosmologischen Zeit vermitteln lässt und Zeitmessung somit unmöglich wird.[574]

Andererseits genügt Ricoeur jedoch auch der Blick auf die Zeit allein aus kosmologischer Perspektive nicht, wie bei *Aristoteles*, der die Zeit an die Bewegung der Sterne gebunden sieht: Vergangenheit, gelebte Gegenwart und Zukunft können dann nicht mehr voneinander unterschieden werden, sondern erscheinen als ein bloßes Vorher und Nachher.[575] »Wie jeder Versuch, die Zeit von

---

571 Vgl. Mattern, Ricoeur, 152f.

572 Vgl. hinsichtlich der für die *distentio* notwendigen *intentio* Kreitzscheck, Zeitgewinn, 122.

573 Vgl. dazu Ricoeur, Zeit und Erzählung I, 24f.; zum Abschnitt vgl. Kreitzscheck, Zeitgewinn, 122f. sowie Mattern, Ricoeur, 152–155.

574 Vgl. Ricoeur, Zeit und Erzählung III, 19: »Man sieht nicht, welchen direkten Zugang es zu diesen Eindrücken geben könnte, die angeblich im Geist zurückbleiben, und vor allem sieht man nicht, wie sie das feste Vergleichsmaß abgeben könnten, das man sich von der Bewegung der Sterne nicht vorgeben lassen wollte.«; vgl. dazu Mattern, Ricoeur, 155.

575 Ricoeur geht von einem unüberbrückbaren Unterschied zwischen dem Jetzt des Aristoteles und der Gegenwart des Augustinus aus: »Das Aristotelische *Jetzt* verlangt zu seiner Denkbarkeit nicht mehr, als daß der Geist einen Schnitt in die Kontinuität der Bewegung legt, sofern diese zählbar ist. Dieser Schnitt aber kann ein beliebiger sein: *egal welches* Jetzt eignet sich also dazu, die Gegenwart zu sein. Aber eine Augustinische Gegenwart [...] ist nur dasjenige Jetzt [...], das vom Sprecher als das ›Jetzt‹ seines *Aussageakts* bezeichnet wird. [...] so kann ich etwa sagen: Das Ereignis A geht dem Ereignis B vorher oder das Ereignis B folgt auf das Ereignis A, aber deshalb kann ich noch lange nicht behaupten, daß das Ereignis A vergangen und das Ereignis B zukünftig ist. Andererseits gibt es aus Augustinischer Sicht Zukunft oder Vergangenheit nur in bezug auf eine Gegenwart, das heißt auf ein Jetzt, das durch den Aussageakt, der es bezeichnet,

ihrer physikalischen Seite her zu begreifen, sich als unfähig erweist, jenseits der Sukzession die lebendige Gegenwart verständlich zu machen, so gelingt es den von dieser ausgehenden Ansätzen nicht, einen Übergang zur Zeit der Welt herzustellen.«[576]

Die Zeit bleibt für Ricoeur eine Aporie, da sich – wie anhand von Augustin und Aristoteles deutlich wird – eine kosmologische und eine phänomenologische Sichtweise auf die Zeit nicht theoretisch miteinander vermitteln lassen.[577]

6.2.2 Mythos und Mimesis

Ricoeur antwortet auf diese Aporie wiederum mit einem Bezug auf Aristoteles – nun aber nicht auf dessen Zeitverständnis, sondern auf seine Ausführungen zum *mythos* in der Poetik.[578] Dabei bringt er »*distentio animi*« und *mythos* miteinander in Verbindung.[579]

Der Begriff *mythos* bzw. Fabel zielt bei Ricoeur im Anschluss an Aristoteles auf die Handlung: Er versteht den *mythos* als Nachahmung (*mimesis*) der Handlung[580] und sieht ihn – über Aristoteles hinausgehend – in engem Zusammenhang zu Möglichkeiten der Zeiterfahrung.[581]

In seiner *Theorie der dreifachen Mimesis* erklärt Ricoeur detailliert den Zusammenhang zwischen Erzählung und Erfahrung.[582] Unter *Mimesis I* versteht er die Voraussetzungen einer Fabel, sozusagen den Hintergrund, auf dem sie entsteht. Um eine Handlung nachzuahmen, muss der Erzähler eine Handlung als solche identifizieren können, wozu er bestimmte strukturelle, symbolische und zeitliche Merkmale erkennen können muss.[583] Mit *Mimesis II* beschreibt Ricoeur den eigentlichen Akt der Fabelkomposition, d. h. das Erzählen einer Geschichte vor dem Hintergrund unterschiedlicher Ereignisse oder Vorfälle. Prägend hierfür sind Schematisierungen und Traditionen, die er als Wechselspiel zwischen Sedimentierung und Innovation, d. h. zwischen Altem und Neuem versteht. Ricoeur macht damit deutlich, dass auch neue, selbst subversive Ideen immer auf dem Hintergrund historisch entstandener Regeln und Normen entstehen.[584] *Mimesis III* schließlich meint den zu einer Erzählung gehörenden

---

näher bestimmt wird.« Vgl. RICOEUR, Zeit und Erzählung III, 29 sowie dazu MATTERN, Ricoeur, 156f.

576 MATTERN, Ricoeur, 157.

577 Vgl. MATTERN, Ricoeur, 156f.

578 Vgl. MATTERN, Ricoeur, 158 sowie KREITZSCHECK, Zeitgewinn, 121.

579 Vgl. MATTERN, Ricoeur, 158f.

580 Vgl. RICOEUR, Zeit und Erzählung I, 59; vgl. dazu KREITZSCHECK, Zeitgewinn, 123.

581 Vgl. MATTERN, Ricoeur, 159.

582 Vgl. KREITZSCHECK, Zeitgewinn, 121–140. Diese Theorie ist zentral für Ricoeurs Hermeneutik und gehört zum Kern seiner Ausführungen in »Zeit und Erzählung«; allerdings würde eine ausführliche Darstellung und Diskussion den Rahmen dieser Arbeit überschreiten, so dass an dieser Stelle nicht mehr als bloße Andeutungen gemacht werden können; umfassend vgl. auch HILLER, Gottes Geschichte, 132–139.

583 Vgl. KREITZSCHECK, Zeitgewinn, 126.

584 Vgl. KREITZSCHECK, Zeitgewinn, 132.

Rezeptionsprozess und damit die Art und Weise, wie eine Erzählung Handeln und Leben einer Person beeinflusst.[585] Mimesis II, der Akt des Erzählens, zielt in dieser Sichtweise auf eine Vermittlung zwischen Mimesis I und Mimesis III, d. h. auf Veränderungen in der Welt – jenseits der Erzählung.[586]

6.2.3 Dissonante Konsonanz und Synthesis des Heterogenen

Wieder zurück zu Ricoeurs Antwort auf Augustin: Die Vorstellung der *distentio animi* unterläuft Ricoeur zufolge das menschliche Streben nach Kohärenz dauernd durch Dissonanz,[587] denn Augustins Konzept weist für ihn gerade auf einen Riss in der Seele hin – zwischen Gegenwart der Vergangenheit, Gegenwart der Zukunft und Gegenwart der Gegenwart.[588] Die Einheit der Zeit stellt sich damit als eine zweite Aporie bei Augustin dar. Demgegenüber betont Aristoteles in seinen Ausführungen zum *mythos* die Konsonanz der Erfahrung.[589] »Der Mythos bietet durch sein Streben nach Ordnung eine Operation, die aus der Dissonanz eine Form der Konsonanz hervorbringt. Die Fabelkomposition in ihrem aktiven, prozeßhaften Charakter antwortet so auf die Zerrissenheit, die unsere Zeiterfahrung kennzeichnet.«[590] Ricoeur sieht bei Aristoteles dabei eine *dissonante Konsonanz* gegeben, die es ermöglicht, im *mythos* ein Gegenstück zur *distentio animi* zu sehen.[591] Der *mythos* ist für ihn in der Lage, dissonante Momente zu integrieren, indem er sie als notwendig oder wahrscheinlich aufnimmt und so zum Bestandteil einer Konsonanz werden lässt.[592]

In der Erzählung kommt es für Ricoeur zu einer »*Synthesis des Heterogenen*«[593], da unterschiedliche Dinge – wie handelnde Personen, Ziele, Ursachen, Zufälle oder Handlungsfolgen – zusammengebracht und zu einer umfassenden Handlung zusammengeführt werden.[594] Die Praxis wird daher in der Mimesis nicht einfach abgebildet,[595] sondern ihr wohnt ein schöpferisches Moment inne. Es geht nicht um ein Nachbilden im Erzählen, sondern um ein Neubilden des Bekannten: »Die Handlung ist das ›Konstrukt‹ der Konstruktion, in der die mimetische Tätigkeit besteht.«[596] Somit kommt der Erzählung eine vermittelnde Funktion zu zwischen einer ihr vorausliegenden und einer an sie anschließenden Strukturiertheit menschlicher Erfahrung.[597]

---

585 Vgl. KREITZSCHECK, Zeitgewinn, 124.
586 Vgl. MATTERN, Ricoeur, 133.
587 Vgl. RICOEUR, Zeit und Erzählung I, 14.
588 Vgl. RICOEUR, Zeit und Erzählung I, 39 sowie dazu auch MATTERN, Ricoeur, 158f.
589 Vgl. RICOEUR, Zeit und Erzählung I, 14; vgl. MATTERN, Ricoeur, 159.
590 MATTERN, Ricoeur, 159.
591 Vgl. RICOEUR, Zeit und Erzählung I, 71f.
592 Vgl. RICOEUR, Zeit und Erzählung I, 75 sowie dazu MATTERN, Ricoeur, 161.
593 Vgl. RICOEUR, Zeit und Erzählung I, 7.
594 Vgl. MATTERN, Ricoeur, 129.
595 Vgl. RICOEUR, Zeit und Erzählung I, 59.
596 RICOEUR, Zeit und Erzählung I, 60.
597 Vgl. MATTERN, Ricoeur, 126.

In der Erzählung entsteht somit etwas qualitativ Neues – es kommt zur Neukonfiguration der Zeit.[598]

6.2.4 Rekonfiguration der Zeit

Die Zeit wird für Ricoeur *in* der Erzählung (und d. h. im Zusammenhang der Mimesis II) insofern neu konfiguriert, als im Verfassen der Erzählung *erstens* eine chronologische und *zweitens* eine nicht-chronologische Zeitauffassung miteinander verbunden werden zu einer neuen Zeitqualität, *drittens*, der narrativen Zeit.[599]

Erstens: Chronologisch wird die Zeit verstanden, insofern eine Erzählung immer auf die Frage »und dann?« antwortet: Sie wird also durch die Abfolge unterschiedlicher Ereignisse konstituiert und besitzt damit episodischen Charakter. *Zweitens*: Nicht-chronologische Zeitaspekte sind im Akt des Erzählens enthalten, insofern aus einer schlichten Abfolge von Ereignissen eine Geschichte wird, die eine »bedeutungsvolle Totalität« darstellt und Mitvollziehbarkeit beinhaltet.[600] *Drittens*: Erst von ihrem Ende her kann eine Geschichte als ein Ganzes wahrgenommen werden. Gerade eine erneut erzählte, auch in ihrem Ende bereits bekannte Geschichte macht für Ricoeur das Überschreiten einer bloßen Linearität der Zeit deutlich: Das Ende wird im Anfang und der Anfang im Ende gelesen, so dass – in Ricoeurs Formulierung – die Zeit selbst gegen den Strich gelesen werden kann.[601] Dabei wird in der narrativen Zeit aus einer bloßen Abfolge ein Gedanke bzw. eine Pointe, so dass für Ricoeur der Akt des Erzählens »einer zeitlichen Abfolge eine Figur abgewinnt«[602], die wiederum die Nachvollziehbarkeit der Erzählung bedingt.[603]

Für Ricoeur gibt es zwei Modi des Erzählens: Fiktion und Geschichtsschreibung. Beide weisen die gemeinsame Grundstruktur der dissonanten Konsonanz bzw. zeitlichen Synthesis des Heterogenen auf.[604] Um die Verbindung zwischen den beiden an sich unterschiedlichen Weisen der Referenz auf die Wirklichkeit nachzuweisen,[605] verweist Ricoeur einerseits auf den quasi-fiktiven Charakter der Geschichtsschreibung und andererseits auf den quasi-historischen Charakter der Fiktion.[606] Während narrative Elemente mit Bezug auf die Zeitlichkeit

---

598 Vgl. RICOEUR, Zeit und Erzählung I, 7 sowie KREITZSCHECK, Zeitgewinn, 121.

599 Vgl. RICOEUR, Zeit und Erzählung I, 107–109.

600 Vgl. RICOEUR, Zeit und Erzählung I, 108 sowie dazu MATTERN, Ricoeur, 162f.

601 Vgl. RICOEUR, Zeit und Erzählung I, 108–109; vgl. KREITZSCHECK, Zeitgewinn, 130f.

602 RICOEUR, Zeit und Erzählung I, 107; vgl. dazu KREITZSCHECK, Zeitgewinn, 130.

603 Vgl. zum gesamten Abschnitt KREITZSCHECK, Zeitgewinn, 130f.

604 Vgl. MATTERN, Ricoeur, 164f.

605 Vgl. KREITZSCHECK, Zeitgewinn, 139.

606 »Die Geschichte ist quasi-fiktiv, da die Quasi-Gegenwart der Ereignisse, die dem Leser durch eine lebendige Erzählung ›vor Augen‹ geführt werden, durch ihre Anschaulichkeit und Lebendigkeit den nötigen Ersatz bieten für das sich entziehende Vergangensein der Vergangenheit, von dem die Paradoxe der Repräsentanz ein beredtes Zeugnis ablegen. Die Fiktionserzählung ist insoweit quasi-historisch, als die irrealen Ereignisse,

der Welt der Handlung für das historische Verstehen unabdingbar sind, erzählt die fiktionale Erzählung etwas, als ob es geschehen sei. Sie ist durch ihren Bezug auf Handlungen auch wiederum auf die Zeit des Handelns bezogen.[607] Beide Arten des Erzählens bearbeiten die Differenz von phänomenologischer und kosmologischer Sicht auf die Zeit und strukturieren damit – auf Ebene der Mimesis III betrachtet – die Zeiterfahrungen der Menschen, wenn auch auf unterschiedliche Art und Weise.[608] Die menschliche Zeit geht für Ricoeur als eine Drittzeit genau aus dieser Überkreuzung zwischen Geschichte und Fiktion hervor.[609]

6.2.5 Einheit der Zeit

Von der ersten Aporie der Zeit, dem Unterschied zwischen phänomenologischer und kosmologischer Zeitperspektive, unterscheidet Ricoeur die zweite Aporie, die der Totalität oder Einheit der Zeit, deren Ursache er in der Aufspaltung der Zeit in Zukunft, Vergangenheit und Gegenwart sieht.[610] Auch auf die Frage nach der Einheit der Zeit wird im Folgenden kurz eingegangen. Sie kam im Zusammenhang der Herausforderungen von Seelsorge im Pflegeheim bereits vor.[611] Bei Jenson begegnete vom Gottesbegriff her *eine* Möglichkeit des Umgangs mit dieser Aporie (Gott als Klammer um die Zeit), während bei Ricoeur nun das Erzählen selbst als Antwort auf die Aporie in den Blick kommt:

Hinsichtlich dieser zweiten Aporie der Zeit stellt Ricoeur die Frage, ob aus der Erzählung, welche die Zeit refiguriert, ein einheitliches historisches Bewusstsein hervorgehen kann, das einer Einheit der Zeit gleichkommt.[612] Er plädiert für eine offene und unvollkommene Vermittlung, in der sich Zukunftserwartungen, Vergangenheitsrezeption und Gegenwartserleben überschneiden, ohne dass sie in einer Totalität aufgehoben würden. Ricoeur verortet die Vermittlung im Handeln, weil darin Zukunft, Vergangenheit und Gegenwart ineinander greifen.[613] Das Affiziertsein durch die Vergangenheit wird in den jeweiligen Zukunftsentwürfen als Wirklichkeit erfahrbar, insofern es jeden Zukunftsentwurf beeinflusst. Umgekehrt bestimmen Zukunftserwartungen auch den Blick auf die Vergangenheit und ihre Bewertung. Die Gegenwart erscheint so als die Zeit der Initiative, »in der wir in der Vermittlung von Zukunftsentwurf und Affiziertsein durch die Vergangenheit zu handeln beginnen«[614]. Das

---

von denen sie berichtet, Vergangenheit sind für die narrative Stimme, die sich an den Leser wendet; deshalb gleicht sie vergangenen Ereignissen und gleicht die Fiktion der Geschichte.« RICOEUR, Zeit und Erzählung III, 308; vgl. dazu KREITZSCHECK, Zeitgewinn, 163.

607 Vgl. MATTERN, Ricoeur, 166f.

608 Vgl. dazu MATTERN, Ricoeur, 168–171.

609 Vgl. RICOEUR, Zeit und Erzählung III, 394.

610 Vgl. RICOEUR, Zeit und Erzählung III, 400.

611 S. Kapitel 1, 4.3.

612 Vgl. MATTERN, Ricoeur, 176 sowie zum folgenden Abschnitt a.a.O., 176–180.

613 Vgl. RICOEUR, Zeit und Erzählung III, 334f.; vgl. MATTERN, Ricoeur, 177.

614 MATTERN, Ricoeur, 179.

Handeln vermittelt damit Zukunft und Vergangenheit praktisch miteinander, wobei die Initiative immer die Möglichkeit darstellt, den Verlauf der Geschichte zu ändern. Erzählungen, historische und fiktive, tragen zur Einheit der Zeit bei, insofern sie durch das in ihnen gestaltete Ineinander von Zukunft, Vergangenheit und Gegenwart lehren, die Geschichte als eine zu sehen. Die Einheit bleibt dabei fragmentarisch, da Geschichten immer neu und anders erzählt werden und da sie keinem umfassenden Anspruch gerecht werden können.[615]

Vor diesem Hintergrund sieht Ricoeur die Erzählung im Blick auf den Umgang mit dieser zweiten Aporie der Zeit als weniger adäquat an als im Blick auf die Frage nach der Verbindung von phänomenologischer und kosmologischer Zeit. Er hält dazu aber fest: »eine Theorie, welche auch immer es sein mag, erreicht ihren höchsten Ausdruck, wenn die Erforschung des Gebiets, für das ihre Gültigkeit erwiesen ist, sich abrundet durch die Anerkennung der Grenzen, die ihr Gültigkeitsgebiet abstecken.«[616]

Dennoch erkennt Ricoeur im Blick auf beide Aporien der Zeit Potentiale der Erzählung. Fiktions- und Geschichtserzählungen generieren eine Drittzeit, die kosmische und phänomenologische Zeit für den Menschen ineinander greifen lässt. Das Erleben der Einheit der Zeit entsteht aus den Vermittlungen von Vergangenheit, Gegenwart und Zukunft, wie sie Erzählungen vollziehen. Dies erscheint für unsere Thematik wichtig, weil damit die Bedeutung des Erzählens für das Erleben der Einheit der Zeit und damit auch für das Erleben von Identität klarer erkennbar wird. Ricoeurs Grundthese, die Erzählung sei eine Grundbedingung des Zeiterlebens, sollte somit etwas deutlicher geworden sein.[617]

6.2.6 Narrative Identität

Wie im Erzählen zeitlich Divergentes zusammengebracht wird, so bedingt das Erzählen auch die Entstehung von Identität. Diese bezeichnet Ricoeur näher als *narrative Identität*.[618] Indem auf die Frage »Wer handelt?« mit einem Eigennamen geantwortet wird, wird zugleich auf die Geschichte eines Lebens verwiesen: »Auf die Frage ›*wer*?‹ antworten, heißt, [...] die Geschichte eines Lebens erzählen. Die erzählte Geschichte gibt das wer der Handlung an. *Die Identität des* wer *ist also selber bloß eine narrative Identität*.«[619] Die narrative Identität lässt, so Ricoeur, kosmologische und phänomenologische Zeit ineinander greifen, und zwar immer wieder neu, insofern ein Leben immer wieder neu erzählt wird.[620]

---

615 Vgl. MATTERN, Ricoeur, 179 sowie zum Abschnitt, a. a. O., 176–180.

616 RICOEUR, Zeit und Erzählung III, 417.

617 Vgl. MATTERN, Ricoeur, 180.

618 RICOEUR, Zeit und Erzählung III, 395: »Der zarte Sprößling, der aus der Vereinigung von Geschichte und Fiktion hervorgeht, ist die *Zuweisung* einer spezifischen Identität an ein Individuum oder eine Gemeinschaft, die man ihre narrative Identität nennen kann«. Vgl. auch zum Folgenden MATTERN, Ricoeur, 175f.

619 RICOEUR, Zeit und Erzählung III, 395.

620 Vgl. MATTERN, Ricoeur, 175.

Dabei unterscheidet Ricoeur *idem-* und *ipse*-Identität voneinander[621] – Selbigkeit und Selbstheit einer Person.[622] Das Besondere der Selbstheit ist, dass sie nicht an konstante Persönlichkeitsmerkmale geknüpft ist, sondern dass sie durch eine andauernde Refigurationsleistung des Subjekts entsteht. Gerade dadurch kann – anders als in substantialistischen Identitätsbestimmungen – den Veränderungen einer Person und der Bewegtheit eines Lebens Rechnung getragen werden.[623]

6.3 Kritik

6.3.1 Kritische Anfragen

Schriftlichkeit?
Ricoeurs literarische Hermeneutik bietet sich insofern nur bedingt für unsere Thematik an, als sich Ricoeur explizit auf literarische Texte bezieht. Die Schrift hat für ihn Vorrang vor dem Sprechen, insofern sie – von Autor und Dialogsituation befreit – die eigentliche Bestimmung des Diskurses enthüllt, die vom Gespräch geradezu verdeckt wird: nämlich die, eine Welt zu entwerfen:[624] Ricoeur lehnt den Gedanken ab, dass Sprache Welt bloß abbildet. Zugleich distanziert er sich von einer Sichtweise, die vom referentiellen Charakter literarischer Sprache absieht: Der Sprache, auch der nicht-deskriptiven, geht für Ricoeur immer eine Erfahrung voraus, die ins Wort drängt.[625] Die Welt ist den Menschen nur sprachlich vermittelt gegeben und so hat Sprache und deren (veränderter) Gebrauch großen Einfluss auf die Welt; sie hat kreatives und subversives Potential und ermöglicht Distanzierung von etablierten Weltbildern.[626] Im alltäglichen

[621] Während Ricoeur in Zeit und Erzählung noch davon auszugehen scheint, Identität könne *allein* von der Selbstheit her verstanden werden (vgl. Ricoeur, Zeit und Erzählung III, 396), postuliert er in »Das Selbst als ein Anderer« eine Dialektik von Selbigkeit und Selbstheit (vgl. Ricoeur, Selbst, 142).

[622] Vgl. Ricoeur, Zeit und Erzählung III, 396.

[623] Vgl. Ricoeur, Zeit und Erzählung III, 396; vgl. zum Verständnis von Selbigkeit und Selbstheit auch Mattern, Ricoeur, 198–200.

[624] Vgl. Mattern, Ricoeur, 118; vgl. dazu auch Ricoeur, Zeit und Erzählung I, 127: »Das Postulat, das in dieser Anerkennung der Refigurationsfunktion des dichterischen Werkes im allgemeinen zugrundeliegt, ist das einer Hermeneutik, die weniger die Absicht eines Autors hinter dem Text wiedergeben als den Vorgang explizieren will, durch den ein Text eine Welt gleichsam vor sich ausbreitet.«

[625] Vgl. Mattern, Ricoeur, 119–121 sowie dazu Kreitzscheck, Zeitgewinn, 136f.

[626] Vgl. dazu Ricoeur, Zeit und Erzählung I, 126f.: »Unter Bezugnahme auf schon anderswo Erläutertes möchte ich sagen, daß die Welt meiner Ansicht nach die Gesamtheit der Referenzen ist, die durch alle Arten von deskriptiven oder dichterischen Texten zugänglich gemacht werden, die ich gelesen, gedeutet und geliebt habe. Diese Texte verstehen heißt, unter den Prädikaten unserer Situation alle die Bedeutungen zu interpolieren, die aus einer bloßen Umwelt eine Welt machen.«

Gespräch allerdings, mit seiner Verhaftung in der konkreten Situation der Dialogpartner, wird die Sprache nur minimal neu strukturiert und – anders als in der Literatur – die übliche Verwendungsweise von Zeichen kaum verändert.[627]

Trotz Ricoeurs eigener Konzentration auf den Text allein kann man sich von seinen Thesen zu einer positiven Verhältnisbestimmung von Erzählen und Zeiterfahrung im Zusammenhang unserer Aufgabe anregen lassen:

Zum einen werden im Seelsorgegespräch auch biblische Erzählungen immer wieder begegnen, so dass keineswegs ausschließlich das lebensgeschichtliche Erzählen zu bedenken ist.

Zum anderen erscheint Ricoeurs Theorie in ihrer Fokussierung auf Literatur, deskriptive und poetische Texte zu exklusiv, um dem Anspruch Genüge zu tun, allgemeine Aussagen über das Zeiterleben zu tätigen. Seine Definition von Welt als Gesamtheit der Referenzen, die durch deskriptive oder dichterische Texte zugänglich gemacht werden, die ich gelesen, gedeutet und geliebt habe[628] erscheint sehr exklusiv. Sollte die Unterscheidung von Welt und Umwelt tatsächlich erst aus der Schriftlichkeit – und d. h. zugleich: aus der Lesefähigkeit – resultieren? Sollte die Kluft zwischen phänomenologischer und kosmologischer Zeit tatsächlich erst aus der Schriftlichkeit heraus als überwunden erfahrbar werden? Was sollte das für das Zeiterleben all der Menschen bedeuten, die nicht mit Texten umgehen, sehr wohl aber erzählen und Zeit erleben?

Es bietet sich daher an, Ricoeurs eigenem Anspruch mit einer gewissen Freiheit zu begegnen und ihn trotz seiner eigenen Ablehnung des Bezugs auf Gespräch und lebensgeschichtliches Erzählen genau hierauf zu beziehen.

6.3.2 Implikationen für die Seelsorge mit alten Menschen in Pflegeheimen

Ricoeurs Analysen der beiden Aporien der Zeit können für die Seelsorge fruchtbar gemacht werden. Von ihnen her lässt sich ein neuer Blick auf die Lebenssituation in Pflegeheimen gewinnen.

Aporien der Zeit als Beschreibung einer Außenwahrnehmung von Zeiterleben

Die erste Aporie, das Auseinanderfallen phänomenologischer bzw. erlebter und kosmologischer Zeit, bietet sich an, um eine mögliche Außenwahrnehmung von Zeiterleben in der Demenz zu beschreiben: Es scheint darin pointiert zum Ausdruck zu kommen, was im Umgang mit vielen Demenzkranken zum Alltag, aber auch zu den Schwierigkeiten gehört: Wenn jemand gänzlich in der Vergangenheit zu leben scheint, wenn eine hochaltrige Dame ihre Mutter zu Besuch erwartet, wenn im Heimatort Freunde und Verwandte besucht werden wollen, die schon lange nicht mehr leben, wenn der eigene Mann mit dem Namen der vor Jahrzehnten vergangenen, ersten großen Liebe angesprochen wird, dann scheinen erlebte und kosmologische Zeit gänzlich auseinanderzufallen. Dann

627 Vgl. MATTERN, Ricoeur, 119f.

628 S. das Zitat in Anm. 631.

passen die Erfahrungswelten eines demenzkranken Pflegeheimbewohners und die der Außenstehenden kaum mehr zueinander, weil die des Demenzkranken nicht nur von der kosmologischen, sondern auch von der lange gemeinsam geteilten kalendarischen Zeit abgelöst zu sein scheint.

Auch Ricoeurs zweite Aporie lässt sich für die Beschreibung einer Außenwahrnehmung der Lebenssituation von Bewohnerinnen und Bewohnern fruchtbar machen. Der Einzug ins Heim wird – gemeinsam mit den häufig vorangehenden schweren gesundheitlichen Beeinträchtigungen – oft als ein radikaler Einschnitt im Leben wahrgenommen, der Vergangenheit (als die Zeit vor dem Heimeinzug bzw. vor dem Unfall, dem Schlaganfall etc.) und Gegenwart (als die Zeit ohne eigene Wohnung, in Abhängigkeit, unter fremden Menschen) zuweilen als unvermittelt aneinander gereiht erscheinen lässt. Dann scheint mitunter nicht nur die Identität einer Person »vorher« und »nachher«, sondern mit dieser Identität auch die Einheit der Zeit bedroht zu sein. Auch im Blick auf Demenz kann die zweite Aporie als eine treffende Beschreibung angesehen werden: Wenn von einer chronologisch fernen Vergangenheit, die häufig aber als besonders gegenwärtig erlebt wird, der Brückenschlag zur Gegenwart in ihrem zeitlichen Gewordensein fehlt, dann steht mit der Chronologie auch die Einheit der Zeit infrage.

Vor diesem Hintergrund leuchtet die Charakterisierung der Erzählung als Bedingung zeitlicher Existenz ein:

Erzählen als Antwort auf die Aporien der Zeit

Im Blick auf die erste Aporie der Zeit können sich erlebte und kosmologische Zeit über eine Verortung in der kalendarischen Zeit oder in der Zeit eines Lebens einander annähern. Dies kann neben der Selbsterzählung über Erzählungen von Angehörigen oder anderen Personen geschehen, die um die Geschichte eines Menschen wissen und ihm diese zusprechen, oder z. B. auch über Bilder, die Vergangenes lebendig werden lassen. Diese stellen dann geradezu »Spuren« im Ricoeur'schen Sinne dar, die Vergangenheit und Gegenwart verbinden. Damit ist der Wert von Erzählungen auch im Blick auf Demenz im Zusammenhang der zweiten Aporie schon angedeutet: Sie können helfen, die Einheit der Zeit für die betroffenen Personen selbst (wieder) erfahrbar werden zu lassen, insofern sie Beiträge dazu leisten, das Affiziertsein der Gegenwart durch die Vergangenheit zu explizieren, auch wenn der betroffenen Person selbst nicht mehr bewusst sein mag, wie sie zu der geworden ist, die sie ist, und auch wenn sich der Einfluss der Vergangenheit kaum mehr in einem Zukunftsentwurf niederschlägt. Der Wert der Erzählung ist jedoch auch im umgekehrten Falle erkennbar: Wenn das gegenwärtige Sosein eines Menschen mit Demenz für Aussenstehende wie Seelsorger in seinem Gewordensein nicht nachvollziehbar ist, können Erzählungen oder »historische Spuren« helfen, die Gegenwart in ihrem Affiziertsein durch die Vergangenheit nachvollziehbarer werden zu lassen. Dies erleichtert es, einer Person in der Seelsorge gerecht zu werden.

Narrative Identität

Ricoeurs Konzept der narrativen Identität verdeutlicht Probleme der Lebenssituation im Pflegeheim und Chancen der Seelsorge gleichermaßen: Identität wird narrativ gebildet; die mit einem Namen verbundene Erzählung eines Lebens trägt den Veränderungen dieses Lebens Rechnung und ermöglicht es, eine Person nicht nur von der Geburt bis zu ihrem Tod als dieselbe anzusehen, sondern sie auch als von anderen unterschiedenes Individuum wahrzunehmen (Selbigkeit – Selbstheit). Darin liegen Schwierigkeit und Chance gleichermassen: Besonders im Zusammenhang mit dem Sprachverlust wird die Identität einer Person durch Demenz in einem Maße bedroht, dem nur schwer begegnet werden kann. Zugleich hat die Seelsorge, insofern sie Erzähl- und Erinnerungsräume eröffnet, die Chance, zum Erhalt von Identität und Identitätserleben beizutragen.

Synthesis des Heterogenen

Von Ricoeur kann im Blick auf die Altenseelsorge sicherlich auch die Vorstellung der Synthesis des Heterogenen bzw. der dissonanten Konsonanz sinnvoll übernommen werden. Im lebensgeschichtlichen Erzählen können ganz unterschiedliche lebensgeschichtliche Aspekte und verschiedene Seiten einer Persönlichkeit zum Vorschein und zum Tragen kommen: »vielfältige, bis dato nicht in dieser Zusammensetzung erzählte, zerstreute Ereignisse werden in einer vollständigen Geschichte zusammengefasst«[629] – und um des Verstehens willen zu einer zeitlichen Einheit verbunden. Nicht nur zeitlich, sondern auch inhaltlich heterogene Dinge müssen in ihrer Unterschiedlichkeit und möglichen Widersprüchlichkeit nicht aufgelöst werden, sondern die Erzählung schafft durch ihren Bezug auf das Handeln Kohärenz auch zwischen weitgehend divergenten Eigenschaften, Widerfahrnissen oder Umständen – so ihnen denn ein Ort in der Erzählung und der darin geschilderten Handlung gegeben werden kann.

Die entstehende semantische Innovation bezieht sich nicht nur auf die Vergangenheit, aus der erzählt wird, sondern sie wirkt auch in die Gegenwart hinein und kann im besten Fall veränderte Erfahrungen und verändertes Handeln ermöglichen.[630] So können Erzählungen dazu beitragen, dass eine Lebenssituation – wie die nach einem Heimeinzug – angenommen und z. B. ein positiverer Umgang mit dem Heimalltag gefunden werden kann.

Für Ricoeur ist die semantische Innovation der Erzählung vor allem auf die zeitliche Ebene bezogen: Durch die Erzählung kann der Zeit eine Figur abgewonnen und so »wirre, formlose, a limine stumme Erfahrung«[631] neu konfiguriert werden. Bezogen auf den häufig als monoton erlebten Heimalltag, in dem ein Tag oft dem anderen gleicht und in dem Zeit ineinander zu verschwimmen

---

629 Kreitzscheck, Zeitgewinn, 119.

630 Vgl. Kreitzscheck, Zeitgewinn, 118f.

631 Ricoeur, Zeit und Erzählung I, 10; vgl. Kreitzscheck, Zeitgewinn, 120.

oder formlos zu werden droht, bietet die Erzählung damit eine Möglichkeit (bewussten) Zeiterlebens.[632]

Verändert und ermöglicht das Erzählen Zeiterfahrung, dann kann auch für die Seelsorge festgehalten werden, was Dagmar Kreitzscheck im Blick auf die Homiletik formuliert:

> »Wenn ich annehme, dass die Zeiterfahrung für den Menschen konstitutiv ist und für den Christen und die Christin inhaltlich qualifiziert als Zeiterfahrung, die zugleich Zeit Gottes und Zeit der Menschen ist, dann erscheint es als unmöglich, das Erzählen in der Verkündigung, besonders in der Homiletik, weiterhin als eine zwar schöne, aber nicht notwendige Angelegenheit zu betrachten. Das Erzählen erscheint dann eher als eine *conditio sine qua non.*«[633]

Im Blick auf die Altenseelsorge bleibt dies allen seelsorglichen Deutungen gegenüber festzuhalten, die das Erzählen – sei es von biblischen Geschichten oder aus der Lebensgeschichte – als bloßen Ausgangspunkt für das »eigentliche« seelsorgliche Geschehen betrachten.

Mit Ricoeurs Umkehrung der üblichen Wahrnehmung in der These, das Erzählen bedinge Zeiterleben, rückt die Zeit als ein soziales Phänomen in den Blick, dessen »Sitz im Leben« in besonderem Maße in der Seelsorge zu vermuten sein wird.

6.3.3 Resümee: Freiheit im lebensgeschichtlichen Erzählen?

Für die Frage nach Aspekten von *Freiheit im lebensgeschichtlichen Erzählen* ergeben sich von Ricoeur her folgende Anregungen:

Grundlegend kann festgehalten werden, dass Erzählen zur Bildung und zum Erhalt von Identität beiträgt (narrative Identität). Im Erzählen kann sich eine Person in ihrer zeitlichen Kontinuität, in ihrer Selbigkeit, sowie in ihrer Selbstheit, die sie von anderen Menschen unterscheidet, wahrnehmen und erfahren. Wird Erzählen als solches als eine Form von Freiheit aufgefasst, so führt diese Freiheit geradewegs zur Identitätsbildung.

Freiheit im Erzählen ist damit nicht nur eine Freiheit des Nacherzählens, sondern das Erzählen selbst kann als ein schöpferischer Prozess angesehen werden, der Selbst- und Weltwahrnehmung verändert, Zeiterfahrung ermöglicht und umstrukturiert. In Erzählungen kann im Sinne einer Synthesis des Heterogenen zusammengebracht werden, was sonst auseinanderzufallen droht: Sei es die chronologische Zeitwahrnehmung z.B. von Angehörigen von Pflegeheimbewohnern und die nicht-chronologische Zeiterfahrung demenzkranker Bewohnerinnen oder sei es das Leben vor und nach dem Heimeinzug. Indem Geschichten, indem Identitäten immer wieder neu erzählt werden, werden kos-

---

632 Zur Unterscheidung zwischen gelebter und erlebter Zeit vgl. THEUNISSEN, Zeit, 306.
633 KREITZSCHECK, Zeitgewinn, 121.

mologische und phänomenologische Zeit, werden Fragmentarisches und Widersprüchliches immer wieder neu zusammengebracht.

Hinsichtlich der Aporie der Einheit der Zeit rücken von Ricoeur her die eine und von Jenson her die andere Seite des Erzählprozesses in den Blick: Während mit Ricoeurs Perspektive das Geschehen im menschlichen Erzählprozess beschreibbar wird, erscheint dieser von Jenson her als von Gott, der als »Klammer um die Zeit« verstanden werden kann, umfangen.

Im Folgenden geht es nun nicht weiter um die Frage nach Zeiterfahrung und Erzählen. Vielmehr soll mit Christiane Tietz *insofern* ein Schritt zurück gemacht werden, als ein Gedanke von Hauerwas erneut aufgegriffen wird. Bei ihm begegnete die Vorstellung, Freiheit bestehe darin, das Leben als das eigene anzusehen. Diese blieb bei Hauerwas aber unzureichend begründet und wenig ausgeführt.

Christiane Tietz hat sich in ihrer Habilitationsschrift ausführlich mit der Frage nach einer Freiheit der christlichen Selbstannahme beschäftigt. Um diese soll es im Folgenden gehen:

7. Christiane Tietz

7.1 Einleitung

Hauerwas' Freiheitsverständnis, Freiheit bestehe darin, das Leben als das eigene annehmen zu können, was aufgrund der christlichen *story of God* möglich sei, erschien im Blick auf die Altenseelsorge zwar interessant und weiterführend, barg aber zugleich auch Kritikpunkte.

Eine theologisch fundiert vorgehende und dazu äußerst differenzierte Darlegung einer christlichen Freiheit der Selbstannahme bietet Christiane Tietz in ihrer Habilitationsschrift »Freiheit zu sich selbst. Entfaltung eines christlichen Begriffs von Selbstannahme«[634]. Tietz beschreibt ihre Arbeit selbst als den »[dogmatischen] [...] Versuch, einen mit der lutherischen Rechtfertigungslehre zu vereinbarenden, christlichen Begriff von Selbstannahme zu entfalten«[635]. Dies erscheint insofern verheißungsvoll, als eines der Probleme bei Hauerwas darin bestand, dass zentralen Einsichten der Rechtfertigungslehre nicht Rechnung getragen wurde und sein Freiheitsbegriff als wenig konsistent begründet erschien.

Tietz fragt also, ob und wie aus christlicher Sicht ein Selbstverhältnis der Annahme gedacht werden kann, wo doch aus lutherischer Sicht die Rechtfertigung gerade zu einer »Freiheit von sich selbst« führt, die darin besteht, dass der

634 Tietz, Freiheit zu sich selbst.
635 Tietz, Freiheit zu sich selbst, 15.

Sünder aus seiner zwanghaften Selbstbezogenheit befreit wird.[636] Sie antwortet darauf mit der These:

> »Es gibt ein derartiges explizites Selbstverhältnis des Christen. Es ist in der Freiheit von sich selbst *begründet* und als Freiheit *zu* sich selbst zu verstehen. Es besteht [...] in einer durch die Rechtfertigung ermöglichten, erneuten wie auch erneuerten Hinwendung zu sich selbst. Dieses erneuerte Selbstverhältnis ist dadurch charakterisiert, dass der Mensch das, was in der Rechtfertigung über ihn gesagt wird, im Umgang mit sich selbst explizit geltend macht.«[637]

Im Folgenden soll es – wie auch bei den zuvor behandelten Ansätzen – um den Ertrag von Tietz' Ansatz für die vorliegende Arbeit gehen.

7.2 Darstellung

7.2.1 Grundlinien

In der zitierten These ist angelegt, was Tietz in enger Auseinandersetzung mit Paul Tillichs Interpretation der Rechtfertigungslehre, vor allem aber mit Sören Kierkegaards Schrift »Die Krankheit zum Tode« erarbeitet: Aus Kierkegaards Phänomenologie der verzweifelten Existenz, in der ein Mensch verzweifelt nicht er selbst sein will, entwickelt sie eine »Phänomenologie der Selbstannahme«[638]. Diese bezieht sie anschließend stärker auf die lutherische Rechtfertigungslehre, als Kierkegaard es tut.[639] Wichtig ist dabei eine Unterscheidung, die sie von Tillich übernimmt, nämlich die zwischen der Bejahung des eigenen Angenommenseins von Gott *im* Glauben und der Bejahung des eigenen Selbst *aufgrund* dieses Glaubens. Letzteres kann mit Tillich auch als »Mut zum Sein« bezeichnet werden.[640]

Diese Unterscheidung aufgreifend, differenziert Tietz implizite und explizite Selbstannahme:[641] *Implizite Selbstannahme* meint ein im Glauben gegebenes neues Selbst*verständnis*, in dem der Mensch (passiv) gelten lässt, was Gott in der Rechtfertigung über ihn sagt. Mit der *expliziten Selbstannahme* ist ein aufgrund dieses neuen Selbstverständnisses erneuertes Selbst*verhältnis* gemeint: Der Mensch vollzieht in seinem Bezug auf sich selbst aktiv nach, was er zuvor hat passiv gelten lassen, und gelangt so zu einer differenzierten Selbstannahme, die allein aufgrund der Annahme des Menschen durch Gott möglich ist.

636 TIETZ, Freiheit zu sich selbst, 11.

637 TIETZ, Freiheit zu sich selbst, 12.

638 Vgl. TIETZ, Freiheit zu sich selbst, 40–123, zusammenfassend 120–123.

639 Vgl. v.a. TIETZ, Freiheit zu sich selbst, 156–190.

640 Vgl. dazu TIETZ, Freiheit zu sich selbst, 20–26.167.

641 Vgl. TIETZ, Freiheit zu sich selbst, 156f.

7.2.2 Rechtfertigung

Hinsichtlich der impliziten Selbstannahme lässt sich fragen, *was* Gott in der Rechtfertigung über den Menschen sagt. Es ist daher kurz auf das *Rechtfertigungsverständnis* von Christiane Tietz einzugehen.[642] Sie versteht *Rechtfertigung als Gottes Annahme des unannehmbaren Menschen.* In ihrer Analyse geht sie von neutestamentlichen Texten aus, die von Gottes bzw. Jesu Annahme des Menschen handeln und in denen beschrieben wird, dass Gott oder Jesus dem Menschen Gemeinschaft gewährt.[643] Systematisch-theologisch folgert sie daraus, dass Gottes Annahme des Sünders bedeute, dass er dem unannehmbaren Menschen Gemeinschaft mit ihm gewähre.

> »In Jesus Christus ist Gott mit dem sündigen Menschen ›eine neue Seinsgemeinschaft‹ eingegangen. Diese ›Seinsgemeinschaft‹ qualifiziert das Sein aller Menschen neu. In ihr ist über das Sein aller Menschen entschieden. Von dieser Entscheidung spricht die Botschaft von der Rechtfertigung des Sünders.«[644]

Gottes Ja zum Menschen hat seinen Grund nicht im Sein oder Handeln des Menschen, sondern allein in der Gnade Gottes. Durch diese Bejahung des Menschen unabhängig von seinem Handeln unterscheidet Gott die Person von ihren Werken. Diese Unterscheidung betont Tietz, indem sie den Begriff des »faktischen Selbst«[645] einführt, von dem unabhängig Gottes Bejahung des Menschen erfolge. Mit dem faktischen Selbst sind *Eigenschaften, Umstände und Geschichte eines Menschen* gemeint, als deren Summe der Mensch aufgrund der Rechtfertigung gerade *nicht* verstanden werden darf, so dass der Mensch von seinem faktischen Selbst unterschieden ist.

Tietz erläutert Gottes Rechtfertigungshandeln durch die 28. These von Luthers Heidelberger Disputation[646] und betont, dass Gottes Liebe den Menschen liebenswert mache (wenn er dadurch auch nicht etwa annehmbar werde[647]) – ganz im Gegensatz zur menschlichen Liebe, die sich am Liebenswerten entzünde.

In der Rechtfertigung erkennt Tietz *Gottes Ja und Nein zum Menschen*: Gott bejaht den Sünder grundlegend, aber keineswegs dessen Sünde. Gottes grundlegendes Ja zum Menschen beinhaltet ein Nein zu allem am Menschen, was die Gemeinschaft mit Gott, um die es in der Rechtfertigung geht, zerstören würde,

---

[642] Vgl. zum gesamten Abschnitt Tietz, Freiheit zu sich selbst, 138–142.

[643] Vgl. Tietz, Freiheit zu sich selbst, 138f. Sie rekurriert dabei auf Lk 15,2ff. sowie u. a. auf Röm 14,3; 15,7; Mt 24,40 par und Joh 14,3.

[644] Tietz, Freiheit zu sich selbst, 140.

[645] Vgl. zum Begriff Tietz, Freiheit zu sich selbst, 141f., besonders Anm. 85.

[646] »*Amor Dei non invenit, sed creat suum diligibile, Amor hominis fit a suo diligibili.*«, WA 1, 354,35f., zitiert nach Tietz, Freiheit zu sich selbst, 142, Anm. 86.

[647] Vgl. Tietz, Freiheit zu sich selbst, 142–144: Der Mensch kann laut Tietz nicht als »annehmbar« bezeichnet werden, weil damit eine Aussage über den Menschen gemacht würde, wohingegen im Begriff »liebenswert« keine von Gottes Liebe unabhängige Aussage über den Menschen enthalten sei.

wenn Gott nicht trotzdem an ihr festhielte.[648] Daraus folgt zugleich ein Nein zu allem, was die Gemeinschaft zwischen Menschen zerstört bzw. ein Ja zu dem, was diese fördert, da Gott seine Gemeinschaft schließlich nicht nur mit einem einzelnen, sondern mit allen Menschen eingeht.[649] Das faktische Selbst wird weder durch Gottes Ja noch durch Gottes Nein auf sein So-Sein festgeschrieben: Weder ist für Tietz damit ein pauschales »Du bist ok, so wie Du bist« gemeint, noch muss es bei dem Nein bleiben: Gottes Gemeinschaft mit ihrem Ja und Nein zum faktischen Selbst des Menschen bewirkt gerade die Veränderung des Verneinten.[650] »Gottes Bejahung ist schöpferisch und innovativ, indem sie den Menschen erst zu einer von ihren Werken unterschiedenen Person und liebenswert *macht.*«[651] Was das bedeutet, soll im Folgenden deutlicher herausgearbeitet werden.

7.2.3 Selbstannahme

Tietz befragt den Glauben an den christlichen Gott daraufhin, was er für das eigene Selbstverhältnis bedeutet. Sie beschreibt in ihrer Antwort im ersten Schritt ein im Glauben gegebenes neues Selbstverständnis, die implizite Selbstannahme, aus der – als Frucht des Glaubens – ein neues Selbstverhältnis, die explizite Selbstannahme, resultiert.

7.2.3.1 Implizite Selbstannahme

Wer an Gottes Rechtfertigungshandeln glaubt, nimmt *in* diesem Glauben Gottes Annahme an. Dabei geht es um ein vierfaches Sich-nicht-Ablehnen:[652]

1. *Sich nicht als Sünder ablehnen:*
   Zum Glauben gehört demzufolge neben der Erkenntnis des eigenen Sünderseins, dass sich der Mensch nicht aufgrund seines Sünderseins ablehnt.

2. *Sich nicht als von Gottes Handeln abhängig ablehnen:*
   Um Gottes Rechtfertigungshandeln anzunehmen, dürfen die eigene Abhängigkeit von diesem Handeln und die in diesem Sinne gegebene Passivität nicht abgelehnt werden.

3. *Sich nicht als der Gemeinschaft mit Gott gewürdigt ablehnen:*
   Der Mensch kann Gottes Annahme nur annehmen, wenn er sich nicht vorwirft, dass er sie nicht verdient hat.

---

648 Vgl. Tietz, Freiheit zu sich selbst, 144f.

649 Tietz beschränkt diese Aussagen auf *heilvolle* Gemeinschaften, in denen weder den beteiligten noch außenstehenden Personen Schaden zugefügt wird, vgl. Tietz, Freiheit zu sich selbst, 145.

650 Vgl. Tietz, Freiheit zu sich selbst, 146.

651 Tietz, Freiheit zu sich selbst, 147.

652 Vgl. zum Folgenden Tietz, Freiheit zu sich selbst, 157–159.

4. *Sich nicht als von seinem faktischen Selbst unterschieden ablehnen*: Gott nimmt den Menschen mit seinem faktischen Selbst, aber von ihm unterschieden an. Wer dies ablehnt und sich weiterhin durch sein faktisches Selbst selbst konstituieren will, lehnt Gottes Annahme ab.

7.2.3.2 Explizite Selbstannahme

In der Darstellung des Vollzugs des neuen Selbstverhältnisses, das sich aus dem geschilderten neuen Selbstverständnis ergibt,[653] greift Tietz ihre anhand von Kierkegaard erarbeitete Phänomenologie der Selbstannahme wieder auf. Die explizite Selbstannahme wird zugleich als eine »Freiheit zu sich selbst« bezeichnet. Zur expliziten Selbstannahme des Menschen gehören sechs Elemente:[654]

1. *Sich als Sünder annehmen:* Das Sündersein wird im Sündenbekenntnis anerkannt und insofern angenommen. Gemeint ist damit aber eine »transitorische« Selbstannahme, die auf die Befreiung vom Angenommenen zielt, was sich in Reue und Bitte um Vergebung äußert.

2. *Sich als von Gottes Handeln abhängig annehmen:* In der Bitte um Sündenvergebung nimmt sich der Mensch als jemand an, der von Gottes Handeln abhängig ist und der die Annahme durch Gott nicht verdient hat.

3. *Sich als der Gemeinschaft mit Gott gewürdigt annehmen:* Die drei ersten Elemente zusammenfassend, formuliert Tietz: »Der Glaubende darf und soll sich als Sünder, als von Gott abhängig und als der Gemeinschaft mit Gott gewürdigt annehmen, [...] oder kurz: Sich annehmen als von Gott angenommen trotz eigener Unannehmbarkeit.«[655]

---

653 Das Verhältnis zwischen impliziter und expliziter Selbstannahme verdeutlicht Tietz mit Luthers Unterscheidung zwischen innerem und äußerem Menschen, wie sie in der Schrift »Von der Freiheit eines Christenmenschen« zu finden ist: Als innerer Mensch, d. h. im Blick auf sein Gottesverhältnis, ist der Mensch im Glauben ausschließlich passiv – wie in der impliziten Selbstannahme. Als äußerer Mensch, in seinem Selbst- und Weltverhältnis also, ist der Mensch aktiv – so in der expliziten Selbstannahme. Tietz geht dabei über Luther hinaus und beschreibt den äußeren Menschen als nicht nur durch den Umgang mit dem eigenen Leib und das Zusammensein mit den Mitmenschen gekennzeichnet, das durch jenen beeinflusst wird. Vielmehr sieht sie im Leib nur einen Teil des faktischen Selbst, so dass für Tietz im Blick auf den äußeren Menschen der Umgang mit dem eigenen faktischen Selbst (Eigenschaften, Umständen, Geschichte) darüber bestimmt, wie mit den Mitmenschen bzw. der Welt umgegangen wird. Die explizite Selbstannahme ist kein Bestandteil, wohl aber Ausdruck des Glaubens. Vgl. Tietz, Freiheit zu sich selbst, 163–165.168.

654 Vgl. zu 1.–5. Tietz, Freiheit zu sich selbst, 160–163, zu 6. a. a. O. 170–188.

655 Tietz, Freiheit zu sich selbst, 160f.

4. *Sich als von seinem faktischen Selbst unterschieden annehmen:*
Die Anerkennung dieser Unterscheidung ist zentral für einen Umgang mit dem faktischen Selbst, durch den der Rechtfertigungslehre Rechnung getragen wird.

5. *Die menschlichen Existenzbedingungen annehmen:*
Der Glaubende nimmt sich als von Gott gesetztes Selbst an – und damit zugleich die Bedingungen menschlicher Existenz. Tietz beschreibt diese durch ihre Interpretation der Kierkegaard'schen polaren Paare *Endlichkeit-Unendlichkeit* und *Möglichkeit-Notwendigkeit*.[656] Der Mensch ist endlich, räumlich und zeitlich begrenzt und mit bestimmten Eigenschaften und Umständen sowie einer bestimmten Geschichte (d.h. einem bestimmten faktischen Selbst) geschaffen (*Endlichkeit*). Zugleich kann er seine endliche Existenz durch seine Phantasie verändern (*Unendlichkeit*). Der Mensch muss (*mit Notwendigkeit*) eine gelungene Synthese aus Endlichkeit und Unendlichkeit werden (*Möglichkeit*), damit er als *er selbst* existieren kann: »Er muss sich selbst in Freiheit mittels seiner Phantasie mit seiner Endlichkeit auseinandersetzen – und zwar so, dass seine Besonderheit dadurch nicht zerstört wird.«[657]

6. *Differenzierte Annahme des faktischen Selbst:*
In der differenzierten Annahme des faktischen Selbst kommt die Unterscheidung zwischen Person und Werk besonders deutlich zum Tragen, da von der grundlegenden Annahme der gesamten Person mitsamt ihrem faktischen Selbst her nun das faktische Selbst auf Gottes Ja und Nein hin befragt werden kann. Dabei ist vorausgesetzt, dass das Personsein bzw. die Anerkennung des Menschen durch Gott nicht abhängig davon ist, ob die differenzierte Selbstannahme gelingt.[658] Tietz nimmt die Pindar'sche Formel in einer Übersetzung auf, die von einer unter Theologen weit verbreiteten Übersetzung im Anschluss an Nietzsche (»Werde, der du bist«) abweicht, um ihr Verständnis der Selbstannahme zu verdeutlichen: »γένοι' οἷος ἐσσὶ μαθών«[659] gibt sie im Anschluss an die englischsprachige Übersetzung von Glenn Most wieder durch: »Zeige dich in deinem Handeln als die Art Mensch, von der du weißt/erkannt hast, [...] dass du sie bist.«[660] In der konkreten Übertragung auf die differenzierte Selbstannahme formuliert sie: »Zeige dich in deinem Handeln gegenüber deinem faktischen Selbst als der, der von Gott trotz seiner Unannehmbarkeit angenommen ist.«[661]

---

656 Vgl. zum Verhältnis von Endlichkeit und Unendlichkeit TIETZ, Freiheit zu sich selbst, 55–60 sowie zu dem von Möglichkeit und Notwendigkeit a.a.O., 63–66.

657 TIETZ, Freiheit zu sich selbst, 163.

658 Vgl. TIETZ, Freiheit zu sich selbst, 170f.

659 TIETZ, Freiheit zu sich selbst, 171.

660 TIETZ, Freiheit zu sich selbst, 171.

661 TIETZ, Freiheit zu sich selbst, 173.

Tietz unterscheidet drei Schritte der differenzierten Selbstannahme: 1. Wahrnehmen, 2. Annahme und 3. Unterscheiden, die sie anschließend jeweils auf die drei Hinsichten des faktischen Selbst bezieht – auf Eigenschaften, Geschichte und Umstände eines Menschen.

Den primären Ort der differenzierten Annahme des faktischen Selbst sieht Tietz im *Gebet*, in dem sich alle drei genannten Schritte vollziehen.[662]

Ad 1. Wahrnehmen:
Weiß der Mensch sich als Person von Gott angenommen und konstituiert, kann er es wagen, sein faktisches Selbst ehrlich zu betrachten und – nachdem ihm in der Rechtfertigung zugesprochen ist, *wer* er ist – nun mutig wahrzunehmen *wie* er ist.[663] Er kann seine Eigenschaften ehrlich wahrnehmen, sich seiner Geschichte erinnern und seine Umstände betrachten, so wie sie sind – ohne Angst haben zu müssen, wie er damit vor Gott dasteht.

Ad 2. Annehmen:
Das, was man sieht, anzunehmen, bedeutet für Tietz keine undifferenzierte Bejahung alles Wahrgenommenen: »Diese ›Annahme‹ meint keine Bejahung dieser Dinge als solcher, sondern bedeutet, sie ›als *uns zugehörig* [zu] bejahen‹«[664]. Geht Gott eine liebende Gemeinschaft mit uns ein, die all unsere Eigenschaften, Umstände und unsere Geschichte mit umfängt, wird es dem Menschen, der diese Dinge aufgrund von Gottes Gemeinschaft annimmt, möglich, es bei sich selbst auszuhalten.

Ad 3. Unterscheiden:
Wie bereits deutlich wurde, ist mit der Selbstannahme kein »So bin ich und so bleibe ich« gemeint. Vielmehr wird es, wie bereits genannt, um eine *differenzierte* Selbstannahme gehen: Tietz entwickelt Kriterien, wann endgültige[665] und wann transitorische Selbstannahme geboten ist, die auf Veränderung des vorläufig Angenommenen zielt. Ob Eigenschaften, Taten, Unterlassungen bzw. Widerfahrnisse und Umstände die Gemeinschaft mit Gott und den Menschen fördern oder verhindern bzw. gar zerstören,[666] entscheidet darüber, ob sie mit dem Ziel einer Veränderung (transitorisch) oder mit dem Ziel endgültiger Akzeptanz angenommen werden.

---

662 Vgl. TIETZ, Freiheit zu sich selbst, 176–179.

663 Vgl. TIETZ, Freiheit zu sich selbst, 180.

664 TIETZ, Freiheit zu sich selbst, 174 (Hervorhebungen im Text).

665 Tietz beschränkt die »endgültige« Selbstannahme sachgemäß auf die je gegenwärtige Einschätzung der Lage: Was jetzt als »endgültig« anzunehmen erscheint, kann zu einem späteren Zeitpunkt gänzlich anders eingeschätzt werden, vgl. TIETZ, Freiheit zu sich selbst, 175, Anm. 237.

666 S. hinsichtlich der notwendigen Qualifizierung der Gemeinschaften als »heilvoll« oben Anm. 654.

7.2.4 Christliche Liebe versus Selbstliebe

Die Selbstannahme als *Selbstliebe* zu bezeichnen, was auch im Blick auf unser Thema eine relevante Frage darstellt, da Thomä den Nutzen lebensgeschichtlichen Erzählens exakt in der Selbstliebe sieht,[667] lehnt Tietz deutlich ab.[668] In Anlehnung an den Mythos von Narcissus arbeitet sie heraus, dass zur Liebe das rechte Verhältnis von Nähe und Distanz zu einem *anderen* gehört.[669] Anschliessend nähert sie sich dem Thema aus rechtfertigungstheologischer Perspektive: Sie stellt fest, dass Aristoteles zufolge Selbstliebe dann positiv ist, wenn der Mensch gut ist und also etwas Liebenswertes in sich hat. Diese Liebe zum Selbst wird durch das Liebenswerte ausgelöst. Die Liebe zum Liebenswerten bezeichnet Tietz als natürliche Liebe, als *christliche* hingegen eine *Liebe*, die sich – in Analogie zu Gottes in der 28. These der Heidelberger Disputation beschriebenem Lieben – *auf das Nicht-Liebenswerte richtet*, das durch diese christliche Liebe liebenswert wird.[670] Das gilt dann sowohl für die Selbst- als auch für die Nächstenliebe.

Dies behandelt Tietz in ihrem Abschnitt zur Annahme des Nächsten bzw. zur Nächstenliebe noch eingehender:[671] Sie geht von der Feststellung aus, dass Gott nicht nur den einzelnen, sondern alle Menschen angenommen hat. Daraus folgt im Sinne von Röm 15,7 die Aufforderung, einander anzunehmen, wie Christus die Menschen angenommen hat. D. h. Christen sollen dem jeweils konkreten Anderen Gemeinschaft anbieten, auch wenn dieser nicht zur Gemeinde gehört. Die Annahme des Nächsten besteht für Tietz analog der impliziten und expliziten Selbstannahme aus zwei Schritten: der Annahme des Anderen als von Gott angenommen sowie der differenzierten Annahme des faktischen Selbst des Anderen.[672] Wie die Annahme des Anderen von Tietz konkret gedacht wird, wird im Seelsorgeteil dieser Arbeit weiter ausgeführt.[673]

Den Anderen in seinen Umständen anzunehmen, bedeutet für Tietz, sich des Anderen anzunehmen, d. h. den Nächsten zu lieben.[674] Nächstenliebe beschreibt sie konkret als eine »durch den heiligen Geist gewirkte affektive Zugewandtheit zum anderen«[675]. Diese geht einher mit der »Bereitschaft, sich für

---

[667] S. unten Kapitel 2, 9.2.4.

[668] Vgl. zum gesamten Abschnitt Tietz, Freiheit zu sich selbst, 189f.

[669] Vgl. Tietz, Freiheit zu sich selbst, 132–136. 188.

[670] »Christliche Liebe (auch die Nächstenliebe) macht in ihrem Lieben den anderen liebenswert.«, Tietz, Freiheit zu sich selbst, 190; vgl. dazu auch a. a. O., 197–201.

[671] Vgl. zur folgenden Darstellung: Tietz, Freiheit zu sich selbst, 191–197.

[672] Vgl. Tietz, Freiheit zu sich selbst, 194–197.

[673] S. unten Kapitel 3, 3.3.2.1.

[674] Tietz unterscheidet »den anderen annehmen« von »sich des anderen annehmen«: Wer den Anderen annimmt, lädt diesen zu sich ein bzw. nimmt ihn bei sich auf. Wer sich des Anderen annimmt, gibt sich selbst dem Anderen hin und ist für ihn da – kurz, er liebt seinen Nächsten, vgl. Tietz, Freiheit zu sich selbst, 197. Vgl. zum Folgenden Tietz, Freiheit zu sich selbst, 197–201.

[675] Tietz, Freiheit zu sich selbst, 200.

die Veränderung der Not des anderen in Anspruch nehmen zu lassen (vgl. 1Joh 3,17 [...]).«[676] Dabei gehören Bezogenheit auf das Gegenüber und Selbstbezogenheit konstitutiv zusammen.[677] In Abwandlung einer Wendung von Eberhard Jüngel formuliert sie daher: »Nächstenliebe ist die in noch so großer Selbstbezogenheit immer noch größere *Du-Bezogenheit.*«[678] Nächstenliebe hat nun aber nicht etwa die Konsequenz, dass der Nächste durch sie *für Gott* liebenswert gemacht würde, sie entzündet sich aber auch nicht bloß an Gottes Liebe zum Nächsten, denn dann ginge es nicht im eigentlichen Sinne um diesen konkreten Menschen. Sondern indem der Nächste geliebt wird, wird er dieser Liebe auch wert.[679] In diesem Sinne schreibt Tietz: »Wie die göttliche Liebe macht auch die durch Gott, den heiligen Geist [...], im Menschen gewirkte *Nächstenliebe* [...] den Nächsten in ihrem Lieben liebenswert.«[680] Die Pointe des »wie dich selbst« im Doppelgebot der Liebe sieht sie nicht in der Selbstliebe, sondern vielmehr in der Spontaneität, die Kennzeichen der Selbsterhaltung ist und von daher auch die Nächstenliebe kennzeichnen soll.[681] Auf diese Weise schließt Tietz eine Interpretation des Nächstenliebegebots aus, die darin eine explizite Aufforderung zur Selbstliebe erkennt.[682]

7.3 Kritik

Tietz versteht die Freiheit, zu der der christliche Glaube führt, als eine Freiheit der Selbstannahme, ähnlich wie für Hauerwas Freiheit darin bestand, das Leben als das eigene anzunehmen. Im Detail unterscheiden sich beide Ansätze jedoch deutlich und das Modell von Tietz erweist sich als wesentlich konsistenter, tragfähiger und richtungsweisender als das von Hauerwas. Dennoch seien auch hier kritische Anfragen benannt:

7.3.1 Kritische Anfragen

Anwendbarkeit?

Es stellt sich eine zentrale Frage: Wie kann dieses komplexe Konzept auf die Praxis angewendet werden? Zumindest bei der expliziten Selbstannahme scheint doch der Anspruch eines bewussten Vollzugs gegeben zu sein, den Tietz im Gebet verortet. Ein solches Gebet müsste aber wohl hohen Ansprüchen genügen, wenn darin alle Elemente der expliziten Selbstannahme enthalten sein sollen. An welchem geistlichen Ort wäre ein solches Gebet zu verorten? Kann sich auch die Person aus dem Erleben der Rechtfertigung heraus auf differen-

676 Tietz, Freiheit zu sich selbst, 200.
677 Vgl. Tietz, Freiheit zu sich selbst, 199, besonders Anm. 33.
678 Tietz, Freiheit zu sich selbst, 199.
679 Vgl. Tietz, Freiheit zu sich selbst, 198f.
680 Tietz, Freiheit zu sich selbst, 199.
681 Vgl. Tietz, Freiheit zu sich selbst, 201–205.
682 Vgl. u. a. Tietz, Freiheit zu sich selbst, 200.

zierte Weise selbst annehmen, die nicht betet? Wie steht es mit der Person, die Tietz' Konzept nicht kennt? Wie steht es um die Selbstannahme bei intellektuell eingeschränkten Menschen – etwa in frühen Stadien der Demenz? Vertrauender Glaube als die Grundvoraussetzung aller christlichen Selbstannahme kann doch auch hier gegeben sein. In diesem Zusammenhang bleiben Fragen offen.

Nichtsdestotrotz bleibt davon auszugehen, dass Tietz' Verständnis der Annahme des Nächsten, auf die im Seelsorgeteil noch näher eingegangen wird,[683] zur Selbstannahme einer Person beitragen kann – zumindest zur impliziten, auch wenn die explizite Selbstannahme sich wohl nur in den seltensten Fällen tatsächlich so vollziehen wird, wie Tietz sie beschreibt.

Kriterium von Selbstannahme?
Eine gewisse Vorsicht scheint im Blick auf das von Tietz entwickelte Kriterium christlicher Selbstannahme geboten zu sein (Fördert etwas die Gemeinschaft mit Gott bzw. mit den Menschen oder nicht?): Zwar erscheint ein Kriterium, anhand dessen gefragt werden kann, inwiefern das eigene faktische Selbst anzunehmen ist, wichtig, um christliche Selbstannahme überhaupt denken zu können. Eine bloße Bestätigung alles Bestehenden, ein pauschales Annehmen von *allem* wäre mit dem Glauben an den lebendigen christlichen Gott, der Versöhner und Richter zugleich ist, nicht vereinbar. Lassen sich den eigenen Eigenschaften, der eigenen Geschichte und den Umständen aber wirklich klar Gottes Ja und Nein zuordnen? Der Mensch ist sich vielfach selbst nicht zugänglich und Eigenschaften und lebensgeschichtliche Zusammenhänge entziehen sich der persönlichen Einsicht.[684] Aber lässt man sich auf den Gedanken der Selbstannahme ein, wird man Kriterien zugrunde legen müssen. Tietz' konkreter Vorschlag erscheint konsistent und plausibel aus der Rechtfertigungslehre abgeleitet. Dennoch bleibt im Auge zu behalten, dass wir als Menschen oft nicht wissen, ob und inwiefern unser Handeln, unsere Eigenschaften oder unsere Umstände Gottes Willen entsprechen.

7.3.2 Implikationen für die Seelsorge mit alten Menschen in Pflegeheimen

Selbstannahme und Veränderungsmöglichkeiten
Eine wesentliche Stärke von Tietz' Konzept liegt darin, dass Selbstannahme in ihrem Sinne nicht auf eine bloße Bestätigung des Bestehenden bzw. des Vergangenen zielt, wie es bei Hauerwas den Anschein hatte. Bei Hauerwas ließ die christliche story das Schicksal (und d. h. zugleich die faktischen Zustände) kurzum zur Bestimmung werden. Darin lag die Gefahr eines weitreichenden Fatalismus, weil Veränderungsmöglichkeiten nicht in den Blick kamen.

Tietz hingegen beschreibt sowohl die Existenzbedingungen des Menschen, die sie anhand ihrer persönlichen Kierkegaard-Interpretation darstellt (Endlich-

[683] S. Kapitel 3, 3.3.2.
[684] S. Kapitel 2, 10.3.1.2.

keit – Unendlichkeit; Notwendigkeit – Möglichkeit),[685] als auch ihre Vorstellung differenzierter Selbstannahme auf eine Weise, die einerseits der Bedeutung des Faktischen Rechnung trägt, andererseits aber auch auf Gestaltungsmöglichkeiten und -notwendigkeiten verweist. In ihrer Begründung argumentiert sie dabei nicht etwa allein schöpfungstheologisch über ihre Sicht der menschlichen Existenzbedingungen zwischen Endlichkeit und Unendlichkeit, Notwendigkeit und Möglichkeit, sondern auch ganz dezidiert rechtfertigungstheologisch, insofern gerade die Rechtfertigung für sie Veränderungen im Sinne von Heiligung bedingt.

Der Gedanke der differenzierten Annahme des faktischen Selbst eröffnet den Raum dafür, diese Dinge als zum eigenen Leben gehörig zu verstehen, ohne die eigene Person auf sie festzuschreiben: *erstens*, da die Annahme gemeinschaftsverhindernder bzw. -zerstörender Anteile des faktischen Selbst ohnehin nur transitorisch geschieht; *zweitens*, da das faktische Selbst nicht *letztgültig* über die Person entscheidet, sondern diese eschatisch von der Rechtfertigung her gedacht wird. Durch die Unterscheidung von faktischem Selbst und Person[686] sowie durch den Gedanken der transitorischen Selbstannahme entgeht Tietz damit zugleich einerseits der Gefahr eines Fatalismus sowie andererseits einer zu großen und allumfassenden Verantwortlichkeit für das eigene Sein.

Kein Perfektionismus

Indem es in der Selbstannahme explizit darum geht, sich als Sünder und als von Gottes Handeln abhängig anzunehmen, wehrt diese Art, Selbstannahme zu denken, allzu hohen Idealen und Perfektionismus: Es geht darum, dass sich der Mensch aufgrund seiner Annahme durch Gott selbst *als Sünder* annimmt. Damit sind alle Abgründe menschlichen Lebens mit eingeschlossen und es ist klar, dass alle Gedanken im Sinne von »Wenn ich nur wäre, könnte, hätte ..., dann könnte ich mich selbst annehmen«, bereits im Ansatz am Ziel vorbeigehen. Dies erscheint für die Lebenssituation im Pflegeheim insbesondere angesichts der Tatsache wichtig, dass viele Menschen nicht nur mit negativen bzw.

[685] Vgl. z. B. Tietz, Freiheit zu sich selbst, 162f.

[686] Der eigentliche Gegenbegriff zum faktischen Selbst ist der des »abstrakten Selbst«, wie er auch bei Kierkegaard begegnet, vgl. Tietz, Freiheit zu sich selbst, 79. Da Tietz Kierkegaards Gedanken der Abstraktion aber im Sinne der paulinischen Rechtfertigungslehre und der Unterscheidung von Person und Werk deutet, vgl. Tietz, Freiheit zu sich selbst, 79, erscheint es als angemessen, um der besseren Verständlichkeit willen im Folgenden die Begriffe »faktisches Selbst« und »Person« zu unterscheiden: Tietz' Begriff des faktischen Selbst ist so präzise, dass er in seinem Bezug auf Geschichte, Eigenschaften und Umstände als aussagekräftiger erscheint als der Begriff des Werks. Der Begriff »abstraktes Selbst« hingegen erscheint ohne den Bezug zum Personbegriff wenig gefüllt. Tietz selbst benutzt die Begriffe auf ähnliche Weise (»Nur ein Mensch, der weiß, dass er als ›Person‹ (als ›abstraktes Selbst‹) noch einmal von seinen Unvollkommenheiten unterschieden ist, kann sich mit ihnen beschäftigen [...]«, Tietz, Freiheit zu sich selbst, 79). Daher wird im Folgenden von der Unterscheidung von Person und faktischem Selbst die Rede sein.

defizitorientierten Fremdbildern, sondern auch mit den eigenen negativen Bildern ihrer Person bzw. ihres Alters umgehen müssen.

Tietz' Verständnis differenzierter Selbstannahme weist deutliche Bezüge zum Seelsorgegespräch auf:

Faktisches Selbst
Die Rede vom faktischen Selbst im Gegenüber zur eigentlichen Person des Menschen zeigt eine Grunddimension von Seelsorge an: Seelsorge geschieht – im besten Fall – in dem Bewusstsein, dass im gegenwärtigen Gespräch und in der gegenwärtigen Lebenssituation nicht das letzte Wort über eine Person gesprochen wird. Dies kann zugleich als Ermöglichung und als Begrenzung aller Seelsorgetätigkeit angesehen werden.

Das Seelsorgegespräch ist als ein Rahmen vorstellbar, in dem sich differenzierte Selbstannahme vollzieht – auch wenn Tietz deren primären Ort im Gebet sieht. Insgesamt lassen sich hier aber deutliche Anknüpfungspunkte erkennen. Differenzierte Selbstannahme kann im Seelsorgegeschehen gerade dadurch begünstigt bzw. gefördert werden, dass der Seelsorger bzw. die Seelsorgerin das Gegenüber selbst differenziert annimmt. Kann die Seelsorgerin ihr Gegenüber unter dem Licht der Rechtfertigung sehen, d. h. der Gemeinschaft mit Gott gewürdigt und von ihrem faktischen Selbst unterschieden, kann dies z. B. auch stellvertretend für das Gegenüber geschehen: gerade dann, wenn dieses sich selbst nicht annehmen kann. Seelsorge käme von diesen Überlegungen her die Aufgabe zu, einen Raum zu bieten, in dem sich differenzierte Selbstannahme vollziehen kann – *aufgrund* der Annahme Gottes und *begünstigt* durch die differenzierte Annahme durch die Seelsorgerin, die das Gegenüber auch in seinen gemeinschaftszerstörenden Anteilen noch erträgt.[687]

Wahrnehmen, Annehmen, Unterscheiden
Den drei Elementen der differenzierten Selbstannahme wäre vor diesem Hintergrund in der Seelsorge Raum zu geben:

Seelsorge erscheint dann vor allem als ein Ort, an dem alles *wahrgenommen* werden darf, was da ist. Hier kann und darf – im Wissen um die Unterscheidung von Person und Werk – alles zur Sprache kommen: jede lebensgeschichtliche Erzählung, jedes Hadern mit der eigenen Person und den Umständen.

Was wahrgenommen wird, darf zugleich auch als *zu einem selbst zugehörig angenommen* werden. Mit diesen beiden Schritten, Wahrnehmen und Annehmen, scheint schon viel gewonnen.

---

[687] Freilich erscheint es nicht als sehr wahrscheinlich, dass sich tatsächlich *alle* Elemente der expliziten Selbstannahme, die Tietz benennt, in einem Seelsorgegespräch vollziehen werden.

Mit dem dritten Schritt, der Unterscheidung, geht Tietz, wie bereits beschrieben, auf angemessene Weise über Hauerwas hinaus: Als hilfreich erweist sich ihre Unterscheidung von Eigenschaften eines Menschen, die aus rechtfertigungstheologischer Perspektive abzulehnen und von daher nur »transitorisch« anzunehmen sind, und solchen, die aus rechtfertigungstheologischer Sicht wertneutral sind, die der Mensch aber meint, an sich selbst nicht ertragen zu können:[688] Hier ist es unter Umständen die Aufgabe von Seelsorgern, auf »falsche« oder »unnötige« Verurteilungen hinzuweisen und hier ist zuweilen psychologisches Wissen gefragt. Seelsorge kann von einer solch grundlegenden Annahme getragen sein, dass ein Rahmen gegeben ist, in dem über Möglichkeiten und Notwendigkeiten von Veränderungen nachgedacht wird.

Nächstenliebe

Auch Tietz' Verständnis von Nächstenliebe[689], die sich des Anderen annimmt, sich insofern auch selbst hingibt[690] und den Anderen dadurch dieser Liebe wert macht, kann als ein zentraler Aspekt der Altenseelsorge gewertet werden. Dabei lässt ihre Betonung der Ausrichtung christlicher Nächstenliebe auf das Nicht-Liebenswerte Herausforderung und Anspruch von Seelsorge deutlich werden: Gehört (Nächsten-)Liebe zur Seelsorge, dann hat sich diese Liebe gerade auch dem Nicht-Liebenswerten zuzuwenden.

Selbstannahme und Selbstbestimmung?

Tietz bietet über den Gedanken von Freiheit als Selbstannahme hinausgehend auch Anknüpfungspunkte für ein theologisches Verständnis von Freiheit als Selbstbestimmung.

Ihre Kierkegaard-basierte Beschreibung der menschlichen Existenzbedingungen bietet sich an, um den Rahmen der bisherigen Überlegungen zum Thema Selbstbestimmung zu beschreiben: Selbstbestimmung bezieht sich auf das faktische Selbst des Menschen, auf seine Eigenschaften, seine Geschichte und seine Umstände. Es geht in ihr um das »Wie« des Personseins und nicht um das eigentliche »Wer«, das immer von der Rechtfertigung aus zu denken sein wird. Die Unterscheidung von Person und Werk ermöglicht und begrenzt die Rede von Selbstbestimmung. Dabei ist die Grundbestimmung des Menschen in der Rechtfertigung vorgegeben: Unabhängig davon, wozu sich ein Mensch selbst bestimmt und ob Selbstbestimmung gelingt, liegt die Bestimmung in der Gemeinschaft mit Gott und damit auch in der (heilvollen) Gemeinschaft mit den

---

688 Vgl. TIETZ, Freiheit zu sich selbst, 182, Anm. 276.

689 Hier lässt sich ein weiterer Einwand erheben: Wer kann schon *spontan* den nicht liebenswerten Nächsten lieben? Tietz setzt sich mit dieser Anfrage kritisch auseinander: »Der Einwand, man könne Spontaneität nicht fordern, übersieht, dass spontanes Handeln immer schon und gerade auf einen Anspruch des anderen reagiert. Das Gebot, den Nächsten wie sich selbst, also spontan, zu lieben, fordert, sich für diesen Anspruch zu öffnen.« (TIETZ, Freiheit zu sich selbst, 203, Anm. 44.)

690 Vgl. TIETZ, Freiheit zu sich selbst, 197.

Menschen. Selbstbestimmung als die Bestimmung des faktischen Selbst wird sich aus christlicher Sicht an diesem Ziel bzw. dieser Bestimmung orientieren – in dem Bewusstsein, dass sie dieses Ziel durch die eigene Bestimmung des Selbst weder erreichen kann noch muss.

Auch für die Seelsorge legen sich von daher Schlüsse im Blick auf die Selbstbestimmungsthematik nahe: Ist das Gegenüber (im Anschluss an Tietz und Kierkegaard) zur Synthese aus Endlichkeit und Unendlichkeit bestimmt und von daher einerseits in seiner konkreten Endlichkeit anzunehmen, andererseits aber auch immer schon auf Veränderung angelegt, und beinhaltet gerade auch die Rechtfertigung noch Veränderungen des Menschen, dann gilt es, den Nächsten möglichst von seiner spezifischen Situation her wahrzunehmen und ihn in seinen persönlichen Möglichkeiten der Entwicklung zu begleiten. In der Begegnung mit Seelsorger oder Seelsorgerin wird es immer wieder um die wichtigen Dinge im Leben gehen: Da das, wozu sich Menschen selbst bestimmen, unmittelbar von ihren Selbstbildern und moralischen Wertesystemen abhängt, kann der Seelsorge hierin eine wichtige, womöglich durchaus auch orientierende Funktion zukommen. Im Blick auf diese wird sich von Tietz her festhalten lassen, dass Seelsorge grundlegend vom Wissen um Gottes gemeinschaftsstiftender Annahme getragen sein wird.

7.3.3 Resümee: Freiheit im lebensgeschichtlichen Erzählen?

Hinsichtlich der Frage nach *Freiheit im lebensgeschichtlichen Erzählen* lässt sich von Tietz her Folgendes zusammenfassend festhalten:

Auch wenn Tietz selbst das Gebet als genuinen Ort der Selbstannahme beschreibt, lässt sich doch annehmen, dass auch lebensgeschichtliches Erzählen bzw. Seelsorge zur christlichen Selbstannahme beitragen können.

Erstens werden im lebensgeschichtlichen Erzählen für einen Menschen selbst seine Geschichte, seine Eigenschaften und seine Umstände anschaubar und somit in einem gewissen Rahmen zugänglich – so dass sich von hier aus auch Möglichkeiten der Annahme eröffnen. Dass erzählt wird und Erzählungen Raum gegeben wird, kann als Modus des Wahrnehmens angesehen werden.

Zweitens müssen Zusammenhänge, die im Erzählen thematisiert werden, anders als im Gebet, auch ausgeführt werden, so dass die eigene Perspektive deutlicher wird.

Drittens ist davon auszugehen, dass es die Selbstannahme einer Person erleichtert, wenn ihr in differenzierter Annahme ihres faktischen Selbst begegnet wird: Das Angenommensein kann hier von außen zugesprochen bzw. erfahrbar gemacht werden, z. B. indem Eigenschaften, Geschichte und Umstände einer Person in einer Haltung der Nächstenliebe wahrgenommen, angenommen und indem ihr dabei zugleich Veränderungsmöglichkeiten eingeräumt werden.

Tietz' Theorie einer christlichen Selbstannahme erscheint so fundiert und umfassend, dass die Frage nach Selbstannahme als einem Aspekt narrativer Freiheit im Zusammenhang der systematisch-theologischen Auseinandersetzung vorerst keiner weiteren Auseinandersetzung bedarf. Auf ihre Theorie kann im Folgenden zurückgegriffen werden.

Ein weiterer Aspekt von Freiheit, der im ersten Kapitel bereits thematisiert wurde, zu dem aber keiner der bisher untersuchten Ansätze hinreichende Ergebnisse bot, ist die Selbstbestimmung. Hinsichtlich dieser Form von Freiheit sollen im Folgenden zwei philosophische Ansätze – von Martin Seel und Dieter Thomä – herangezogen werden. Seel bietet mit seinem Begriff von Selbstbestimmung Anknüpfungspunkte für eine erzähltheoretische Sicht auf Selbstbestimmung, auch wenn er sich selbst nicht mit Fragen des Erzählens beschäftigt. Demgegenüber beschäftigt sich Thomä explizit mit der Frage nach der Bedeutung lebensgeschichtlicher Erzählungen für die Selbstbestimmung. Daher können beide für die Frage nach Möglichkeiten und Grenzen »narrativer Selbstbestimmung« herangezogen werden.

8. MARTIN SEEL

8.1 Einleitung

In den bisher behandelten theologischen und philosophischen Ansätzen begegnete der Selbstbestimmungs- bzw. Autonomiebegriff kaum und wenn, dann vorrangig in Abgrenzung. Nun wird Selbstbestimmung in dieser Arbeit aber als eine wichtige Form von Freiheit verstanden, von der angenommen wird, dass das Erzählen Einfluss auf sie haben kann.[691]

Im Folgenden soll es deswegen darum gehen, nach einem Begriff von Selbstbestimmung zu fragen, der für die Seelsorge anschlussfähig ist. Im Zuge des gerontologischen Kapitels wurde der Begriff aus seinem Gegenüber zur Fremdbestimmung heraus näher bestimmt. Das bisher skizzierte Verständnis von Selbstbestimmung zielte dabei auf das Selbst in der je konkreten Situation mit seinen je aktuellen Wünschen und Bedürfnissen. Das Selbst in diachroner Perspektive kam dabei nicht in den Blick.

Ergänzend erscheint ein Verständnis von Selbstbestimmung sinnvoll, das über die je aktuelle Situation hinaus die Geschichte eines Menschen, sein Gewordensein und Werden mit bedenkt sowie die Frage, ob und inwiefern eine Person selbst Einfluss auf ihr Werden und Ergehen nehmen kann.[692] Dem bisher beschriebenen Verständnis von Selbstbestimmung, das »situative Selbstbestimmung« genannt werden kann, wäre also eines zur Seite zu stellen, das sich

[691] Die Bedeutung des Erzählens für die Entstehung personaler Autonomie hebt auch Agich hervor, wenn hier die Bedeutung von Erzählungen auch anders bestimmt wird als in der vorliegenden Arbeit (vgl. AGICH, Dependence, 98–101).

[692] Die Idee zu einer Unterscheidung zweier Formen von Selbstbestimmung verdanke ich Prof. Dr. Jochen Schmidt.

als »lebensgeschichtliche Selbstbestimmung« beschreiben lässt. Ein solcher, über den Gegensatz zur Fremdbestimmung hinausgehender Begriff, der die Erfahrung situativer Selbstbestimmung voraussetzt, aber ein weiter gefasstes Verständnis von Selbst umfasst, erscheint für eine weiterführende Auseinandersetzung mit der Thematik sinnvoll. Im Folgenden soll vor dem Hintergrund dieser Überlegungen Martin Seels Begriff von Selbstbestimmung behandelt werden, wie er ihn in seinem Buch »Versuch über die Form des Glücks«[693] darlegt.

8.2 Darstellung

Martin Seel beschreibt *Selbstbestimmung als »die Fähigkeit in Antwort auf gegebene historische, soziale und biographische Bedingungen den Kurs des eigenen Handelns aus eigener Erfahrung und Überlegung zu bestimmen«*[694]. Seels Konzept von Selbstbestimmung soll im Folgenden in einem ersten Schritt dargestellt und anschließend im Blick auf Chancen und Grenzen für die Altenseelsorge hin kritisch befragt werden.

8.2.1 Den Kurs des eigenen Handelns bestimmen

Wie in der Rede vom *Kurs* des eigenen Handelns anklingt, bezieht sich Selbstbestimmung in diesem Sinn nicht nur auf die je einzelne Situation, sondern beinhaltet eine zeitlich umfassendere Perspektive, von Seel die »Situation des Lebens«[695] genannt. Damit meint er eine Perspektive auf das gesamte Leben, »die Lebenssituation, wie sie in die Vergangenheit zurückreicht und in die Zukunft vorausweist«[696], »die offene *Geschichte* meiner je gegenwärtigen Lebenssituation«[697]. Eine solche weiter gefasste Perspektive auf die Frage nach der Selbstbestimmung erscheint sinnvoll, weil sie berücksichtigt, dass es ein Mensch mit einer Vergangenheit und einer Zukunft ist, der handelt und entscheidet; ein Mensch, der aufgrund seiner persönlichen Erfahrungen und seiner eigenen Ziele sich angesichts einer gegebenen Situation auf eine bestimmte Weise verhält.

8.2.2 Selbstbestimmung als Antworten: bestimmen und sich bestimmen lassen

Seel versteht Selbstbestimmung als ein *Antworten*. Die Rede von der Antwort umfasst mehrere Aspekte:

Antwort kann man *erstens* immer nur jemandem oder auf etwas geben. Das setzt voraus, sich auf die Welt einzulassen, Dinge und Menschen wahrzunehmen, zu hören oder zu sehen. So geht es Seel um »*weltoffene* Selbstbestimmung«[698].

---

693 Seel, Versuch.
694 Vgl. Seel, Versuch, 130 (Kursivsetzung durch VS).
695 Vgl. Seel, Versuch, 119.
696 Seel, Versuch, 70f.
697 Seel, Versuch, 71.
698 Seel, Versuch, 120.

Selbstbestimmung umfasst damit keineswegs die Idee, die eigenen Lebensbedingungen vollständig selbst beeinflussen zu können oder in der Hand zu haben. Es geht Seel dezidiert nicht um Autarkie,[699] sondern darum, sich von Handlungs- und Lebensalternativen der Welt ansprechen zu lassen,[700] diese Alternativen, wenn nicht selbst zu entdecken, dann doch selbst zu bewerten und über sie zu entscheiden.[701] Dies setzt voraus, sich durch die Welt, durch andere Menschen oder auch durch sich selbst korrigieren[702] oder irritieren[703] zu lassen im Nachdenken über die Richtung des eigenen Handelns und Lebens.

Die passiven Aspekte von Selbstbestimmung betont Seel insbesondere in seiner Studie »Sich bestimmen lassen«, wo er formuliert, dass Selbstbestimmung gerade darin besteht, sich bestimmen zu *lassen*.[704] Selbstbestimmt zu handeln setzt für ihn voraus, für die jeweilige Lebenssituation offen zu bleiben, sich auf sie einzulassen und damit bewusst in Kauf zu nehmen, z.B. im Blick auf die eigenen Zielsetzungen auf zuvor unabsehbare Weise beeinflusst zu werden.[705] Er hebt drei Weisen des Bestimmtwerdens hervor: Ein Bestimmtsein »ex ante«[706] durch z.B. geschichtliche, soziale und biographische Gegebenheiten geht der Selbstbestimmung immer schon voraus und ermöglicht diese zuallererst als das *eigene* Bestimmen, das sich selbst bestimmende Handeln einer konkreten Person. Selbstbestimmung beinhaltet zugleich immer die Perspektive eines »Bestimmtwerdens ex post«[707]. Indem jemand beschließt, welche Handlungsmöglichkeit er ergreifen will, legt er sich zugleich darauf fest, wovon er sich zukünftig bestimmen lassen will[708] und wer er sein will. Dies lässt sich an Beispielen verdeutlichen: Der Verbleib in der eigenen, nicht altersgerechten Wohnung, der Umzug ins Wohnstift oder die Entscheidung für einen ambulanten Pflegedienst – all dies entscheidet darüber, welchen Einflüssen sich jemand aussetzen und wovon er sich bestimmen lassen wird. Schließlich betont Seel ein »Bestimmtwerden in actu«[709] der Selbstbestimmung, das zum Beispiel im Bestimmtwerden durch die eigenen Affinitäten und Motive besteht.[710]

Wer in seiner Selbstbestimmung strikt den eigenen einmal gewählten Zielen folgt, ohne die Fähigkeit, auf je neue und aktuelle Situationen zu reagieren, ohne für Unterbrechungen durch das Leben oder auch durch die eigene Person

---

699 Vgl. Seel, Versuch, 129.
700 Diese passive Formulierung findet sich bei Seel, Sich bestimmen lassen, 291.
701 Vgl. Seel, Versuch, 129.
702 Vgl. Seel, Versuch, 130.
703 Vgl. Seel, Sich bestimmen lassen, 295.
704 Vgl. Seel, Sich bestimmen lassen, 285.
705 Vgl. Seel, Phänomenologie, 275.
706 Seel, Sich bestimmen lassen, 288.
707 Seel, Sich bestimmen lassen, 288.
708 Vgl. Seel, Sich bestimmen lassen, 288f.
709 Vgl. Seel, Sich bestimmen lassen, 289.
710 Vgl. Seel, Sich bestimmen lassen, 289–295.

offen zu sein, dessen Leben sieht Seel vom Misslingen bedroht – aus einem Zuviel an Selbstbestimmung, die zur reinen Selbsterhaltung erstarrt.[711]

Zu antworten bedeutet *zweitens* immer auch, eine eigene Antwort zu geben und Position zu beziehen – in welcher Form auch immer, übereinstimmend oder abgrenzend, gleichmütig oder voller Veränderungswillen. Es geht Seel um weltoffene *Selbstbestimmung*, eine Haltung, in der eine Person ihr Handeln selbst wählt, durchaus auch unter unerwünschten, unerfreulichen oder widrigen Lebensbedingungen.[712] Etwas – und also auch sich selbst – zu bestimmen bedeutet Seel zufolge, sich *erkennend* darauf *festzulegen*, wie etwas ist oder sein soll,[713] erkennend, insofern ein rationales Erwägen verschiedener Möglichkeiten vorausgesetzt wird; festlegen, insofern im Akt der (Selbst-)Bestimmung eine Position anderen möglichen Positionen gegenüber eingenommen wird.[714] Dies sei nötig, um sich nicht in der Welt zu verlieren.[715]

Selbstbestimmung in Seels eudämonistischer Konzeption setzt einerseits das teleologische Streben nach Wunscherfüllung im Rahmen einer Lebenskonzeption voraus, zugleich zielt sie auf das Gewinnen und Bewahren von Spielräumen, in allem, was man tut – also auch im Blick auf die eigene Lebenskonzeption.[716]

8.2.3 Glück und weltoffene Selbstbestimmung als Selbstzweck

Martin Seel entwickelt seine Konzeption von Selbstbestimmung im Zusammenhang seiner Studie über das Glück. Weltoffene Selbstbestimmung gilt ihm als notwendige Bedingung von Glück[717] und als Kriterium für ein gelingendes Leben.[718] Dabei argumentiert er folgendermaßen: Wer glücklich sein will und also danach strebt, seine Wünsche zu erfüllen, sollte dies mittels einer Lebenskonzeption tun. Nun besteht Glück für Seel aber nicht allein in der Wunscherfüllung, sondern auch im kontingenten Glück des Augenblicks, das über alles Gewünschte hinausgehen kann und sich nicht durch den Begriff der Wunscherfüllung beschreiben lässt.[719] Wer für dieses episodische Glück offen sein will, darf sich nicht durch seine Lebenskonzeption einengen lassen, sondern ist darauf angewiesen, sich in allem Handeln Spielräume zu bewahren, Spielräume für

711 Vgl. SEEL, Versuch, 121.

712 Vgl. SEEL, Versuch, 114. 131.

713 Vgl. SEEL, Sich bestimmen lassen, 286.

714 Vgl. SEEL, Sich bestimmen lassen, 286f.

715 Vgl. SEEL, Versuch, 121; vgl. dazu auch ROTH, Glück, 130.

716 Vgl. SEEL, Versuch, 121.

717 Vgl. SEEL, Versuch, 127, wo es heißt: »Ein *glückliches* Leben hat, wem sich in einem selbstbestimmten Leben die wichtigsten eigenen Wünsche erfüllen.«

718 Vgl. SEEL, Versuch, 127: »Ein *gelingendes* Leben hat, wem es gelingt, ein auf ungezwungene Weise selbstbestimmtes Leben zu führen.«

719 Vgl. SEEL, Versuch, 106f.

die Möglichkeiten, die das Leben bietet.[720] Die adäquate Möglichkeit dazu stellt für Seel die *weltoffene Selbstbestimmung* dar. Da sie das Glück also am wahrscheinlichsten macht, ist sie in jeglichem Handeln und Wollen anzustreben[721] und wird dadurch zum Selbstzweck. »Freie Selbstbestimmung ist erst dort möglich, wo der Vollzug eines selbstbestimmten Lebens – gegenüber einer Fixierung auf die Verwirklichung festgelegter Ziele – selbst als ein primärer Zweck dieses Lebens erfahren werden kann.«[722] Es geht also nicht darum, in seinem Handeln vorrangig die eigenen Wünsche anzustreben; sondern anzustreben ist die Selbstbestimmung als Zweck des Lebens.[723]

Seels Konzept von Selbstbestimmung scheint für eine seelsorgliche Auseinandersetzung mit dem Thema anschlussfähig zu sein, wenn auch deutlich Kritik anzubringen ist. Da es an dieser Stelle vor allem darum geht, den Wert seines Konzepts für diese Arbeit zu ermitteln, wird in einem ersten Schritt auf Kritikpunkte eingegangen, um sich in einem zweiten Schritt mit den positiven Aspekten und Anknüpfungsmöglichkeiten des Entwurfs auseinanderzusetzen.

8.3 Kritik

8.3.1 Kritische Anfragen

Selbstbestimmung als Selbstzweck und Kriterium gelingenden Lebens?
Kritisch erscheint an Seels Konzept von Selbstbestimmung vor allem deren Selbstzweckhaftigkeit und Einordnung als Kriterium gelingenden Lebens.

Zur Forderung der *Selbstzweckhaftigkeit* gelangt Seel, wie bereits besprochen, weil er annimmt, dass die Haltung weltoffener Selbstbestimmung die Erfahrung von Glück am wahrscheinlichsten macht.[724] Ein gelingendes Leben hat seiner Meinung nach nur, wem es in allen Lebenssituationen auch um die Bewahrung seiner Selbstbestimmung geht.[725] Seel versteht gelingende Selbstbestimmung als die Fähigkeit, sich in allen Wahlen den Spielraum eines freien Wählenkönnens zu bewahren und den Zweck eines selbstbestimmten Lebens zu verfolgen.[726] Nun kommen Wahlmöglichkeiten und Spielräume spätestens angesichts von Pflegebedürftigkeit an ihre Grenzen, aber auch in jeder anderen Lebensphase schränkt jede Lebensentscheidung die weiteren Wahlmöglichkeiten ein. Die Übersiedlung ins Pflegeheim ist in den meisten Fällen unwiderruflich und die Spielräume, die z. B. angesichts von Bettlägerigkeit noch bleiben,

720 Vgl. Seel, Versuch, 119.
721 Vgl. Seel, Versuch, 118.
722 Seel, Versuch, 118.
723 Für eine Darstellung von Seels Konzeption vgl. auch Roth, Glück, 130–132.
724 Vgl. Seel, Versuch, 131.
725 Vgl. Seel, Versuch, 120.
726 Vgl. Seel, Versuch, 128.

sind anderen Lebenssituationen gegenüber massiv reduziert. Zwar ist Seels Perspektive nicht auf die je einzelne Lebenssituation, sondern auf das gesamte Leben gerichtet (»Situation des Lebens«). Auch geht er auf die Möglichkeit widriger Lebensumstände ein. Aber legt sich von dieser Perspektive her nicht die Schlussfolgerung nahe, dass angesichts der teilweise enormen Einschränkung von Spielräumen und Wahlmöglichkeiten bei Pflegebedürftigkeit kaum mehr gelingendes Leben möglich sein kann?

Auch wird die Anfechtung, die das Leben in Pflegebedürftigkeit darstellen kann, für eine Person umso höher sein, je ausschließlicher der Fokus ihres Wollens und Handelns ein Leben lang auf der Selbstbestimmung als dem Bewahren von Spielräumen lag. Die Anforderungen, die sich aus einem Konzept ergeben, das von einer Person fordert, in allem Handeln Selbstbestimmung anzustreben, sind enorm hoch;[727] gerade wenn man sich in einer Lebenssituation wiederfindet, in der die eigene Antwortfähigkeit z. B. durch die gesundheitliche Konstitution an ihre Grenzen gerät. Seels Konzept zufolge scheint eine positive An- und Hinnahme endlicher und sukzessive tatsächlich auch endender Möglichkeiten und Fähigkeiten nur schwer denkbar zu sein.

Seel schlägt vor, um der Selbstbestimmung willen auf Glück zu verzichten. So deutet er Ricks Verzicht auf das gemeinsame Leben mit Ilsa am Ende des Films »Casablanca« als einen Verzicht um dessen Freiheit und Selbstbestimmung willen und meint, »daß Rick nicht mehr Rick wäre, würde er sich für sein restliches Leben mit Ilsa zusammentun – einmal angenommen, dies würde, auch auf Dauer, eine glückliche Verbindung sein.«[728] Seel scheint mit diesem Beispiel jedoch weniger einen Verzicht auf Glück als eine massive Angst vor Festlegung und Selbstbeschränkung zu propagieren. An diesem Beispiel wird die Angst vor Endlichkeit und Festlegung, in die Seels Konzept unmittelbar zu führen scheint, so offenkundig wie an kaum einer anderen Stelle. Ein Begriff von Selbstbestimmung, der angesichts des hohen Alters nicht in die schiere Verzweiflung führen will, müsste aber doch genau auf das Gegenteil zielen: Mut zur eigenen Endlichkeit erscheint im hohen Alter von noch viel grundlegenderer Bedeutung zu sein als angesichts von Heiratsplänen.

»Mythos vom gelingenden Leben«?

Grundlegende Kritik an der Einordnung von Selbstbestimmung als Kriterium gelingenden Lebens, die einige der bereits genannten Aspekte umfasst, lässt

---

[727] Vgl. ROTH, Glück, 136.

[728] SEEL, Versuch, 122f. Diese Interpretation scheitert jedoch schon allein an der Tatsache, dass Rick bereits ein Jahr vor dem Abschied in Casablanca, noch in Paris, bereit war Ilsa *stante pede* zu heiraten. So groß kann seine Angst vor dem Verlust seiner Selbstbestimmung also kaum sein. Insofern überzeugt wohl doch eher die von Seel abgelehnte Interpretation als ein moralischer Verzicht Ricks oder aber als eine schlicht aus Liebe und um Ilsas willen geschehende Handlung (vgl. ROTH, Glück, 137, vgl. dort auch ausführlich Darstellung und Kritik von Seels Beispiel).

sich aus der Perspektive der Argumentation Gunda Schneider-Flumes[729] und Wolfgang Drechsels[730] anbringen. Unter den Schlagwörtern der »Tyrannei des gelingenden Lebens« bzw. dem »Mythos vom gelingenden Leben« üben beide Autoren deutliche Kritik am gesellschaftlichen Stellenwert der Rede vom gelingenden Leben. Besonders zwei der Eigenschaften, die Drechsel diesem »Mythos« zuschreibt, bleiben im Blick auf jede Rede vom gelingenden Leben zu beachten und sind von daher auch Seels Konzept gegenüber zu bedenken. Die Rede vom gelingenden Leben ist insbesondere dann kritisch zu sehen, wenn sie die Machbarkeit[731] dieses Gelingens suggeriert und das Gelingen des Lebens damit zugleich als gesellschaftlich wirkmächtige Norm etabliert, die jedes Scheitern verurteilt und es zugleich dem Individuum selbst zuschreibt. Die Rede vom gelingenden Leben kann gerade angesichts von Krankheit[732], Behinderung oder Alter neben einem enormen Leistungsdruck eine Schuld zuweisende und zugleich isolierende Wirkung entfalten. Wird das Gelingen von Leben an normativ wirksame Bedingungen, z. B. Gesundheit, gebunden, kann der Einzelne über diese Bedingungen aber weder verfügen noch sie – z. B. aufgrund einer chronischen Erkrankung – erfüllen, dann kann in der Tat von einer Tyrannei die Rede sein.[733] Wird dann zusätzlich – wie bei Seel – Selbstbestimmung zum alleinigen Kriterium dieses Gelingens erhoben, Selbstbestimmung, der man doch so leicht verlustig gehen kann, erscheint das Scheitern an den eigenen Maßstäben spätestens im hohen Alter nahe liegend.

Schneider-Flumes und Drechsels Kritik ist daher Seel gegenüber besonders im Blick auf die *Normativität* der Rede vom gelingenden Leben zu beachten. Auch ist es von Bedeutung, nicht ein Leben als Ganzes als »gelingend« oder eben nicht gelingend, gar misslingend zu betrachten, sondern das vermutlich in jedem Leben gegebene Ineinander von gelingend und nicht gelingend zu beachten.

Auch wenn Selbstbestimmung als *Kriterium* gelingenden Lebens zu berechtigter Kritik herausfordert, so erscheint der *Wunsch* nach gelingendem Leben doch legitim, insbesondere dann, wenn es nicht um Fremdzuschreibungen, sondern um eine Perspektive auf das eigene Leben geht. Auch wird in dieser Arbeit nicht bezweifelt, dass der Selbstbestimmung eine wichtige, ja grundlegende Funktion für das Gelingen von Leben zukommt, weshalb beides, der Wunsch nach gelingendem Leben und das Streben nach Selbstbestimmung, als legitime Bedürfnisse gewertet werden. So ist der Selbstbestimmung auch im Blick auf Seelsorgegespräche ein Ort einzuräumen und zwar nicht erst, wenn sie an

---

729 Vgl. Schneider-Flume, Leben.

730 Drechsel, Schatten.

731 Vgl. Drechsel, W., Schatten, 317f.

732 Vgl. Schneider-Flume, Leben, 82–111.

733 Vgl. Schneider-Flume, Leben, 11, die demgegenüber die Grundverfasstheit von Leben als Gabe betont, vgl. a. a. O., 21–26.

ihre Grenzen kommt, sondern auch in der Frage danach, wo sie geschieht und gelingt.

Vorschläge zur Ergänzung

Am konkreten Begriff von Selbstbestimmung, wie Seel ihn vorschlägt, bleiben Ergänzungen vorzunehmen: Für den Alternsprozess und für die mit dem hohen Alter häufig verbundenen Schwierigkeiten sind neben historischen, sozialen und biographischen Bedingungen gerade auch *biologische und medizinische Bedingungen* ausschlaggebend,[734] so dass diese in ein Verständnis lebensgeschichtlicher Selbstbestimmung aufgenommen werden sollten.

8.3.2 Implikationen für die Seelsorge mit alten Menschen in Pflegeheimen

Trotz dieser Kritik erscheint Seels Konzeption von Selbstbestimmung für die Seelsorge vielversprechend.

Würdigung des Bedürfnisses nach Selbstbestimmung

Selbstbestimmung wird von Seel als ein erstrebenswertes Gut wahr- und ernstgenommen. Eine solche Wertschätzung muss m. E. einer seelsorglichen Auseinandersetzung mit Fragen nach der Freiheit bzw. Selbstbestimmung im Pflegeheim zugrunde liegen, wenn nicht an den Bedürfnissen der Menschen vorbei gedacht und geredet werden soll. Mit einer allgemeinen Kritik am hohen gesellschaftlichen Stellenwert von Autonomie, demgegenüber die passiven Seiten des Menschseins zu betonen seien, ist wenig geholfen, so diese denn nicht in ein Konzept integriert werden, das der Selbstbestimmung ihren Sinn und ihre Berechtigung lässt. Es gilt gerade nicht, eine christliche bzw. theologische Perspektive gegen ein grundsätzlich abzulehnendes Streben nach Selbstbestimmung in Stellung zu bringen, vielmehr wird es doch um ein konstruktives Gespräch gehen. Erst vor dem Hintergrund einer grundlegenden und weit reichenden Wertschätzung lassen sich dann auch kritische Anfragen nach den Grenzen der Selbstbestimmung erheben.

Selbstbestimmung angesichts von Bestimmtheiten

Seels Begriff von Selbstbestimmung mutet insofern *realistisch* an, als er die passiven Aspekte jeglicher Selbstbestimmung und ihre vielfältigen vorgängigen Bestimmtheiten klar benennt und sie in sein Konzept integriert. Man wird ihn mit dem Vorwurf der Machbarkeit kaum treffen. Selbstbestimmung kann auch angesichts schwieriger Lebenssituationen gelingen und setzt keine Unabhängigkeit im Sinne von Autarkie voraus, sondern geschieht im Gegenüber und in Antwort auf die jeweilige Lebenssituation und auf »die Anderen«[735]. Selbstbestimmung in diesem Sinne setzt die Abwesenheit von innerem und äußerem Zwang voraus, sie ist in diesem Sinne aber weniger als Gegensatz zur

734 Vgl. WAHL/HEYL, Gerontologie, 43.

735 Vgl. SEEL, Sich bestimmen lassen, 296.

Fremdbestimmung zu verstehen als vielmehr als eine Auseinandersetzung mit (und durchaus auch Aneignung von) fremden, von außen kommenden Bestimmungen. Dies wird unter anderem in der Vorstellung von Selbstbestimmung als einem Antworten deutlich. Die Hervorhebung der passiven Seite der Selbstbestimmung erscheint für die Frage nach der Selbstbestimmung im hohen Alter und angesichts von Pflegebedürftigkeit grundlegend. Der Gedanke, dass Selbstbestimmung auch darin bestehen kann, sich von Dingen bestimmen zu lassen, deren Einfluss man bewusst zulässt, in Kauf nimmt oder auch wünscht, erscheint im Blick auf das hohe Alter als fruchtbar und eröffnet zudem den Blick hin zu theologischen Perspektiven und z. B. der religiösen Dimension von Seelsorgegesprächen.

Diachrone Perspektive

Durch die diachrone Perspektive des Seel'schen Verständnisses von Selbstbestimmung wird der Blick statt auf die je aktuelle Situation eher auf das ganze Leben gerichtet. Auch wenn Gesamtperspektiven auf das Leben mit Recht kritisch gesehen werden, zumal wenn damit Urteile über das vermeintlich »Ganze« des Lebens verbunden sind,[736] erscheint es doch sinnvoll und notwendig, das hohe Alter auch im Zusammenhang des zuvor gelebten Lebens zu sehen. Ein Verständnis von Selbstbestimmung, das über den je aktuellen Moment hinausgeht, kann hierzu eine Hilfestellung sein. Zum Begriff der Selbstbestimmung im Seel'schen Sinne gehört, dass eine Person angesichts dessen, was sie ist, will und kann, im Bereich dessen, worüber sie verfügen kann, auch Einfluss darauf nimmt, wer sie wird. Selbstbestimmung hat dann etwas mit der Frage zu tun, ob oder inwiefern sich jemand selbst als mitverantwortlich für sein Leben und für seine Identität versteht, angesichts all dessen, was ihm passiv zugekommen ist und zukommt. Diese Frage ist auch im hohen Alter und im Pflegeheim von Belang, sowohl rückblickend als auch im Blick auf das im Pflegeheim noch zu verbringende und zu gestaltende Leben.[737]

Das eigene Antworten, die persönliche Art und Weise der Selbstbestimmung ist immer davon beeinflusst, worin eine Person die Bestimmung des Menschen sieht – und wie sie sich selbst sieht. Das eigene Menschenbild sowie die eigenen Selbstbilder, in denen sich sowohl Identitätsansprüche als auch Moralvorstellungen niederschlagen, haben entscheidenden Einfluss darauf, welche Handlungsalternativen eine Person ergreift, welchen Lebensentwurf sie vorzieht – und aus welcher Perspektive sie ihr Leben sieht.

---

736 Vgl. z. B. Schneider-Flume, Leben, 10f.

737 Auf die Bedeutung der Eigenverantwortlichkeit auch im hohen Alter verweist Andreas Kruse immer wieder, vgl. z. B. Kruse, Selbstständigkeit. Kritisch wird die Anmahnung von der Eigen- und Mitverantwortlichkeit immer dann zu sehen sein, wenn dadurch ein Druck erzeugt wird, auch im höchsten Alter noch produktiv, verantwortlich etc. sein zu *müssen*.

Wenn es mit Seel als ein Ziel von Selbstbestimmung angesehen werden kann, *eigene* Antworten auf die jeweilige Lebenssituation und den Verlauf des eigenen Lebens zu finden und zu ermöglichen, wird damit auch deutlich, dass Lebenswelten zu fördern sind, die über die Frage nach der Abwesenheit von Zwang hinausgehend die Einnahme einer eigenen Position fördern und unterstützen. Dann ist es nicht damit getan, Bewohnerinnen und Bewohnern theoretisch Handlungsmöglichkeiten einzuräumen, wenn sie nicht auch praktisch darin unterstützt werden, diese wahrzunehmen bzw. ihren eigenen Vorstellungen entsprechend zu handeln.

Selbstbestimmung als sprachliches Handeln

Seels Verständnis von Selbstbestimmung als einem Antworten legt durch den Wortsinn die Möglichkeit von selbstbestimmendem Handeln als *sprachlichem Handeln* unmittelbar nahe. Sprachlichkeit und gerade auch das Erzählen treten vor diesem Hintergrund als Aspekte von Selbstbestimmung in den Raum, als Möglichkeiten, die von einem Begriff der Selbstbestimmung im Gegensatz zur Fremdbestimmung ausgehend weniger deutlich in den Blick treten. Von hier aus kann dann auch die Frage nach der Rolle von Seelsorgegesprächen im Blick auf die Selbstbestimmung neu gestellt werden.

Selbstbestimmung im Seel'schen Sinne setzt Rationalität und Antwortfähigkeit voraus. Sie ist damit für die Rede von Selbstbestimmung bei Menschen mit Demenz kaum anschlussfähig. Auf die Frage, inwiefern auch bei Menschen, die an Demenz erkrankt sind, Selbstbestimmung anzunehmen ist, ist im Folgenden noch einzugehen.[738]

Selbstbezug - Weltbezug - Gottesbezug

Selbstbestimmung geschieht in einem Spannungsgefüge aus Selbstbezug, Weltbezug und - dies wird über Seel hinausgehend zu ergänzen sein - Gottesbezug des Menschen. Sie wird, dies verdeutlicht Seels Rede von einem Zuviel an Selbstbestimmung, die zur Selbsterhaltung erstarrt, und einem Zuwenig an Selbstbestimmung, das einen Menschen sich in der Welt verlieren lässt,[739] um so eher gelingen, je mehr diese Spannung aufrechterhalten werden kann. Von hier aus lässt sich im Blick auf die Situation in Pflegeheimen fragen, inwiefern die Ermöglichung und die Unterstützung von »Weltbezug« (bzw. Gottesbezug) nicht eine grundlegende Aufgabe des Heimbetriebes und gerade auch von Seelsorge sein müsste.

8.3.3 Resümee: Freiheit im lebensgeschichtlichen Erzählen?

Bei Martin Seel fand sich ein Verständnis von Selbstbestimmung, das eine sinnvolle Ergänzung zur »situativen Selbstbestimmung« darstellt und sich für ein Verständnis »lebensgeschichtlicher Selbstbestimmung« fruchtbar machen lässt.

---

738 S. unten Kapitel 2, 10.7.1.2.

739 Vgl. SEEL, Versuch, 121.

Unter *lebensgeschichtlicher Selbstbestimmung* kann – in veränderter Aufnahme von Seel – Folgendes verstanden werden: Der Begriff meint die Fähigkeit in Antwort auf gegebene historische, soziale, biographische und biologische Bedingungen den Kurs des eigenen Handelns aus eigener Erfahrung und Überlegung zu bestimmen.

Auch wenn Seel sich nicht mit dem Zusammenhang von Selbstbestimmung und Erzählen auseinandersetzt, kann hier weitergedacht werden:

Lebensgeschichtliches Erzählen kann insofern zur lebensgeschichtlichen Selbstbestimmung beitragen, als

- sich eigene Antworten gerade auch im Erzählen bilden und finden lassen;
- sich im Erzählen Moral- und Wertvorstellungen artikulieren, die wiederum Einfluss auf das eigene Handeln haben;
- in lebensgeschichtlichen Erzählungen die Bedingungen des eigenen Handelns wahrgenommen und zugänglich werden können als das, was eine Person in ihrem Handeln bestimmt. Sich (bewusst) bestimmen zu lassen, kann gerade auch im Erzählen geschehen.

Somit ermöglicht es das lebensgeschichtliche Erzählen, angesichts der konkreten Bestimmtheiten, denen eine Person unterliegt, nach ihren weiteren Handlungsmöglichkeiten zu fragen und eine Richtung des eigenen Handelns zu suchen.

Bei der im Folgenden behandelten Position geht es weiter um das Thema Selbstbestimmung; allerdings soll von Dieter Thomä her konkreter als bisher die Frage nach dem Zusammenhang von Selbstbestimmung und Erzählen behandelt werden – wenn Thomä einem diachron orientierten Begriff von Selbstbestimmung gegenüber auch kritisch ist.

9. DIETER THOMÄ

9.1 Einleitung

Wie steht es also um den Zusammenhang von Selbstbestimmung und lebensgeschichtlichem Erzählen, wie es im Seelsorgegespräch vorkommt? Keiner der bisher untersuchten Theoretiker hat diesen Zusammenhang näher aufgenommen oder gar ausgeführt. Da an dieser Stelle bisher eine Lücke besteht, wird im Folgenden Dieter Thomäs Monographie »Erzähle dich selbst. Lebensgeschichte als philosophisches Problem«[740], als ein weiterer Ansatz behandelt. Er untersucht den Zusammenhang von Selbstbestimmung und Erzählen im Rahmen seiner Diskussion der Frage, welche Funktion der Erzählung im Leben eines Menschen zukommt.[741] Dabei setzt er sich kritisch mit drei Weisen der Bezugnahme

[740] THOMÄ, Erzähle dich selbst.

[741] Vgl. THOMÄ, Erzähle dich selbst, 13.

auf die Lebensgeschichte auseinander (eine davon ist die unter dem Vorzeichen der Selbstbestimmung, die anderen beiden beschreibt er als Selbstfindung und Selbsterfindung) und zielt darauf, Bedeutung und Aufgabe der Erzählung für das Leben von der Selbstliebe her zu beschreiben.[742] In seiner Untersuchung von Theorien, die »die Lebensgeschichte« für das Thema Selbstbestimmung fruchtbar machen[743], kommt Thomä zu einem äußerst kritischen Ergebnis: Er konstatiert eine »Krise der Selbstbestimmung«[744]. Von Selbstbestimmung könne nur in ihrer negativen Funktion die Rede sein, d. h. in der Abgrenzung zur Fremdbestimmung – dem, was in dieser Arbeit bisher als »situative Selbstbestimmung« bezeichnet wurde. Von einem positiven Verständnis von Selbstbestimmung, zu dem die lebensgeschichtliche Erzählung einen Beitrag leiste, und der Vorstellung der Person als einer Instanz, die über ihre Identität und ihre Lebensgeschichte verfügt, müsse man sich hingegen verabschieden.[745]

Im Folgenden sollen Thomäs Kritik an der Verbindung von Lebensgeschichte und Selbstbestimmung ebenso wie die Konsequenzen, die er für den Selbstbestimmungsbegriff zieht, in groben Zügen dargestellt werden, um nähere Erkenntnisse für den Selbstbestimmungsbegriff sowie für die Frage zu gewinnen, ob und inwiefern von einem Zusammenhang von Erzählen und Selbstbestimmung auszugehen ist.

9.2 Darstellung

9.2.1 Selbstbestimmung als Selbstverantwortung?

Thomä setzt in seinen Überlegungen zur Verhältnisbestimmung von Selbstbestimmung und Lebensgeschichte mit einer Kierkegaard-Analyse ein. Von ihm ausgehend bringt er Selbstbestimmung und Selbstverantwortung in einen unmittelbaren Zusammenhang, der die Grundvoraussetzung für seine weiteren Überlegungen zur Selbstbestimmung darstellt: Die Person, die ihr Leben im Licht der Selbstbestimmung deutet, übernehme in einem Akt der Selbstwahl die

---

742 Vgl. THOMÄ, Erzähle dich selbst, 38 sowie v. a. das Kapitel »Selbstliebe und Erzählung«, 166–273.

743 Thomä beschäftigt sich mit Kierkegaard, Habermas und Rawls; vgl. THOMÄ, Erzähle dich selbst, 40–82.

744 Vgl. z. B. THOMÄ, Erzähle dich selbst, 81.

745 THOMÄ, Erzähle dich selbst, 81: »Am Ende steht der Befund, daß das Prädikat der Selbstbestimmung nicht in einem positiven Sinn zur Veranschlagung auf das eigene Leben taugt; die Emphase, die über die einzelne Handlung hinausführen soll, läßt sich nicht auf konsistente Weise begrifflich ausführen. Die Stärke jenes Prädikats ist vielmehr in seiner negativen Funktion zu sehen: Selbstbestimmung steht demnach für die sozial situierte Abgrenzung von Fremdbestimmung, gegen die man sich wehrt. Die Person muß sich auf ihr eigenes Leben, das sie (nicht nur) führt, auch anders als nur ›bestimmend‹ beziehen.«

Verantwortung für ihr Leben – für ihr ganzes Leben, das in seiner Gesamtheit über die Lebensgeschichte zugänglich gedacht werde.[746]

Diese Sichtweise von Selbstverantwortung und Selbstbestimmung kritisiert Thomä dann wiederum: Das Selbst sei ein »Täter-als-ob«[747], dem vermeintlich das ganze Sein in Form einer Geschichte zugänglich sei.[748] Demgegenüber betont er, dass das Leben keineswegs allein durch zurechenbare Handlungen zu beschreiben ist,[749] sondern dass es sich der Erzählung immer wieder entzieht (z.B. durch Gefühle etc.). Ihm ist die Unterscheidung zwischen Leben und Lebensgeschichte wichtig. Totale Verantwortung für das eigene Leben stellt für Thomä aufgrund von dessen Faktizität eine Fiktion dar, ohne die der Gedanke der Selbstbestimmung aber ihren Rückhalt im Leben verliere.[750]

9.2.2 Kritik an einer diachronen Perspektive

Zudem kritisiert Thomä den Anspruch zeitlicher Ausdehnung von Selbstbestimmung – schließlich könne das, was einst eine selbstbestimmte Entscheidung zu sein schien, heute als fremd oder als die aktuelle Selbstbestimmung verhindernd erscheinen.[751] Zwar sei diachrone Identität für die äußere Zuschreibung von Verantwortung unverzichtbar. Verantworten müsse man aber immer nur einzelne, positiv oder negativ auffällige Taten und kein ganzes Leben, so dass auch die – auf Taten zielende – Erzählung des eigenen Lebens nicht einfach auf die Kontinuität des Selbst appliziert werden könne.[752]

9.2.3 Selbstbestimmung als Leben nach einem Plan?

Nachdem diese Anfragen v.a. in Auseinandersetzung mit Kierkegaard und Habermas entfaltet werden, kritisiert Thomä den Selbstbestimmungsbegriff schließlich in kritischer Auseinandersetzung mit John Rawls' Menschenbild, demzufolge sich ein Mensch als ein menschliches Leben verstehen lässt, das nach einem Plan gelebt wird.[753] Gegen die Implikationen, die Rawls' Gedanke eines Lebensplans für den Personbegriff beinhalten, wendet Thomä dreierlei ein:

1. Der Annahme, es sei erstrebenswert, einmal gesteckten Zielen auf Dauer treu zu bleiben oder gar im Voraus entscheiden zu können, welche Bedürfnisse man später haben werde, entgegnet er, dass Prioritäten nicht prinzipiell anhand objektiver Kriterien überprüfbar sind: »Daß man es [...] *jetzt* felsenfest auf bestimmte Dinge abgesehen hat, kann doch nicht verhindern, daß man von diesen Zielen in einiger Zeit *unter Umständen* nichts mehr wissen will.«[754]

---

746 Vgl. Thomä, Erzähle dich selbst, 40f.
747 Thomä, Erzähle dich selbst, 49.
748 Vgl. Thomä, Erzähle dich selbst, 49.
749 Vgl. Thomä, Erzähle dich selbst, 70.
750 Vgl. Thomä, Erzähle dich selbst, 70.
751 Vgl. Thomä, Erzähle dich selbst, 71.
752 Vgl. Thomä, Erzähle dich selbst, 71.
753 Vgl. Thomä, Erzähle dich selbst, 72f.
754 Thomä, Erzähle dich selbst, 76.

2. Der Annahme, Glück definiere sich über die Erreichung von Zielen, begegnet er mit dem Gedanken des unwillkürlichen Glücks, das sehr wohl auch auf unverfügbare Erfahrungen zurückgehen könne.[755]

3. Gegenüber einem Verständnis der Person als eine über Ziele verfügende Entscheidungsinstanz wendet er ein, dass nicht alles, was eine Person ausmacht, unter den Vorbehalt der Willentlichkeit gestellt werden könne.[756]

Thomä folgert, es sei zum einen fraglich, wie weit die Verfügung über die eigene Faktizität gehe, und zum anderen, welchen Stellenwert eine solche Verfügung in einem Leben habe, das jemand als gut ansieht. Das größte Problem in der Annahme eines Lebensplans sieht er darin, dass sich nicht plausibel beschreiben lasse, wie eine Person vorgehen müsste, um ihre Persönlichkeit zu »planen« oder »herzustellen«.[757] Auch bei Rawls findet Thomä damit keine Antwort auf die Frage, wie sich das Verhältnis zum eigenen Leben im Licht der Selbstbestimmung ohne die Annahme einer totalen Selbstverantwortung denken lässt. Er sieht vielmehr die Selbstbestimmung insgesamt in Bedrängnis:

> »Tritt an die Stelle der ›ungebundenen‹ eine ›situierte‹ Person, so wird unklar, wie Selbstdistanz und Selbstveränderung gedacht werden können. Wenn die Person sich durch bestimmte Qualitäten definiert, die sich aus dem Kontext, aus der Geschichte ergeben, dann droht mit deren Widerruf, sollte er überhaupt möglich sein, der Selbstverlust.«[758]

Das *Dilemma der Selbstbestimmung* fasst Thomä schließlich wie folgt zusammen: Einerseits gehen Präferenzen und bevorzugte Haltungen auf Vorgaben zurück und – so sein Schluss – ziehen dadurch die »behauptete Selbstbestimmung«[759] in Zweifel. Andererseits braucht es die Rückbindung des Angestrebten an den Charakter einer Person, da die eigene Entschiedenheit sonst als eine bloße Behauptung erscheint.[760]

9.2.4 Selbstbestimmung und Selbstliebe

Nachdem die von der Maßgabe der Selbstverantwortung bzw. des Lebensplans her gedachte Selbstbestimmung damit grundlegend kritisiert wurde, steht am Ende des Buches eine *Revision des Begriffs von Selbstbestimmung* unter dem Vorzeichen der Selbstliebe.[761] Dazu unterscheidet er Handlungsfreiheit und das Gefühl von Freiheit[762] und bezieht Selbstbestimmung vorrangig auf ein Gefühl von

---

[755] Vgl. THOMÄ, Erzähle dich selbst, 77.
[756] Vgl. THOMÄ, Erzähle dich selbst, 78.
[757] Vgl. THOMÄ, Erzähle dich selbst, 79.
[758] THOMÄ, Erzähle dich selbst, 80.
[759] THOMÄ, Erzähle dich selbst, 255.
[760] Vgl. THOMÄ, Erzähle dich selbst, 255.
[761] Vgl. THOMÄ, Erzähle dich selbst, 255–271.
[762] Vgl. THOMÄ, Erzähle dich selbst, 254: Thomä unterscheidet Handlungsfreiheit und Sich-frei-Fühlen: Das Fehlen von Handlungsfreiheit bedeute, dass sich jemand für eine

Freiheit, das sich in einer *Stimmigkeit* niederschlägt: »Die Frage, ob ein Mensch ein selbstbestimmtes Leben führt, verweist [...] auf die Frage, ob er wirklich [...] ›mit ganzem Herzen‹ will, was er tut.«[763]

Selbstbestimmung erscheint damit als etwas, das neben die Frage nach Verantwortlichkeit tritt. Thomä bindet die Selbstbestimmung zurück an die Fragen nach a) der Wahrheit und b) der Authentizität einer Person.[764] Hierzu rekurriert er auf Harry Frankfurt,[765] der Autonomie dann gegeben sieht, wenn das Handeln einer Person in ihrer Identität gründet.[766] Thomä sieht bei dessen Konzept aber im Anschluss an Jan Bransen das Problem, dass die Identifizierung einer Person mit ihrem Wunsch erster Ordnung auf einer bloßen willkürlichen Entscheidung beruht. Demgegenüber versteht Thomä den Akt der Identifizierung einer Person mit ihren Wünschen wie Bransen als einen Akt der Bestimmung der eigenen Identität. Beide betonen dezidiert die Doppeldeutigkeit des Begriffs, der zum einen das Entdecken der eigenen Identität beinhalte, zum anderen aber auch das Entscheiden darüber, wer man sein will.[767] Authentizität und Selbstbestimmung erscheinen von der Übereinstimmung mit der Person her als Ansprüche, die immer nur für die je aktuelle Situation gelten können. Das Kriterium, das Thomä für gelingende Selbstbestimmung ausmacht, ist die Selbstliebe. Sie zeigt für ihn ein Selbstverhältnis an, das es erlaubt, eine Handlung, ein Gefühl oder eine Entscheidung als etwas Eigenes anzusehen.[768]

9.2.5 Funktionen lebensgeschichtlichen Erzählens

Von hier ausgehend bestimmt Thomä nun die Funktionen lebensgeschichtlichen Erzählens:

Dabei macht er in diesem zwei »Explikationen der Freiheit« aus.

Die *erste* Explikation der Freiheit sieht er *innerhalb* der Struktur der Erzählung verankert und sie beruht für ihn auf der Entsprechung von Erzählung und Leben.[769] Diese Funktion der Erzählung betrifft den jeweils nächsten Schritt, die nächste anstehende Entscheidung, und zwar genau dann, wenn eine Person die

---

Handlung entschieden habe, dann aber an deren Ausführung behindert werde. Sich frei zu fühlen bedeute, sich nicht schon zu etwas Bestimmtem gedrängt zu fühlen; es setze voraus, dass man sich beim Erwägen oder Ausführen einer Handlung nicht von sich selbst gestört fühle: »Frei fühlt sich jemand dann, wenn sich in ihm nichts dagegen sträubt, das, was er tun will, zu tun, wenn er sich wohlgesinnt ist, wenn er sich – kurz gesagt – liebt.«

763 THOMÄ, Erzähle dich selbst, 254f.

764 Vgl. THOMÄ, Erzähle dich selbst, 256f.

765 S. zu Harry Frankfurt Kapitel 2, 10.7.1.1.

766 Vgl. dazu THOMÄ, Erzähle dich selbst, 255f.

767 Vgl. THOMÄ, Erzähle dich selbst, 256f. »Wenn diese Ambiguität besteht, dann darf der Mensch sich nicht damit brüsten, seine qualitative Identität selbstbestimmt gestalten zu können; vielmehr kann er sich bei diesem Unternehmen auch vertun, kann sich irrtümlich auf etwas versteifen, was doch nicht zu ihm paßt.« (a. a. O., 256).

768 Vgl. THOMÄ, Erzähle dich selbst, 257f.

769 Vgl. THOMÄ, Erzähle dich selbst, 258.

Fortsetzung ihrer Erzählung nicht infrage stellt, wenn es also nicht darum geht, wie oder ob es jemandem gerade gefällt, so oder so zu handeln: »Hier besteht kein Anlaß, den narrativen Kontext der Lebensfremdheit zu zeihen, und auch kein Anlaß, dem Handelnden abzusprechen, über die Fortsetzung seines Handelns (in seiner Geschichte) Entscheidungen fällen zu können.«[770]

Die *zweite* Explikation besteht für ihn in einem »erweiterten Begriff des Sich-frei-Fühlens«[771]. Sie beruht auf einem Unterschied zwischen Erzählung und Leben und geht damit über die Erzählung hinaus: Gemeint ist eine Stimmigkeit zwischen Erzählung und Leben, die sich in der Gegenwart erweist »und zwar nicht durch interne narrative Kohärenz, sondern genau dann, wenn man sich in seiner Exzentrizität zu den Erzählungen, die derzeit für das eigene Leben prominent sind, nicht an sich selbst stößt.«[772] Ob Erzählungen, auf die man sich prospektiv oder retrospektiv bezieht, passen, ob sie stimmig sind, erweist sich im Spüren und im eigenen Umgang mit der Welt.[773] Fehlende Stimmigkeit in einer bestimmten Lebenssituation führt für Thomä zu einer Hinwendung zur Vergangenheit; dann nämlich, wenn die bisherige Erzählung fadenscheinig wird. Solch eine Retrospektive steht für ihn immer im Dienst der je aktuellen Lebenssituation und zielt darauf, eine neue Stimmigkeit herzustellen zwischen einem Kontext, »in dem bestimmte Handlungen und Erfahrungen naheliegen, und dem, was *vorsätzlich ungenau* der *Rest einer Person* genannt werden darf.«[774] Es geht also darum, dass sich eine Erzählung in einer konkreten Situation zu bewähren hat:

> »Beim situations- und adressatenbezogenen Einsatz der Erzählung mag der Rest des Lebens, der gerade nicht von Belang ist, unbeachtet bleiben. Doch genau durch diese Bescheidenheit wird der Unterschied zwischen dem Leben und den jeweils aufgebrachten Erzählungen bekräftigt. Die Haltung, die verhindert, daß man sich mit der Borniertheit jener Erzählungen begnügt, habe ich als Selbstliebe charakterisiert, als Beziehung zu sich selbst, die nicht von vornherein durch aktuelle Vorbehalte und Zwänge reduziert ist.«[775]

Der Zusammenhang zwischen Erzählung und Thomäs revidiertem Begriff von Selbstbestimmung kann darin gesehen werden, dass eine – stets adressaten- und situationsbezogene – Erzählung anzeigt, ob ein Mensch sich als selbstbestimmt erlebt,[776] und darin, dass sie zur Verstärkung der Stimmigkeit zwischen

[770] THOMÄ, Erzähle dich selbst, 258.
[771] THOMÄ, Erzähle dich selbst, 265.
[772] THOMÄ, Erzähle dich selbst, 265.
[773] Vgl. THOMÄ, Erzähle dich selbst, 264.
[774] THOMÄ, Erzähle dich selbst, 265.
[775] THOMÄ, Erzähle dich selbst, 271.
[776] Thomä schreibt von der ratgebenden Funktion der Erzählung, die genau dann konstruktiv wirke, wenn sie offensiv auf eine konkrete Situation bezogen sei, in der sie sich bewähren könne, vgl. THOMÄ, Erzähle dich selbst, 270. Er verhandelt diese Funktion der

Person und Umwelt und somit zu einer neuen Erfahrung von Selbstbestimmtheit beitragen kann – indem die Erzählung z. B. eine andere, festgefahrene oder fadenscheinig gewordene Erzählung korrigiert.

9.3 Kritik

9.3.1 Kritische Anfragen und Würdigung

Auch in der Auseinandersetzung mit Thomä soll es vor allem um die Frage gehen, welche Erkenntnisse von seinem Denken aus für diese Arbeit gewonnen werden können. Sein Bezugsrahmen ist kein theologischer und Kritik aus theologischer Perspektive ließe sich an verschiedenen Stellen anbringen – so z. B. hinsichtlich des Konzepts von Selbstliebe, das von Tietz plausibel kritisiert wurde.[777] Darüber hinaus sei vor allem eine weitere Anfrage benannt:

Thomäs sehr weitreichende Kritik am Postulat eines Zusammenhangs von Lebensgeschichte und Selbstbestimmung basiert maßgeblich auf zwei Implikationen seines Verständnisses von Selbstbestimmung: Er versteht sie als mit totaler Selbstverantwortung für das *gesamte* Leben einhergehend oder füllt den Begriff durch die Annahme eines Lebensplans im Rawls'schen Sinne. Thomäs Kritik ist insofern zuzustimmen, als beide Implikationen seines Begriffs tatsächlich dem Leben in seinen passiven Momenten nicht gerecht werden. Allerdings stellt sich die Frage, ob er den Selbstbestimmungsbegriff nicht von vornherein zu einseitig füllt – um ihn dann von der theoretischen Zielsetzung seines Ansatzes her, der Selbstliebe, einer kritischen Revision zu unterziehen. Seine Annahme, Selbstbestimmung sei nicht mit Vorgaben und der Verortung einer Person in der konkreten Situation ihres Lebens zusammenzudenken, droht von daher das Kind mit dem Bade auszuschütten.

Im Folgenden soll nun vor allem die Frage nach dem Ertrag seines Ansatzes für die vorliegende Arbeit im Mittelpunkt stehen.

9.3.2 Implikationen für die Seelsorge mit alten Menschen in Pflegeheimen

Die Erkenntnisse, die sich von Thomä her für die Seelsorge mit alten Menschen in Pflegeheimen gewinnen lassen, gehen vor allem von seinen Überlegungen zum Selbstbestimmungsbegriff sowie zur Bedeutung lebensgeschichtlichen Erzählens für die Selbstbestimmung aus.

Erzählung aber dezidiert unter dem Stichwort der »Selbstliebe«, von der her er dann die Selbstbestimmung deutet. Die Funktion, die er der Erzählung zuschreibt, unter dem Stichwort der Selbstbestimmung zu verhandeln, wie es im Folgenden der Fall sein wird, stimmt insofern nicht mit Thomäs eigener Vorgehensweise überein.

777 Zur theologischen Kritik an einer Ausrichtung am Gedanken der Selbstliebe vgl. die Ausführungen zu Tietz, s. Kapitel 2, 7.2.4, der ich mich in diesem Punkt anschließe.

Unterscheidung von Selbstbestimmung und Selbstbestimmungserleben
Thomä spricht sich in seiner Kritik an einem zu weit gefassten Begriff von Verantwortung m. E. mit Recht gegen eine zu enge Verbindung von Selbstbestimmung und Selbstverantwortung aus – gerade, wenn es darum geht, den Selbstbestimmungsbegriff für eine Lebenssituation fruchtbar zu machen, die von vielfältigen Abhängigkeiten und zahlreichen Faktoren geprägt ist, die nicht in der eigenen Hand liegen. Von Selbstbestimmung angesichts einer durch vielfältige Abhängigkeiten bestimmten Situation zu sprechen, würde dann weniger die Frage nach weitgehender Selbstverantwortung für alle Aspekte des eigenen Lebens bedeuten – wie es die von Thomä behandelten Konzepte nahelegen und wie es z. B. auch bei Hauerwas' Gedanken der Annahme des eigenen Lebens der Fall zu sein schien.

Um den (Handlungs-)Freiheits- und Selbstbestimmungsbegriff nun aber nicht seiner eigentlichen Bedeutung zu berauben, für die Verantwortung und Urheberschaft gerade im ethischen oder auch rechtlichen Kontext zentral sind, ist es naheliegend, auch einen weiteren Schritt mit Thomä zu vollziehen: Es erscheint sinnvoll, auch die *Unterscheidung* von *Freiheit* und dem *Erleben von Freiheit* in die weiteren Überlegungen zur Selbstbestimmungsthematik mit aufzunehmen.

Grenzen eines Begriffs lebensgeschichtlicher Selbstbestimmung
Schließlich wird mit Thomä – gerade angesichts seiner Kritik an Rawls – noch einmal deutlicher als bisher, inwiefern der Gedanke lebensgeschichtlicher Selbstbestimmung Probleme aufwirft: dann nämlich, wenn er mit der Annahme verbunden ist, man könne entscheiden, wie sich die eigene *Identität* langfristig gestaltet. Demgegenüber wird die Unkalkulierbarkeit von Bedürfnissen und von Effekten von Entscheidungen zu betonen sein. Allerdings bedeutet dies nicht, dass der in dieser Arbeit von Seel her entwickelte Begriff lebensgeschichtlicher Selbstbestimmung abgelehnt werden müsste. Es erscheint aber wichtig, dass weniger die Entscheidung über die eigene *Identität* als vielmehr die über das eigene *Handeln* zur Debatte steht. Auch wird Seels Begriff von Selbstbestimmung m. E. nicht von dem Vorwurf getroffen, eine Person, die selbstbestimmt handele, riskiere *per se* den Selbstverlust, insofern sie auf Selbstdistanz und »Widerruf« konkreter Bestimmtheiten angewiesen sei. Dem entging Seel ja konkret durch die Darstellung dreier verschiedener Formen von Bestimmtheit, die in jeder selbstbestimmten Entscheidung beinhaltet sind.[778]

Bestimmen: Entscheiden und Entdecken
Schließlich lässt Thomäs Differenzierung des Begriffs »Bestimmen« (als Entscheiden und Entdecken) die Problematik eines zu einfachen Selbstbestimmungsbegriffs deutlicher werden: Wird Selbstbestimmung als bloßes Entscheiden über die eigene Identität verstanden und nicht als deren Entdecken, ist

---

[778] S. Kapitel 2, 8.2.2.

damit noch nichts darüber gesagt, ob eine Entscheidung bloß eine willkürliche Setzung ist oder ob sie der Person wirklich entspricht. Nur wenn dies der Fall ist, wird sich eine Person in ihrer Entscheidung auch als selbstbestimmt erleben.

Zusammenhang von Selbstbestimmung und Erzählen

Im Blick auf den *Zusammenhang von Selbstbestimmung und Erzählen* ist Thomäs Kritik bedenkenswert: Er lehnt es ab, den Zusammenhang von Erzählen und Selbstbestimmung so herzustellen, als könne durch das Erzählen der Lebensgeschichte in einem Akt der Selbstwahl Verantwortung für das *ganze* Leben übernommen werden.[779] Seine Kritik richtet sich damit einerseits gegen ein Verständnis, das der lebensgeschichtlichen Erzählung zu viel zutraut sowie andererseits gegen einen damit verbundenen Begriff von Verantwortung, der zu weit gefasst ist, um aussagekräftig zu sein.[780] Zu viel zugetraut wird der lebensgeschichtlichen Erzählung mit Thomä dann, wenn man meint, das ganze Leben ließe sich in einer Erzählung fassen. Hinsichtlich der Ausdehnung von Erzählungen ist dem zuzustimmen, gerade weil die Auswahl des Erzählten immer von Adressat und Situation abhängig ist, wie Thomä und zuvor auch schon Drechsel betonen. Allerdings lässt sich hier kritisch hinterfragen, ob Thomä nicht einen zu reduzierten Erzähl- bzw. Handlungsbegriff vertritt, denn auch Gefühle, Neigungen, Stimmungen oder Werte werden sich immer in Handlungen und in den Erzählungen über Handlungen widerspiegeln.

9.3.3 Resümee: Freiheit im lebensgeschichtlichen Erzählen?

Ein Zusammenhang von Selbstbestimmung und lebensgeschichtlichem Erzählen kann von Thomäs Überlegungen ausgehend auf zwei Ebenen hergestellt werden:

In einer lebensgeschichtlichen Erzählung kann in einer konkreten Erzählsituation Verantwortung für bestimmte Ereignisse oder Taten übernommen werden. Dies geschieht dann meist aufgrund eines spezifischen Anlasses. Die

---

[779] Vgl. zur Kritik an der deontologischen Begründung der Verbindung von Erzählung und Leben, im Zuge derer er den Zusammenhang von Selbstbestimmung und Lebensgeschichte verhandelt, auch Thomäs instruktiven und übersichtlichen Artikel Thomä, Nutzen und Nachteil, 75–93, v. a. 81.84f.92f.

[780] Vgl. dazu auch Thomä, Nutzen und Nachteil, 92: »Die Anforderung, die die Moral an die Person stellt, wird zur Überforderung oder zu einer im strikten Sinne nicht erfüllbaren Forderung, wenn man erwartet, dass eine Person für sich ›mit allem Drum und Dran‹, ›mit Haut und Haar‹ die Verantwortung übernimmt. Nicht nur ist es abwegig, die Verantwortung in dieser Weise (von außen) auszudehnen, sie lässt sich auch gar nicht (von innen) wahrnehmen – es sei denn durch ein pauschales, gewissermaßen aus der Luft gegriffenes Bekenntnis für alles verantwortlich zu sein. Was ›alles‹ ist, entzieht sich der Kenntnis – und zwar in dem Maße, wie man über die eigene Biographie *nicht verfügt*. Dies schmälert aber die moralische Fähigkeit zur Übernahme von Verantwortung in keiner Weise – und zwar deshalb nicht, weil diese Verantwortung immer konkret ist, also auf bestimmte Sachverhalte bezogen ist.«

Erzählung erfolgt in Antwort auf die persönliche Handlungsfreiheit und betrifft insofern selbstbestimmte Taten, als diese der persönlichen Entscheidung entstammen. Diese Funktion der Erzählung betrifft daher ein *Verständnis von Selbstbestimmung, die als Handlungsfreiheit aus dem Gegensatz zur Fremdbestimmung* heraus verstanden wird.

Lebensgeschichtliche Erzählungen können außerdem insofern mit dem *Erleben* von Selbstbestimmung zusammenhängen als sie anzeigen bzw. spürbar werden lassen, ob sich jemand als selbstbestimmt erlebt: Dies wird dann der Fall sein, wenn jemand seine Erzählungen in Bezug auf seine Person als stimmig wahrnimmt und wenn er sich im Erzählen weder an sich selbst noch an seiner Erzählung stößt.[781] Die Kohärenz, die in einer Erzählung immer auf die ein oder andere Weise hergestellt wird, wird dann nicht im Widerspruch zur Befindlichkeit der Person wahrgenommen, sondern die Person erkennt sich in ihrem eigenen Erzählen wieder.

Nachdem der Frage nach Aspekten von Freiheit im lebensgeschichtlichen Erzählen in sehr unterschiedlichen theologischen und philosophischen Ansätzen nachgegangen wurde, geht es im Folgenden um eine Auswertung: Was soll – vor dem Hintergrund der vorangehenden Analysen und in Auseinandersetzung mit ihnen – unter »narrativer Freiheit« verstanden werden? Worin liegen also Freiheiten im lebensgeschichtlichen Erzählen?

10. Fazit: Narrative Freiheit

10.1 Abgrenzungen

Um ein Verständnis von Freiheit zu entwickeln, das der Lebenssituation in Pflegeheimen angemessen ist, sind vor dem Hintergrund der bisherigen Analysen einige *Abgrenzungen* zu vollziehen.

Mit *Drechsel* besteht Freiheit im lebensgeschichtlichen Erzählen weder in Unabhängigkeit von anderen Menschen noch im Losgelöstsein von der je aktuellen Situation. Sowohl das Gegenüber eigenen Erzählens als auch die Situation haben unmittelbaren Einfluss auf die jeweilige lebensgeschichtliche Erzählung. Daher erweisen sich nur solche Freiheitsverständnisse als sinnvoll, die sich auch angesichts dieser Bestimmtheiten, die jede Erzählung mit beeinflussen, als tragfähig erweisen.

Anhand von *MacIntyre* wird deutlich, dass Freiheit im lebensgeschichtlichen Erzählen auch nicht das vollständige Absehen von Traditionen bedeuten kann, aus denen ein Mensch kommt bzw. in denen er steht.

Mit *Hauerwas*, der darin von MacIntyre beeinflusst ist, kann festgehalten werden, dass Freiheit im lebensgeschichtlichen Erzählen auch nicht im Abse-

[781] Vgl. THOMÄ, Erzähle dich selbst, 265.

hen von den Geschichten liegen kann, die man erlebt hat bzw. in denen man steht. Genauso wenig besteht sie – wiederum mit Hauerwas und dessen Kritik am Liberalismus – darin, seine Erzählungen losgelöst von allem Vorhergehenden frei zu erfinden, ganz so, als habe man keine Geschichte.

Diese Abgrenzungen erscheinen gerade im Blick auf die Lebenssituation im Pflegeheim notwendig, da hier eines besonders offenkundig ist: Freiheit ist in diesem Zusammenhang als Freiheit angesichts starker vorgängiger Bestimmtheiten zu verstehen, seien diese durch Lebensalter und Erfahrungsreichtum, durch gesundheitliche Situation, Lebensumstände o. ä. bedingt.

Im Anschluss an diese Abgrenzungen bleibt nun nach Impulsen und Anregungen zu fragen, die sich aus den bisherigen Analysen ergeben.

10.2 Drei Ebenen des Freiheitsbegriffs

Von Drechsel ausgehend erscheint eine *Unterscheidung verschiedener Ebenen des Freiheitsbegriffs* sinnvoll:[782] Personsein ist auf der »*Konstitutionsebene*« passiv gesetzt. Auch im Blick auf das Heil, d. h. auf einer »*Vollendungsebene*« muss Menschsein aus reformatorischer Sicht passiv gedacht werden.[783] Aber auf einer das alltägliche Leben betreffenden »*Gestaltungsebene*«, d. h. zugleich auf einer »*Vollzugsebene*« *von Freiheit*, bestehen Möglichkeit und Notwendigkeit von aktivem Handeln. Dabei wird es immer *auch* um das aktive Mitbestimmen der eigenen Identität gehen, und zwar in der von Thomä hervorgehobenen Doppeldeutigkeit des Begriffs »bestimmen«: als Entdecken von und Entscheiden über die eigene Identität. Mit dieser Unterscheidung der drei Ebenen kann dem Anliegen Drechsels Rechnung getragen werden, Menschsein von einer grundlegenden Passivität her zu sehen, die für ihn vom Rechtfertigungsgeschehen ausgehend Grundlage des gesamten Lebens ist.[784] Sie erlaubt es, diese Rede von Passivität zu präzisieren und sie auf diese Weise zwar einerseits zu beschränken, sie in den begrenzten Bereichen aber erst vollends zu ermöglichen. Diese Unterscheidung setzt den Rahmen der folgenden Überlegungen zum Thema Freiheit.

Damit geht einerseits die Herausforderung einher, allen drei Ebenen in ihren spezifischen Ansprüchen gerecht zu werden. Aus theologisch-seelsorglicher Sicht ist darauf zu achten, dass es in allem Handeln und Streben sowie im Gestalten von Welt und eigenem Menschsein weder um die eigentliche Konstituierung des Menschen[785] noch um seine Vollendung geht. Zugleich sind Aufgabe

---

[782] Vgl. zu den drei Ebenen MÜHLING, Liebesgeschichte, 302–305.

[783] Von der Unfreiheit des menschlichen Willens in Heilsdingen wird in dieser Arbeit im Anschluss an die lutherische Tradition ausgegangen. In diesem Zusammenhang sei exemplarisch auf Luthers Schrift *De servo arbitrio* verwiesen, vgl. LUTHER, De servo arbitrio; für eine auf die Seelsorge bezogene Explikation von Luthers These vom unfreien Willen vgl. ROLF, Trost, 73–103.

[784] Vgl. DRECHSEL, Das Spezifische, 486.

[785] Vgl. für eine kritische Auseinandersetzung mit der Frage nach Freiheit als Selbstkonstitution SCHWÖBEL, Imago Libertatis, 240f.

und Herausforderung der Mitgestaltung von Welt und eigener Identität sowie die darin enthaltene Verantwortlichkeit ernst zu nehmen und im Blick auf die Seelsorge weiterzudenken. Andererseits ist mit dieser Unterscheidung zugleich ein sinnvoller Rahmen für seelsorgliches Handeln und aktive Identitätsbildung gesetzt: Sie vollziehen sich auf der Gestaltungsebene, haben dort ihr Recht, ihren Raum und ihre Notwendigkeit. Das Wissen um die Rechtfertigung allein aus Glauben und allein aus Gnade, das im Glauben an die in Jesus Christus geschehene Versöhnung gegeben ist, d. h. das Wissen um die Vollendungsebene von Menschsein, wird dabei Einfluss auf die Wahrnehmung der Gestaltungsaufgaben haben.

10.3 Identität

Um besser auf Aspekte von Freiheit im Zusammenhang lebensgeschichtlichen Erzählens in der Seelsorge eingehen zu können, erscheint es sinnvoll, in einem ersten Schritt zu klären, was unter Identität verstanden wird. Dies gilt allzumal, wenn davon auszugehen ist, dass es im lebensgeschichtlichen Erzählen immer um die Identität eines Menschen geht.[786] Wenn von Freiheit als Selbstannahme oder als Selbstbestimmung die Rede sein soll, ist es nötig, zumindest Grundlinien eines Verständnisses von Identität aufzuzeigen, das diesen Formen von Freiheit angemessenen ist. Was ist mit »Identität« gemeint, was soll (mit-)bestimmt und angenommen werden?

Von der bei Tietz stark betonten Unterscheidung von Person und Werk, von »eigentlichem Personsein« und »faktischem Selbst« her, wird eine Grundlinie für die folgenden Überlegungen abgeleitet: Es erscheint möglich, zwischen der personalen *Identität* eines Menschen, die von der jeweiligen Ausprägung seines faktischen Selbst abhängt, und seiner *Personalität* zu unterscheiden.[787]

Im nun folgenden Abschnitt soll es um den Identitätsbegriff gehen: Dabei werden Grundzüge eines Verständnisses personaler Identität dargelegt, wie es sich vor dem Hintergrund der bisherigen Überlegungen für die vorliegende Fragestellung ergibt – freilich ohne der Komplexität und Breite der Begriffsdiskussion umfassend Rechnung tragen zu können.[788]

---

786 Vgl. Mulia, Altenbildung, 144.

787 Knut Berner geht einen ähnlichen Weg, wenn er Identität und Personsein folgendermaßen voneinander unterscheidet (Berner, Der Neue Mensch, 188): »Personsein basiert auf einem nicht von empirischen Gegebenheiten abhängigen Zuspruch personaler Würde. Identitäten können und müssen erworben, habitualisiert, verunsichert und gewechselt werden«. Personsein ist für ihn etwas in der Rechtfertigung Zugesprochenes und dementsprechend nicht Sichtbares, vgl. Berner, Der Neue Mensch, 189. Zum Verständnis von Personalität s. Kapitel 2, 10.4.

788 »Es gibt wenige Begriffe, die eine begriffliche Erklärung so nötig haben wie der Begriff der Identität.«, Henning, Identität, 19. Für eine eingehendere Auseinandersetzung mit dem Thema vgl. die einschlägige Literatur z. B. Zarnow, Identität; für einen kurzen, auf die Seelsorge bezogenen Überblick über die Identitätsthematik vgl. Klessmann, Seelsorge, 252–254.

Im Zusammenhang des Identitätsbegriffs erscheinen für die Themenstellung dieser Arbeit folgende Fragen grundlegend: 1. Was ist unter personaler Identität zu verstehen? 2. Wie entsteht personale Identität? 3. Worin können Aspekte von Freiheit hinsichtlich der personalen Identität erkannt werden?

10.3.1 Zum Begriff personaler Identität

In einem ersten Schritt gilt es zu klären, was unter dem Begriff der personalen Identität im vorliegenden Zusammenhang verstanden werden soll.

10.3.1.1 Selbstheit und Selbigkeit

Der Begriff bringt besonders zwei Zusammenhänge in den Blick: Er beinhaltet zum einen die Frage, inwiefern ein Mensch trotz aller Veränderungen in seinem Leben über die Zeit hinweg als ein und dieselbe Person wahrgenommen werden kann.[789] Zum anderen zielt er auf das Spannungsverhältnis von Sozialität und Individualität und damit auf die Frage, wie ein Mensch in Auseinandersetzung mit der Gesellschaft einerseits als einzigartig und andererseits als zugehörig verstanden werden kann.[790] Mit Ricoeur sollen daher im Folgenden personale Identität als *Selbigkeit* (*Idem*-Identität) und als *Selbstheit (Ipse*-Identität) voneinander unterschieden werden.[791] Während der Begriff der Selbigkeit die Beständigkeit der Person über die Zeit hinweg hervorhebt, fokussiert der Begriff der Selbstheit stärker auf die Individualität einer Person.[792]

10.3.1.2 Gegenwärtige und eschatische Identität

Aus einer eschatologischen Orientierung, die mit dem Glauben an Gottes Rechtfertigungshandeln einhergeht, erscheint es weiterhin sinnvoll, zwischen der *gegenwärtigen Identität* (bzw. gegenwärtigen Identitäten) und der *eschatischen Identität* von Personen zu unterscheiden.[793] Es ist offenkundig, dass eine solche Unterscheidung nur aus dem Glauben heraus sinnvoll erscheinen kann.

---

789 Vgl. KEUPP, Art. Identität.

790 »Besondere Bedeutung haben in neuerer Zeit Begriff und Theorie der personalen Identität gewonnen, womit eine Identität der leiblich-geistigen Person über die Zeit hinweg sowie in Auseinandersetzung mit der Gesellschaft verstanden wird. Geht es im ersteren Fall um das Problem der Kontinuierung der Person in der Zeit auch über die Zustände der Bewußtlosigkeit [...] hinweg [...], so im zweiten Fall um das Problem der Konstitution der Person in Interaktion mit der Sozietät.«, GLOY, Art. Identität I. Philosophisch, 28.

791 S. dazu Kapitel 2, 6.2.6.

792 Vgl. zur Unterscheidung von Idem- und Ipse-Identität RICOEUR, Selbst, 144–147.

793 Vgl. MÜHLING, Ethik, 282–286. Fröchtling bietet im Anschluss an Charles V. Gerkin einen ähnlichen Gedanken, den der »eschatologischen Identität« (FRÖCHTLING, Menschen mit Demenz, 213; vgl. dazu a.a.O., 213–215). Gerkin ziele damit auf eine »auf Gottes Zukunft hin offene Hoffnung, die getragen ist vom Vertrauen auf Gottes Zusage, dass Krankheit und Tod nicht das letzte Wort haben werden. Eine solche Identität ist immer auch eine gefährdete Identität, die oft vom Hier und Jetzt in den Schatten gestellt wird.« (a.a.O., 213).

Sie trägt der Annahme Rechnung, dass sowohl der gegenwärtige menschliche Blick auf die Identität eines Menschen als auch der Blick Gottes auf den Menschen für die personale Identität entscheidend sind. Während die gegenwärtige Identität eines Menschen dessen faktisches Selbst meint, auf das im Folgenden noch einzugehen sein wird, zielt der Begriff der eschatischen Identität auf eine eschatisch erhoffte und mit dem Evangelium verheißene Identität vor Gott, die letztlich in Gottes Blick auf und Urteil über den Menschen gründet. Zur gegenwärtigen Identität gehören also die unterschiedlichen, fragmentarischen und wechselnden Identitäten einer Person, die mitsamt aller Identitätssicherungsversuche zum Werk des Menschen zu zählen sind.[794] Die eschatische Identität ist dem Menschen hingegen in der Rechtfertigung verheißen, sie gehört insofern zu seinem in der Rechtfertigung zugesagten Personsein.[795]

Das in dieser Arbeit vertretene Verständnis gegenwärtiger und eschatischer Identität kann anhand von 1Kor 13,9–12 verdeutlicht werden:

> »Denn unser Wissen ist Stückwerk und unser prophetisches Reden ist Stückwerk. Wenn aber kommen wird das Vollkommene, so wird das Stückwerk aufhören. [...] Wir sehen jetzt durch einen Spiegel ein dunkles Bild; dann aber von Angesicht zu Angesicht. Jetzt erkenne ich stückweise; dann aber werde ich erkennen, wie ich erkannt bin.«

Vor dem Hintergrund dieser paulinischen Sichtweise kann man die Formen gegenwärtiger Identität als Stückwerk, als Erkenntnis aus den (Einzel-)Teilen bezeichnen, die allerdings von der Hoffnung auf das Vollkommene, Vollendete oder Vollständige überschritten wird. Der Mensch ist von Gott bereits als der erkannt, der er sein wird; ihm selbst bleibt das Bild aber dunkel: So ist alles menschliche Bemühen um Identität als vorletztes zu beschreiben: Der Mensch, der unter der Sünde lebt, ist sich selbst entzogen (Knut Berner beschreibt ihn als »*homo absconditus*«[796]). Er unterliegt der Selbsttäuschung und steht sogar in der Gefahr von Selbstlüge.[797] Weder anhand seiner Selbsterzählungen noch anhand der Erzählungen anderer Menschen könnte daher zuletzt über seine Identität geurteilt werden.[798]

---

794 Vgl. BERNER, Der Neue Mensch, 188. Zum Fragmentcharakter von Identität vgl. LUTHER, Identität, 165–182.

795 Zum Thema Personalität s. Kapitel 2, 10.4.

796 Vgl. BERNER, Der Neue Mensch, 187; vgl. zur Nicht-Bewusstheit unserer Identität z.B. auch SCHARFENBERG, Einführung, 74f.

797 Vgl. zum Absatz BERNER, Der Neue Mensch, 189.

798 Vor diesem Hintergrund ist Thomas Rentschs These vom Altern als Werden zu sich selbst kritisch infrage zu stellen (vgl. Rentsch, Altern, 58–61). Er geht von einer Radikalisierung der menschlichen Situation aus, die mit Körperwerdung, Zeitwerdung und Endgültigwerden einhergeht. Durch diese Radikalisierung hindurch erfolge das Werden-zu-sich-Selbst des alten Menschen (vgl. a.a.O., 60). »Ethisch ist die einmalige Ganzheit

Bei der Hoffnung darauf, eines Tages zu erkennen, wie man bereits erkannt ist, die auch als Hoffnung auf eine konsistente Erzählung des eigenen Lebens beschrieben werden kann, handelt es sich um eine Verheißung und Zusage, die auf dem Glauben an die Auferstehung Jesu Christi fußt.[799] Mit dem Auferstehungs-

---

als zeitlich-endlicher Selbstwerdungsprozeß erst dann begriffen, wenn das Werden zu sich selbst als Endgültigwerden verstanden wird. [...] Endgültigkeit bewußt zu begreifen, heißt, daß die Kürze des Lebens und seine Überschaubarkeit sichtbar, erfahrbar und einsichtig werden, daß sie nicht schrecken müssen, und daß nun die Chance besteht, das menschlich Wichtige vom vielen Unwichtigen dauerhaft zu unterscheiden.« (ebd.) Selbstwerdung ist damit als intellektuelle und auch emotionale Leistung zu verstehen, zu der ein alternder Mensch angesichts seiner Endlichkeitserfahrungen aufgerufen ist. Müsste die Selbstwerdung aus theologischer Perspektive nicht gerade als ein unverfügbares und erst eschatisch vollendetes Geschehen gesehen werden? Aus solch einer theologischen Sichtweise heraus leuchtet es nicht ein, wieso die »eigentliche« Selbstwerdung ausgerechnet an die Lebensphase des Alters gebunden sein sollte. Zur Kritik an Rentschs These der Selbstwerdung vgl. Körtner, Umgang mit Verlusten, 454; für eine umfassende Darstellung von Rentschs Ansatz sowie eine theologisch akzentuierte positive Rezeption vgl. Mulia, Altenbildung, 69–75.

[799] Michael Klessmann wendet sich in seinem Aufsatz Klessmann, Anmerkungen, dezidiert gegen die Hoffnung auf eine vollendete Identität (vgl. a. a. O., 183f.): Er schreibt im Anschluss an ein Adorno-Zitat: »›Das Ganze ist das Unwahre‹ [...] Man könnte auch sagen: Das Ganze ist nur als Utopie denkbar und insofern eine religiöse Kategorie, eine nur Gott zukommende Perspektive. Der Gottesbegriff enthält bereits qua Begriff das Moment der Vollkommenheit, der Ganzheit, der umfassenden Wahrheit; alles andere, was nicht Gott ist, zeichnet sich demgegenüber durch den Mangel solcher Vollständigkeit aus. Identität und das Bemühen, Identität zu finden, ist damit nicht eo ipso als unchristlich deklariert; nur die Vorstellung, es könne vollendete und irgendwann bzw. irgendwie abgeschlossene Identität geben, ist aus der Perspektive der Religion als Hybris zu sehen. [...] An Gott zu glauben [...] hieße dann, sich mit der Bruchstückhaftigkeit des Lebens aussöhnen zu können, sie nicht nur als schreckliches und erschreckendes Verhängnis, sondern als gute Gabe annehmen zu können.« 1Kor 13,12, so Klessmann weiter, deklariere »vollendete Identität als Gegenstand der Verheißung, als Utopie« (a. a. O., 185).

Klessmann setzt »das Ganze«, »das Unwahre«, »Utopie«, »religiöse Kategorie« und »eine nur Gott zukommende Perspektive« gleich. Im letzten angeführten Zitat wird schließlich auch noch »Gegenstand der Verheißung« in die Reihe eingefügt. Hier lassen sich deutliche Anfragen erheben: Ist die religiöse Kategorie *per se* unwahr? Lassen sich Verheißung und Utopie aus christlicher Sicht schlicht in eins setzen? Für die meisten um intellektuelle Redlichkeit bemühten Christinnen und Christen dürfte es doch einen Unterschied machen, ob sie an eine Utopie oder an eine Verheißung glauben. An anderen Stellen seines Artikels (vgl. z. B. a. a. O., 177.189) rekurriert Klessmann im Gegensatz dazu dezidiert auf die Relevanz der dem Menschen in der Rechtfertigung von Gott zugesprochenen Identität, die auf der Unterscheidung von Person und Werk fuße. Die Verbindung beider Arten von Aussagen bleibt merkwürdig vage: »Die kritische, prophetische oder auch gegenkulturelle Dimension [...] gewinnt erst Bedeutung, wenn man als Gegenpol zur Ganzheit den Begriff des Fragments einführt.« (a. a. O., 182). Gerade aus Perspektive von 1Kor 13,12 dürfte Klessmann gegenüber doch die Hoffnung auf eine in Leben, Sterben und Auferstehung Jesu Christi verheißene, vollendete Identität zu betonen sein. Diese Hoffnung wird dann gerade nicht zu einer Aussöhnung mit der

glauben geht zugleich ein weiterer Aspekt dieser Hoffnung einher: Eschatische Identität ist dem *ganzen* Menschen verheißen, zu dem seine Leiblichkeit konstitutiv dazugehört. Dies bleibt gerade im Blick auf alte Menschen zu betonen:

> »[...] [So] gewiss der auferstandene Christus über die Wundmale seines gekreuzigten Leibes öffentlich identifiziert wurde, so gewiss gilt auch der verfallenden äußeren Erscheinung der gerechtfertigten Person die Akzeptanz Gottes und der Zuspruch einer eschatologischen Neugestaltung, die der Bedeutung des leiblichen Lebens endzeitlich Rechnung trägt.«[800]

Eine Diskussion der Frage, wie gegenwärtige und eschatische Identität(en) einander zuzuordnen sind, ist hier nicht zu leisten. Grundlinien ergeben sich aber aus dem bereits Geschriebenen wie aus der Rechtfertigungslehre: Letztlich entscheidet Gottes Urteil und seine Annahme des Menschen über dessen Identität. Zugleich handelt es sich aber um Gottes Annahme *dieses konkreten* Menschen in und mit seinem faktischen Selbst, so dass auch seine gegenwärtige Identität eschatisch von Bedeutung sein muss.[801] Umgekehrt erscheint die Rede von einer eschatischen Identität nur dann sinnvoll, wenn sie auch gegenwärtig erfahren werden kann. Hier ist an Erfahrungen im Glauben zu denken, in denen Verheißenes in der Gegenwart spürbar wird – z. B. im Gespräch oder in der Musik, immer dann, wenn Kommunikation des Evangeliums gelingt und das Evangelium sich tatsächlich ereignet.

Die eschatische Identität kommt dem Menschen in der Rechtfertigung *passiv* von außen zu und kann für ihn im Glauben durch den Heiligen Geist wiederum passiv und unverfügbar erlebt werden. Die eschatische Identität ist damit immer nur als zugesprochene Identität erfahrbar. Sie kann sich auf die gegenwärtige Identität so auswirken, dass der Mensch, der im Glauben an die Rechtfertigung lebt, das Wagnis eingeht, sich durch das »Abenteuer« des Lebens in seiner Identität anfechten zu lassen; denn er hat die Freiheit, gesellschaftlich

---

Bruchstückhaftigkeit des Lebens führen, sondern höchstens zu ihrer engagierten Akzeptanz – im Glauben an und in der Hoffnung auf ihre Überwindung, die verheißen ist.

800 BERNER, Der Neue Mensch, 189.

801 Eine Möglichkeit, das Verhältnis von gegenwärtiger und eschatischer Identität zu denken, lässt sich anhand von Mühling aufzeigen. Sie soll hier kurz skizziert werden, auch wenn das Thema an dieser Stelle nicht weiter diskutiert werden kann: Mühling geht davon aus, im Gericht werde ethische in ästhetische Differenz überführt – so werde Böses im Gericht in Gutes verwandelt, bleibe aber im Sinn einer ästhetischen Differenz auch eschatisch erhalten. Anders als z. B. in der Vorstellung der *Annihilatio* muss er damit keine eschatische Bedeutungslosigkeit des Bösen annehmen, zugleich aber auch nicht dessen Verewigung, wie er sie z. B. im doppelten Ausgang des Gerichts erkennt. Er geht also davon aus, dass – in unserer Begrifflichkeit ausgedrückt – das »faktische Selbst« bzw. die »gegenwärtige Identität« zwar (ästhetischen) Einfluss auf die »eschatische Identität« hat, dass sie aber nicht über deren Güte entscheidet. Auf diese Weise können beide Formen von Identität zusammengedacht werden, ohne in einem Semipelagianismus zu enden; vgl. MÜHLING, Grundinformation, 267–283, v. a. 282f.

zugeschriebene Identitäten kritisch zu hinterfragen. Dies ist z. B. dann dringend vonnöten, wenn der hochaltrige Mensch stereotyp mit dem »Alten Menschen« gleichgesetzt wird; wenn er allein auf seine Vergangenheit reduziert wird, ohne dass die Zukunftsmöglichkeiten gesehen würden, die ihm von Gott her zukommen.[802]

10.3.1.3 Gegenwärtige Identität: faktisches Selbst – basales und narratives Selbst

Die gegenwärtige Identität[803] einer Person, um die es im Folgenden gehen soll, wurde bisher – den Begriff von Tietz aufgreifend – auch das *faktische Selbst* der Person genannt. Als dieses bestimmend wurden ihre Eigenschaften, ihre Geschichte und Umstände angesehen.[804] Hinsichtlich des faktischen Selbst wird im Folgenden noch eine weitere Unterscheidung eingeführt, um einen klareren Eindruck davon zu gewinnen, wie die Entstehung personaler Identität gedacht werden kann: die phänomenologische Unterscheidung zwischen *basalem* und *reflexivem bzw. narrativem Selbst*, wie sie u. a. Thomas Fuchs beschreibt.[805] Das *faktische Selbst* dient also im Folgenden als der *Oberbegriff*, dem basales und narratives Selbst erklärend untergeordnet werden.

Das *basale Selbst* meint eine vorreflexive Form des Selbsterlebens, die 1. auf den eigenen Leib, 2. auf die Umwelt und 3. auf andere Menschen bezogen ist.[806] Es kann als *unmittelbares* Bewusstsein des Menschen beschrieben werden, das nicht von Selbst-Identifizierungen durch Wiedererinnerung abhängig ist.[807]

Ad 1. Als das »primäre leibliche Selbst« bezeichnet Fuchs ein vorreflexives Selbstgewahrsein, das in jeder Erfahrung gegeben ist, ohne dass dazu Reflexion oder Introspektion nötig wären. Ein Mensch ist sich in jeder Erfahrung, die er macht, immer schon selbst gegeben und ohne ein elementares Selbstempfinden wäre keine Erfahrung möglich. Dieses Selbstempfinden ist dabei durch den Leib und die Zeit geprägt, so dass es mit einem grundlegenden »Leibgefühl« und einer elementaren zeitlichen Selbstkontinuität einhergeht, für die es keines autobiographischen Gedächtnisses bedarf. Dieses grundlegende Selbsterleben bleibt daher auch beim Verlust des autobiographischen Gedächtnisses – und also auch in der Demenz – erhalten.[808]

---

802 Vgl. BERNER, Der Neue Mensch, 183–191.

803 Ist im Folgenden von Identität bzw. von personaler Identität die Rede, ist die gegenwärtige Identität gemeint. Geht es um die eschatische Identität einer Person, wird dies eigens angemerkt.

804 Vgl. zur Explikation des Begriffs bei Tietz TIETZ, Freiheit zu sich selbst, 141f.

805 Vgl. SUMMA, Erinnern, 156 sowie FUCHS, Selbst, 888–891. Fuchs verwendet dabei teilweise andere Begriffe. Er unterscheidet »(1) das basale, präreflexive oder leibliche Selbst und (2) das erweiterte, reflexive oder personale Selbst« (a. a. O., 888).

806 Vgl. wie auch zum Folgenden FUCHS, Selbst, 888–891.

807 Vgl. SUMMA, Erinnern, 156.

808 Vgl. FUCHS, Selbst, 888f.

Ad 2. Als eine weitere Form vorreflexiven Erlebens (»ökologisches Selbst«) beschreibt Fuchs die »sensomotorische Beziehung von erlebendem Subjekt und Umwelt«[809], die maßgeblich durch den Leib vermittelt wird.[810]

Ad 3. Schließlich entsteht auch das »soziale Selbst« vorreflexiv – über leibliche Interaktionen, in deren Verlauf Babys sogenanntes implizites Beziehungswissen erwerben – »ein präreflexives Wissen, wie man mit anderen umgeht, Gefühle austauscht, Aufmerksamkeit erregt, Ablehnung vermeidet, Kontakt wiederherstellt etc«[811].

Auf der Ebene des basalen Selbst lassen sich die Wünsche erster Ordnung einer Person im Sinne Harry Frankfurts verorten.[812]

Von dem so charakterisierten basalen Selbst kann das *reflexive oder narrative Selbst* unterschieden werden. Auf dieser Ebene des Selbst sind Selbstreflexion und Selbst-Identifizierung anhand von Lebensgeschichten möglich.[813] Es entsteht dann, wenn ein Kind lernt »ich« zu sagen, wenn es sich im Spiegel erkennen und als eine Person unter anderen wahrnehmen kann: Erst reflexiv ist es möglich, sich von anderen abzugrenzen oder zu verstehen, dass man in zeitlicher Kontinuität lebt.[814]

Anhand von sogenannten *joint attentions*, Situationen geteilter Aufmerksamkeit, lernt ein Kind die Mutter bzw. den Vater als Wesen mit einer eigenen, von ihm unterschiedenen Perspektive wahrzunehmen. Indem das Kind lernt, sich selbst mit den Augen anderer zu sehen und indem es deren Blick verinnerlicht, entsteht das reflexive oder narrative Selbstbewusstsein, das auch selbstreflexive Gefühle wie Scham, Stolz oder Schuld umfasst.[815]

Eine Person, die ein reflexives Selbst besitzt, ist daher in der Lage, die Perspektive anderer Menschen zu übernehmen, sie ist sich eigener Zustände oder Erlebnisse bewusst, kann Erfahrungen versprachlichen und Geschichten erzählen und sie besitzt ein begriffliches und autobiographisches Wissen von sich selbst. All diese Fähigkeiten entstehen in einer andauernden Beziehung zu anderen Menschen, wobei Eigenes und Fremdes »von einer übergeordneten ›exzentrischen Position‹ aus integriert werden«[816]. Das narrative Selbst ist dabei permanent vom primären Selbsterleben abhängig und somit auf das basale Selbst bezogen.[817] Auf der Ebene des reflexiven Selbst einer Person können ihre Volitionen zweiter Ordnung angesiedelt werden.[818]

809 FUCHS, Selbst, 889.
810 Vgl. FUCHS, Selbst, 889.
811 FUCHS, Selbst, 890; zum Abschnitt vgl. ebd.
812 S. zu H. Frankfurt Kapitel 2, 10.7.1.1.
813 Vgl. SUMMA, Erinnern, 156.
814 Vgl. FUCHS, Selbst, 890.
815 Vgl. FUCHS, Selbst, 890.
816 FUCHS, Selbst, 890f.
817 Vgl. FUCHS, Selbst, 890f.
818 S. Kapitel 2, 10.7.1.1.

Werden basales und narratives Selbst als zum faktischen Selbst der Person gehörig angesehen – die phänomenologische Unterscheidung einerseits und Tietz andererseits aufgreifend –, so liegt es nahe, den Begriff des faktischen Selbst, für den der Begriff gegenwärtiger Identität in dieser Arbeit gebraucht wird, im Folgenden zu erweitern. Das faktische Selbst umfasst also nicht nur Eigenschaften, Umstände und Geschichte einer Person, sondern auch ihre Leiblichkeit[819] und ihre Beziehungen.

10.3.2 Zur Bildung personaler Identität

Aufgrund der bisherigen Überlegungen liegt die Annahme nahe, dass (gegenwärtige) Identität entsteht, indem sich ein Mensch auf vorreflexiver und reflexiver Ebene zu den Gegebenheiten seines Lebens verhält. In Anknüpfung an Fuchs zählen zu diesen seine *Leiblichkeit*, seine *Umwelt*, seine *Mitmenschen* und – aus theologischer Perspektive lässt sich ergänzen – *Gott*. Dabei ist der Mensch grundlegend auf sein präreflexives, basales Selbst angewiesen.[820] Alle Aspekte des faktischen Selbst einer Person – Eigenschaften, Leiblichkeit, Umstände, Beziehungen und Geschichte – beeinflussen einerseits die Person in ihrem faktischen Selbst, gleichzeitig werden sie andererseits durch die Person selbst beeinflusst.

Sich zu den Gegebenheiten des Lebens zu verhalten, beinhaltet damit passive und aktive Momente, wie es sich im Begriff des *Antwortens*, der bereits bei Seel begegnete,[821] verdichtet ausdrückt: Eine Antwort kann bloße Affirmation oder Negation eines Sachverhalts oder einer Frage sein; sie kann weit über das Thematisierte hinausreichen; sie kann eine Aussage als falsch formuliert oder eine Frage als falsch gestellt kennzeichnen und die Fragestellung verändern. Sie kann gegeben werden, bevor überhaupt eine Frage gestellt oder eine Aussage gemacht wurde. Eine Antwort kann über das Verbale hinausgehen und z. B. die Art bezeichnen, in der man sich zu etwas verhält – eine Haltung z. B., die man zu den von außen kommenden Gegebenheiten und Herausforderungen einnimmt.

---

819 Die Verwendung des Begriffs Eigenschaften wird bei Tietz auch als den Leib umfassend gedacht, wenn sie den Begriff Eigenschaften mit den »endlichen Beschaffenheiten« eines Menschen gleichsetzt (vgl. Tietz, Freiheit zu sich selbst, 141, Anm. 85). Da für eine Auseinandersetzung mit der Demenz-Thematik und für die Seelsorge im Pflegeheim die Leiblichkeit eines Menschen aber von hohem Stellenwert ist, sei der Leib an dieser Stelle eigens benannt – zumal der Begriff der Eigenschaften im allgemeinen Sprachgebrauch häufig mit *Charakter*eigenschaften wie »freundlich«, »unpünktlich« oder »mutig« gleichgesetzt wird.

820 S. Kapitel 2, 10.3.1.3.

821 S. Kapitel 2, 8.2.2.

In der Seelsorge, die als Kommunikation des Evangeliums bezeichnet werden kann[822] und deren wichtigste Form das Gespräch ist,[823] wird in unterschiedlicher Weise auf die Gegebenheiten des Lebens geantwortet. Erzählendes als deutendes und zugleich gestaltendes Handeln hat in diesem Zusammenhang zentralen Stellenwert, weshalb im Folgenden noch einmal konkreter auf die Bedeutung des Erzählens im Zusammenhang der Entstehung von Identität eingegangen wird. Dies geschieht auf Grundlage der im Verlauf des vorliegenden Kapitels behandelten erzähltheoretischen Positionen.

Im lebensgeschichtlichen Erzählen wird Identität narrativ gebildet – das reflexive Selbst entsteht als narratives Selbst.[824] Ricoeurs Konzept narrativer Identität zufolge ermöglicht das Erzählen, Selbigkeit und Selbstheit der Person zusammenzudenken und der Kontinuität der Person über die Zeit hinweg in ihren Veränderungen Rechnung zu tragen.[825] Im Erzählen wird insofern die Einheit von Leben erfahrbar.[826] Dies wird durch die Wirkung von Erzählungen begünstigt, Diskordantes zusammenzubringen, indem sie z. B. unterschiedliche Ereignisse in einer zeitlichen Einheit verbinden oder disparate Bestandteile von Handlungen (unterschiedliche Absichten, Ursachen, auch Zufälle) in einer Geschichte vermitteln. Ricoeur schreibt von der Synthesis des Heterogenen.[827] Neben Veränderungen der Person über die Zeit hinweg können Erzählungen das Zusammenspiel von Fremdem und Eigenem, das – wie oben bereits deutlich wurde – allen Prozessen von Identitätsbildung innewohnt, aufnehmen und widerspiegeln. Somit kann auch bedrohlichen Widerfahrnissen und unverfügbaren Ereignissen des Lebens ein Ort in einer Erzählung gegeben werden, wodurch Sinn erfahren werden kann.[828]

Das persönliche lebensgeschichtliche Erzählen, in dem narrative Identität entsteht, ist einerseits von der jeweiligen Erzählsituation und vom Zuhörer bzw. Mit-Erzähler abhängig (Drechsel). Andererseits ist es auch durch Erzählungen und Traditionen der Gemeinschaften geprägt, in denen eine Person lebt und die für sie bedeutsam sind (MacIntyre).[829] In solchen narrativen Traditionen begegnen Werte, Moralvorstellungen und Rollenzuschreibungen (z. B. Altersstereotype: »alt«, »dement«, »abhängig«). Die eigene Antwort, z. B. das eigene Rollenverhalten, wird sich von daher immer auf diese Narrative beziehen – sei es in

---

822 S. Kapitel 3, 2.2.

823 Vgl. Klessmann, Seelsorge, 7.

824 Vgl. Summa, Erinnern, 156.

825 Vgl. Mattern, Ricoeur, 203f.

826 Darauf, dass die Einheit des Lebens narrativ entsteht, verwiesen auch MacIntyre und Hauerwas. MacIntyre gegenüber bleibt dabei hervorzuheben, dass alle Einheit, die durch lebensgeschichtliches Erzählen gewonnen werden kann, fragmentarisch bleibt (vgl. Luther, Identität); zu MacIntyre s. Kapitel 2, 3.

827 Vgl. Ricoeur, Selbst, 174f.; Ricoeur, Identität, 214f.; s. Kapitel 2, 6.2.3.

828 Vgl. Ricoeur, Identität, 213.

829 So suchte MacIntyre die Antwort auf die Frage »Was soll ich tun?« in der Frage »Als Teil welcher Geschichten sehe ich mich?«, s. Kapitel 2, 3.2.5.

Übereinstimmung oder, wie MacIntyre betonte, auch in Abgrenzung.[830] Die Erzählungen, die in Gemeinschaften oder Gesellschaften tradiert werden, haben daher großen Einfluss auf die Charakterbildung einer Person und von daher auch auf ihre Handlungsfähigkeit.[831] Es ist insofern von Bedeutung, welche Erzählungen in einer Gesellschaft – oder auch spezifischer in einem Pflegeheim – kultiviert und tradiert werden: Ob die Aussage lautet »Jeder ist seines Glückes Schmied. Du bist allein verantwortlich«, »Ich bin deines Glückes Schmied « oder »Ich bin für dich da«, wird einen gewichtigen Unterschied machen.

Hauerwas stellte heraus, dass Geschichten von neuen Erzählungen her überformt werden können. Für ihn war die story des christlichen Gottes das zentrale Beispiel dafür, dass sich ein Leben von einer bestimmten Geschichte her verstehen und (um-)deuten lässt.[832] Dies erscheint insofern wichtig, als deutlich wird, dass eine Veränderung von Sichtweisen einerseits möglich ist, dass es dafür andererseits aber häufig einer Außenperspektive bedarf, aufgrund derer eine Veränderung der eigenen Perspektive möglich wird. In Anlehnung an Hauerwas lässt sich der christliche Glaube als Geschichte verstehen, die es erlaubt, Gelungenes und Misslungenes zusammenzudenken und als zum eigenen Leben zugehörig zu verstehen. Die Botschaft vom versöhnenden und vergebenden Gott kann es dabei erleichtern, einer weiteren wichtigen Funktion von lebensgeschichtlichem Erzählen im Zusammenhang von Identitätsbildung nachzukommen: der Übernahme von Verantwortung für das eigene Handeln.[833]

Im Zusammenhang des Einflusses, den das Erzählen auf die Identitätsbildung einer Person hat, ist weiterhin auf den Gedanken der zugesprochenen Identität einzugehen, der bei Drechsel begegnete.[834] Dieser Gedanke erweist sich gerade im Blick auf Situationen als hilfreich, in denen eine Person ihre Identitätsansprüche nicht selbst aufrechterhalten kann. Dies ist exemplarisch angesichts von Demenz der Fall, wenn die reflexiven Fähigkeiten einer Person nachlassen.[835] In der Demenz oder auch in Lebenskrisen kann anderen Menschen die Aufgabe zukommen, einer Person ihre Identität zuzusprechen, um ihre reflexiven Fähigkeiten zu befördern und (ggf. vorübergehend) aufrechtzuerhalten. Identität als zugesprochene begegnet aber keinesfalls nur in diesen Fällen. Gerade Identitätsaussagen, die sich aus dem Glauben ableiten, entspringen dem Vertrauen in eine Zusage und sind insofern zugesprochene Selbstaussagen.[836]

---

830 S. Kapitel 2, 3.2.5. Dies ist gerade im Zusammenhang mit Altersbildern, die sich auch als Narrative auffassen lassen bzw. in Narrativen Ausdruck finden, von Bedeutung.

831 S. Kapitel 2, 4.2.4.

832 S. Kapitel 2, 4.2.2.

833 S. Kapitel 2, 3.2.3; s. dazu auch im Abschnitt zu Selbstbestimmung und Erzählen Kapitel 2, 10.7.3.

834 S. im Abschnitt zu Drechsel Kapitel 2, 2.2.2.

835 Vgl. SUMMA, Erinnern, 166.

836 S. zum Thema eschatische Identität Kapitel 2, 10.3.1.2.

Im nächsten Schritt geht es nun darum, anhand der bisherigen Überlegungen zum Identitätsbegriff Aspekte von Freiheit im Zusammenhang der Entstehung von Identität aufzuweisen, die für die Seelsorge relevant sind.

10.3.3 Aspekte von Freiheit im Zusammenhang der Identitätsbildung

Ist es das Anliegen dieser Arbeit, herauszuarbeiten, welchen Beitrag Seelsorgebegegnungen zur Freiheit alter Menschen in Pflegeheimen leisten können, so muss es das Ziel der Überlegungen zum Identitätsbegriff sein, Freiheitsmöglichkeiten im Zusammenhang der Identitätsbildung aufzuweisen. Diese sollen anschließend mit Möglichkeiten und Ansatzpunkten, die sich in der Seelsorgepraxis ergeben, vermittelt werden.

Freiheit im Zusammenhang der Identitätsbildung einer Person kann in ihren unterschiedlichen Antwortmöglichkeiten auf die Gegebenheiten ihres Lebens gesehen werden. Von diesen Antwortmöglichkeiten sind vor allem solche in den Blick zu nehmen, die sich auf der Ebene des reflexiven Selbst verorten lassen.

Die Aspekte von Freiheit im Zusammenhang von Identitätsbildung, die im Folgenden aufgewiesen werden, lassen sich allesamt auf der oben beschriebenen »Gestaltungsebene« von Personsein verorten. Dabei ist davon auszugehen, dass eine »Freiheit im Glauben«, die auf der Vollendungsebene anzusiedeln ist, Einfluss auf die Art und Weise der Wahrnehmung dieser verschiedenen Freiheiten hat.[837]

Die Unterscheidung zwischen einer Freiheit im Deuten und weiteren Aspekten von Freiheit, wie sie im Folgenden vorgenommen wird, ist insofern eine künstliche, als Deutungs- und damit auch Gestaltungsfreiheit auch für die anderen aufgewiesenen Aspekte von Freiheit grundlegend ist. Weil dem Wahrnehmen und deutenden Gestalten von Wirklichkeit im Seelsorgegeschehen aber ein zentraler Stellenwert zukommt, wird darauf eigens eingegangen.

Für eine Charakterisierung der verschiedenen Antwortmöglichkeiten auf die Gegebenheiten des Lebens einer Person können die zwei Aspekte des Begriffs »Bestimmen« herangezogen werden, auf die Thomä verwies (Bestimmen als Entscheiden und Entdecken).[838] Dabei ist beides, Entscheiden und Entdecken, hinsichtlich der Identitätsthematik in engem Zusammenhang zu sehen – wie es die Verbindung von Entscheiden und Entdecken im Begriff des Bestimmens sowie Seels ähnlich akzentuierte Formulierung »bestimmen und bestimmen lassen« zum Ausdruck bringen. Werden die Antwortmöglichkeiten einer Person im Folgenden entweder dem Bestimmen oder dem Bestimmen-Lassen bzw. dem Entscheiden oder Entdecken zugeordnet, geht es daher um eine Benennung von Schwerpunkten und nicht von Alternativen.

---

837 Zu der Unterscheidung dreier Ebenen von Freiheit s. Kapitel 2, 10.2.

838 S. im Abschnitt zu Thomä Kapitel 2, 9.2.4.

Freiheit im Zusammenhang des Entscheidens über die eigene Identität kann darin liegen, die *endlichen* Gegebenheiten des eigenen Lebens (Leiblichkeit, personale und apersonale Umwelt) in einem gewissen Maße zu bestimmen bzw. sie zu verändern – je nach äußeren Gegebenheiten sowie Verfassung, Ressourcen und Konstitution einer Person (→ *Freiheit als situative Selbstbestimmung*[839]).

Freiheit kann aber auch im Zusammenhang des Entdeckens der eigenen Identität erkannt werden – dann, wenn eine Person sich von den Gegebenheiten ihres Lebens, von ihrer Leiblichkeit, ihren Umständen und Beziehungen, ihren Eigenschaften und auch von ihrer Geschichte her ansprechen oder bestimmen lässt, statt Gegebenes verändern zu wollen. Hierbei kommt dem Erzählen als antwortendem Handeln auf die Gegebenheiten des eigenen Lebens ein zentraler Stellenwert zu – für Wahrnehmung und Deutung[840] des eigenen Lebens und des faktischen Selbst sowie für die Entstehung und Artikulation personaler Identität.

Freiheit im Zusammenhang des Entdeckens der eigenen Identität kann *erstens* darin liegen, dass sich eine Person – so weit möglich – reflexiv als die wahrnimmt, die sie in ihrem faktischen Selbst ist (→ *Freiheit der Wahrnehmung*). Dies kann dazu führen, dass jemand ist und bleibt, wie er nun einmal ist – ohne einen Wunsch oder einen Ansatz zur Veränderung. Es kann aber auch dazu führen, dass sich eine Person aufmacht, Aspekte ihres faktischen Selbst zu entdecken, die ihr bisher nicht bewusst waren. Eine differenziertere Wahrnehmung kann dazu führen, die im faktischen Selbst einer Person gegebenen Freiheitsspielräume wahrzunehmen und zu nutzen.

Freiheit kann *zweitens* darin liegen, das Wahrgenommene auf verschiedene Weisen zu deuten. In diesem Zusammenhang ist auf die vielfältigen Möglichkeiten des Erzählens und der narrativen Identitätsbildung zu verweisen. Auch kann eine Person ihr Leben im Glauben und vor dem Hintergrund ihrer Gottesbeziehung deuten. In einer solchen Deutung, die immer zugleich gestaltenden Charakter hat, finden Erfahrungen christlicher Freiheit ihren Niederschlag (→ *Freiheit als christliche Lebensdeutung*).

Freiheit im Zusammenhang des Entdeckens des eigenen faktischen Selbst kann *drittens* darin liegen, sich aus einer Erfahrung christlicher Freiheit heraus selbst anzunehmen, ggf. Aspekte des eigenen faktischen Selbst zu verändern oder auch passiv geschehende Veränderungen aktiv zuzulassen (→ *Freiheit als differenzierte Selbstannahme*).

Freiheit kann *viertens* darin gesehen werden, sich in Übereinstimmung von Gegebenheiten, basalem und reflexivem Selbst und den entsprechenden Wünschen erster und Volitionen zweiter Ordnung zu erleben und entsprechend zu handeln (→ *Freiheit als Selbstbestimmungserleben, »von ganzem Herzen wollen was man will«*).

---

839 S. zum Begriff Kapitel 2, 10.7.1.1.

840 Zum Begriff des Deutens vgl. KLESSMANN, Seelsorge, 42f.

Schließlich kann sich Freiheit im Zusammenspiel von Entscheiden und Entdecken bewegen, wie anhand des Begriffs der lebensgeschichtlichen Selbstbestimmung dargelegt wird (→*Freiheit als lebensgeschichtliche Selbstbestimmung*).[841]

Auf die Frage, wie ein Einfluss von Seelsorge auf diese Freiheiten gedacht werden kann, wird im Seelsorgekapitel näher eingegangen.

10.4 Personalität

Auch die intensive gegenwärtige Debatte um den Personbegriff kann im Rahmen dieser Arbeit nicht in einer Weise aufgenommen werden, die der Breite der Diskussion Rechnung tragen würde. Aus den bisherigen Überlegungen ergeben sich aber Grundlinien für den Gebrauch des Begriffs, die im Folgenden skizziert werden sollen:

Eine prädikative Bestimmung, der zufolge eine oder mehrere bestimmte Eigenschaften (z. B. Vernunft, Sprache oder Selbstbewusstsein) die Personalität eines Menschen ausmachen,[842] erweist sich gerade angesichts von Demenz, in deren Verlauf solche Eigenschaften verloren gehen, als unangemessen. Dies gilt vor allem, weil es sich um einen normativen Begriff handelt, an den in ethischen Diskursen die Frage nach der Würde gekoppelt wird.[843] Angesichts von Phänomenen wie Pflegebedürftigkeit und Demenz, durch welche der Mensch in seiner geistigen und körperlichen Konstitution angegriffen wird, scheinen besonders relationale Personbegriffe angemessen zu sein, die die Personalität des Menschen in seinen Beziehungen begründet sehen.[844] Die beiden Phänomene können geradezu als Testfälle für ein anthropologisch angemessenes Personverständnis angesehen werden. Mühling weist auf, dass der wesentliche Bezug auf die Relationalität von Personbegriffen als Konsens gegenwärtiger Anthropologie bezeichnet werden kann, dass der entscheidende Punkt darüber hinaus aber das spezifische Verständnis dieser Relationalität ist:[845] »Theologischerseits ist wichtig festzuhalten, dass geschöpfliche Personalität primär durch die Gottesrelation passiv konstituiert ist und daher – einschließlich der davon abgeleiteten Personwürde – unverlierbar ist.«[846] Die Personalität des Menschen in sei-

---

[841] S. Kapitel 2, 10.7.1.3.

[842] Vgl. MÜHLING, Ethik, 236–239.

[843] Vgl. SCHÜTT, Art. Person II., 1121.

[844] So heben z. B. auch ROSER, Demenzerkrankung, 314f. sowie AUS DER AU, Leiblichkeit, die Bedeutung relationaler Personbegriffe angesichts von Demenz hervor. Allerdings vertritt Aus der Au selbst m. E. einen defizitären Personbegriff, der gerade von der Gottesrelation absieht, s. dazu Kapitel 3, 3.2.2.5. Eine intensive Beschäftigung mit dem Personbegriff angesichts von Demenz bietet jüngst ROY, Demenz, 98–168, die im Blick auf den Personbegriff ähnliche Grundentscheidungen trifft, wie sie in der vorliegenden Arbeit vertreten werden, vgl. zusammenfassend a. a. O., 172.174.

[845] Vgl. MÜHLING, Ethik, 258.

[846] MÜHLING, Ethik, 258; für einen konsequent relational gedachten Personbegriff vgl. a. a. O., 245–252.

ner passiv konstituierten Bezogenheit auf Gott zu verorten, macht umso mehr Sinn, als der Personbegriff eng mit dem trinitarischen Gottesbegriff verbunden ist: So begegnete z. B. bei Jenson der für trinitarische Theologien grundlegende Gedanke, dass es die trinitarischen Beziehungen sind, die die Personalität Gottes begründen.[847]

> »Wird Gott als Person gedacht und dabei zugleich auf die innertrinitarischen Beziehungen rekurriert, dann beinhaltet dies als Konsequenz, dass nicht ausschließlich Menschen als Personen angesprochen werden können, diese aber von Gott her in ihrem Personsein über den Vorgang der Rechtfertigung in besonderer Weise qualifiziert und als Personen ansprechbar werden. Sie werden nämlich als Gerechtfertigte in die differenzierte Einheit Gottes hineingenommen und müssen sich nicht länger selber um die Einheit ihres personalen Wesens bemühen.«[848]

Gründet menschliche Personalität also nicht allein im zwischenmenschlichen bzw. geschöpflichen Beziehungsgefüge, sondern hat sie ihren Grund vor allem in der Gottesbeziehung, so ist Personsein unverlierbar.[849] Hängen Personsein und Würde nach dem kommunikationstheoretischen Begründungsmodell von Menschenwürde[850] unmittelbar zusammen,[851] so gilt dies auch für die Würde einer Person. Dieser ist im menschlichen Handeln Rechnung zu tragen, sie kann einer Person aber nicht genommen werden.[852]

Im Anschluss an diesen überblicksartigen und vielfach thetischen Blick auf ein den hier behandelten Fragestellungen angemessenes Identitäts- und Personverständnis bleibt vor allen Dingen herauszuarbeiten, welche Möglichkeiten sich von hier ausgehend für die Seelsorge ergeben, Freiheit bzw. Freiheitserleben zu fördern.

---

847 S. im Abschnitt zu Jenson, Kapitel 2, 5.2.2.

848 Berner, Der Neue Mensch, 184.

849 Personsein muss nach dieser Vorstellung auch nicht etwa erst nach der Geburt entwickelt werden, wie es bei Klessmann gedacht zu sein scheint: »Identitätsentwicklung gehört jedoch unabdingbar zu den Aufgaben des Menschseins, weil der Mensch unfertig auf die Welt kommt und zu einer Person werden, seine Identität erst finden und entwickeln muss« (Klessmann, Seelsorge, 253). Einem solchen Gedanken zufolge könnte man Personalität durch Rückentwicklung auch wieder verlieren – ein Personverständnis, das für die Seelsorge mit alten Menschen in Pflegeheimen als unangemessen erscheint. S. zu den Konsequenzen des hier vertretenen Personbegriffs für die Seelsorge Kapitel 3, 3.2.2.5.

850 Vgl. Schaede, Bildung und Würde, 238.

851 Vgl. exemplarisch Berner, Der Neue Mensch, 188.

852 Vgl. Berner, Sterben, 91. Eine intensive Beschäftigung mit dem Personbegriff angesichts von Demenz bietet jüngst Roy, Demenz, 98–168, die im Blick auf den Personbegriff ähnliche Grundentscheidungen trifft, wie sie in der vorliegenden Arbeit vertreten werden, vgl. zusammenfassend a. a. O., 172.174.

Es wird daher in einem ersten Schritt um Möglichkeiten von Freiheitserfahrungen im Zusammenhang christlicher Lebensdeutung gehen. Im Anschluss daran wird auf Freiheit als Selbstannahme und als Selbstbestimmung eingegangen.

An dieser Stelle ist noch einmal anzumerken, dass die Aufteilung in unterschiedliche Formen von Freiheit insofern eine künstliche bzw. heuristische ist, als die verschiedenen Aspekte von Freiheit einander durchdringen – und so z. B. auch Selbstannahme und Selbstbestimmung im Folgenden von einer christlichen Lebensdeutung her gedacht werden.

10.5 Narrative Freiheit als christliche Lebensdeutung

Im Folgenden wird herausgearbeitet, welche Perspektiven sich von den im Zuge des vorliegenden Kapitels untersuchten, erzähltheoretischen Positionen her für Freiheit im Zusammenhang des Erzählens aus einer christlichen Lebensdeutung heraus ergeben. Es wird nach einzelnen Perspektiven gefragt, die sich von den behandelten Ansätzen her für die Seelsorge mit alten Menschen in Pflegeheimen fruchtbar machen lassen.

Eine Grundlage der folgenden Überlegungen stellt Jensons Gedanke dar, dass das Gottesbild einer Person wichtigen Einfluss darauf hat, wie sie ihr Leben versteht und gestaltet.[853] Vor diesem Hintergrund müssen auch Gottesbild und Seelsorge in einem Zusammenhang gesehen werden. Die folgenden Überlegungen zielen also nicht auf die implizite religiöse Dimension von Lebensgeschichte,[854] sondern es werden Vorschläge zu expliziten Deutungsweisen gemacht.

10.5.1 Gott als Gespräch

Mit Jenson lässt sich Gott als Gespräch deuten. Für ihn ist Gott selbst Diskurs – Austausch und Gespräch zwischen Gott Vater, Sohn und Heiligem Geist.[855] Christoph Schwöbel führt diesen Gedanken Jensons in seinem Aufsatz »Gott als Gespräch. Überlegungen zu einer ontologischen Theologie kommunikativer Beziehungen«[856] weiter aus. Er vertritt darin die These, dass Gott nicht nur mit der Schöpfung ein Gespräch hat, sondern »daß das Gespräch, das Gott mit

---

853 S. dazu im Abschnitt zu Jenson, Kapitel 2, 5.2.1.

854 Eine implizite religiöse Dimension von Lebensgeschichten verortet Drechsel im Erzählprozess selbst: in einer Selbsttranszendierung des Erzählers, in seinem Verwiesensein auf »den Anderen« sowie in der Transzendenz »des Anderen« auf Gott als den »ganz Anderen« hin; vgl. DRECHSEL, Lebensgeschichte, 239–244; vgl. ähnlich auch LUTHER, Der fiktive Andere, 121, der die religiöse Dimension in der formalen Struktur biographischer Reflexion verortet: »Wenn in Biographie Ich und Welt zueinander in Beziehung gesetzt werden, dann scheint die religiöse Dimension nicht erst auf, wenn eine dritte Größe wie Gott ins Spiel gebracht wird, sondern in einer spezifischen Konstellation, *wie* Ich und Welt in Beziehung zueinander gesetzt werden.« (ebd.).

855 S. dazu im Abschnitt zu Jenson Kapitel 2, 5.2.7.

856 Vgl. SCHWÖBEL, Gott als Gespräch.

seiner Schöpfung hat, seine Wurzeln in den Gesprächen hat, die Gott ist«[857]. Schwöbel erkennt denn auch Kommunikation als maßgebliches Paradigma nicht nur für ein christliches Gottesverständnis, sondern auch für die Beziehung zwischen Gott und Welt: Das biblische Zeugnis versteht er als Zeugnis eines Gesprächs zwischen Gott und Menschen, insofern Gott auf mannigfache Weise zu den Menschen gesprochen und diese zu einer Antwort aufgerufen habe. Das Wirken des Geistes ermögliche menschliches Antworten auf Gottes Ansprache allererst, so dass – mit dem fortwährenden Wirken des Geistes – auch das göttlich-menschliche Gespräch andauere.[858]

Ist der christliche Gott als der von Jenson und Schwöbel beschriebene trinitarische Gott zu verstehen – ein Gott, für den Beziehungen konstitutiv sind, der Freiheit und Befreitwerden gleichermaßen in sich trägt und dessen wahre Freiheit in der Realität von Möglichkeiten besteht,[859] so ergeben sich daraus Konsequenzen für ein Verständnis vom Menschen und letztlich auch von Seelsorge. Von diesem Gottesbild ausgehend gehören Kommunikation und konkret auch Erzählen zentral zum Menschsein als *imago dei*. Austausch, Beziehungen und Gemeinschaft erscheinen vor dem Hintergrund des Gottes, der in Jesus Christus Gemeinschaft mit den Menschen eingegangen ist und der selbst im Gespräch mit der Menschheit steht, als erstrebenswerte Güter menschlichen Lebens. Von diesem Gottesverständnis her lassen sich weder ausschließlich aktive Freiheit noch reines Befreitwerden, weder reine Aktivität noch Passivität als Ideale menschlichen Lebens ableiten: Wie beides zusammen zu Gott gehört, so gehört auch beides zum Menschen. Der Mensch bedarf der Befreiung und muss seine Freiheit selbst vollziehen. Er braucht einen Zuhörer für seine Erzählungen und hat ihn immer schon in Gott. Er lässt sich von seinen Zuhörern beeinflussen und erzählt seine Geschichte in aller Freiheit doch selbst. – Die Annahme, dass sich Freiheit gerade im Gespräch oder im Erzählen als einem Zusammenspiel aus Aktivität und Passivität ereignet, die Annahme einer »narrativen Freiheit«, gewinnt von hier ausgehend an Plausibilität und theologischem Grund.

10.5.2 Gott als Ereignis und Klammer um die Zeit

Mit Jenson lässt sich Gott weiterhin als Ereignis verstehen – als die Zeit umfassende Aktivität auf den Menschen hin, die die Zeit nicht nur wie eine Klammer zusammenhält, sondern die diese auch bedingt, indem sie Vergangenheit, Gegenwart und Zukunft differenziert zusammenbringt.[860] Gott erscheint damit als Garant zeitlicher Existenz, als Grund, auf den man sich angesichts aller aporetischen und kritischen Zeiterfahrungen verlassen kann – nun aber nicht im Sinne einer Entität, die alle Zeitlichkeit negiert oder von ihr absieht, sondern im Sinne eines sich auf die Zeit einlassenden Ereignisses, das diese gleichzeitig umfängt.

---

857 Schwöbel, Gott als Gespräch, 454.

858 Vgl. Schwöbel, Gott als Gespräch, 454–457.

859 S. Kapitel 2, 5.2.3.

860 S. dazu insgesamt die Darstellung zu Jenson Kapitel 2, 5. sowie besonders 5.2.4.

Darin steckt der Zuspruch, die Ordnung der Zeit nicht selbst aufrechterhalten zu müssen. Da sich Gott selbst in aller Konsequenz auf Zeit und Welt einlässt, ist darin zugleich die größtmögliche Würdigung zeitlicher Existenz enthalten. Dieses Verständnis Gottes kann als eine *Zu-Mutung* angesehen werden – nicht nur weil es einem Menschen die Abgründe zeitlicher und endlicher Existenz zumutet, sondern weil ihm darin zugleich Mut zugesprochen wird: Mut, sich dem Leben in seiner Fülle und mitsamt seiner Abgründigkeit zu stellen. Denn hat sich Gott in Jesus Christus vollends auf die Geschichte der Welt eingelassen und kann er von der Auferstehung her zugleich als diese Geschichte umfangend verstanden werden, dann ist der Mensch in seinem *gesamten* Leben nicht allein gelassen. Pointiert lässt sich die Gewissheit darum mit Paulus ausdrücken:

> »Denn ich bin gewiss, dass weder Tod noch Leben, weder Engel noch Mächte noch Gewalten, weder Gegenwärtiges noch Zukünftiges, weder Hohes noch Tiefes noch eine andere Kreatur uns scheiden kann von der Liebe Gottes, die in Christus Jesus ist, unserm Herrn.« (Röm 8,38f.)

Das Vertrauen auf den christlichen Gott, der Tod und Leben, Hohes und Tiefes umfängt, erlaubt es damit zugleich, das Leben als ein Abenteuer zu sehen:

10.5.3 Das Leben als Abenteuer

Das vor allem in Auseinandersetzung mit Jenson gewonnene Gottesverständnis kann somit als der theologische Hintergrund verstanden werden, von dem her Hauerwas' Gedanke des Lebens als einem Abenteuer[861] begründet werden kann. Bei Hauerwas schien vor allem der Gedanke des Kampfes der Kirche um die Wahrheit maßgeblich dafür zu sein.[862] Eine solche Begründung braucht es von dem hier vertretenen Gottesverständnis her nicht: Es ist der trinitarische Gott selbst, der es erlaubt, das Leben als Abenteuer zu verstehen.[863]

Worin besteht nun ein Abenteuer? Diese Frage zu klären, scheint an dieser Stelle nötig. Soll es um einen Nutzen des Abenteuerbegriffs für die Seelsorge gehen, so ist eine *alltagssprachliche Annäherung* angemessen.

In der Definition des Brockhaus wird unter dem Stichwort »Abenteuer« zugleich der Bericht über ein Abenteuer genannt,[864] so dass es legitim erscheint, die Definition zum »Abenteuerroman« heranzuziehen. Ein Abenteuerroman

> »umfasst ganz verschiedene Ausprägungen aktionsbetonter Genres, in denen sich ein als Identifikationsfigur aufgebauter Held mit Eigenschaften wie Mut, Klugheit, Ausdauer, Kraft in überraschend auf ihn zukommenden, gefahrvollen Situationen bewährt. Handlungselemente sind u. a. Verfolgung, Flucht, Gefangennahme,

---

[861] S. dazu im Abschnitt zu Hauerwas Kapitel 2, 4.2.3.

[862] S. Kapitel 2, 4.2.3.

[863] Vgl. Mühling, Liebesgeschichte, 233.

[864] Brockhaus-Enzyklopädie Online, Art. Abenteuer.

> Befreiung und immer wieder der den existenziellen Einsatz fordernde Kampf. Diese Elemente werden aneinandergereiht, wobei die Spannungsmomente, die sich aus der Bedrohung des Helden und der Ungewissheit des Ausgangs seiner Auseinandersetzung mit Kontrahenten ergeben, zunehmen – oft bis zum endgültigen Sieg des Helden, dem Entspannung gewährenden Happyend.«[865]

Inwiefern der Abenteuergedanke Potentiale für die Seelsorge beinhaltet, wurde im Abschnitt zu Hauerwas bereits dargestellt und wird im Seelsorgeteil dieser Arbeit weiter ausgeführt, so dass an dieser Stelle Andeutungen genügen sollen:[866] Vor allen Dingen ermöglicht er es, Schwierigkeiten und Probleme des Lebens und gerade auch des hohen Alters als Herausforderungen zu fassen: Zu jedem Abenteuer gehören – wie die angeführte Definition deutlich macht – höchst riskante, für Leib, Leben und Seele bedrohliche Situationen, die in der Aussicht auf ein gutes Ende nicht nur in Kauf genommen werden müssen, sondern auch gemeistert werden können. Dazu braucht es Vertrauen, Mut, Geduld und Hoffnung, die Unterstützung durch andere Menschen, Freunde, Vertraute oder Weggefährten, sowie einiges an Geschick. Im Genre des Abenteuerromans ist das Happyend mit angelegt, aber bevor das Ziel nicht erreicht ist, schwebt die Hauptfigur bzw. schweben die Hauptfiguren immer wieder in echter Gefahr, ohne dass sich aus dem Handlungsverlauf das gute Ende notwendig vorhersagen ließe. Wer einen Abenteuerroman liest, hat mit dem Genre die Zusage auf das gute Ende und fragt sich während des Lesens doch immer wieder, ob es auch tatsächlich gut ausgehen wird.

Wird man die Hoffnung auf die eschatische Zukunft aus christlicher Sicht als Zukunft mit dem dreieinigen Gott verstehen können, dann besteht angesichts des hier vorgeschlagenen Gottesverständnisses die Hoffnung darauf, dass auch mit dem Tod das Abenteuer des Lebens noch nicht zu Ende ist. Die Hoffnung auf den Gott, der selbst Ereignis ist und dessen Präsenz Zukunftsoffenheit bedeutet, kann verheißungsvoll sein – im Blick auf das Leben im Pflegeheim, in dem nur allzu oft vielen »Freiheiten von« vergleichsweise wenige »Freiheiten zu« gegenüberstehen.

Der Gedanke des Lebens als einem Abenteuer kann also Freiheit eröffnen, indem er eine ermutigende Sichtweise auf Schwierigkeiten eröffnet: Er erlaubt es, Bedrohungen und Gefahr zu würdigen und ernst zu nehmen, sie aber zugleich aus einer Hoffnung heraus zu deuten.

Um den Abenteuergedanken für eine christliche Lebensdeutung und für die Seelsorge fruchtbar zu machen, bedarf es einiger *Einschränkungen*, die im Folgenden vorgenommen werden sollen:

Erstens geht das Bild des »*Happyend*« insofern an der Lebenswirklichkeit vorbei, als der Tod wohl nur in den allerseltensten Fällen »fröhlich« und ganz

---

865 BROCKHAUS-ENZYKLOPÄDIE ONLINE, Art. Abenteuerroman.

866 S. zur seelsorglichen Bedeutung des Abenteuergedankens u. a. Kapitel 3, 4.6.

gewiss nicht »glücklich« daherkommt.[867] Im Blick auf Sterben und Tod wird man also die Begrifflichkeit beschränken müssen und maximal auf ein »gutes« Ende hoffen dürfen. Als eschatische Hoffnung lässt sich das Bild vom Happyend aber durchaus beibehalten. Indem es als Ausdruck einer solchen Hoffnung verstanden wird, wird der Gedanke des Lebens als Abenteuer zugleich begrenzt: Das Happyend, das aus christlicher Sicht erhofft werden darf, kann gerade nicht aus eigener Anstrengung und Kraft erreicht werden; seine Verwirklichung liegt nicht in unserer oder irgendeines Helden Macht, sondern allein in Gottes Macht.

Zweitens ist auch der *Begriff des Helden bzw. der Heldin* vom Glauben an Jesus Christus her anders zu füllen, als es in vielen Abenteuergeschichten der Fall ist – eben gerade nicht durch den Typ eines machtvollen und strahlenden Helden. In Jesus Christus wird vielmehr ein Antiheld zum Helden. So vollzieht sich eine Umbestimmung der Werte, die für die Seelsorge mit alten Menschen in Pflegeheimen fruchtbar zu machen ist.

Drittens wird nicht zuletzt in John R. Tolkiens Erzählung vom kleinen Hobbit eines deutlich: Ein Abenteuer ist nicht für jedermann, und wem vor allem an seiner Gemütlichkeit gelegen ist, der wird mit einer solchen Deutung wenig anfangen können. Im klaren Bewusstsein um die Berechtigung einer solchen Perspektive – gerade im hohen Alter – erfolgen alle weiteren Vorschläge zu einer Heuristik des Abenteuers für die Seelsorge.[868]

10.6 Narrative Freiheit als differenzierte Selbstannahme

Neben dem Abenteuergedanken erwies sich, wie bereits angeklungen ist, Hauerwas' Vorstellung von *Freiheit als Annahme des eigenen Lebens* als ein weiterführender Impuls: Unter Freiheit kann mit Hauerwas die Annahme des Lebens als »das eigene« verstanden werden.[869] Problematisch an diesem Freiheitsverständnis erschien jedoch die Tatsache, dass bei Hauerwas damit ein gewisser Fatalismus gegeben zu sein schien, der zu einer bloßen Stabilisierung des Bestehenden zu führen drohte.

Um den Gedanken einer Annahme des eigenen Lebens weiterzuführen, wurde Christiane Tietz' Buch »Freiheit zu sich selbst. Entfaltung eines christlichen Begriffs von Selbstannahme« behandelt, die einen tragfähigen Begriff von christlicher Freiheit als einer Freiheit der Selbstannahme entwickelt.[870] Tietz weist auf, dass Freiheit aus christlicher Perspektive als eine »Freiheit zu sich selbst« beschrieben werden kann, als eine Freiheit, sich selbst mit seiner Geschichte, seinen Eigenschaften und seinen Umständen aus dem Glauben

---

867 Es soll durch das vorliegende Verständnis des Abenteuergedankens nicht befördert werden, was Reimer Gronemeyer als neues gesellschaftliches »Programm« diagnostiziert und kritisiert: ein »Happy dying«, das aus einer radikalen Enttabuisierung des Todes folge (vgl. GRONEMEYER, Sterben, 156).

868 S. dazu unten insbesondere Kapitel 3, 4.6.

869 S. dazu im Abschnitt zu Hauerwas Kapitel 2, 4.2.4.

870 S. zu Tietz' Ansatz Kapitel 2, 7.

heraus anzunehmen. Diese These bedarf besonders deshalb der Erklärung, da aus einem lutherischen Verständnis heraus gerade die Selbstbezogenheit, die *incurvatio in seipsum*, als der eigentliche Ausdruck von Sünde anzusehen ist.[871]

Tietz' Ausführungen gliedern sich sinnvoll in die bisherigen Überlegungen zum Thema Freiheit ein: Der Gedanke der Annahme des eigenen Lebens, der bei Hauerwas erstmals vorkam, begegnet bei ihr im Zusammenhang ihres Begriffs von Selbstannahme. Diesen begründet Tietz jedoch stringenter und arbeitet ihn differenzierter aus, als es bei Hauerwas der Fall war. Für sie zählt zur Selbstannahme zudem nicht nur die Annahme des eigenen Lebens, d. h. der eigenen Geschichte, sondern auch die Annahme der persönlichen Eigenschaften sowie der jeweiligen Umstände.[872]

Im Folgenden sollen die Elemente von Tietz noch einmal aufgegriffen werden, die für den Fortgang der Arbeit besonders relevant erscheinen.

10.6.1 Differenzierte Selbstannahme

Sich selbst anzunehmen beinhaltet für Tietz, das eigene faktische Selbst differenziert anzunehmen. In diesem letzten Element der expliziten Selbstannahme, das Tietz benennt, in der *differenzierten Annahme des faktischen Selbst*, treten die für diese Arbeit zentralen Gedanken ihres Ansatzes besonders deutlich hervor:[873]

Erstens kommt im Abschnitt zur differenzierten Annahme des faktischen Selbst die *Unterscheidung von faktischem Selbst und Personsein* des Menschen besonders zum Tragen: Die Grundlage dafür, sich selbst annehmen zu können, ist die Unterscheidung der Person von ihren Werken – kurz: vom faktischen

---

[871] Dass die Unterscheidung zwischen Selbstannahme und Selbstliebe einerseits und die Vereinbarkeit eines Begriffs von Selbstannahme mit dem »*incurvatus in seipsum*« der lutherischen Rechtfertigungslehre andererseits auch für die Seelsorgetheorie von Bedeutung sind, macht das folgende Zitat von Klessmann deutlich. »In der theologischen Tradition ist die Suche nach sich selbst lange abgewertet worden: Das Selbstseinwollen des Menschen wird seit Augustin verstanden als Versuch des Menschen, nicht Gott, sondern nur sich selbst zu vertrauen; Selbstliebe wird zum In-sich-verkrümmt-Sein (incurvatus in se ipsum [...]). Identitätsentwicklung gehört jedoch unabdingbar zu den Aufgaben des Menschseins, weil der Mensch unfertig auf die Welt kommt und zu einer Person werden, seine Identität erst finden und entwickeln muss. Insofern hat der Terminus von der notwendigen ›Identitätsarbeit‹ seinen unbestreitbaren Sinn.« (KLESSMANN, Seelsorge, 253; s. dazu auch oben Anm. 852). Es erscheint wünschenswert, das Interesse von Seelsorge an Identitätsarbeit nicht im bloßen Widerspruch zur Rechtfertigungslehre und unter alleiniger Berufung auf die Faktizität menschlicher Lebensbedingungen begründen zu müssen.

[872] Tietz' Begriff des faktischen Selbst wurde oben für die vorliegende Arbeit modifiziert und um die Aspekte der Leiblichkeit und der Beziehungen ergänzt (s. Kapitel 2, 10.3.1.3). Diese Ergänzungen werden jedoch in den Abschnitten, die stärker an Tietz orientiert sind, nicht immer eigens genannt.

[873] Zur differenzierten Annahme des faktischen Selbst wie zum folgenden Abschnitt s. Kapitel 2, 7.2.3.2.

Selbst. Aufgrund des Angenommenseins des Menschen durch Gott geht es in der Selbstannahme nicht darum, sich selbst als Person zu konstituieren oder sich selbst die Existenzberechtigung zuzusprechen. Vielmehr ist dem Menschen in der Rechtfertigung zugesagt, wer er ist: von Gott trotz seiner Unannehmbarkeit angenommener Sünder. So geht es in der differenzierten Annahme des faktischen Selbst um das »Wie« des Menschen. Ob diese Selbstannahme gelingt, entscheidet weder über sein Personsein noch über sein Heil.[874] In der Diktion der oben eingeführten Ebenen von Freiheit formuliert: Selbstannahme bezieht sich auf die Gestaltungsebene von Menschsein. Sie wird dabei durch die Wahrnehmung der Vollendungsebene erst vollends ermöglicht.

Zum *zweiten* verweist die *differenzierte* Selbstannahme darauf, dass es auch im Glauben nicht darum geht, sich mit dem eigenen faktischen Selbst abzufinden, wie es nun einmal ist. Differenzierte Selbstannahme wird keine Trägheit befördern. Werden manche Eigenschaften und Umstände, manche Teile der eigenen Geschichte nur *transitorisch* angenommen, werden sie als zu einem selbst gehörig akzeptiert, um sich ihnen so widmen und sie *verändern* zu können. Auf der Gestaltungsebene gelten damit die vier Existenzbedingungen von Menschsein, die Tietz von Kierkegaard aufnimmt und interpretiert: Endlichkeit und Unendlichkeit, Notwendigkeit und Möglichkeit.[875] Sie bieten eine nähere Umschreibung der menschlichen Freiheit, die auf der Gestaltungsebene von Menschsein angesiedelt ist und auf dieser ihren Raum und ihre Grenze findet.

Drittens wird anhand des Gedankens der differenzierten Annahme des faktischen Selbst auch deutlich, dass Selbstannahme keinen Hochmut und keinen Perfektionismus befördert. In der Rechtfertigung wird der Mensch von Gott als der Unannehmbare angenommen, ohne dessen Zutun. Als Grundlage der Selbstannahme bedarf es deshalb keiner Perfektionierung des Menschen; es muss nicht erst irgendetwas geschehen, verbessert oder erreicht werden, um sich selbst annehmen zu dürfen. Gott hat den unannehmbaren Menschen in seiner Liebe angenommen und macht ihn auf diese Weise (im Sinne der 28. These von Luthers Heidelberger Disputation) liebenswert. Selbstannahme, die aus dem christlichen Glauben heraus erwächst, bezieht sich auf die Gestaltungsebene von Menschsein und ist von dem Wissen getragen, dass dem Menschen die Vollendung verheißen und zugesprochen ist.

Viertens arbeitet Tietz heraus, dass eine im Rechtfertigungsgeschehen gründende Selbstannahme nicht mit Selbstliebe gleichbedeutend ist – weder mit Selbstliebe im aristotelischen Sinne, die sich am Liebenswerten entzündet, das der Mensch selbst in sich trägt,[876] noch mit Narzissmus – sei es im alltagssprachlichen Sinne von Selbstverliebtheit oder im Sinne der psychologischen Rezeption, die ihren Schwerpunkt auf die Selbstbezogenheit des Narzissten legt.[877]

874 Vgl. TIETZ, Freiheit zu sich selbst, 171.
875 S. dazu im Abschnitt zu Tietz Kapitel 2, 7.2.3.2.
876 Vgl. TIETZ, Freiheit zu sich selbst, 188–190.
877 Vgl. TIETZ, Freiheit zu sich selbst, 131 (besonders Anm. 32)–136.

Fünftens ermöglicht es das von Tietz erarbeitete *Kriterium differenzierter Selbstannahme*, die *Frage, ob Eigenschaften, Umstände oder Erlebtes gemeinschaftsfördernd sind oder nicht*, sich selbst, die eigene Geschichte und insbesondere auch die jeweiligen Lebensumstände daraufhin zu befragen, ob sie Gottes Ja oder Gottes Nein unterliegen. Zugleich ist dabei jedoch in doppelter Hinsicht Vorsicht geboten: Zum einen ist stärker, als es bei Tietz der Fall ist, zu beachten, dass dies in dem Bewusstsein geschehen muss, dass Gottes Wille *sein* Wille bleibt, der uns nicht immer einsichtig ist. Zum anderen sollte mit dem Gedanken der differenzierten Annahme des faktischen Selbst nicht der Eindruck erweckt werden, als sei sich der Mensch selbst in all seinen Eigenschaften und Umständen sowie seiner Geschichte tatsächlich zugänglich.[878]

Schließlich sind mit *Wahrnehmen, Annehmen und Unterscheiden* praktische Schritte differenzierter Selbstannahme benannt, die Tietz maßgeblich im Gebet verortet, die aber auch für Seelsorgegespräche von Bedeutung sind. Tietz erarbeitet somit ein für die Seelsorge anschlussfähiges systematisch-theologisches Konzept von Selbstannahme, das in seinen seelsorglichen Implikationen noch näher ausgeführt wird.[879]

10.6.2 Differenzierte Selbstannahme und Erzählen

Das Erzählen kann zur Selbstannahme auf zwei Weisen beitragen: *Zum einen* werden im lebensgeschichtlichen Erzählen Aspekte des eigenen faktischen Selbst zugänglich – es erschließen sich Momente der eigenen Lebensgeschichte, in denen sich Eigenschaften, Lebensumstände und Beziehungen der Person artikulieren.[880] *Zum anderen* können im Erzählen Lebensdeutungen aus einer christlichen Wirklichkeitssicht heraus erfolgen und die Botschaft des Evangeliums, die sich selbst in Erzählungen ausdrückt, kann auf das eigene Leben bezogen und mit diesem ins Gespräch gebracht werden.

Hierzu kann die Außenperspektive des Seelsorgers bzw. der Seelsorgerin beitragen: einerseits, indem dem lebensgeschichtlichen Erzählen des Gegenübers Raum gegeben wird, so dass es möglich wird, das eigene faktische Selbst wahrzunehmen; andererseits, indem Seelsorger bzw. Seelsorgerin mit ihrer

---

878 S. zum Gedanken der Selbstverborgenheit des Menschen Kapitel 2, 10.3.1.2.

879 S. Kapitel 3, 3.3.2.

880 Lebensgeschichtliches Erzählen und Selbstannahme alter Menschen lassen sich hier in Analogie zu dem verstehen, was Karl Rahner in seiner viel zitierten Reflexion auf das Alter schreibt: »Das Alter bedeutet auch die Tatsache, daß wir schon unerbittlich den größten Teil unseres Lebens hinter uns gebracht haben. Das ist eine Binsenwahrheit, und doch muß man diesen Satz genau bedenken, um ihn wirklich zu verstehen. [...] Denn wir müßten eigentlich sagen: Wir haben unser Leben im Alter ›vor uns gebracht‹. Die Freiheitsgeschichte unseres Lebens brachte aus den unzählig vielen Möglichkeiten wie aus einem dunklen Grund, der vorgegeben und nicht von uns verfügt hinter uns liegt, die konkrete Gestalt unseres Lebens durch unsere Freiheitstat hervor und vor uns. Und diese ist und steht vor dem prüfenden Blick unseres Gedächtnisses und unserer Erinnerung.« (RAHNER, Grundverständnis, 317f.)

christlichen Wirklichkeitssicht Deutungsangebote machen können, die – von der Botschaft des aus Gnade rechtfertigenden Gottes her – die Annahme des faktischen Selbst begünstigen.

10.7 Narrative Freiheit als Selbstbestimmung

In der vorliegenden Arbeit wurde von Anfang an vorausgesetzt, dass ein Aspekt von Freiheit in der Selbstbestimmung bestehen kann. Im Folgenden sollen nun die Ergebnisse der bisherigen Überlegungen zusammengetragen werden. In einem ersten Schritt wird es darum gehen, die Begriffsbestimmung, die zu Anfang der Arbeit vorgenommen wurde,[881] noch einmal zu überprüfen und durch weitere Unterscheidungen zu ergänzen. Im Anschluss daran soll konkreter der Beitrag lebensgeschichtlichen Erzählens zu den einzelnen Aspekten von Selbstbestimmung herausgearbeitet werden. Schließlich wird es in einem dritten Schritt darum gehen, die Selbstbestimmungsthematik stärker in den Rahmen der in den letzten Abschnitten erarbeiteten theologischen Überlegungen einzubetten.

10.7.1 Begriffliche Unterscheidungen

Im Nachdenken über den Beitrag von Seelsorge im Blick auf die Selbstbestimmung eines Menschen stehen vor dem Hintergrund der bisherigen Analysen drei Aspekte von Selbstbestimmung im Mittelpunkt: situative Selbstbestimmung bzw. Selbstbestimmung als Handlungsfreiheit, Selbstbestimmungserleben und lebensgeschichtliche Selbstbestimmung. Die im Folgenden eingeführten Unterscheidungen sind keineswegs als Trennungen zu verstehen. Vielmehr sind die Übergänge zwischen den einzelnen Aspekten fließend.

10.7.1.1 Situative Selbstbestimmung

Die Frage nach der *Selbstbestimmung* begegnet, gerade im ethischen oder auch rechtlichen Kontext, als Frage nach der die eigene Person und Identität betreffenden Handlungsfreiheit. Sie ist *im Gegenüber zum Zwang* und in Bezug zu den Bestimmtheiten zu verstehen, die Handlungen vorangehen bzw. inhärent sind. Oben wurde Selbstbestimmung in diesem Sinne beschrieben als die Möglichkeit und Fähigkeit eines Menschen, seinem eigenen Willen gemäß zu handeln bzw. darüber zu verfügen, dass andere gemäß seinem eigenen Willen an ihm bzw. für ihn handeln.[882]

Hier geht es z. B. darum, welche Handlungsspielräume bestehen, wie diese durch äußere Faktoren – wie z. B. die Lebensbedingungen im Pflegeheim oder den eigenen Gesundheitszustand etc. – beeinflusst werden und welchen Einfluss ein Mensch in der jeweiligen Situation auf sein Ergehen nehmen kann.[883]

881 S. zur vorläufigen Begriffsbestimmung Kapitel 1, 2.2.2.

882 S. Kapitel 1, 2.2.2.

883 In den Zusammenhang dieses Verständnisses soll in dieser Arbeit auch die Rede von der »Patientenautonomie« eingeordnet werden. Polke versteht unter Patientenautonomie

Wird Selbstbestimmung auf diese Weise sehr weit gefasst, hat dies einen deutlichen Nutzen, es beinhaltet aber auch Probleme: Der *Vorteil* liegt darin, dass ein solcher Selbstbestimmungsbegriff dazu anhält, Menschen – wie beschrieben[884] – als Subjekte zu behandeln, sie in ihrer Eigenständigkeit und in ihren Entscheidungen ernst zu nehmen, sie nicht zu bevormunden oder an ihnen – z. B. gerade in der Pflege – entgegen ihrem Willen zu handeln. Ein solch schwacher Begriff erscheint im Blick auf die Situation in Pflegeheimen sinnvoll, wo es z. B. eine häufige Herausforderung darstellt, Bewohnerinnen und Bewohner in ihren Wünschen anzuerkennen und Menschen, deren Bewusstsein eingeschränkt ist, in ihrem Willen ernst zu nehmen.[885] Auch für den Fall, dass Handlungen oder Entscheidungen von außen unsinnig oder unstimmig erscheinen, hält dieser Begriff Außenstehende (wie Pflegepersonal, Seelsorger, auch Angehörige) dazu an, den eigenen Paternalismus in Grenzen zu halten.

Der *Nachteil* besteht darin, dass mit einem solchen Selbstbestimmungsbegriff noch nichts darüber gesagt ist, ob ein Mensch sich in seinem Handeln als selbstbestimmt erlebt und ob er seinem eigenen Willen gemäß handelt oder nicht vielleicht doch »wider Willen«. Ein solch weit gefasster Begriff kann dazu führen, dass auch Handlungen (in diesem Sinne) als selbstbestimmt bezeichnet werden, bei denen man sich von außen schwer tun wird, sie als »selbstbestimmt« zu akzeptieren.[886]

Um in diesem Zusammenhang auf eine sachgemäße Begrifflichkeit zurückgreifen und um die Rede vom Handeln »wider Willen« explizieren zu können,

---

»die Selbstbestimmung des Einzelnen hinsichtlich seiner Lage als kranker, leidender und u. U. sterbender Patient im Zusammenhang weiterer Subjekte (Arzt, Angehörige) und gesellschaftlicher Konstellationen (Krankenhaus, Sozialversichertengemeinschaft). Mit ihm scheinen wir eine normative Qualifizierung einer bestimmten Letztentscheidungsinstanz angeben zu wollen, die als Subjekt selbst über die Kriterien ihrer eigenen Lebensführung im Angesicht der Endlichkeit entscheiden soll. Dahinter steht ein kulturelles Selbstverständnis, wonach mit Autonomie nicht etwas Allgemeines [...] sondern die je individuell entscheidbare Bestimmung über Mittel und Ziele der eigenen Lebensführung [verstanden wird]«, POLKE, Individualität, 82.

[884] S. Kapitel 1, 2.2.2.

[885] Brunn und Rolf weisen auf die Notwendigkeit der Unterscheidung zwischen bewusster und nicht- oder vorbewusster Selbstbestimmung hin, wobei sie letztere v. a. auf habituelle Handlungen beziehen, vgl. BRUNN/ROLF, Selbstbestimmung, 14. Die im Rahmen dieser Arbeit vorgenommene Unterscheidung verschiedener Aspekte von Selbstbestimmung lässt sich in diesem Sinne verstehen. Während Selbstbestimmung als Handlungsfreiheit durchaus auch nicht- oder vorbewusste Momente umfassen kann, setzt die Rede von der lebensgeschichtlichen Selbstbestimmung Reflexion voraus.

[886] Dies scheint der Tatsache geschuldet zu sein, dass sobald die Möglichkeit zur Selbstbestimmung in diesem schwachen Sinn besteht, auch die Notwendigkeit dazu gegeben ist: Liegt ein Mindestmaß an Handlungsfähigkeit vor, kann eine Person in diesem schwachen Sinne nicht darauf verzichten, über sich selbst zu bestimmen. Auch wer sich treiben lässt oder seine Entscheidungen an andere Menschen delegiert, bestimmt sich selbst dazu. Vgl. dazu BRUNN/ROLF, Selbstbestimmung, 14f.

erscheint es an dieser Stelle sinnvoll, kurz auf das Thema Willensfreiheit einzugehen und Harry Frankfurts Verständnis von Willensfreiheit zu umreißen: Ausgehend von der Beobachtung, dass Menschen sich – anders als Tiere – zu ihren eigenen Wünschen verhalten können, unterscheidet Frankfurt Wünsche erster und zweiter Stufe: Menschen können – im Sinne eines Wunsches zweiter Stufe – wollen, dass sie einen bestimmten Wunsch (erster Stufe) haben oder auch dass sie ihn nicht haben.[887] Personen[888] zeichnen sich für Frankfurt darüber hinaus dadurch aus, dass sie nicht nur Wünsche, sondern »Volitionen zweiter Stufe« ausbilden: Sie wollen, dass bestimmte Wünsche zweiter Ordnung für sie handlungsleitend und d. h. ihr Wille werden.[889] Durch diese Unterscheidung wird deutlich, wie man »willentlich« und doch zugleich entgegen dem eigenen Willen handeln kann:

Es kann in einer Entscheidung ein Wunsch handlungsleitend geworden sein, von dem eine Person keineswegs will, dass er das Handeln bestimmt. So isst sie z. B. Schokolade in großen Mengen, obwohl sie dies doch »eigentlich« – im Sinne einer Volition zweiter Ordnung – bleiben lassen will, weil sie schwer an Diabetes erkrankt ist. Diese Person wird sich nicht als selbstbestimmt erleben,[890] auch wenn man ihre Entscheidung als selbstbestimmt wird respektieren müssen.

---

887 Vgl. FRANKFURT, Willensfreiheit, 288.

888 Während Frankfurts Freiheitsverständnis im Folgenden aufgegriffen wird, wird sein Personverständnis nicht weiter diskutiert. Menschen, die keine Volitionen zweiter Stufe ausbilden, das Personsein abzusprechen, kommt aus Sicht einer theologisch fundierten Altenseelsorge nicht infrage, dürften doch große Teile von Pflegeheimbewohnern mit fortgeschrittener Demenz dann schlicht nicht mehr als Personen angesehen werden; zum Personverständnis s. Kapitel 2, 10.4. Frankfurt weist aber selbst darauf hin, dass sein Gebrauch des Begriffs Person »ein wenig willkürlich« sei (FRANKFURT, Willensfreiheit, 302, Anm. 5).

889 Vgl. FRANKFURT, Willensfreiheit, 292. Frankfurt führt das Beispiel eines Drogensüchtigen wider Willen ein, der widerstreitende Wünsche erster Stufe hat – Drogen zu nehmen und keine Drogen zu nehmen – und dazu die Volition zweiter Stufe, dass sich der Wunsch, keine Drogen zu nehmen durchsetzen möge, vgl. a. a. O., 293.

890 Hier liegt der Fall anders, wenn sie die Folgen ihres Handelns bewusst in Kauf nimmt – z. B. um des Genusses willen. So lässt sich z. B. an »Armande« (Juli Dench) in dem Film »Chocolat« denken, die nach dem Schokoladenfest an ihrem 80. Geburtstag – vermutlich – an den Folgen ihrer Diabetes stirbt. Auf der bloßen Handlungsebene wird man als Außenstehender das eine wie das andere Verhalten als »selbstbestimmt« respektieren müssen – den selbstzerstörerischen Schokoladenexzess wider Willen und den – nicht weniger exzessiven – kulinarischen Hochgenuss, als dessen Folge der Tod in Kauf genommen wird. (Die Frage, ob und wann Interventionen sinnvoll oder moralisch sogar verpflichtend sind, kann und soll an dieser Stelle nicht diskutiert werden.) Das ein und dasselbe, als »in gewisser Weise« selbstbestimmt anzuerkennende Handeln wird wohl höchstens im Fall von Armande (aufgrund ihrer übereinstimmenden Volition zweiter Ordnung) »tatsächlich« als selbstbestimmt wahrgenommen werden können. Die Unterscheidung zwischen Selbstbestimmung und Selbstbestimmungserleben ist der Versuch, beiden Aspekten des Selbstbestimmungsbegriffs Raum zu geben – allerdings um den Preis, dass dadurch auch Handeln wider Willen auf einer – eher oberflächlichen – Ebene als »selbstbestimmt« bezeichnet wird.

10.7.1.2 Erleben von Selbstbestimmung

Die Frage nach dem *Erleben von Selbstbestimmung* kann somit als die Frage nach der Übereinstimmung des persönlichen Handelns mit dem eigenen Wollen und Willen beschrieben werden. Bei Thomä begegnete der Ausdruck »von ganzem Herzen wollen was man tut«, der sich auf das Erleben von Selbstbestimmung beziehen lässt.[891] Der – im Sinne von Volitionen zweiter Stufe – verstandene Wille ist in hohem Maße von persönlichen Selbstbildern und Identitätsansprüchen, von eigenen Wert- und Normvorstellungen beeinflusst.[892] Gerade auch die eigene Vorstellung über die Bestimmung des Menschen ist hierbei von Gewicht.[893]

Einschränkungen des Erlebens von Selbstbestimmung sind auf verschiedenen Ebenen denkbar:

- Die Handlungsfreiheit kann eingeschränkt sein.
- Eine Person kann wider Willen, d. h. entgegen der eigenen Volition zweiter Stufe handeln.[894]
- Eine Person kann sich aufgrund widerstreitender Wünsche zweiter Stufe nicht zu einer eindeutigen Volition zweiter Stufe entscheiden.[895]

Während der Begriff der Selbstbestimmung in der Rede von situativer Selbstbestimmung vor allem in der Bedeutung von »bestimmen« gebraucht wird, die oben im Sinne von »Entscheiden über die eigene Identität« beschrieben wurde, beinhaltet das »Erleben von Selbstbestimmung« in dieser Interpretation stärker den Gedanken, sich seinem Selbst entsprechend zu bestimmen – und d. h. eher, die eigene Identität zu entdecken und dieser entsprechend zu handeln.[896]

---

[891] S. dazu im Abschnitt zu Thomä Kapitel 2, 9.2.4.

[892] Auf die Bedeutung von Werten verweist Mühling. Er schlägt ein Modell von Differenzierungen des Freiheitsbegriffs vor, das Freiheitserleben in theologisch akzentuierter Aufnahme von Charles Taylor beschreibt: Unter dem Praktizierungserleben von endlicher, interner Freiheit versteht er: »Die Wünsche erster Ordnung einer Person passen [...] zu ihren Wünschen zweiter Ordnung, die wiederum starke Wertungen beinhalten und insofern in den narrativen Rahmen der kommunitär gebildeten moralischen Ontologie eingebunden sind. Das Eingebettetsein der Wünsche zweiter Ordnung in eine starke Wertungen beinhaltende moralische Ontologie verhindert hierbei, dass der Regress von Wünschen höherer Ordnung ins Unendliche gesteigert werden könnte.« (MÜHLING, Liebesgeschichte, 303). Zentral ist dabei, dass die »moralische Ontologie« (Taylor) bzw. der Wertehorizont zumeist implizit vorliegt und zwar expliziert werden kann, aber keineswegs muss, vgl. MÜHLING, Ethik, 153f.

[893] Vgl. BRUNN/ROLF, Selbstbestimmung, 16.

[894] Vgl. FRANKFURT, Willensfreiheit, 296f.

[895] Vgl. dazu FRANKFURT, Willensfreiheit, 296f. Bei Frankfurt begegnet darüber hinaus der Gedanke eines potentiellen *Regress ad infinitum* von Wünschen bzw. Volitionen höherer Stufen: Er geht davon aus, dass man sich auch zu Volitionen zweiter Stufe bestätigend oder ablehnend verhalten kann und so fort – »nichts außer einem geraden Verstand und vielleicht einer rettenden Ermüdung hindert jemanden, wie besessen die Identifikation mit einem seiner Wünsche zu vermeiden, ehe er sich nicht einen Wunsch der nächsthöheren Stufe gebildet hat«, FRANKFURT, Willensfreiheit, 297; s. dazu Anm. 895.

[896] S. oben im Abschnitt zu Thomä Kapitel 2, 9.2.4.

Es kann angenommen werden, dass auch bei demenzkranken Menschen noch Selbstbestimmungserleben möglich ist. Im Sinne von Frankfurt ließe sich diese Übereinstimmung folgendermaßen beschreiben: Handeln und Wünsche erster Ordnung stimmen – so die entsprechenden Handlungsmöglichkeiten bestehen – überein; Volitionen zweiter Ordnung (Wie stehe ich zu meinem Wunsch, dies oder das zu tun?), die auf der Ebene des reflexiven Selbst angesiedelt sind,[897] entfallen hingegen sukzessive, so dass das Streben nach unmittelbarer Bedürfnisbefriedigung zunehmend handlungsleitend wird.[898] Auch Andreas Kruse geht von einer eingeschränkten Möglichkeit der Selbstbestimmung von Menschen mit Demenz aus:

> »Auch mit Blick auf die ›Selbstbestimmung‹ des demenzkranken Menschen kann die These aufgestellt werden, dass diese zwar nicht mehr in ihrer früheren prägnanten Gestalt erkennbar ist, dass aber bis in die späten Stadien der Erkrankung demenzkranke Menschen durchaus spüren, ob sie es sind, die eine Handlung ausführen, oder das Gegenüber.«[899]

10.7.1.3 Lebensgeschichtliche Selbstbestimmung

Welche Ergebnisse lassen sich nun im Blick auf einen Begriff lebensgeschichtlicher Selbstbestimmung festhalten?

Unter lebensgeschichtlicher Selbstbestimmung wurde bisher in Aufnahme und Abwandlung von Martin Seels Selbstbestimmungsbegriff die *Fähigkeit verstanden, in Antwort auf gegebene historische, soziale, biographische und biologische Bedingungen den Kurs des eigenen Handelns aus eigener Erfahrung und Überlegung zu bestimmen.*[900]

Dieser Begriff von Selbstbestimmung setzt zentrale Aspekte des vorgeschlagenen Verständnisses situativer Selbstbestimmung voraus, denn auf Gegebenheiten zu antworten, beinhaltet, dass man nicht unter Zwang handelt und angesichts der konkreten Gegebenheiten seine Entscheidungen trifft. Auch der Begriff des Selbstbestimmungserlebens kann innerhalb dieser Definition verortet werden – insofern nämlich Handeln aus eigener Erfahrung und Überlegung an den eigenen Wünschen, Volitionen zweiter Stufe und Selbstbildern ausgerichtet sein und auf möglichst große Übereinstimmung zielen wird, wenn es denn als selbstbestimmt erlebt werden soll. Allerdings erscheint es sinnvoll, die bisher vorliegende Begriffsbestimmung noch zu erweitern: Lebensgeschichtliche Selbstbestimmung wäre dann als Fähigkeit zu verstehen, in Antwort auf gegebene historische, soziale, biographische und biologische Bedingungen den Kurs des eigenen Handelns aus eigener Erfahrung und Überlegung *dem eigenen Willen gemäß* zu bestimmen.

---

[897] S. zur Unterscheidung zwischen basalem und reflexivem Selbst Kapitel 2, 10.3.1.3.

[898] Zu Frankfurts Willensmodell s. Kapitel 2, 10.7.1.1.

[899] KRUSE, Sterben, 655.

[900] S. zu Seels Begriff von Selbstbestimmung Kapitel 2, 8.2.

Der Begriff geht weit über die ersten beiden Aspekte von Selbstbestimmung hinaus, da er – wie bereits beschrieben – auf eine diachrone Perspektive zielt (»den Kurs des eigenen Handelns bestimmen«); insofern wurde er als »lebensgeschichtlich« bezeichnet.

Von Thomäs Kritik an Rawls her, aber z.B. auch schon bei Hauerwas, ergaben sich deutliche Kritikpunkte im Blick auf einen solchen diachronen Selbstbestimmungsbegriff: Wer könnte schon heute sagen, was er in Zukunft wollen oder wie er einen eingeschlagenen Weg in Zukunft erleben wird? Wer könnte schon heute sagen, welche Konsequenzen eine bestimmte Entscheidung in Zukunft zeitigen wird? Erscheint eine in der Gegenwart als selbstbestimmt erlebte Entscheidung im Rückblick nicht häufig als Widerfahrnis? Und nicht zuletzt: Wiegen die Kontingenzen des Lebens nicht zu schwer, um Selbstbestimmung diachron denken zu können? Die Problematik ist offenkundig: Das Leben ist in vielem unkalkulierbar. Es bleibt festzuhalten, dass sich Befindlichkeiten, Wünsche und Ziele verändern können, ja müssen, wenn eine Person sich in ihrem Leben weiterentwickeln will, und dass Entscheidungen stets unkalkulierbare Folgen beinhalten können. Seel begegnete diesem Sachverhalt, indem er Selbstbestimmung auch als »sich bestimmen lassen« begreifen konnte und Selbstbestimmung damit in bewusster Aufnahme von Aspekten von Fremdbestimmung erkannte.[901]

Ist die Annahme eines Begriffs lebensgeschichtlicher Selbstbestimmung dennoch sinnvoll? Die vorgeschlagene Definition weist den Vorteil auf, dass sie den passiven Momenten des Lebens Rechnung trägt: Selbstbestimmung erfolgt immer in *Antwort* auf die jeweiligen Gegebenheiten. Zugleich beinhaltet sie die notwendige Flexibilität: Man muss im Sinne dieser Definition nicht ein festes Ziel anvisieren, das – einmal gewählt – immer verfolgt wird.[902] Es wird nicht der Anspruch vertreten, zu dieser oder jener Identität, zu diesem oder jenem Selbst werden zu wollen, sondern es wird auf das *Handeln* fokussiert, das zwar zur Bildung (gegenwärtiger) Identität beiträgt, diese aber nicht allein ausmacht. Insofern wird der Unkalkulierbarkeit von Leben, Motiven, Befindlichkeiten und Wünschen durchaus Rechnung getragen. Auch sind – um im Bild zu bleiben – bei einem Kurs durchaus Kursänderungen möglich – sei es, weil sich das Ziel geändert hat oder weil es einen Wetterumschwung gab.

Auch angesichts aller Eventualitäten und Unkalkulierbarkeiten erscheint es wenig sinnvoll, auf die Fragen zu verzichten, welche Richtung man im Leben einschlagen, was man erleben oder erreichen will. Immer wieder müssen richtungsweisende Entscheidungen getroffen werden. Der hier aufgenommene Begriff lebensgeschichtlicher Selbstbestimmung versucht beidem, Passivität und

---

[901] S. Kapitel 2, 8.2.2.

[902] An dieser Stelle bleibt auf die deutliche Distanzierung von Seels Konzept zu verweisen, für den die Selbstbestimmung als solche das in allem Handeln zu verfolgende Ziel darstellte, s. zur Kritik daran Kapitel 2, 8.3.1.

Aktivität, dem Gegebensein und dem Aufgegebensein von Leben, Rechnung zu tragen. Auch dieses Verständnis von Selbstbestimmung bezieht sich dabei auf die bereits beschriebene Gestaltungsebene von Menschsein.[903]

10.7.2 Selbstbestimmung theologisch

Hinsichtlich der Selbstbestimmungsthematik ist die Frage weiterhin unbeantwortet, wie Selbstbestimmung aufgrund der bisherigen Ergebnisse aus theologischer Sicht zu bewerten ist.

Die Frage der Selbstbestimmung bezieht sich – dies wurde bereits aus dem Vorangehenden deutlich – auf die (gegenwärtige) Identität eines Menschen bzw. auf seine Identitäten. Selbstbestimmung, Selbstbestimmungserleben und lebensgeschichtliche Selbstbestimmung betreffen das faktische Selbst des Menschen und vollziehen sich auf der Gestaltungsebene von Menschsein. Auch die Selbstbestimmung ist, wie alle »Arbeit« an der eigenen Identität bzw. Versuche der Identitätssicherung, zum Werk des Menschen zu zählen.[904]

Ohne die Hoffnung auf eine in der Rechtfertigung verheißene Unterscheidung der Person von ihren Werken läuft Selbstbestimmung Gefahr, zum Instrument der vermeintlichen Selbstkonstitution zu werden. Besteht nicht eine Entlastung derart, dass dem Menschen sein Personsein immer schon von außen zugesprochen ist, wie fragmentarisch seine Identität und wie erfolglos die Versuche zu ihrer Sicherung auch sein mögen, so kann die Selbstbestimmung zur vermeintlich einzigen Option werden, das eigene Sein zu sichern. Das Leben droht dann zu einer Aneinanderkettung existenzbedrohlicher Gefahren zu werden, deren gewaltsame Übermacht spätestens im hohen Alter angesichts schwindender Kräfte anerkannt werden muss.

Selbstbestimmung in der Hoffnung auf Gottes Unterscheidung der Person von ihren Werken kann sich demgegenüber in Freiheit vollziehen: Der Glaube daran, nicht letztgültig über das eigene Sein entscheiden zu müssen, kann es erleichtern, das Risiko einzugehen, das damit einhergeht, Entscheidungen zu treffen und Identität zu gewinnen – das Risiko nämlich, dass es nicht die »richtige« Identität sein könnte. Ist dies dann tatsächlich der Fall, kann das Wissen um den vorletzten Charakter aller Identitätsbildung es erlauben, entweder in Freiheit bei dem zu bleiben, was sich womöglich als unstimmig erwiesen hat, oder aber – je nach Mut, Kraft und Ressourcen einer Person – neu anzufangen. Es wird möglich, in der Begegnung mit anderen Menschen die eigene Identität anfragen und auch erschüttern zu lassen. Dieser Glaube kann es erleichtern, sich auf etwas einzulassen, das mit jedem selbstbestimmten Akt einhergeht – sich, wie Martin Seel formuliert, bestimmen zu lassen.[905] Dazu gehört auch, im (selbstbestimmten) Treffen einer Entscheidung deren Konsequenzen in Kauf zu nehmen – in dem Wissen, dass diese in vielen Fällen nicht kalkulierbar sind.

---

903 S. Kapitel 2, 10.2.

904 Vgl. Berner, Der Neue Mensch, 188.

905 S. Kapitel 2, 8.2.2.

Das Bild des Lebens als einem Abenteuer mit verheißenem guten Ende kann zu selbstbestimmtem Handeln ermutigen: Es beinhaltet, dass Risiken, Gefahren und Verluste zum Leben dazugehören und dass es sich auch angesichts aller Rückschläge lohnt, den eigenen Weg weiter zu verfolgen – auch wenn sich dessen Richtung zuweilen ändern mag.

Mit der Selbstbestimmung kommt – wie oben ausgeführt – nicht nur die Frage in den Blick, wozu ein Mensch sich selbst bestimmt, sondern auch, als wozu bestimmt er sich versteht.

Dabei kann die Grundbestimmung des Menschen als in der Rechtfertigung vorgegeben angesehen werden – unabhängig davon, wozu sich eine Person selbst bestimmt, und davon, ob und inwiefern Selbstbestimmung gelingt. Es ist die Bestimmung zur Gemeinschaft mit Gott und damit auch zur (heilvollen) Gemeinschaft mit den Menschen. Selbstbestimmung als die Bestimmung des faktischen Selbst wird sich aus christlicher Sicht nach Möglichkeit an diesem Ziel bzw. dieser Bestimmung orientieren – in dem Bewusstsein, dass sie dieses Ziel durch die eigene Bestimmung des Selbst weder erreichen kann noch muss.

10.7.3 Selbstbestimmung und Erzählen

Es lassen sich verschiedene Weisen ausmachen, in denen Selbstbestimmung und Erzählen zusammenhängen:

1. Bezogen auf die *situative Selbstbestimmung* kann in lebensgeschichtlichen Erzählungen Verantwortung für einzelne Taten übernommen werden.[906] Erzählungen resultieren damit aus der Verantwortlichkeit und Selbstbestimmung einer Person.

2. *Lebensgeschichtliches Erzählen kann zum Erleben von Selbstbestimmung beitragen*, weil für eine Person im Erzählen spürbar wird, ob sie sich als selbstbestimmt erlebt oder ob ihre Erzählung im Widerspruch zu ihrer momentanen Selbstwahrnehmung steht.

Positiv kann sich ein Mensch im Erzählen als mit sich, seinen Anliegen, Werten und Normen übereinstimmend erfahren. Lebensgeschichtliches Erzählen erweist sich dann als von einem Gefühl der Selbstbestimmung getragenes Erzählen, wenn die eigene Erzählung mit der persönlichen Wahrnehmung des eigenen Selbst übereinstimmend erlebt wird. Thomä schrieb in diesem Zusammenhang von der Stimmigkeit der adressaten- und situationsbezogenen Erzählung.[907]

Nicht selbstbestimmt erlebt sich ein Mensch dann, wenn er sein Handeln nicht mit seinen Volitionen zweiter Ordnung übereinstimmend erlebt, die von seinen Selbstbildern, Anliegen und Werten geprägt sind. Lebensgeschichtliches Erzählen kann dann zur *Wahrnehmung* eines Gefühls *mangelnder* Selbstbestimmung beitragen, wenn einem die eigene Erzählung plötzlich unstimmig

---

906 Zum Zusammenhang von Verantwortung und Erzählung bei MacIntyre s. Kapitel 2, 3.2.3.

907 S. im Abschnitt zu Thomä Kapitel 2, 9.2.5.

erscheint oder wenn man z. B. im Erzählen bemerkt, dass Wollen und persönlicher Anspruch aus welchen (mitunter uneinsehbaren) Gründen auch immer auseinandergehen.

Lebensgeschichtliches Erzählen kann einen Rahmen bieten, diese Art von Differenz wahrzunehmen. Dies ist eine wichtige Grundvoraussetzung dafür, sich einem stärkeren Gefühl von Selbstbestimmung anzunähern. Solch eine Annäherung ist dann auf verschiedene Arten und Weisen vorstellbar: Es kann gefragt werden, woher die Unstimmigkeiten kommen. Sind sie auf der Ebene der Handlungsmöglichkeiten angesiedelt, geht es also um Selbstbestimmung als Handlungsfreiheit, kann versucht werden, z. B. neue Handlungsmöglichkeiten zu schaffen. Dies wäre dann als assimilativer Umgang mit der Problematik zu beschreiben. Oder es können Erwartungshorizonte, Normen, Werte oder Selbstbilder überprüft, gegeneinander abgewogen und ggf. verändert werden, so dass die Veränderungen eher auf der Ebene der Volitionen zweiter Stufe anzusiedeln wären (akkomodative Bewältigung).[908]

3. Hinsichtlich der *lebensgeschichtlichen Selbstbestimmung* kann man sich im Erzählen darüber vergewissern, wie man die Dinge im Leben bisher angegangen hat und wie es einem im Zuge dessen ergangen ist. Solchen Erfahrungswerten kann eine orientierende Funktion für zukünftige Wege und Entscheidungen zukommen. Ricoeur verwies auf das Affiziertsein der Gegenwart durch die Vergangenheit, das zugleich jeden (gegenwärtigen) Zukunftsentwurf beeinflusst.[909] Zugleich kann in Erzählungen Zukunft antizipiert und vorwegnehmend imaginiert werden.[910] Solchen Erzählungen wird weniger deswegen ein Wert zukommen, weil sie tragfähige Aussagen über zukünftige Befindlichkeiten ermöglichen, als vielmehr deshalb, weil sie eine Aussage darüber zulassen, ob eine mögliche Alternative sich in der Gegenwart stimmig anfühlt.

Es sollte deutlich geworden sein, dass weder lebensgeschichtliches Erzählen noch die Seelsorge insofern zur Selbstbestimmung eines Menschen beitragen können, als darin kalkulierbar Einfluss auf seine weitere Entwicklung genom-

---

[908] Vgl. zu assimilativen, d. h. handlungsorientierten Bemühungen zur Überwindung wahrgenommener Ist-Soll-Diskrepanzen, bzw. akkomodativen Bewältigungsstrategien, die über Umdeutungen funktionieren, Wahl/Heyl, Gerontologie, 177.

[909] S. im Abschnitt zu Ricoeur Kapitel 2, 6.2.5.

[910] Morgentaler verweist im Anschluss an Andrew D. Lester auf die mögliche Bedeutung zukünftiger Geschichten in der Gegenwart. Dieser ist der Meinung, »dass Menschen in ihrer Selbstinterpretation und in ihrem Handeln auch von Zukunftsgeschichten beeinflusst werden – also von Geschichten, die sie im Blick auf ihre Zukunft erzählen oder sich ausmalen [...]. Solche Geschichten gilt es ebenso gut wie vergangene Geschichten in die Gegenwart ›einzuladen‹, sorgfältig zu hören, zu explorieren und zu erweitern, sodass sie verändernde Kraft entwickeln können.« (Morgenthaler, Seelsorge, 170). So können Lester zufolge biblische Hoffnungsgeschichten helfen, dysfunktionale, regressive storys zu überwinden (vgl. ebd.). Vgl. auch die Unterscheidung von Denken bzw. Phantasieren im Sinne eines Probehandelns und tatsächlichem Handeln, wie es die Psychoanalyse kennt; vgl. Klessmann, Seelsorge, 237.

men würde. Lebensgeschichtliches Erzählen kann aber auf den verschiedenen entfalteten Ebenen des Selbstbestimmungsbegriffs an einer Förderung der Selbstbestimmung einer Person beteiligt sein. Die sich bisher für die Seelsorge ergebenden Ansatzpunkte sind im nächsten Kapitel weiter auszuarbeiten.[911]

10.8 Zusammenfassung

Inwiefern liegt im lebensgeschichtlichen Erzählen – aus theologischer Sicht – Freiheit? Zu welchen Aspekten von Freiheit trägt lebensgeschichtliches Erzählen bei? Das vorliegende Kapitel wurde mit dem Ziel geschrieben, Antwortmöglichkeiten auf diese beiden Fragen aufzuweisen und zu einer präziseren Vorstellung davon zu gelangen, was unter narrativer Freiheit verstanden werden kann.

Dafür erwies es sich als weiterführend, eine konkretere Vorstellung von Identität zu entwickeln, um die es im lebensgeschichtlichen Erzählen immer – auch – geht. Mit Ricoeur wurde deutlich, dass Erzählungen sowohl die zeitliche Kontinuität einer Person als auch ihre Individualität zum Ausdruck bringen können (narrative Identität). In einer »Synthesis des Heterogenen« kann zusammengebracht werden, was in der Erfahrung divergent ist. Zugleich wurde angenommen, dass zwei Arten von Erzählungen für die Identität eines Menschen entscheidend sind: neben den vielfältigen menschlichen Erzählungen, die immer Stückwerk sind und einem Ineinander von Selbsterschlossenheit und Selbstverborgenheit unterliegen, auch die Erzählung Gottes über einen Menschen, von der her sich menschliche Identität erst eschatisch vollends erschließt. Um diese zwei Arten von Erzählungen zu bezeichnen und zu unterscheiden wurden die Begriffe der gegenwärtigen Identität bzw. Identitäten und der eschatischen Identität eingeführt.

Menschliche Erzählungen haben es folglich immer mit der gegenwärtigen Identität (bzw. den gegenwärtigen Identitäten) einer Person zu tun, die im Glauben und durch den Glauben von der verheißenen eschatischen Identität beeinflusst werden können. Die gegenwärtigen Identitäten beziehen sich auf das faktische Selbst einer Person – ihre Geschichte, ihre Umstände und Beziehungen, ihre Eigenschaften und ihre Leiblichkeit. Im Blick auf das faktische Selbst wiederum ließen sich im Anschluss an die phänomenologische Tradition basales und narratives bzw. reflexives Selbst voneinander unterscheiden. Während das basale Selbst ein vorreflexives Selbsterleben beschreibt, ist das narrative durch reflexive Vorgänge bestimmt, zu denen auch das Erzählen gehört. Vor dem Hintergrund dieser Überlegungen zum Identitätsbegriff wurde es möglich, die verschiedenen Aspekte von Freiheit, die im Zuge des Kapitels erarbeitet wurden, im Zusammenhang der Identitätsthematik auf der Ebene des narrativen Selbst zu verorten.

---

[911] S. dazu unten Kapitel 3, 3.3.1.

Es können folgende *Aspekte narrativer Freiheit* voneinander unterschieden werden:

1. Narrative Freiheit als Freiheit christlicher Lebensdeutung:
Im Zuge der theologischen Überlegungen dieses Kapitels ergaben sich im Zusammenhang eines narrativen Gottesverständnisses mehrere Gedanken christlicher Lebensdeutung, die freiheitseröffnend sein können: Neben dem Gedanken von Gott als Gespräch auch die Vorstellung Gottes als eines Ereignisses, das die Zeit zusammenhält (Gott als »Klammer um die Zeit«). Der Gedanke des Lebens als Abenteuer erwies sich für die Seelsorge mit alten Menschen in Pflegeheimen als besonders hilfreich: Die Hoffnung auf den Gott, der sich selbst allen Gefahren des Lebens ausgesetzt hat, dessen dreieiniges Beziehungswesen mit Jenson Ereignishaftigkeit *ist* und der uns in der Auferstehung ein gutes Ende aller Abenteuer verheißen hat, kann einen Menschen darin bestärken, sich dem Abenteuer seines eigenen Lebens zu stellen.

2. Narrative Freiheit als christliche Selbstannahme:
Lebensgeschichtliches Erzählen kann vor dem Hintergrund der Erzählungen des christlichen Glaubens zu einer Freiheit der differenzierten Selbstannahme (Tietz) beitragen, die es erlaubt, das eigene faktische Selbst offen und ehrlich wahrzunehmen und manches »transitorisch«, anderes »endgültig« anzunehmen. Christliche Selbstannahme gründet im Glauben an die Rechtfertigung *sola gratia* und setzt die Unterscheidung der Person von ihren Werken bzw. von ihrem faktischen Selbst voraus.

3. Narrative Freiheit als Selbstbestimmung:
Lebensgeschichtliches Erzählen kann schließlich zur Selbstbestimmung einer Person beitragen. Erzählungen können einerseits helfen, wahrzunehmen, ob sich eine Person selbstbestimmt erlebt oder nicht (Erleben von Selbstbestimmung). Andererseits kann das Erzählen einer Person helfen, ihre eigenen Antworten auf die Gegebenheiten und Bestimmtheiten ihres Lebens zu finden und sich in ihrem Handeln zu orientieren (lebensgeschichtliche Selbstbestimmung). Erzählungen sind im Zusammenhang der Selbstbestimmung auch dadurch von Belang, dass sie Einfluss auf die Werte und Ziele einer Person haben, die sich selbst wiederum in Erzählungen ausdrücken. Der Glaube an das Evangelium kann hinsichtlich der Wahrnehmung der persönlichen Selbstbestimmung befreiend wirken, insofern er deren Tragweite begrenzt und es gerade dadurch erlaubt, sich für konkrete Identitäten zu entscheiden.

Kapitel 3: Narrative Freiheit und Seelsorge mit alten Menschen in Pflegeheimen

1. Einleitung

Im letzten Kapitel wurde aus systematisch-theologischer Sicht die Frage reflektiert, worin Freiheit im lebensgeschichtlichen Erzählen liegt. In diesem Zusammenhang konnten drei Aspekte narrativer Freiheit erarbeitet werden: Selbstannahme, Selbstbestimmung und Freiheit als christliche Lebensdeutung. Im Folgenden gilt es nun, danach zu fragen, welche Konsequenzen sich aus den bisherigen Überlegungen für die Seelsorge im Pflegeheim ergeben.

Was kann Seelsorge für die Freiheit von Bewohnerinnen und Bewohnern tun bzw. bedeuten? *Dass* Seelsorge an der Freiheit gelegen ist, erscheint als ein Standard der Poimenik: Engemann sieht das Befreiungsmotiv sogar als einen der »wenigen reißfesten roten Fäden«[912] der Seelsorgetheorie an. Das folgende Kapitel dient dazu, das Interesse an der Freiheit, das der Seelsorge *per se* innewohnt, vor dem Hintergrund der bisherigen Überlegungen konkret für die Seelsorge mit alten Menschen in Pflegeheimen fruchtbar zu machen.

Dazu gilt es, in einem ersten Schritt näher darauf einzugehen, was Seelsorge mit alten Menschen in Pflegeheimen ausmacht (2.). Im Anschluss daran werden – vor dem Hintergrund der zuvor benannten Bedingungen sowie der theologischen Überlegungen des letzten Kapitels – Aufgaben von Seelsorge mit alten Menschen in Pflegeheimen erarbeitet (3.). Das Kapitel schließt mit Vorschlägen für Haltungen von Seelsorgerinnen und Seelsorgern, die freiheitseröffnend sein können (4.).

2. Was macht Seelsorge mit alten Menschen in Pflegeheimen aus?

2.1 Situation und Herausforderungen von Seelsorge mit alten Menschen in Pflegeheimen

Seelsorge in Pflegeheimen wird maßgeblich durch ihr Setting geprägt: die *Lebens- und Arbeitssituation im Pflegeheim*. Potentielle Seelsorgepartner sind Bewohnerinnen und Bewohner, Mitarbeiterinnen und Mitarbeiter sowie Ange-

---

912 Engemann, Lebenswissen, 468.

hörige von Bewohnern.[913] Da die vorliegende Arbeit in ihrer Fragestellung auf Seelsorge bei Bewohnerinnen und Bewohnern ausgerichtet ist, wird Seelsorge mit Mitarbeitern und Angehörigen im Folgenden nur am Rande behandelt.

Vor diesem Hintergrund sind im Folgenden insbesondere die Einflüsse der *Bewohnerstruktur* auf die Seelsorgetätigkeit zu beachten (etwa 75% Frauen, knapp 70% 80 Jahre und älter, bis zu 70% Menschen mit Demenz, vielfach schwer- und schwerstpflegebedürftig).[914]

Ein weiterer prägender Faktor ist die Tatsache, dass sich die Seelsorgetätigkeit in der Institution Pflegeheim vollzieht: Mit der Heimübersiedlung geht häufig ein Abbruch vertrauter (z. B. nachbarschaftlicher) Beziehungen einher, alltägliche Aufgaben und Routine fallen weg und das Leben richtet sich nach den neuen, im Heim üblichen Abläufen aus, die oft stark durch Pflege- und Essenszeiten geprägt sind.[915] Mitarbeiterinnen und Mitarbeitern steht im Allgemeinen nur wenig Zeit für einzelne Bewohnerinnen und Bewohner zur Verfügung, so dass hier die Möglichkeiten seelsorglichen Handelns begrenzt sind.[916] Dazu kommt, dass die Situation der Bewohner häufig als (über-)fordernd wahrgenommen wird, was zu einem (emotionalen) Rückzug der Pflegenden führen kann.[917] Viele Menschen erhalten nur wenig Besuch, so dass Einsamkeit ein großes Thema ist.[918]

Seelsorgebeziehungen mit Bewohnerinnen und Bewohnern entwickeln sich aufgrund der Zeitspanne, über die hinweg Menschen in Pflegeheimen leben, häufig über längere Zeit und manchmal über Jahre hin, und in den meisten Fällen – von der Ausnahme eines erneuten Umzugs abgesehen – endet die seelsorgliche Beziehung mit dem Tod des Bewohners oder der Bewohnerin.[919] Dies kann als ein Spezifikum von Seelsorge in stationären Einrichtungen der Altenpflege angesehen werden.

---

[913] Vgl. PLIETH, »..., wenn Sie kommen, bin ich schön.«, 492.

[914] S. oben Kapitel 1, 3.3.1.

[915] Vgl. MUNTANJOHL, Der letzte Umzug, 297.

[916] Martina Plieth betont zu Recht, dass Seelsorgerinnen und Seelsorger im Pflegeheim Privilegierte sind: Sie haben zwar die Pflicht, vor allem aber auch das Recht und die Zeit, sich Bewohnerinnen und Bewohnern mit Ruhe zuzuwenden, vgl. PLIETH, »..., wenn Sie kommen, bin ich schön.«, 498.

[917] Vgl. KOCH-STRAUBE, Fremde Welt, 242–262.

[918] Vgl. KRUSE, Chancen, 433, der beschreibt, dass im vierten Lebensalter das Risiko des Verlusts nahestehender Personen zunimmt, so dass von einem erhöhten Einsamkeitsrisiko auszugehen ist. Dazu passt, dass in Pflegeheimen überwiegend alleinstehende Menschen leben, von denen nur etwa die Hälfte wöchentlich Besuch von Verwandten erhält (s. Kapitel 1, 3.3.1). Der größte Teil pflegebedürftiger Menschen wird nach wie vor von Angehörigen gepflegt (über 80%, vgl. FINK, Pflegeheim, 93), so dass bei Bewohnerinnen und Bewohnern von Pflegeheimen durchschnittlich auf ein schlechteres soziales Netzwerk geschlossen werden kann als bei Menschen, die zuhause gepflegt werden.

[919] Vgl. MUNTANJOHL, Der letzte Umzug, 296; zur Verweildauer s. Kapitel 1, 3.3.4.

Bei allem Bemühen der gerontologischen Forschung, negativen Altersstereotypen entgegenzuwirken,[920] haben Bewohner von Pflegeheimen vielfach genau mit diesen zu schaffen: Neben der eigenen, häufig negativ geprägten Wahrnehmung ihrer Pflegebedürftigkeit unter dem Vorzeichen des »Nicht-Mehr«[921] (nicht mehr jung, gebraucht, wichtig etc.) sind gegenseitige Abwertungen unter Bewohnerinnen und Bewohnern Gang und Gäbe (»die nebenan tickt doch auch nicht mehr ganz sauber«). Dazu können problematische Umgangsweisen des Pflegepersonals kommen, wenn z. B. infantilisierende Sprache benutzt wird.[922]

Neben diesen Überlegungen, die vor allem auf eine Beschreibung der Situation von Seelsorge in Pflegeheimen zielten, können die Impulse von Mäule und Riedel zu religiösen *Bedürfnissen* pflegebedürftiger älterer Menschen als Hintergrund für die weiteren Ausführungen angesehen werden. In Aufnahme einer Studie des amerikanischen Religionspsychologen Harold G. Koenig benennen sie zehn solcher Bedürfnisse: 1. Suche nach Sinn, Zweck und Hoffnung; 2. Transzendieren der gegenwärtigen Situation; 3. Unterstützung bei Verarbeitung von Verlusten; 4. Kontinuität; 5. religiöses Leben; 6. Bewahrung von Würde, Individualität und Selbstwertgefühl; 7. unbedingte Zuwendung; 8. Möglichkeiten, Ärger und Zweifel ausdrücken zu können; 9. Vergeben und Vergebung erfahren; 10. Vorbereitung auf Tod und Sterben.[923]

Bereits am Ende des gerontologischen Teils dieser Arbeit wurden vier *Herausforderungen* von Seelsorge mit alten Menschen in Pflegeheimen benannt, die an dieser Stelle noch einmal aufgegriffen werden sollen:

1. Begegnung und Umgang von Seelsorgerinnen und Seelsorgern mit ihren *eigenen Ängsten* hinsichtlich des Alters sowie mit ihren eigenen Abwertungen dem Alter(n) gegenüber.

2. Eine mitunter gegebene *Fremdheit* von Verhaltensweisen und Lebenssituation von Bewohnerinnen und Bewohnern.

3. Die Begegnung mit den *Grenzen des Lebens* – nicht nur angesichts von Tod und Sterben, sondern auch im Umgang mit der Verletzlichkeit und Abschiedlichkeit des Lebens pflegebedürftiger, hochaltriger Menschen.

4. Die Konfrontation mit offenkundigen *Abhängigkeiten*, die vielfach negativ erlebt werden.[924]

---

920 Vgl. z. B. SCHMITT, Altersbildforschung.

921 Zum Gedanken der »Generation ›Nicht-Mehr‹« vgl. SCHNEIDER-FLUME, Alter, 39–41.

922 Vgl. dazu die allerdings extremen Darstellungen bei FUSSEK/LOERZER, Alt und abgeschoben, 32.

923 Vgl. MÄULE/RIEDEL, Bedürfnisse, 97–100.

924 S. zum Abschnitt ausführlich Kapitel 1, 4.

2.2 Aspekte eines Verständnisses von Seelsorge mit alten Menschen in Pflegeheimen

Was ist angesichts dieser Bedingungen unter Seelsorge mit alten Menschen im Pflegeheim zu verstehen?

Seelsorge im Pflegeheim geschieht – wie alle Seelsorge – im *Horizont christlicher Lebensdeutung und christlichen Glaubens*, der durch die Person des Seelsorgers oder der Seelsorgerin repräsentiert wird.[925] Sie ist eine Form der *Kommunikation des Evangeliums*,[926] bei der gerade auch dessen befreiende Kraft im Blick ist[927] – wie eng die äußeren Grenzen auch sein mögen. Sie basiert auf einer zweckfreien und absichtslosen liebenden Zuwendung zum Nächsten.[928]

Seelsorge mit alten Menschen in Pflegeheimen vollzieht sich als *Begleitung und Unterstützung*: Dies scheint zum einen der Lebenssituation von Bewohnerinnen und Bewohnern angemessen zu sein, die vielfach der Begleitung in schwierigen Lebenssituationen bedürfen und – aufgrund ihrer körperlichen und/oder geistigen Verfassung – in unterschiedlichen Zusammenhängen auf Unterstützung angewiesen sind. Begleitung und Unterstützung ergeben sich zudem sinnvoll aus dem Gedanken des Lebens als Abenteuer, der beinhaltet, auch das hohe Alter als Teil dieses Abenteuers zu verstehen. Was aber wäre eine gute Abenteuergeschichte ohne die Unterstützung des Helden bzw. der Heldin durch Weggefährten, Freunde oder Menschen, die ihm bzw. ihr auf dem Weg begegnen?

Beide Begriffe setzen zwar verschiedene Akzente, sind aber füreinander durchlässig: Geht es um *Begleitung*, dann geht es bei der Seelsorge im Pflegeheim häufig darum, die Situation des Gegenübers mit auszuhalten, auch und gerade dort, wo sich nichts mehr ändern wird – sei es, weil es die Situation nicht erlaubt oder weil es das Gegenüber so will –, und darum, das Unveränder-

---

925 Vgl. KLESSMANN, Seelsorge, 7.

926 Vgl. KLESSMANN, Seelsorge, 4; vgl. zum Thema »Kommunikation des Evangeliums« auch die sinnvolle Bestimmung Praktischer Theologie als »Theorie der Kommunikation des Evangeliums in der Gegenwart« in Christian Grethleins Entwurf einer Praktischen Theologie (GRETHLEIN, Praktische Theologie, 8–11). In einem aktuellen Gesamtentwurf Praktischer Theologie wäre jedoch eine intensivere Aufnahme der Alter(n)sthematik wünschenswert gewesen, als sie sich bei Grethlein findet. Im ausführlichen Register kommen Stichworte wie »Altenseelsorge« oder »Sterbebegleitung« (auch »Demenz«) schlicht nicht vor; die einzig ausführlichere Stelle, an der es – dem Index zufolge – um das Thema Alter(n) geht, betrachtet dieses maßgeblich von der Kindertheologie her, wobei konkret Kinder und Menschen mit Demenz parallelisiert werden (vgl. a.a.O., 94f.). Hier scheint doch zumindest eine Unterbestimmung im Umgang mit der Thematik vorzuliegen. Auch lässt sich fragen, ob nicht eine Einordnung von Seelsorge unter den Gedanken des »Helfens zum Leben« (vgl. a.a.O., 403–405) die genannten Leerstellen im Register mit bedingt. Dafür spricht, dass »Alltagsseelsorge«, »Krankenhausseelsorge« und »Notfallseelsorge« im Index sehr wohl zu finden sind.

927 Vgl. ZIEMER, Seelsorgelehre, 114–117.

928 Vgl. DRECHSEL, Das Spezifische, 478. Zum Thema der (Nächsten-)Liebe in der Seelsorge s. Kapitel 3, 4.4.

liche gemeinsam mit dem Seelsorgepartner so gut wie möglich zu gestalten.[929] Geht es um *Unterstützung*, so beinhaltet dies ein stärker helfendes und zugleich aktivierendes Moment:[930] Es steckt darin der Gedanke, dem Anderen eine Stüt-

---

929 Der Begriff Begleitung wurde in der Seelsorgebewegung besonders durch Konzepte »Begleitender Seelsorge« geprägt, wie sie sich im Bereich der protestantischen Poimenik etwa bei Michael Klessmann oder bei Reinhold Gestrich finden (im Blick auf diese Zuordnung vgl. Nauer, Seelsorgekonzepte, 100–111). Der Begriff bringt eine grundlegende Ziel- oder Absichtslosigkeit zum Ausdruck, was sich auch darin äußert, dass Vertreter der Begleitenden Seelsorge tendenziell von therapeutischen Zielsetzungen absehen (vgl. Nauer, Seelsorgekonzepte, 106). So hält Reinhold Gestrich fest: »[...] Seelsorge ist einfältig, weil sie keine besonderen Ziele verfolgt außer dem, für die Menschen dazusein. [...] Seelsorge ist Begleitung, die den Menschen läßt, wo er ist.« (Gestrich, Hirten, 7f.) Der Begleitungs-Begriff eignet sich für die Seelsorge mit alten Menschen in Pflegeheimen außer durch seine Absichtslosigkeit auch gerade dadurch, dass er keine Aussage über die Befindlichkeit dessen macht, der begleitet wird: Begleitung kann in Krisensituationen erfolgen (so z. B. das Seelsorgeverständnis bei Klessmann, Aggression, 411), sie kann aber auch alltägliche oder frohe Zeiten umfassen (vgl. Nauer, Seelsorgekonzepte, 109). Kritik am Gedanken des Begleitens übt Drechsel, Schweigen, 61. Im Begriff der Begleitung liege die gesamte Verantwortung für die Beziehung beim Seelsorger und darüber hinaus komme die Frage nach Gott als Subjekt nicht vor. Diese Kritik wird in dieser Arbeit ernst genommen (s. dazu z. B. den Abschnitt zu »Gott im Gespräch« [Kapitel 3, 4.2]). Dennoch scheinen beide Probleme nicht *notwendig* mit dem Begriff der Begleitung einherzugehen, so dass ihm – gerade im Kontext des Abenteuergedankens – in dieser Arbeit der Vorzug gegeben wird.

Auch Schütte, Würde, 182, kritisiert ein Verständnis von Seelsorge in Pflegeheimen als Begleitung: »Optionen wie Mit-Gehen, Mit-Aushalten, Dasein, Zuwendung [...] verhelfen dazu, dass Menschen sich durch eine so gestaltete Begleitung auf ihre Wirklichkeit einlassen und damit Gott und Sinn erfahrbar werden können. Allerdings lässt dieses Modell für eine Altenheimseelsorge auch viele Fragen unbeantwortet: Wie verhält es sich, wenn Sinnlosigkeit und Krisen derart erlebt werden, dass eine Reflexions- und Wahrnehmungsfähigkeit solcher Angebote aufgrund beispielsweise mentaler Erkrankungen und reaktiver Depressionen und starker Verwirrtheit nicht mehr wahrgenommen und/oder geäußert werden können?« Allerdings wird weder in Schüttes Kritik noch in dem von ihr unterbreiteten Vorschlag einer logotherapeutisch orientierten Seelsorge, die an der Eruierung von Sinnmöglichkeiten interessiert ist (vgl. a. a. O., 184. 187), deutlich, inwiefern der Vorwurf, intellektualistisch zu sein, sich am Begleitungs-Begriff festmachen lässt. Im Gegenteil scheint gerade die Orientierung an der Sinnfrage, wie Schütte sie fordert, Rationalität vorauszusetzen.

930 Der Gedanke der Unterstützung darf in diesem Zusammenhang nicht mit überfürsorglichem »helfendem« Verhalten gleichgesetzt werden, das das Gegenüber geradezu in eine Abhängigkeit drängt, wie es in der Gerontologie im Blick auf medizinisch-pflegerisches Verhalten unter dem Begriff des »Unselbständigkeitsunterstützungsskripts« (Magret Baltes) diskutiert wird (vgl. Kruse, Selbstständigkeit, 276). Dies festzuhalten erscheint besonders deshalb wichtig, weil in der Seelsorge insgesamt wie in der Altenseelsorge im besonderen die Gefahr groß zu sein scheint, mittels der vermeintlichen oder gegebenen Hilfsbedürftigkeit des Gegenübers eigene (Geltungs-)Bedürfnisse zu befriedigen und auf diese Weise die Person zu instrumentalisieren, um deren Wohl es doch eigentlich gehen soll (zum sogenannten Helfer-Syndrom vgl. Klessmann, Seelsorge, 342).

ze zu sein, die ihm – je nachdem, was er braucht und will – zu Unterschiedlichem gereichen kann: sei es zum Aushalten oder Annehmen des Gegebenen oder zu selbstbestimmtem Handeln, sei es zum Wahrnehmen von (Selbst-)Verantwortung oder zur Selbsthilfe.[931]

Mit Filipp und Aymanns lässt sich im Blick auf Unterstützung, die weder an einem »Zuviel« noch an einem »Zuwenig« leidet, Folgendes festhalten:

> »Gute Unterstützung zeichnet sich dadurch aus, dass sie auf Unterstützungsbedürfnisse sensitiv eingeht, Wertschätzung vermittelt, unaufdringlich angeboten wird und die Autonomie des Empfängers wahrt. Sie erweitert den Suchraum, innerhalb dessen die betroffene Person Antworten auf ungeklärte Fragen und Lösungen ihrer Probleme finden kann, und sie ermutigt zu Veränderungen, wo sie erforderlich sind. Zugleich liegt in guter Unterstützung für den Empfänger auch eine Quelle der Selbstvergewisserung, sie festigt seine Wahrnehmung eigener (Bewältigungs-)Kompetenzen und erleichtert es, diese zu nutzen. Gute Unterstützung kann schließlich dazu beitragen, die Dinge in ein neues Licht zu rücken, wenn katastrophisierendes Denken die Oberhand zu gewinnen droht.«[932]

Ein wichtiger Aspekt von Unterstützung kann also beispielsweise die Ermutigung des Seelsorgepartners sein – die Ermutigung, (trotz allem) weiterzumachen und sich dem Abenteuer des eigenen Lebens zu stellen.[933] Hier kann die Lebensgeschichte Anknüpfungspunkte bieten – schließlich haben hochaltrige Menschen schon so manches in ihrem Leben überstanden und bewältigt. In den Zusammenhang der Unterstützung gehört auch die Förderung von Selbstbestimmung. Gerade wenn es darum geht, sich dem eigenen Abenteuer zu stellen, ist eine Person darauf angewiesen, *ihren* Weg auch zu finden und mit den eigenen Wünschen und Zielen sowie den persönlichen Lebensbedingungen so

931 Die Durchlässigkeit der Begriffe Begleitung und Unterstützung füreinander wird m. E. u. a. darin erkennbar, dass Nauer als Ziel begleitender Seelsorge beschreibt, was in dieser Arbeit eher unter Unterstützung gefasst würde: »Begleitende Seelsorge zielt auf alltagspraktische Lebenshilfe im Sinne einer Bewältigung individueller Not- und Leidenssituationen, indem durch den Prozess der zwischenmenschlichen Zuwendung Trost gespendet, Lebenskraft mobilisiert oder auch zur Klage ermutigt wird. Auch die Hilfestellung zur Stärkung oder Wiedergewinnung der individuellen Eigenständigkeit, Eigenverantwortlichkeit und Subjektwerdung [...], ist dem begleitenden Seelsorgekonzept inhärent.« (Nauer, Seelsorgekonzepte, 104).

932 Filipp/Aymanns, Kritische Lebensereignisse, 265.

933 Für Günther ist »Ermutigung nichts anderes als die Förderung der schon vorhandenen Fähigkeit des Klienten« (Günther, Ermutigung, 69). Dass es bei der Ermutigung um »Empowerment« geht, um eine Form von Lebenshilfe, die eine Person dazu befähigt, »ihren eigenen Kräften zu vertrauen und ihr Leben selbständig zu gestalten« (Ziemer, Seelsorgelehre, 162) hebt Ziemer hervor. So wird es tatsächlich immer darum gehen, den Gebrauch von Kompetenzen durch Zuspruch und Unterstützung von außen zu fördern. Aus theologischer Sicht wird als Hintergrund immer die zu-mutende Dimension des Evangeliums anzusehen sein.

umzugehen, dass für sie – nach Möglichkeit – eine gewisse Stimmigkeit der persönlichen Erzählungen entsteht.

2.3 Formen und Dimensionen von Seelsorge mit alten Menschen in Pflegeheimen

Wo und wie vollzieht sich Seelsorge mit alten Menschen in Pflegeheimen?

Seelsorge in Pflegeheimen vollzieht sich einerseits in *Gottesdienst und Predigt*[934] sowie andererseits in vielfältigen *Gesprächen und Begegnungen*, wobei Einzelgespräche die größte Bedeutung haben und meist eine Geh-Struktur[935] vorliegt.

Aufgrund des großen Einflusses, den Demenz auf die Ausprägung von Seelsorgebegegnungen hat, bleibt zu unterscheiden zwischen Gesprächen mit Menschen *ohne Demenz* und Gesprächen bzw. Begegnungen mit Menschen *mit Demenz*. Da Bewohner bzw. Bewohnerinnen von Pflegeheimen durch ihre Lebenssituation häufig mit ähnlichen Herausforderungen konfrontiert werden, die Krisen auslösen können (z. B. der Heimeinzug als kritisches Lebensereignis[936]), kann unter Bewohnerinnen und Bewohnern zudem noch einmal die Gruppe der Menschen *in Krisensituationen* unterschieden werden. Schließlich stellt die Begleitung *Sterbender* eine eigene Herausforderung dar.

Im Folgenden soll eine *Übersicht über verschiedene Arten von Seelsorgebegegnungen* mit Pflegeheimbewohnerinnen bzw. -bewohnern gegeben werden.[937] Eine solche Übersicht erscheint sinnvoll, weil sie hilft, die Aufgaben dieser Art von Seelsorge klarer zu benennen.

Bei den Gesprächen legt sich – neben der Unterscheidung nach Adressatengruppen – eine Unterscheidung nach Gesprächsinhalten nahe.[938] Die Unterscheidungen sind dabei nicht als statische Klassifikation zu verstehen,

---

934 Auf die seelsorgliche Dimension von Gottesdiensten bzw. die Bedeutung gottesdienstlichen Geschehens für die Seelsorge wird im Folgenden nicht eingegangen, vgl exemplarisch zum Thema Alter(n) und Gottesdienst KLIE, Liturgik; zur seelsorglichen Dimension von Gottesdiensten mit Menschen mit Demenz vgl. ROY, Demenz, 212–228; vgl. auch FRÖCHTLING, Menschen mit Demenz, 426–474.

935 Vgl. ZIEMER, Seelsorgelehre, 87.

936 Zum Thema Heimübersiedlung als kritisches Lebensereignis s. Kapitel 1, 3.3.3.

937 Die Übersicht über verschiedene Arten von Seelsorgebegegnungen entstand im Gespräch mit Evelyn Drechsel und Prof. Dr. Wolfgang Drechsel sowie vor dem Hintergrund meiner eigenen Gesprächspraxis.

938 LÜCHT-STEINBERG, Gespräche, 21f. unterscheidet drei Gruppen von Gesprächsthemen in Seelsorgegesprächen mit älteren Menschen: 1. Themen, die sich auf die äußere Situation beziehen, 2. solche, die sich auf die innere Befindlichkeit/Gefühle beziehen und 3. solche, die Glauben, Religiosität und Kirche betreffen. Die Unterscheidung von »innen« und »außen« erscheint aber zu formal, um Aussagen über Seelsorgegespräche zu ermöglichen, da innen und außen in Wahrnehmung und Ergehen tendenziell zusammengehören; zudem lässt sich fragen, warum »Glauben, Religiosität und Kirche« von der Unterscheidung ausgenommen werden.

vielmehr werden einzelne Dimensionen benannt, von denen auch mehrere in einem Gespräch bzw. einer Begegnung vorkommen können.

1. *Gespräche mit alltäglicher Dimension/Alltagsgespräche*: In Seelsorgegesprächen geht es immer wieder um das Wetter, um Familie und Angehörige oder um den Heimalltag, kurz: um Unterhaltung. Viele Gespräche kreisen um triviale Themen, Alltägliches, ohne dass ein Problem thematisiert würde.

2. *Gespräche mit lebensgeschichtlicher Dimension*: In der Seelsorge im Pflegeheim begegnen permanent Geschichten aus dem Leben der Bewohnerinnen und Bewohner. Von ihrer Deutung hängt die Wahrnehmung persönlicher Freiheit in hohem Maße ab.

3. *Gespräche mit geistlicher und/oder liturgischer Dimension*: In Seelsorgegesprächen geht es häufig um geistliche Themen: Glaubensfragen wie die, warum Gott das eigene Leiden zulässt, Themen im Zusammenhang mit Tod, Sterben und Jenseitsvorstellungen oder Fragen nach Schuld und Vergebung tauchen immer wieder auf. Auch die liturgische Dimension der Seelsorge spielt im Pflegeheim eine große Rolle: z. B. Gebete, Singen und Segnungen, Krankensalbungen oder Aussegnungen können zentrale Bestandteile der Seelsorge sein.

4. *Gespräche im Zusammenhang von Krisen*: Insbesondere der Einzug ins Heim, aber auch andere lebensgeschichtliche Umstände können Krisen bei Bewohnerinnen und Bewohnern auslösen. Seelsorgerinnen und Seelsorger sind hier vielfach wichtige Ansprechpartner.

5. Begegnungen mit diakonischer Dimension: Zur Seelsorge im Pflegeheim gehören immer wieder auch diakonische Elemente. Da schiebt der Seelsorger eine Rollstuhlfahrerin spazieren; da kümmert sich eine Seelsorgerin darum, dass ein neuer Rollstuhl gekauft oder dass das Akkordeon eines Bewohners zum Stimmen gebracht wird.

6. Gespräche bzw. Begegnungen mit Menschen mit Demenz: Etwa 70% der Bewohnerinnen und Bewohner sind an Demenzen erkrankt,[939] so dass die Seelsorge mit demenzkranken Menschen ein eigenes und bedeutsames Feld der Seelsorge mit alten Menschen in Pflegeheimen darstellt.

7. Gespräche bzw. Begegnungen mit Sterbenden: Alte Menschen ziehen immer später und in immer schlechterem Gesundheitszustand ins Pflegeheim ein und der Großteil der Bewohnerinnen und Bewohner stirbt auch dort. Die Begleitung Sterbender ist deshalb als wichtige Aufgabe von Seelsorge in Pflegeheimen anzusehen.

[939] S. dazu den Überblick Kapitel 1, 3.3.2.2; vgl. Mollenkopf, Umwelten, 350.

3. Aufgaben von Seelsorge mit alten Menschen in Pflegeheimen

Aus den beschriebenen Bedingungen sowie aus dem dargestellten Seelsorgeverständnis heraus lassen sich folgende Aufgaben von Seelsorge mit alten Menschen in Pflegeheimen benennen:

3.1 Seelsorgerinnen und Seelsorger als Gesprächspartner ...

3.1.1 ... für Alltägliches

Unterhaltungen über Alltägliches nehmen bei der Seelsorge im Pflegeheim einen wichtigen Stellenwert ein. Thematisch kann hier alles begegnen: von den Geschichten über Enkel und Urenkel, über die Nachbarin oder das Essen im Heim.

> Die Bedeutung von Alltagsseelsorge hat Eberhard Hauschildt herausgearbeitet.[940] Gespräche der Alltagsseelsorge lassen sich weder als »therapeutische« noch als »verkündigende« Seelsorge beschreiben, sie erfüllen die Anforderungen der »hohen Seelsorge« nicht[941] – und sind vielleicht der beste Beleg dafür, dass es richtig ist, diese polarisierende Unterscheidung zunehmend aufzugeben.[942] Hauschild verweist sowohl auf den »alltagstherapeutischen« als auch auf den »alltagstheologischen« Wert von Seelsorge – insofern z. B. kleinere Ambivalenzen bearbeitet werden können oder auch alltagsnahe, heterodoxe Theologie zur Problemlösung dient.[943]

»Frau Pfarrerin, was bringen sie mit?« – Es kann von großer Bedeutung für Bewohnerinnen und Bewohner sein, dass jemand »von draußen« kommt, der sich für sie interessiert und zugleich von der Welt außerhalb des Heimes zu erzählen weiß, kurz: jemand, der Abwechslung in den mitunter monotonen Heimalltag bringt und zur *Unterhaltung*[944] bereit ist.

Lässt man sich darauf ein, Seelsorge von einer Heuristik des Abenteuers her zu betrachten,[945] dann ist es *zum einen* nicht irrelevant, ob sich Menschen langweilen, sondern dann kann es in der Seelsorge auch einmal angemessen sein, in einem *positiven* Sinne *Spannung* aufzubauen. Da erzählt die Seelsorgerin einer Bewohnerin die Geschichte von Joseph als eine Fortsetzungserzählung. Da begleitet sie eine Bewohnerin in die benachbarte Stadtbücherei – weil

---

[940] vgl. HAUSCHILD, Alltagsseelsorge sowie HAUSCHILD, Alltag der Seelsorge.

[941] Vgl. HAUSCHILD, Alltag der Seelsorge, 9.

[942] Vgl. zur Notwendigkeit, die Gegenüberstellung von »hochwertiger« Seelsorge und Alltagsseelsorge bzw. Unterhaltung aufzuheben, PFAFF, Gegenwärtigkeit, 176.

[943] Vgl. HAUSCHILD, Alltag der Seelsorge, 12–14.

[944] Vgl. zum Thema »Unterhaltung« in der Altenseelsorge DRECHSEL, Das Spezifische, 473f.

[945] S. dazu ausführlich Kapitel 3, 4.6.

es ohne Bücher »so entsetzlich langweilig ist«. *Zum anderen* kann das Bild des Abenteuers helfen, *negativ* erlebte Spannungen auszuhalten – weil sie konstitutiver Bestandteil eines Abenteuers sind.

Vor diesem Hintergrund ist es bei der alltäglichen Seelsorge mit alten Menschen in Pflegeheimen – anders als in Seelsorgesituationen, in denen es um akute Krisen geht – zuweilen durchaus angebracht, dass Seelsorger oder Seelsorgerin selbst ins Erzählen kommen, z. B. aus ihrem Leben, aus der Gemeinde o. ä. Dabei darf es nicht darum gehen, eigene Erzähl-Bedürfnisse zu stillen, sondern Ziel ist es, etwas von der Welt »draußen« mit ins Heim zu bringen, etwas aus einer Welt, die von manchen Bewohnerinnen und Bewohnern schmerzlich vermisst wird. So will sich ein Bewohner »endlich« einmal wieder »vernünftig« unterhalten – und z. B. über Politik oder Fußball diskutieren. In Heimen, in denen Frauen den Großteil der Bewohner- und Mitarbeiterschaft darstellen und in denen viele geistig stark eingeschränkte Menschen leben, klagen viele Bewohnerinnen, aber gerade auch Bewohner immer wieder über einen Mangel an Gesprächspartnern, die sich für ähnliche Themen wie sie selbst interessieren. Seelsorge wird sich nicht darin erschöpfen, aber sie kann es sich – als Kommunikationsangebot aus Nächstenliebe heraus – leisten, auch schlicht »zu unterhalten« – und sei es nur, weil ein mitunter monotoner Alltag dadurch spannender wird.

3.1.2 … für Lebensgeschichtliches

Seelsorgerinnen und Seelsorger in Pflegeheimen sind Gesprächspartner für lebensgeschichtliche Erzählungen. Viele dieser Erzählungen haben eines gemein – sie stehen für das, was einem Menschen wichtig war und ist in seinem Leben; sie sind Anzeiger für das, woran jemand seine Identität festmacht. Wer war ich und wer bin ich? Häufig dienen Geschichten aus dem Leben dem Bestimmen der eigenen Identität. Im Rahmen der oben eingeführten Unterscheidung von »Entdecken« und »Entscheiden« können sie dem Aspekt des »Entdeckens« zugeordnet werden, wobei es vielfach stärker um ein Wiederentdecken, ein Sichern oder Vergewissern gehen wird.[946]

> »Als ich als Krankenschwester in […] gearbeitet hab, da bin ich am Wochenende immer mit Kollegen raus in die Berge […]«
> »Also mein Mann und ich, wie wir uns kennen gelernt haben […]«

Vielfach äußern sich mit solchen Geschichten Identitätsansprüche, die sich im Verhältnis zur gegenwärtigen Situation als stimmig oder als unstimmig erweisen können.[947]

---

946 S. im Abschnitt zu Thomä Kapitel 2, 9.2.4.

947 Zur Bedeutung der Stimmigkeit lebensgeschichtlicher Erzählungen wurde im letzten Kapitel bereits viel geschrieben (s. Kapitel 2, 9.2.5; 9.3.3; 10.7.3) und sie wird auch im Zusammenhang der Förderung von Selbstbestimmung noch einmal diskutiert: s. unten Kapitel 3, 3.3.1.3.

»Ich musste mich halt immer durchbeißen. Und das muss ich ja auch jetzt wieder. Ich werd mich halt weiter durchbeißen. Muss ja.«

»Ich bin immer gerannt und gelaufen und war immer für andere da. Und am Wochenende sind wir immer in die Berge gegangen. Und jetzt kann ich noch nicht einmal mehr gehen.«

»Wissen Sie, ich hab immer Glück gehabt – und so hab ich ja auch jetzt wieder Glück. Die kümmern sich hier doch so gut um mich, ich hab ein schönes Zimmer, meine Kinder kommen zu Besuch, das ist doch alles ganz gut so.«

Dazu kommen Geschichten, bei denen noch etwas offen geblieben ist:[948]

»Mein Sohn ist mit zwölf an einem Hirntumor gestorben. Und mein Mann ist dann ein paar Jahre später auch gestorben. Aber es musste ja weitergehen. Ich musste ja weitermachen. Ich hatte ja noch mehr Kinder zu versorgen.«

»Ich war ja drei Mal verwundet, einmal in [...], in [...] und noch einmal in [...]. Und dann hab ich mich 45 nochmal nach Berlin gemeldet. Da kam ich dann in Gefangenschaft [...].«

Als eine grundlegende Aufgabe von Seelsorgerinnen und Seelsorgern kann es angesehen werden, die Geschichten aus dem Leben, die ihnen erzählt werden, zu würdigen – als Geschichten, die das Gegenüber in dem bestimmen, wie es geworden ist, und als Geschichten, an denen es festhält, um sich seiner Identität zu vergewissern. Geschichten zu würdigen kann dabei im Einzelfall auch bedeuten, einer kritischen Auseinandersetzung mit ihnen Raum zu geben.

Konzepte der Biographiearbeit und »life-review«-Konzepte widmen sich intensiv der Lebensgeschichte, zumeist mit systematisierendem Anliegen.[949] Dies gilt auch für Konzepte der Lebensbilanz.[950] Systematisierungsbestrebungen gegen-

---

948 Vgl. Drechsel, Erinnerung, 224; vgl. dort auch zum Umgang mit solchen Geschichten.

949 Vgl. Specht-Tomann, Biografiearbeit, 7: »Biografiearbeit ist die Beschäftigung mit den individuellen, gesellschaftlichen und kulturell geprägten Erfahrungen, Erlebnissen und Sichtweisen eines Menschen. Sie bezieht sich auf ›alles, was mit der Lebensgeschichte eines Menschen zusammenhängt und *systematisch erfasst* oder *eingesetzt* wird‹« (Hervorhebungen durch VS); vgl. dazu auch Ruhe, Methoden, 134.

950 Vgl. Bierlein, Lebensbilanz, der darauf zielt, die Rekonstruktion von Lebensgeschichte und die »Forumsituation« des Menschen – vor Gott, der Mitwelt und dem Selbst – zusammenzubringen, vgl. Bierlein, Lebensbilanz, 49. Als Kennzeichen dieser Forumsituation des Menschen benennt er »die Stellungnahme und die Verantwortung, das Rechenschaftgeben hinsichtlich der Lebensgeschichte in den drei Relationen. Ziel der Lebensbilanz ist es, vor diesen Foren Lebensgeschichte zu thematisieren, zu erörtern und in Ordnung zu bringen, um vor dem Angesicht Gottes, der Mitwelt und des Selbst bestehen zu können« (a.a.O., 48). Vor dem Hintergrund der bisherigen theologischen Überlegungen sollte deutlich geworden sein, dass das Bestehen vor Selbst, Gott und Menschen in dieser Arbeit nicht als das Ziel lebensgeschichtlichen Erzählens angesehen wird – wie sollte die »Ordnung« aussehen, nach der man vor diesen drei Foren

über bleibt aus theologischer Sicht zu betonen, dass das Interesse an Lebensgeschichten sich aufgrund der grundsätzlichen Vorläufigkeit lebensgeschichtlicher Erzählungen gerade nicht auf deren Ganzheit oder Abgeschlossenheit richtet.[951] Wohl kann es vorkommen, dass eine Bewohnerin dem Seelsorger »ihr ganzes Leben erzählt« – dann aber aus eigenem Impuls und Antrieb. Zumeist wird es in der Seelsorge um kleine Geschichten gehen, um Auszüge aus einem ganzen Leben, die für die Gegenwart von Bedeutung sind und die einen ausschnitthaften Blick auf das große Ganze eröffnen. Sie sind – wie Drechsel herausgearbeitet hat – immer durch das Gegenüber und die jeweilige Erzählsituation mit geprägt.[952]

Die eschatologische Ausrichtung des hier vertretenen Identitätskonzepts sowie der in der Gottesbeziehung gründende Personbegriff[953] ließen deutlich werden, dass ein Abschließen der eigenen Erzählung weder nötig noch möglich ist. Zudem besteht bei einem *methodischen* Interesse an der Lebensgeschichte als ganzer die Gefahr, Zugzwänge des Erzählens zu generieren und Themen zutage zu bringen, mit denen nicht angemessen umgegangen werden kann.[954]

Das seelsorgliche Interesse am lebensgeschichtlichen Erzählen richtet sich auf eine möglichst genaue und zugleich liebevolle Wahrnehmung des Gegenübers – in seiner konkreten Situation, mit seinen Beziehungen und Eigenschaften, seiner Leiblichkeit und mitsamt seiner Geschichte, die sich in seinen Erzählungen niederschlagen. Rechtfertigungstheologisch hat dieses Interesse an der konkreten Person ihren Grund in der Zuwendung Gottes zu jedem einzelnen Menschen. Diese Zuwendung gilt es nun nicht etwa zu wiederholen, als seien Seelsorger oder Seelsorgerin an Gottes statt, aber es gilt, Gottes ohnehin erfolgende Zuwendung im Miteinander so konkret spürbar werden zu lassen wie möglich – um der Person selbst einen gnädigen Umgang mit der eigenen Lebensgeschichte zu erleichtern:

---

tatsächlich bestehen könnte? Vgl. dazu DRECHSEL, Erinnerung, 222: »Der Umgang mit Lebensgeschichten aus christlicher Perspektive ist nicht ausgerichtet auf Lebensbilanz, denn allein der Bilanzbegriff als unterscheidende Abrechnung und Wertung importiert nicht nur eine Wirtschaftshermeneutik als Lebensideal, er induziert auch eine quasirichterliche Funktion des Seelsorgers, vor dem da Bilanz gezogen werden soll, die nicht nur schwerlichst mit einer liebenden Relation vereinbar ist, sondern die schlicht Gott im jüngsten Gericht vorbehalten bleiben sollte.«

951 Hier bleibt die Unterscheidung gegenwärtiger und eschatischer Identität zu betonen; s. Kapitel 2, 10.3.1.2.

952 Im Anschluss an Drechsel bleibt darauf zu verweisen, dass lebensgeschichtliche Erzählungen zugleich eine Deutung der gegenwärtigen Situation bieten können, die wahrzunehmen für die Gesprächssituation erhellend sein kann; vgl. DRECHSEL, Lebensgeschichte, 184–188.

953 S. Kapitel 2, 10.4.

954 Ein methodisches Interesse an der Lebensgeschichte als ganzer kann – insbesondere im Zusammenhang von Traumata – bis in den Bereich des Unverantwortlichen führen, vgl. MOSER, Identität, 332; s. Kapitel 3, 4.5.

»Eine nicht abstrakte Rechtfertigungslehre fokussiert den Menschen in allen seinen ontisch zugänglichen Lebensäußerungen und seinen unzugänglichen internen Repräsentationen und lässt ihnen Gerechtigkeit widerfahren, gerade weil ein gnädiger Umgang mit den eigenen Selbstbildern und den Tatvollzügen, die mit ihnen nicht zur Deckung zu bringen sind, zum Schwersten gehört, was Individuen zu leisten haben. Dass sie es nicht leisten müssen, also nicht für die Kohärenz und Sinnhaftigkeit des eigenen Lebens einzustehen brauchen, ist der Skopus christlicher Rechtfertigungslehre, die das Gelingen des Lebens nicht von den eigenen Möglichkeiten des Menschen abhängig macht, sondern ihn dazu anleitet, nicht die Vergangenheit und damit das Identitäts- und Kontinuitätsverlangen herrschen zu lassen, sondern sich von Gottes neuen Möglichkeiten her auf Zukunft hin zu entwerfen.«[955]

Dabei bleibt aus theologischer Sicht noch einmal auf den vorletzten Charakter allen lebensgeschichtlichen Erzählens hinzuweisen: Die Hoffnung auf den Gott, der die Einheit des Lebens gewährt, kann helfen, die Fragmentarität dieser Erzählungen auszuhalten.[956]

3.1.3 ... in Krisensituationen und beim Heimeinzug

Seelsorgerinnen und Seelsorger sind Gesprächspartner für Menschen in Krisensituationen.

3.1.3.1 Krisen, kritische Lebensereignisse und Formen der Bewältigung

Belastende Erfahrungen und damit *Anlässe von Krisen* können grob in drei Kategorien eingeteilt werden:

[955] Berner, Der Neue Mensch, 192.

[956] Vgl. dazu Gräb, Imperativ, 88: »Die Religion könnte vielmehr gerade die Freiheit vom Konsistenzzwang, wie er aus der Exekution eines normativen Selbstkonzeptes folgt, bedeuten, also gerade die Freiheit vom Zwang zur Identitätsrepräsentation durch die eine Geschichte, die ich oder die andere von mir erzählen [...]. Lebensgeschichte als religiöse Selbstauslegung, das würde bedeuten, daß das Individuum, dem diese Auslegung gilt und das sie als die ihm eigene muß entwerfen bzw. sich aneignen können, nicht zugleich auch deren Einheitsprinzip selber sein muß. Der einzelne muß dieses Einheitsprinzip seiner Selbstpräsentation nicht sein, weder durch die Konsistenz seiner körperlichen Eigenschaften noch durch die Stabilität der Bedeutung der Prädikate, die er sich zu verschiedenen Zeiten zuschreibt oder die ihm im Verlauf seines Lebens alle zugesprochen werden. [...] Man könnte auch sagen: Lebensgeschichte als religiöse Selbstauslegung, das ist also eine Form der Aneignung des christlichen Rechtfertigungsglaubens.« So weit ist Gräb vollauf zuzustimmen, wenngleich seine These der Rechtfertigung als der Rechtfertigung von Lebensgeschichte (a. a. O., 89) hier auch nicht geteilt wird. Demgegenüber wird stärker hervorzuheben sein, dass es die *Person mitsamt* ihrer Lebensgeschichte ist, die gerechtfertigt wird; s. dazu auch oben in der Kritik an Drechsel Kapitel 2, 2.3.1. Für eine zusammenfassende Darstellung von Gräbs Position vgl. Mulia, Altenbildung, 163–166.

1. altersbezogene Einflüsse, die entweder stärker biologisch-gesundheitlich oder stärker kulturell bestimmt sein können (z. B. Mobilitätseinbußen bzw. der Renteneintritt); 2. geschichtsbezogene Einflüsse wie z. B. Kriege oder kulturelle Umbrüche; 3. nicht-normative Ereignisse, die abrupt, schwer vorhersehbar und individuell unterschiedlich auftreten.[957]

Im Zusammenhang der Entstehung von Pflegebedürftigkeit kommt es vielfach zu einer Kumulation altersbezogener Einflüsse, die das persönliche Bewältigungsverhalten übersteigen und in der Lage sind, Krisen auszulösen: Verlusterfahrungen wie der Tod der Partnerin oder von Freunden, Mobilitätseinbußen oder chronische Krankheiten bzw. Multimorbidität gehen nicht selten miteinander einher. Häufig führt gerade das zeitnahe Auftreten solcher Faktoren zur Heimübersiedlung.[958] Selbstverständlich kann es zudem auch im Pflegeheim – wie in jeder anderen Lebenssituation – zu nicht-normativen Lebensereignissen kommen, die Krisen auslösen – seien es z. B. Konflikte mit Familienangehörigen, Krankheit oder der Tod der eigenen Kinder.

Die folgende Darstellung beschränkt sich – exemplarisch auch für andere Krisensituationen – auf solche im Zusammenhang der Heimübersiedlung – *zum einen,* weil diese als kritisches Lebensereignis mit großer Regelmäßigkeit Krisen auslöst[959] sowie *zum anderen,* weil die Zufriedenheit mit dem weiteren Leben im Heim in hohem Maße davon abhängt, wie der Heimeinzug verkraftet wird.[960] Menschen in dieser Umbruchs- und Krisensituation zu begleiten, stellt eine zentrale Aufgabe von Seelsorge in Pflegeheimen dar.

Im Anschluss an Filipp und Aymans lassen sich *mentale und sozial-interaktive Bewältigungsformen für kritische Lebensereignisse* voneinander unterscheiden.

> Im Bereich *mentaler Bewältigung* können Menschen versuchen, ihre Aufmerksamkeit nicht auf die Belastung zu richten (z. B. durch Vermeidung, Unterdrückung, Abwehr oder Leugnung; oder durch gezielte Hinwendung zu Aktivitäten, die alle Aufmerksamkeit beanspruchen).[961] Sie können Erinnerungen ständig wiederholen (»repetitives Denken«).[962] Auch Vergleiche dienen der Bewältigung – seien es soziale oder zeitliche Vergleiche.[963] Mentale Bewältigung kann erfolgen, indem eine Person nach dem Warum oder dem Wozu ihrer Erfahrung fragt, indem sie sich – z. B. im Erzählen – ihrer selbst vergewissert,[964] indem sie sich von unerreichbaren Zielen

957 Vgl. LEIPOLD/GREVE, Krise und Bewältigung, 90f.

958 S. Kapitel 1, 3.3.3.

959 Zur Heimübersiedlung als kritisches Lebensereignis s. Kapitel 1, 3.3.3.

960 Vgl. MOSER, Identität, 336.

961 Vgl. FILIPP/AYMANNS, Kritische Lebensereignisse, 150.

962 Vgl. FILIPP/AYMANNS, Kritische Lebensereignisse, 157.

963 Vgl. FILIPP/AYMANNS, Kritische Lebensereignisse, 163, die auch noch auf Vergleiche mit hypothetischen Welten eingeht sowie mit Soll-Setzungen, in denen sich ideale Selbste wiederspiegeln.

964 Vgl. FILIPP/AYMANNS, Kritische Lebensereignisse, 186–190.

oder falschen Hoffnungen verabschiedet[965] oder indem sie negative Gefühle und Gedanken unterdrückt.[966] Bewältigung kann daneben und zugleich in der *Begegnung mit anderen Menschen* geschehen. Ist eine Person sozial gut eingebunden und hat sie Menschen, auf die sie sich verlassen kann, so stehen ihr damit auch in Krisenzeiten wichtige Ressourcen zur Verfügung.[967] Dazu kann die Unterstützung anderer Menschen gesucht und mobilisiert werden, Leid kann also »geteilt« werden.[968] Andererseits dient es durchaus auch der *eigenen* Bewältigung, *anderen* Menschen zu helfen und sich für sie zu engagieren.[969]

Die große Bandbreite verschiedener Bewältigungsformen sowie gerade auch die *Zulässigkeit* völlig verschiedener Umgangsformen mit der Situation der Heimübersiedlung gilt es zu bedenken: Während für eine Person ein Gespräch über die neue Situation das Richtige ist, kann es für die andere angebracht sein, einen Pullover nach dem nächsten zu stricken und nicht weiter über die Situation nachzudenken. Insofern ist auch hier ein vorsichtiger Umgang mit den normativen Implikationen des eigenen Seelsorgeverständnisses angebracht.

3.1.3.2 Impulse für die Seelsorge

Kritische Lebensereignisse können – wie beschrieben – heftige Gefühle auslösen.[970] Eine grundlegende Aufgabe von Seelsorge liegt darin, dem Gegenüber zu helfen, zu *Stabilität* zurückzufinden – nicht zuletzt, um ihm ein möglichst selbstbestimmtes Leben im Heim zu ermöglichen:[971] Es muss Raum sein für Gefühle, die mit der neuen Situation einhergehen, und dafür, die vielen schmerzhaften und endgültigen Abschiede von Gewohntem, Vertrautem und Geliebtem, die mit der Heimübersiedlung einhergehen, zu betrauern.[972] Dazu ist es wichtig, dass Seelsorgerinnen und Seelsorger als Gesprächspartner zur Verfügung stehen, die die Sorgen und Probleme hören, ertragen und z. B. auch bereit sind,

---

965 Vgl. FILIPP/AYMANNS, Kritische Lebensereignisse, 191–199.

966 Vgl. FILIPP/AYMANNS, Kritische Lebensereignisse, 199–204.

967 Vgl. FILIPP/AYMANNS, Kritische Lebensereignisse, 264.

968 Vgl. FILIPP/AYMANNS, Kritische Lebensereignisse, 218–225.

969 Vgl. FILIPP/AYMANNS, Kritische Lebensereignisse, 234f.

970 S. Kapitel 1, 3.3.3.

971 Zum Thema »stabilisierende Fürsorge« s. Kapitel 3, 3.3.1.2.

972 Vgl. für eine Konzeption, die den Verzicht in den Mittelpunkt ihrer allgemeinen Überlegungen zur Altenseelsorge stellt, WINKLER, Seelsorge, 422–435. Hier wird verwiesen auf drei »antinomische Erlebenselemente, die für die Verzichtleistung in der Altersphase als typisch gelten können« (WINKLER, Seelsorge, 422–426): 1. Eine Verzichtleistung zwischen Neid und Dankbarkeit, 2. zwischen Trennung und Erinnerung und 3. zwischen Angst und Glaube. Während die Verzichtsthematik für die konkrete Situation der Heimübersiedlung sicherlich als wichtiges Thema angesehen werden kann, erscheint eine solche rein defizitorientierte Sichtweise auf Altenseelsorge *allgemein* unangebracht, da sie Möglichkeiten, Spielräume und auch Potentiale alter und hochaltriger Menschen strukturell außen vor lässt. Eine differenziertere Sichtweise der Aufgabe von Altenseelsorge hinsichtlich des Umgangs mit Verlusten bietet KÖRTNER, Umgang mit Verlusten, v. a. 451–462.

eine »Container-Funktion« zu übernehmen – Gefühle und Geschichten zu hören und aufzunehmen, um sie später – »besser verdaut« – zurückzugeben.[973]

> So erzählt eine Bewohnerin der Seelsorgerin über eine Stunde lang Details der Wohnsituation in ihrem Elternhaus und in ihrer späteren Eigentumswohnung, ohne Punkt und Komma und ohne, dass die Seelsorgerin eine Möglichkeit hätte, das Gespräch in eine andere Richtung zu lenken. Erst am Ende des Gesprächs erfährt sie, dass in derselben Woche die Eigentumswohnung der Bewohnerin aufgelöst wurde, ohne dass sie die Chance gehabt hätte, sich zu verabschieden oder Dinge, die ihr lieb waren, aus der Wohnung zu holen.

Die vielleicht größte Schwierigkeit kann darin gesehen werden, dass durch den Heimeinzug Selbstbilder erschüttert werden und dass die eigene Identität neu bestimmt werden muss.[974] Neben dem Verlust des Zuhauses erscheint dabei der Umgang mit defizitorientierten Zuschreibungen als besonders schwierig (»alt«, »abhängig«, »Pflegefall«).[975]

Hinsichtlich der Notwendigkeit, Selbstbilder anzupassen bzw. zu verändern, kann wiederum die *Abenteuerperspektive* relevant sein: Hauerwas beschrieb es als grundlegende Aufgabe von Gemeinschaften, ihren Mitgliedern das Gefühl zu geben, an einem gemeinsamen Abenteuer teilzunehmen – weil es ihnen den Eindruck vermittelt, von Wert zu sein.[976] Dass es einen entscheidenden Einfluss auf das Selbstwert*gefühl* haben kann, ob ich mich als in einem Abenteuer begriffen erlebe oder nicht, leuchtet ein. Vor diesem Hintergrund erscheint es – bei allem notwendigen und angebrachten Verständnis für die Schwierigkeiten der Situation – als Aufgabe von Seelsorgerinnen und Seelsorgern, dem Eindruck entgegenzuwirken, mit dem Heimeinzug sei automatisch auch das Leben mitsamt aller spannenden, interessanten oder herausfordernden Anteile vorbei. Eine wichtige Grundlage dafür ist, dass Seelsorgerinnen und Seelsorger selbst dazu in der Lage sind, die Erlebens- und Gestaltungsmöglichkeiten des Lebens im Heim wahrzunehmen und als solche zu würdigen.

Dass die *Person* auch angesichts aller Wechselfälle, Abbrüche und Veränderungen ihrer konkreten Identität dieselbe bleibt, dass mit der radikalen Veränderung ihrer Umstände und womöglich auch wichtiger Eigenschaften ihre Personalität nicht infrage steht, erscheint hier als eine entlastende Perspektive, die sich aus einer christlichen Lebensdeutung heraus ergibt. Dazu gehört auch der Gedanke, dass es in letzter Instanz nur Gott sein kann, der unser Leben in seinen Veränderungen und Widersprüchen in einer konsistenten Geschichte zusammenbringt.

---

973 Vgl. DRECHSEL, Erinnerung, 224.

974 S. Kapitel 1, 3.3.3.

975 Vgl. dazu MOSER, Identität, 337. Der Einfluss von Erzähltraditionen auf den Einzelnen wurde bereits bei MacIntyre deutlich herausgearbeitet, s. Kapitel 2, 3.3.2.

976 HAUERWAS, Story-Formed Community, 13.

3.1.4 ... mit christlichem Deutungsangebot

3.1.4.1 Im Gespräch

Seelsorgerinnen und Seelsorger sind Gesprächspartner für geistliche oder religiöse Themen. Sie sind in ihrer Funktion als Seelsorger sowohl als Christinnen und Christen als auch als Vertreter von Kirche identifizierbar, was üblicherweise schon durch die Vorstellung erkennbar (»Ich bin Pfarrerin T.«; »Ich bin von der evangelischen Seelsorge«) und damit als Rahmen der Seelsorgebegegnung bedeutsam wird.[977] Damit stehen sie zugleich für eine Lebensdeutung aus einem christlichen Wirklichkeitsverständnis heraus.[978] Mit Hauerwas lässt sich dies so beschreiben: Christen, in diesem Falle Seelsorgerinnen und Seelsorger, machen die *story* Gottes mit den Menschen zu der Geschichte, von der her und auf die hin sie ihr Leben interpretieren. Die These von narrativer Freiheit als einer Freiheit christlicher Deutung (und Gestaltung) macht sich hier fest.

Seelsorgerinnen und Seelsorger als Gesprächspartner mit christlichem Deutungsangebot sollten daher auf geistliche Themen ansprechbar sein und zentrale theologische Themen für sich persönlich reflektiert haben. Ansprechbarkeit bringt dabei Auskunftsfähigkeit über eigene Glaubens- und Verstehenswege mit sich sowie die Bereitschaft, gemeinsam mit dem Gegenüber nach christlichen Deutungen von Lebensthemen zu suchen.

Die Aufgabe, »die evangelische Lehre auf dem Hintergrund gegenwärtiger Erfahrungen verständlich und plausibel zu machen«[979], die Peter Bukowski anhand von Beispielen aus seiner Praxis beschreibt,[980] lässt sich auch mit Beispielen aus dem Pflegeheim belegen:

> Ein Mann, der Adventist ist, aber seitdem er im Pflegeheim in Kontakt zum evangelischen Seelsorger steht, überlegt, wieder der Landeskirche beizutreten, fragt den Pfarrer nach dem eigenen Verständnis vom Reich Gottes. Die Lehre seiner Gemeinschaft könne er nicht mehr glauben. Seiner Frage Rechnung zu tragen, wird bedeuten, sie als eine Suche nach plausiblen Verstehensmöglichkeiten zu begreifen – und durchaus auch theologisch zu antworten.
>
> Die Seelsorgebegegnung mit einer Frau, die nach dem frühen und tragischen Tod ihrer Tochter auch Jahrzehnte später noch damit ringt, wie Gott das hat zulassen können, wird demgegenüber andere Akzente setzen müssen. Sie wird stärker danach verlangen, die eigene Theologie sowie die persönliche Lebens- und Glaubensgeschichte zusammenzubringen. Nur dann wird es möglich sein, das Gegenüber in seiner Suche zu begleiten, ohne entweder die eigene Lebensgeschichte absolut zu setzen oder aber unvermittelte theologische Weisheiten weiterzugeben.[981]

---

977 Vgl. KLESSMANN, Seelsorge, 6f.
978 Vgl. DRECHSEL, Seelsorge, 817.
979 BUKOWSKI, Tradition, 190.
980 Vgl. BUKOWSKI, Tradition, 191.
981 Vgl. dazu BUKOWSKI, Tradition, 190f.

Bukowski verweist auf Chancen und Gefahren im Zusammenhang des seelsorglichen Bezugs auf biblische Traditionen und Theologie: Neben einer unseligen Traditionsvergessenheit komme es gleichermaßen zum Missbrauch der biblischen Tradition[982] – z. B. dann, wenn das Problem des Gegenübers als »Einflugschneise« für die Glaubensthematik diene oder wenn Probleme durch fromme Worte überdeckt würden.[983] Werden in dieser Arbeit immer wieder Ansätze und Motive einer christlichen Lebensdeutung vorgeschlagen, so geht es dabei im Sinne Bukowskis darum, *Spielräume* zu eröffnen.[984]

Konkrete Vorschläge für ein relationales christliches Gottesverständnis, das – gerade für die Lebenssituation alter Menschen in Pflegeheimen – freiheitseröffnenden Charakter haben kann, wurden am Ende des systematisch-theologischen Kapitels gemacht. Da sie dort bereits ausführlich dargelegt wurden und auch an verschiedenen Stellen des Seelsorgekapitels, gerade im Zusammenhang von Haltungen für die Seelsorge, wieder begegnen, seien hier nur Stichworte genannt: Gott kann als ein Ereignis verstanden werden, das die Zeit zusammenhält. Dieses Ereignis kann konkreter als (innertrinitarisches) Gespräch aufgefasst werden, das sich auch in zwischenmenschlichen Gesprächen ereignet.[985] Vor dem Hintergrund dieses Gottesverständnisses wird es möglich, das Leben als ein Abenteuer zu verstehen.

Solche Formen christlicher Lebensdeutung können zum einen impliziter Gesprächshintergrund sein, der sich – ohne ausgeführt zu werden – in der Art und Weise, wie erzählt wird, und in dem, was erzählt wird, niederschlägt. Sollen solche Deutungen explizit gemacht werden, so ist dabei – wie bei biblischen Texten – auf die geistlichen und kommunikativen seelsorglichen Anforderungen zu verweisen, die damit verbunden sind.[986]

Gemeinsam nach Lebensdeutungen zu suchen, kann im Einzelfall auch bedeuten, das eigene Scheitern allen Bemühens um eine Deutung aus dem Glauben heraus einzugestehen – wenn es dem Gegenüber hilft, sein eigenes Nichtverstehen oder auch Scheitern zu ertragen.

3.1.4.2 Im liturgischen und rituellen Handeln

Auch liturgische oder rituelle Handlungen können christliche Deutungen ausdrücken – in Singen, Segen oder Gebet, in Abendmahl und Krankensalbung[987] –

---

982 Wert und Anfälligkeit für Missbrauch des Traditionsbegriffs lassen sich an dem Verb παραδίδωμι festmachen, das nicht nur für die Weitergabe der Tradition im Sinne von 1Kor 15,3 stehe (»Als erstes habe ich euch weitergegeben, was ich empfangen habe«), sondern zugleich für den Verrat wie in Mt 26,50 (»Freund, wozu bist du gekommen?«); vgl. BUKOWSKI, Tradition, 189.

983 Vgl. BUKOWSKI, Tradition, 189.193.

984 Vgl. BUKOWSKI, Tradition, 194.

985 S. Kapitel 2, 10.5.1.

986 Hierauf kann in dieser Arbeit nicht näher eingegangen werden; vgl. dazu BUKOWSKI, Tradition, 188–196 sowie auch BUKOWSKI, Bibel.

987 Vgl. KLESSMANN, Seelsorge, 155.

wenn es in der konkreten Situation für beide Gesprächspartner stimmig ist. Liturgische Handlungen verändern den Modus der Kommunikation in der Seelsorgebegegnung, indem ein – dem freien Gespräch gegenüber – stärker vorstrukturiertes Geschehen mit ins Gespräch eingebunden wird.[988] Die Lebenssituation der Person, die Seelsorge empfängt, kann darin explizit vor Gott gebracht werden und auch das gemeinsame Seelsorgegeschehen wird erkennbar im Zusammenhang von Gottes Handeln in der Welt verortet. Insbesondere Abendmahl und Segen sind dabei der Zuspruch von Gottes Mitsein. Dies geschieht nicht selten in Lebenssituationen, in denen die sprachlichen Ausdrucksmöglichkeiten des Gegenübers an ihre Grenzen kommen – z. B. aufgrund von Demenz oder aufgrund des einsetzenden Sterbeprozesses.

Im liturgischen Geschehen wird stärker als im reinen Gespräch der Zusammengehörigkeit von Wort und Tat[989] sowie der Leiblichkeit von Menschsein Rechnung getragen:[990] Der Leib stellt als Einheit von körperlichem und geistigem Sein[991] das Mittel jeglicher Kommunikation dar.[992] Er kann mit Eilert Herms als das »Symbol menschlicher Freiheit und Abhängigkeit«[993] verstanden werden. Zudem lässt der Leib eines Menschen auch seine Lebensgeschichte sichtbar werden – die vielen Jahre, Sorgen, Freuden und Leiden finden ihren körperlichen bzw. leiblichen Niederschlag.[994] In einer Seelsorge, die auf den ganzen Menschen zielt, wird es daher auch darum gehen, die Leiblichkeit eines Menschen mit in das Seelsorgegeschehen einzubeziehen. Dies ist bei der Seelsorge in Pflegeheimen insofern besonders wichtig, als mit gesundheitlichen Einschränkungen und Pflegebedürftigkeit der Körper stärker zum Thema wird als in anderen Lebenssituationen[995] und insofern der Leib als reines Symbol von Abhängigkeit verstanden zu werden droht.

---

988 Vgl. dazu Klessmann, Seelsorge, 155.

989 Vgl. Zimmermann/Zimmermann, Multidimensionalität, 413.

990 Elisabeth Naurath hat in ihrer Dissertation (Naurath, Seelsorge als Leibsorge) die Notwendigkeit, der Leiblichkeit des Menschen in der Seelsorge Rechnung zu tragen, deutlich herausgearbeitet.

991 Vgl. Herms, Leib, 18, der sich im Begriff des Leibes auf Merleau-Ponty bezieht, in den Begriffen Körper und Geist aber auf Luther rekurriert: Körper und Geist will er nicht etwa als die beiden Grund*bestandteile* der menschlichen Natur verstanden wissen, sondern als die beiden »Grund*relationen* menschlichen Existierens – Weltbezogenheit und Gottesbezogenheit« (Herms, Leib, 14).

992 Vgl. Aus der Au, Leiblichkeit, 142.

993 Vgl. Herms, Leib, 19.

994 Zum Gedanken des Leibgedächtnisses angesichts von Demenz vgl. Fuchs, Leibgedächtnis; s. dazu auch oben Anm. 187.

995 Dies hat defizitorientiert, polemisch, überzeichnet, philosophisch von hier vertretenen Auffassungen verschieden und zugleich in hohem Maße eindrücklich Jean Améry herausgearbeitet. Er schreibt, der alternde Mensch komme immer mehr zu einem weltlosen Ich: »Teils wird er Zeit, durch die von den Erinnerungen des Geistes und des Körpers aufgesammelte Vergangenheit, teils wird er mehr und mehr zu seinem eigenen Körper [...]: den Körper, der ihm nunmehr als sein Ich präsent wird, verspürt er als Hülle, als

Den Leib auch als Symbol des gelebten Lebens aufzufassen, das dessen Spuren verkörpert, wird zum einen dazu beitragen, alte Menschen und konkret auch Menschen mit Demenz nicht – scheinbar ungebrochen – wie Kinder zu behandeln (»Na, Lotti, wie geht's uns denn heute?«). Zum anderen wird von einem solchen Verständnis her deutlich, dass es der *ganze* Mensch ist – in seiner Leiblichkeit, seiner Freiheit und Abhängigkeit, und mitsamt seiner Lebensgeschichte, der im liturgischen Geschehen vor Gott steht.

3.2 Begleitung von Menschen mit Demenz

Seelsorgerinnen und Seelsorger sind Gesprächs- und Kommunikationspartner für Menschen mit Demenz. Zwar bleibt die »verbale Kommunikation [...] lange Zeit das maßgebliche Medium der Begegnung«[996], allerdings nehmen Formen der non-verbalen Kommunikation mit fortschreitender Krankheit einen immer größeren Stellenwert ein[997] – spätestens dann, wenn aufgrund von Sprachverlust die Sprache als Kommunikationsmittel weitgehend in den Hintergrund tritt. Da diese Arbeit in ihrer Themenstellung keinen eigenen Schwerpunkt auf die Frage nach Seelsorge mit Menschen mit Demenz legt, sollen im Folgenden vor allem einzelne Schlaglichter aufgewiesen werden, die sich im Zusammenhang der Thematik der Arbeit ergaben:

3.2.1 Herausforderungen

Die Begegnung mit Menschen mit Demenz stellt Seelsorgerinnen und Seelsorger vor besondere Herausforderungen: Rational-logische Gesprächsanteile treten zunehmend in den Hintergrund und die Begegnungen müssen – wenn sie echte Begegnungen sein sollen – anders gestaltet werden als übliche Seelsorgegespräche.

Fröchtling nennt eine Reihe konkreter Herausforderungen: 1. das »Hören der Körpersprache« in Ergänzung zum Hören des Gesprochenen, 2. die »Ent-

---

etwas Äußeres und ihm Angetanes und zugleich doch als sein Eigentlichstes, auf das er sich mehr und mehr reduziert und dem er wachsende Aufmerksamkeit zuwendet.« (AMÉRY, Über das Altern, 59). Im Folgenden wird er noch bildhafter: »Elendes Bein, unfolgsames Herz, rebellischer Magen: *mir* tut ihr weh, Widersacher, mir, der ich zugleich euch betasten und behüten und bemitleiden und mir aus dem Leibe reißen, euch auswechseln möchte. Mir wird schwindelig bei dem Gedanken, daß ich mein Bein, mein Herz, mein Magen, daß ich alle meine lebenden, aber nur träge sich erneuernden Zellen bin und sie zugleich doch *nicht* bin, daß ich mir fremder werde, je mehr ich mich ihnen annähere und dennoch dabei ich selber werde.« (a.a.O., 65).

[996] ZIMMERMANN/ZIMMERMANN, Multidimensionalität, 412.

[997] Vgl. FRÖCHTLING, Menschen mit Demenz, 234f. Zur non-verbalen Kommunikation können Kommunikation durch Berührungen, Körperhaltung, Mimik und Gestik, durch Objekte und räumliche Distanz gezählt werden (vgl. FRÖCHTLING, Menschen mit Demenz, 235, die sich auf Gatterer & Croy bezieht). Mit D. Everett lassen sich zudem Musik, Geruch, Farben, Tiere, Humor und Natur als Pfade der Kommunikation mit Menschen mit Demenz bezeichnen (vgl. FRÖCHTLING, Menschen mit Demenz, 235).

deckung der Langsamkeit«, insofern für solche Seelsorgebegegnungen viel Zeit vonnöten ist, 3. konzeptionelles Umdenken Seelsorgeansätzen gegenüber, die z. B. auf Selbstexploration oder Selbstverwirklichung zielen, 4. einen angemessenen Umgang mit Traumata, die in der Demenz in Form von Flashbacks häufig wieder auftauchen, sowie 5. die Hilflosigkeit von Helferinnen und Helfern, die durch die Konfrontation mit eigenen Ängsten verschärft wird.[998]

Die Begegnung mit Menschen mit Demenz kann Seelsorgerinnen und Seelsorger in hohem Maße verunsichern – das erlernte *Handwerkszeug* gelingender seelsorglicher Gesprächsführung erweist sich häufig als wenig hilfreich und es braucht Mut und Willen, sich – durchaus im Sinne von »*Trial and Error*« immer wieder neue Zugangswege zum Gegenüber zu erschließen.

Auch das *Verhältnis zwischen Nähe und Distanz* bleibt permanent neu auszuloten,[999] was in zwei Hinsichten eine Herausforderung darstellen kann: In frühen Stadien der Demenz können Emotionalität und Unvermitteltheit des Gegenübers als fremd und zuweilen auch grenzverletzend wahrgenommen werden (Frau M. fasst der Seelsorgerin an den Bauch mit dem Satz: »Ist das aber ein dicker Bauch!«). Andererseits gilt es – gerade bei Menschen in späten Stadien der Demenz –, ein einladendes Kommunikationsangebot zu machen, wobei es angemessen sein kann, vorsichtig Körperkontakt anzubieten: bei Menschen allerdings, die man mitunter kaum kennt! Wie weit darf, kann und will ich als Seelsorger oder Seelsorgerin gehen? Vor diesem Hintergrund erscheint die Frage nach dem rechten Verhältnis von Nähe und Distanz als ein Grundthema der Seelsorge mit Menschen mit Demenz. Dabei wird auch hier Respekt vor Eigenheit und Willen des Gegenübers der wichtigste Orientierungspunkt sein müssen.

Lernt man eine Person erst kennen, wenn sie bereits an einer Demenz erkrankt ist, besteht die Gefahr, sie *zu stark von ihrer Krankheit her wahrzunehmen*. Begegnet man als Seelsorgerin einer Person, die an Demenz erkrankt ist und die man mitunter schon lange vor ihrer Erkrankung kannte, ist der *Schmerz über die Verluste* demgegenüber häufig um ein Vielfaches größer.[1000]

3.2.2 Impulse für die Seelsorge

Schon 1999 haben sich Mirjam und Ruben Zimmermann in einem instruktiven Aufsatz mit der Thematik der »Seelsorge bei altersverwirrten Menschen« auseinandergesetzt. Sie haben sieben Dimensionen von Seelsorge bei Menschen

[998] Vgl. Fröchtling, Menschen mit Demenz, 221f.

[999] Vgl. Fröchtling, Menschen mit Demenz, 223, die diesen Punkt aber leider nicht ausführt.

[1000] Michael Hanekes Film »Liebe« bringt den Schmerz über den fortschreitenden Verlust im Zusammenhang der Demenzerkrankung eines geliebten Menschen feinsinnig und plastisch zum Ausdruck. Der Film kann gerade dann Perspektiven verändern, wenn man sich an die Krankheit und ihre Folgen zu gewöhnen droht – wie es leicht passieren kann, wenn man als Seelsorgerin im Pflegeheim ein- und ausgeht.

mit Demenz herausgearbeitet: die verbal-kognitive, die ganzheitlich-leibliche, die relational-soziale, die ethische, die thanatologisch-eschatologische sowie die gemeindliche und schließlich die diakonisch-strukturelle Dimension.[1001] Im Folgenden werden nicht alle der von den beiden beschriebenen Aspekte wieder aufgegriffen, zumal auf die ganzheitlich-leibliche Dimension bereits im letzten Abschnitt eingegangen wurde,[1002] während die thanatologisch-eschatologische Dimension im Folgenden noch im Zusammenhang der Sterbebegleitung verhandelt wird.[1003] Einzelne Dimensionen sollen aber noch einmal näher beleuchtet werden:

3.2.2.1 Verbal-kognitive Aspekte

Die *verbal-kognitive Dimension* ist auch in der Seelsorge mit Menschen mit Demenz über lange Zeit hinweg wichtig. Während Argumentations- und Reflexionsfähigkeit schon früh verloren gehen, können Menschen mit Demenz vielfach noch erzählen – wenn auch langsamer, sprunghafter, weniger komplex als andere Menschen und häufig so, als sei die Vergangenheit gegenwärtig.[1004] Ihre Äußerungen lassen sich oftmals als Symbole verstehen, in denen sich Gefühle und Befindlichkeiten verdichtet ausdrücken.[1005] Dies geschieht vielfach mit großer Offenheit und gerade Emotionen werden ohne Umschweife ausgedrückt (»Frau K., wie geht's ihnen heute?« – »Beschissen. Ist doch alles Scheiße hier.«). Gerade in der offenherzigen Äußerung emotionaler Inhalte und darin, dass Menschen mit Demenz oft unmittelbar das tun, wonach ihnen der Sinn steht, kann dabei ein hohes Maß an Freiheit erkannt werden.[1006] Auch wenn hier von Selbstbestimmung in einem rationalen und mit Verantwortung verbundenen Sinn nicht mehr die Rede sein kann, so ist doch in eingeschränktem Maß ein *Erleben* von Selbstbestimmung als Übereinstimmung von Wollen und Handeln denkbar (»von ganzem Herzen wollen, was man tut«).[1007]

Die Sprache von Seelsorgerinnen und Seelsorgern wird affektiv, konkret und sinnlich sein müssen,[1008] um dem Gegenüber Anknüpfungspunkte zu bieten.

Bei Hauerwas begegnete der Gedanke, dass das Maß an Freiheit bzw. Handlungsträgerschaft eines Menschen von den Beschreibungsmöglichkeiten ab-

---

1001 Vgl. ZIMMERMANN/ZIMMERMANN, Multidimensionalität, 412–418.

1002 S. Kapitel 3, 3.1.4.2.

1003 S. Kapitel 3, 3.4.

1004 Vgl. FRÖCHTLING, Menschen mit Demenz, 301.

1005 Vgl. ZIMMERMANN/ZIMMERMANN, Multidimensionalität, 413.

1006 Ähnliches gilt für Menschen, die nicht an Demenz leiden und nach wie vor zurechnungsfähig sind, die sich aber um gesellschaftliche Normen und Werte weniger kümmern als in jüngerem Alter. Hier gehen dann Selbstbestimmung und Selbstbestimmungserleben miteinander einher, wie z. B. Bertold Brechts Erzählung von der unwürdigen Greisin nahelegt (vgl. SCHNEIDER-FLUME, Alter, 110f.)

1007 S. Kapitel 2, 10.7.1.2.

1008 Vgl. FRÖCHTLING, Menschen mit Demenz, 321.

hängt, die ihm zur Verfügung stehen, um sich sein Leben zu eigen zu machen und sich in der (wahren) Geschichte einer Gemeinschaft zu verorten.[1009] Dieser Gedanke kann hier aufgegriffen werden: Eine Seelsorge, der an der Freiheit ihres Gegenübers gelegen ist, wird sich vor diesem Hintergrund darum bemühen, ihm – so weit irgend möglich – zu Sprachfähigkeit zu verhelfen: Dies kann bedeuten, einem Menschen mit Demenz Beschreibungsmöglichkeiten für sein eigenes Leben anzubieten, aber auch, ihm Ausdrucksmöglichkeiten zur Verfügung zu stellen, die ihm helfen, sein Leben in die Geschichte der Gemeinschaften einzuordnen, die ihm am Herzen liegen (z.B. seiner Familie, aber auch der christlichen Glaubensgemeinschaft).

3.2.2.2 Ganzheitlich-leibliche Aspekte

Ganzheitlich-leibliche Dimension: Diese Dimension von Seelsorge ist bei Menschen mit Demenz wichtig – nicht erst, wenn Gespräche nicht mehr möglich sind.[1010] Auf die leibliche Dimension liturgischer Elemente des Seelsorgegesprächs wurde bereits eingegangen. Aber auch andere, nicht liturgische visuelle, taktile und auditive Reize können das Gespräch unterstützen oder – je nach Verfassung des Gegenübers – auch ersetzen.[1011] Schließlich kann auch die reine Anwesenheit des Seelsorgers oder der Seelsorgerin als eine Form ganzheitlich-leiblicher Seelsorge angesehen werden.[1012]

Gerade die Bedeutung von *Musik* für die Seelsorge ist in diesem Zusammenhang besonders hervorzuheben. Sie wirkt auf unterschiedlichen Ebenen: Sie verbindet mit anderen Menschen, weckt Gefühle, regt zu Bewegung an, stellt geistige Anregungen dar und beinhaltet spirituelle Momente,[1013] zudem aktiviert sie das Leibgedächtnis.[1014]

Das *Singen* stellt dabei eine für die Seelsorge besonders nahe liegende und praktikable Möglichkeit dar – insbesondere bei Menschen mit Demenz. Sie können Lieder häufig auch dann noch mitsingen, wenn sprachliche Kommunikation

[1009] S. im Abschnitt zu Hauerwas Kapitel 2, 4.2.4.

[1010] Vgl. zur Frage nach Demenz und Leiblichkeit Aus der Au, Leiblichkeit.

[1011] Vgl. Zimmermann/Zimmermann, Multidimensionalität, 414. Fröchtling benennt zahlreiche Erinnerungshilfen, die lebensgeschichtliche Erinnerungen befördern können: Erinnerungsalben und sogenannte Memory-Boxes, Bilder (auch Gesichter und Landschaften), Gerüche, Musik, Gesten, Fragen, Speisen, Getränke, Gewebe und Oberflächen (vgl. Fröchtling, Menschen mit Demenz, 301–306). Für den Fall, dass »Gespräch nicht mehr möglich ist«, nennt Depping neben dem Monolog und der lyrischen Zuwendung auch musikalische Zuwendung, Atemgemeinschaft und körperliche Gemeinschaft als Kommunikationsmöglichkeiten, vgl. Depping, Menschen, 61–65.

[1012] Vgl. Zimmermann/Zimmermann, Multidimensionalität, 414.

[1013] Vgl. Fröchtling, Menschen mit Demenz, 334f. Fröchtling fasst die Einsatzmöglichkeiten von Musik bei Menschen mit Demenz folgendermaßen zusammen: Improvisation, Erinnerungshilfe, Hilfe zur Realitätsorientierung, Bewegungshilfe, Therapie, Verkündigung und Trost (vgl. a.a.O., 343f.).

[1014] Vgl. Fröchtling, Menschen mit Demenz, 333f.

kaum mehr möglich erscheint.[1015] Über die bereits genannten Aspekte der Wirkung von Musik hinaus nennen Schrage und Döhner im Blick auf das Singen folgende Aspekte: Singen hilft, den Alltag zu bewältigen, es aktiviert Erinnerungen an meist schöne Zeiten, es wirkt körperlich (Atmung, Hormonausschüttung, Beeinflussung des Blutdrucks etc.), gemeinsames Singen fördert Identität und Gemeinschaft und hat einen positiven Einfluss auf das subjektive Wohlbefinden.[1016]

Gerade für Menschen mit kirchlicher Bindung kann z. B. das *Singen von Kirchenliedern* als eine Möglichkeit der Seelsorge angesehen werden:[1017] »Kirchenlieder verbinden Zeitgeschichte, Glaubensgeschichten, religiöse Überzeugung vom Sinn des Lebens und lassen dies in vielfältigen Melodien und Texten erfahrbar werden.«[1018]

3.2.2.3 Relational-soziale Aspekte

Die Bedeutung der *relational-sozialen Dimension*[1019] von Seelsorge bei Menschen mit Demenz ist an dieser Stelle noch einmal zu unterstreichen – auch wenn es in diesem Kapitel wie bereits beschrieben nicht eigens um die Seelsorge bei Angehörigen und Mitarbeitern gehen soll.[1020] Die in dieser Arbeit vertretene Annahme, dass Personalität relational konstituiert wird,[1021] lässt die Notwendigkeit in besonderer Weise einsichtig werden, den Menschen in seinem Beziehungssystem zu sehen.

Menschen mit Demenz sind in besonderem Maße von ihren Bezugspersonen abhängig, so dass die Qualität ihrer Beziehungen noch stärker als in anderen Lebenssituationen auf ihr Ergehen Einfluss nimmt: Letztlich werden alle Formen von Beziehungen durch die Krankheit in hohem Maße beansprucht. Schon allein um des demenzkranken Menschen willen gilt es daher, auch Angehörigen und Pflegenden von Menschen mit Demenz Seelsorge anzubieten.[1022]

[1015] Vgl. FRÖCHTLING, Menschen mit Demenz, 335.

[1016] Vgl. SCHRAGE/DÖHNER, »Singen Sie?«, 383.

[1017] Beim Einsatz von Musik und konkret beim Singen von Kirchenliedern in der Seelsorge ist m. E. jedoch auch Vorsicht geboten: Seelsorgerinnen und Seelsorger wissen häufig wenig über die religiöse Sozialisation einer Person mit Demenz und z. B. über deren Verbindung zu Kirchenliedern – vor allem, wenn sie die Person erst im fortgeschrittenen Krankheitsstadium kennen lernen. So besteht immer die Gefahr, unbewusst an negativen Erfahrungen anzuknüpfen – z. B. weil das Gegenüber negative Erfahrungen mit Kirche und Religion gemacht hat. Neben einer grundlegenden Aufmerksamkeit auf Reaktionen, die für alle Begegnung mit Menschen mit Demenz angezeigt ist, erscheint es daher sinnvoll, sich bei Angehörigen bzw. beim Pflegepersonal über Vorlieben bzw. Abneigungen einer Person zu informieren.

[1018] SCHRAGE/DÖHNER, »Singen Sie?«, 384.

[1019] ZIMMERMANN/ZIMMERMANN, Multidimensionalität, 414f.

[1020] Zur Situation von Angehörigen von Menschen mit Demenz sowie von Pflegenden vgl. die umfassende Darstellung bei FRÖCHTLING, Menschen mit Demenz, 127–164.

[1021] Zu Grundzügen eines Personverständnisses s. Kapitel 2, 10.4.

[1022] Zu den Belastungen von Angehörigen von Menschen mit Demenz vgl. REGGENTIN, Belastungen.

Dabei wird es darum gehen, Räume der Entspannung zu schaffen, in denen die vielfältigen emotionalen Belastungen von Angehörigen und Pflegenden wahrgenommen werden können.

3.2.2.4 Lebens- und zeitgeschichtliches Wissen

Im Blick auf alle von Zimmermann und Zimmermann benannten Dimensionen der Seelsorge erscheint ein Mindestmaß an *lebensgeschichtlichem* Wissen über eine Person und ihre Lebensumstände als große Erleichterung: Wie hat der Mensch gelebt? Wo kommt er her? Was hat er gearbeitet? Was waren oder sind seine Vorlieben? Gibt es einen Bezug zu Religion und Kirche – oder wird dies abgelehnt? Bei solchen Fragen darf es nicht um die Befriedigung von Neugier gehen oder darum, vielleicht sogar intime Dinge über eine Person herauszufinden – aber ein Gespräch mit Angehörigen oder auch mit dem Pflegepersonal kann entscheidende Hilfestellungen für Seelsorgebegegnungen geben, weil es das Verstehen aktueller Verhaltensweisen erleichtert.

Dazu ist auf die Notwendigkeit eines grundlegenden *zeitgeschichtlichen* Wissens zu verweisen: Viele Bewohnerinnen und Bewohner von Pflegeheimen haben die Zeit des Zweiten Weltkriegs – zumeist als Jugendliche oder Kinder – miterlebt und nicht nur der Krieg, sondern auch die unmittelbare Nachkriegszeit waren prägend für ihre Entwicklung.[1023] Sowohl die Erfahrung im weiteren Zusammenhang des Krieges als auch die rasante gesellschaftlich-kulturelle Entwicklung seit den 50er-Jahren[1024] können daher als prägende Einflüsse angesehen werden, die sich im Alternsprozess auswirken.

[1023] Vgl. Radebold, Zeitgeschichtliche Erfahrungen, 159, der auf die schädigenden und/oder traumatisierenden Einflüsse der (Nach-)Kriegserfahrungen verweist: »Ein relativ großer Teil der Menschen, die in den Jahrgängen zwischen 1927/29 und 1945/47 geboren wurden, haben (ebenso wie die Angehörigen der früheren Jahrgänge) spezifische zeitgeschichtlich bedingte Erfahrungen während des Dritten Reiches, des Zweiten Weltkrieges und der direkten Nachkriegszeit gemacht und erlitten. Ihr damaliger innerpsychischer Bearbeitungs- und Abwehrprozess führte häufig zu einer zunächst stabil erscheinenden (im Rückblick jedoch lebenslang einschränkenden) Resilienz, die nach Wegfall der stabilisierenden Faktoren für die Bewältigung der Situation des Alterns und Altseins fehlt.«

[1024] Vgl. dazu Rentsch, Altern, 59, der auf die Schwierigkeiten hinweist, die für alte Menschen damit einhergehen können, dass ihr persönlicher Erfahrungshintergrund sehr verschieden ist von dem gegenwärtiger Generationen: »Durch diese Zivilisation der Hochgeschwindigkeit wird das soziale und kulturelle Fremdwerden begünstigt; begünstigt wird die Tendenz zum Nicht-Verstehen der eigenen Lebenswelt. Die eigene Identität und das eigene Normensystem mitsamt den für sie prägenden Erfahrungen sind in einem sozialen und kulturellen Feld herausgebildet worden, das so nicht mehr besteht. Es ist zur erinnerten Zeit geworden. Das Tempo des gesellschaftlichen Wandels und der geschichtlichen Veränderungen hat sich in den letzten 100 Jahren so gesteigert, daß Entfremdung und Verständnislosigkeit älterer Generationen nicht überraschen können.«

3.2.2.5 Der Personalität entsprechen – zum Erleben von Identität beitragen

Seelsorgerinnen und Seelsorgern als Gesprächspartnern für Menschen mit Demenz kommt vor diesem Hintergrund die Aufgabe zu, sich für die Identität ihrer Gesprächspartner stark zu machen: Können Menschen mit Demenz sich ihrer Lebensgeschichten nicht mehr selbst vergewissern, die Episoden und Erzählungen ihres Lebens immer weniger sortieren und zusammenhalten, so ist es die Aufgabe der Menschen in ihrem Umfeld – und damit auch von Seelsorgerinnen und Seelsorgern –, sie darin zu unterstützen und ihnen ihre Geschichte(n) und ihre Identität stellvertretend zuzusprechen.[1025] Das Zusprechen der Identität kann – ohne damit Beliebigkeit das Wort zu reden – im Vertrauen darauf geschehen, dass das eigene zusprechende Erzählen, die Erinnerungsarbeit etc. in ihrer Fehlbarkeit und Fragmenthaftigkeit nicht das letzte Wort haben, sondern von Gottes Erzählung über den konkreten Menschen zurecht gerückt werden.

Ihren Grund hat die Aufgabe, Identität stellvertretend zuzusprechen oder nach Möglichkeit wieder wachzurufen, nun aber nicht in einem Eigenwert von Identitätsbildung oder Identitätssicherung als solcher – dies wurde im Zuge der Überlegungen zum Identitäts- und Personbegriff deutlich.[1026] Auch wird die Personalität des Gegenübers durch die Anerkennung nicht erst konstituiert. Vielmehr geht es darum, der Personalität und Würde eines Menschen zu *entsprechen* und sie erfahrbar werden zu lassen, indem man Identitätserleben begünstigt und sich dem faktischen Selbst der Person zuwendet.

In Christina Aus der Au's Aufsatz »Leiblichkeit: die rezeptive Dimension des Selbst. Von der Alzheimer-Krankheit zur *conditio humana*«, einem von wenigen deutschsprachigen, systematisch-theologischen Aufsätzen zum Thema Demenz, begegnet in diesem Zusammenhang eine andere Argumentation.[1027] Sie legt ihren Überlegungen zum Zusammenhang von Personalität und Demenz und ihrer Forderung, dem Gegenüber personale Identität zuzusprechen, einen Personbegriff zugrunde, für den die Gottesbeziehung als die Beziehung Gottes zum Menschen keine Rolle spielt. Dabei kritisiert sie die Position von Robert Spaemann, der in der gegenseitigen Anerkennung des Personseins nicht den Grund von Personalität sehe, sondern das Personsein naturrechtlich begründe. Die *Wahrnehmung* des Personseins werde für ihn aber durch die gegenseitige Anerkennung ermöglicht. Demgegenüber hält Aus der Au fest: »In der katholischen Tradition des Naturrechts kann man wohl diesen Blick von Nirgendwo, jenseits jeder Anerkennung und Nicht-Anerkennung, einnehmen und davon reden, dass jeder Mensch ›kraft eigenen Rechts‹ Person sei. Nüchterner können wir davon sprechen, dass der Akt der Anerkennung die Personalität des anderen konstituiert – für uns, aber auch für die so anerkannte Person

[1025] Vgl. zu diesem Gedanken z. B. auch Aus der Au, Leiblichkeit, 144; Kumlehn, Vergessen, 209–211.

[1026] S. dazu den Abschnitt zur Unterscheidung gegenwärtiger und eschatischer Identität Kapitel 2, 10.3.1.2.

[1027] Vgl. zum Folgenden Aus der Au, Leiblichkeit, 144f.

> selber.«[1028] Aus der Au's Konsequenz »Im Spiegel der Anerkennung anderer sehen wir uns selber als Person«[1029], die durchaus nicht im Widerspruch zu Spaemann steht, wird hier geteilt: Deshalb ist es wichtig, einander Identität zuzusprechen, gerade angesichts einer Demenz. Hier dürfte auch noch ein anderer Aspekt ergänzt werden: Im Spiegel der Anerkennung anderer erkennen auch Dritte uns als Personen, auch wenn wir uns selbst nicht mehr erkennen. Aber Aus der Au's vorangehende Argumentation beinhaltet gefährliche Umkehrschlüsse: Wird Personalität allein durch Anerkennung *konstituiert* und erfährt eine Person diese Anerkennung möglicherweise nicht, vielleicht weil sie demenzkrank ist, keine Angehörigen hat und schlecht gepflegt wird, sollte ihr damit der Personstatus abhanden kommen können? Mit einer solchen Annahme gehen erhebliche Konsequenzen einher – gerade auch für die Seelsorge: Sollte es im Extremfall vom Besuch der Seelsorgerin oder des Seelsorgers abhängen, ob ein Mensch sich nicht nur als Person erlebt, sondern ob er tatsächlich auch eine Person ist? Der aus einer solchen Überlegung erwachsende Anspruch scheint enorm zu sein. Gerade aus protestantischer Sicht erscheint es vor diesem Hintergrund zentral, den Personbegriff im Gottesbegriff und in der Beziehung Gottes zu den Menschen zu verankern.[1030]

Zur Identitätsvergewisserung von Menschen mit Demenz beizutragen, bedeutet damit gerade, der Personalität von Menschsein und damit der *imago Dei* als *imago trinitatis* und *imago personalitatis*[1031] zu entsprechen. (Mitunter stellvertretende) Identitätssicherung und Identitätsvergewisserung können als Aufgabe der Seelsorge bei Menschen mit Demenz angesehen werden, weil sie den Versuch darstellen, dem Gegenüber zu helfen, seine Personalität und seine Würde wahrzunehmen und zu erfahren. Solche Identitätssicherung kann über Erzählungen geschehen, aber beispielsweise auch darüber, dass frühere Rollenmuster bedient werden.

In diesem Zusammenhang kann mit Kruse darauf hingewiesen werden, dass das »Lebendigwerden der Biografie«[1032] in der Gegenwart zentral ist für das Wohlbefinden von Menschen mit Demenz: Spiegelt die Erfahrung in der Gegenwart biographisch entstandene Neigungen wider, entstehen positive Gefühle.[1033]

> Als Beispiel hierfür lässt sich etwa an die alte Frau denken, die anfängt zu lächeln und sich sichtlich wohlfühlt, wenn man ihr erzählt, dass sie früher Cello gespielt hat. Oder an den früheren Arzt, der die Seelsorgerin nach ihrer Begrüßung mit freundlich-verbindlichem Habitus fragt, wie es ihr denn gehe, was sie für Beschwerden habe und der sie schließlich mit den Worten »Alles Gute für Sie!« verabschiedet.

[1028] AUS DER AU, Leiblichkeit, 145.
[1029] AUS DER AU, Leiblichkeit, 145.
[1030] S. Kapitel 2, 10.4.
[1031] Vgl. MÜHLING, Ethik, 258.
[1032] KRUSE, Sterben, 658.
[1033] Vgl. KRUSE, Sterben, 658.

Im Anschluss an Jenson kann der Erzählprozess, in dem Menschen an der eigenen und an der fremden Identitätsbildung beteiligt sind, als von Gott, der »Klammer um die Zeit«, umfangen angesehen werden.[1034] Gott als die Zeit umgreifendes Ereignis zu verstehen, erweist sich für die Seelsorge an demenzkranken Menschen als weiterführend: Gerade in dem Moment, in dem die Erinnerung eines Menschen schwindet und sich in der Wahrnehmung Zeitebenen ineinander verschieben, kommen Zeitverständnisse wie Augustins Vorstellung der »*distentio animi*« an ihre Grenzen: Kann ein Mensch Vergangenheit, Gegenwart und Zukunft nicht mehr voneinander unterscheiden, kann auch die Seele eines Menschen nicht mehr als die Instanz fungieren, die die Zeit zusammenhält.[1035]

Den trinitarischen Gott als die »Klammer um die Zeit« anzusehen, die auch bei aller subjektiven Verwirrtheit Verlässlichkeit bietet, kann für Seelsorgerinnen und Seelsorger ein Bild mit orientierender und stabilisierender Funktion sein. Gott und seine Erzählungen über die Welt stellen insofern den Rahmen allen menschlichen Erzählens und aller menschlichen Identitätssicherungsbemühungen dar – wie fragmentarisch diese auch sein mögen und wie sehr die Chronologie im Erzählen angesichts von Demenz auch in Unordnung geraten mag. Dabei kann das zusprechende Erzählen dem Eindruck entgegenwirken, erlebte und kosmologische Zeit fielen zunehmend auseinander und die Zeit von Personen mit Demenz und die von Außenstehenden ließen sich nicht mehr zusammenbringen. In Aufnahme von Ricoeurs Analysen der Aporien der Zeit wurde herausgearbeitet, dass in Erzählungen erlebte und kosmologische Zeit immer wieder neu aufeinander bezogen und miteinander verbunden werden.[1036] So wird – gerade in frühen Stadien der Krankheit – die Person mit Demenz durch das Erzählen selbst daran erinnert, wie sie geworden ist, Divergentes wird zusammengebracht und das Gewordensein der Person wird auch für Pflegende oder Seelsorger präsent gehalten.

3.3 Förderung von Freiheit als Selbstbestimmung und Selbstannahme

Weitere zentrale Aufgaben von Seelsorge liegen darin, die bestehenden Spielräume endlicher Freiheit einer Person wahrzunehmen und zu vergrößern sowie auf ein realistisches Verhältnis zu den Grenzen menschlicher Freiheit hinzuarbeiten.[1037] Auf narrative Freiheit als eine Freiheit, die von christlichen Lebensdeutungen ausgeht, wurde im Zusammenhang der Aufgaben von Seelsorge bereits an verschiedenen Stellen eingegangen und einzelne Aspekte werden im Zusammenhang von Haltungen für die Seelsorge wieder begegnen. Um die

---

[1034] S. Kapitel 2, 10.5.2.

[1035] Zu Augustins Verständnis der *distentio animi* s. im Abschnitt zu Ricoeur Kapitel 2, 6.2.1.

[1036] S. im Abschnitt zu Ricoeur Kapitel 2, 6.2.1; 6.3.2.

[1037] Vgl. Klessmann, Seelsorge, 199, der allerdings andere Unterscheidungen des Freiheitsbegriffs zugrunde legt, als es in dieser Arbeit getan wird.

anderen beiden Aspekte narrativer Freiheit, die im systematisch-theologischen Kapitel erarbeitet wurden, soll es im Folgenden gehen – um narrative Freiheit als Selbstbestimmung und Selbstannahme.

3.3.1 Förderung von Selbstbestimmung

3.3.1.1 Einleitung

Im Zuge der Arbeit wurden Einschränkungen und Differenzierungen des Selbstbestimmungsbegriffs vorgenommen, mit denen versucht wurde, Spielräumen *und* Grenzen des Begriffs Rechnung zu tragen. Ziel war es, zu einer Begrifflichkeit zu gelangen, mit der man der Situation, in der sich Seelsorge im Pflegeheim vollzieht, möglichst gerecht werden kann. Im Folgenden geht es daher darum, die Bedeutung der bisher eingeführten Differenzierungen des Selbstbestimmungsbegriffs noch einmal stärker als bisher auf die Seelsorge zu beziehen und in ihren Konsequenzen zu bedenken. Bevor das geschieht, bleibt aber kurz darauf einzugehen, inwiefern Seelsorge und Selbstbestimmung einander nicht notwendig widersprechen, obwohl ein Verständnis von Selbstbestimmung als Unabhängigkeit dies nahelegt.

3.3.1.2 Fürsorge und Selbstbestimmung?

Wilfried Härle setzt sich in seinem Aufsatz »Selbstbestimmung und Fürsorge – ein unlösbarer Widerspruch?« mit dem Zusammenhang von Fürsorge und Selbstbestimmung auseinander und zwar konkret mit der Frage, ob der *mögliche* Widerspruch zwischen Selbstbestimmung und Fürsorge zugleich ein *notwendiger* ist.[1038] Er arbeitet heraus, dass

> »Fürsorge – und zwar insbesondere pflegerische, ärztliche, aber auch seelsorgliche Fürsorge – in mehr als einer Hinsicht eine vielleicht nicht geradezu notwendige, aber doch zumindest günstige Voraussetzung dafür ist, dass ein Patient überhaupt seine Selbstbestimmung ausüben kann«[1039].

Auch in umgekehrter Richtung sieht er die Möglichkeit, dass Selbstbestimmung und Fürsorge einander nicht widersprechen: »Die Selbstbestimmung eines Menschen zu achten, kann selbst Ausdruck der Fürsorge sein. Fürsorge ermöglicht und respektiert also auch Selbstbestimmung.[1040]

Von den vier Aspekten der (ärztlichen) Fürsorge, denen Härle angesichts konkreter medizinischer Therapieentscheidungen eine positive Bedeutung für die Selbstbestimmung eines Patienten zuschreibt,[1041] lassen sich zumindest drei

---

[1038] Vgl. Härle, Selbstbestimmung und Fürsorge, 57f.

[1039] Härle, Selbstbestimmung und Fürsorge, 58.

[1040] Härle, Selbstbestimmung und Fürsorge, 58.

[1041] Härle differenziert verschiedene Hinsichten, in denen Fürsorge zur Selbstbestimmung beitragen kann (vgl. zum Folgenden Härle, Selbstbestimmung und Fürsorge,

auf die Rolle von Seelsorge mit alten Menschen in Pflegeheimen übertragen. Dabei wird es im Vergleich zur Situation im Krankenhaus häufig weniger um »große Entscheidungen« gehen als vielmehr um Fragen der Alltagsgestaltung.[1042] Härles Begrifflichkeit wird im Folgenden leicht modifiziert aufgenommen.

1. Seelsorge kann »*hermeneutische Unterstützung bzw. Fürsorge*« beinhalten und für das Treffen selbstbestimmter und als selbstbestimmt erlebter Entscheidungen von großem Wert sein – z. B. dadurch, dass ausreichend Zeit und Raum sind, anstehende (Therapie-)Entscheidungen oder auch bereits getroffene und immer wieder aktualisierte (Alltags-)Entscheidungen in ihren Auswirkungen umfassend zu bedenken, aber auch dadurch, dass eine lebensgeschichtliche Verortung solcher Entscheidungen möglich ist.[1043]

2. Seelsorger, die regelmäßig alte Menschen in Pflegeheimen besuchen, kennen einzelne Bewohnerinnen und Bewohner oft über Jahre hinweg und wissen viel von einer Person – gerade dann, wenn diese vor dem Heimeinzug als Gemeindemitglied in der eigenen Gemeinde gelebt hat. Wenn das Verhältnis gut und vertrauensvoll ist und wenn es z. B. keine Angehörigen gibt, kann Seelsorgerinnen und Seelsorgern eine beratende Funktion zukommen, z. B. in dem Fall, dass für eine demenzkranke Person Entscheidungen getroffen werden müssen. »*Wahrnehmungssensible Fürsorge*«, die in aller Vorsicht versucht, die Willensbekundungen einer Person zu deuten und so zur Ermittlung des mutmaßlichen Willens beiträgt, erscheint dann von großem Wert. Seelsorger scheinen dafür häufig gute Voraussetzungen mitzubringen, weil sie lernen, Menschen sensibel in ihren (Willens-)Äußerungen wahrzunehmen und zu respektieren. Auch ist es vorstellbar, dass sich Seelsorgerinnen und Seelsorger dafür stark machen, dass über den mutmaßlichen Willen der betroffenen Person überhaupt nachgedacht wird, z. B. dann, wenn im Streit zwischen den Töchtern darüber, ob die Mutter ins Krankenhaus kommen soll oder nicht, völlig aus dem Blick gerät, was die Mutter selbst gewollt hätte.

3. Z. B. der Umzug ins Pflegeheim, aber auch vielfältige andere Faktoren können dazu beitragen, dass Bewohnerinnen und Bewohner ihre emotionale

---

58–61): 1. Informierende Fürsorge: Damit ein Patient selbstbestimmt über eine Therapie entscheiden kann, bedarf es der Informationen über therapeutische Möglichkeiten. 2. Hermeneutische Fürsorge: Diese Informationen müssen auf den spezifischen Lebenskontext des konkreten Patienten bzw. der Patientin bezogen werden: Was bedeutet eine konkrete Entscheidung für das weitere Leben im konkreten Lebenszusammenhang des Gegenübers? 3. Wahrnehmungssensible Fürsorge: Z. B. bei demenzkranken Patienten mit reduzierten *sprachlichen* Kommunikationsmöglichkeiten gilt es, andere Formen des Ausdrucks (»z. B. Weinen, Schreien, Zittern, Sich-Verkrampfen, Um-sich-Schlagen, aber auch deren positive Entsprechungen«, a. a. O., 60) sensibel zu interpretieren. 4. Stabilisierende Fürsorge: Um selbstbestimmte Entscheidungen zu ermöglichen bzw. zu erleichtern, kann es nötig sein, Personen, die von starken Emotionen wie Angst oder Panik übermannt sind, zu größerer emotionaler Stabilität zu verhelfen. Härle bezieht sich dabei vorrangig auf das Arzt-Patienten-Verhältnis.

1042 Vgl. Rüegger, Selbstbestimmung, 535f.

1043 Für ein Beispiel s. unten im Abschnitt zum Thema »Willensarbeit« Kapitel 3, 3.3.1.3.

Stabilität (kurzzeitig) verlieren. In solchen Fällen kann Außenstehenden – wie z. B. Seelsorgern – eine stabilisierende Funktion zukommen (»*stabilisierende Fürsorge*«). Diese ist gerade in Umbruchssituationen wertvoll, um möglichst selbstbestimmte Handlungen bzw. Entscheidungen zu ermöglichen.

> Die Stimmung von Frau P., die vor wenigen Tagen ins Pflegeheim eingezogen ist, schwankt zwischen zwei Extremen: Sie weint oder ist äußerst aggressiv, so dass sie selbst zu einfachsten Entscheidungen bezüglich ihres Lebens im Heim augenblicklich nicht in der Lage ist. Die Pfarrerin, die Frau P. schon lange aus ihrer Gemeinde kennt, begleitet sie und kann ihr in der neuen, fremden Umgebung Rückhalt bieten – ohne aufgrund eigener Betroffenheit oder Schuldgefühle die Stimmungsschwankungen kaum ertragen zu können, wie es bei ihren Kindern der Fall zu sein scheint.

Dass Fürsorge und Selbstbestimmung nicht als grundlegende Widersprüche gedacht werden müssen, ist damit deutlich.[1044]

Gerade wenn eine Person von ihrer physischen, psychischen oder intellektuellen Verfassung her ohne fremde Hilfe nicht mehr selbstbestimmt zu handeln vermag, kann es als Aufgabe und Funktion von Seelsorge angesehen werden, ihr Möglichkeiten für ein größeres Erleben von Selbstbestimmung zu eröffnen.[1045] Der Frage, welche Rolle Seelsorge für eine Förderung von Selbstbestimmung konkreter zukommen kann, soll im Folgenden nachgegangen werden:

3.3.1.3 Seelsorge und die Förderung von Selbstbestimmung

Der Rolle entsprechend, die dem Erzählen hinsichtlich der Selbstbestimmung einer Person in dieser Arbeit bisher zugeschrieben wurde,[1046] erscheint es sinnvoll, im Nachdenken über Möglichkeiten der Förderung von Selbstbestimmung bei der Frage nach der *Stimmigkeit* lebensgeschichtlicher Erzählungen einzusetzen.

Seelsorgegespräche können der Ort sein, an dem Stimmigkeiten und insbesondere auch Unstimmigkeiten der eigenen lebensgeschichtlichen Erzählungen Raum gegeben wird, an dem sie artikulierbar und wahrnehmbar werden.

> Exemplarisch die Frau, die berichtet, ihr ganzes Leben lang aktiv gewesen zu sein und die mit ihrer Tätigkeit im Heimbeirat und dem Austeilen von Zeitschriften in den verschiedenen Wohnbereichen hier positiv anknüpfen kann. Oder im Gegensatz

[1044] Dies betont z. B. auch Bobbert, Chancen, 711.

[1045] Geht es in der unterstützenden – oder zuweilen auch: fürsorgenden – Funktion von Seelsorge unter anderem um Hermeneutiken für ein Leben, um Wahrnehmungssensibilität sowie ggf. um das Bemühen um emotionale Stabilisierung einer Person, so wird damit deutlich, dass Bereitschaft und Fähigkeit zu differenzierter Wahrnehmung zentrale Voraussetzungen gelingender Seelsorge sind.

[1046] S. Kapitel 2, 10.7.3.

dazu der Ingenieur, der über zwanzig Jahre lang an unterschiedlichen Orten der Welt für seine Firma leitend tätig war und der mit der Tatsache, nun »nicht mehr gebraucht« zu werden, nicht fertig wird.

Die Stimmigkeit der eigenen Erzählung wurde bisher als Anzeichen für das Erleben von Selbstbestimmung gewertet – dafür, dass das Bestimmtsein des faktischen Selbst einer Person ihrem Willen, in dem sich Selbstbilder, Identitätsansprüche und Moralvorstellungen niederschlagen, »in gewisser Weise« entspricht. Die Frage nach der Stimmigkeit wird in der Praxis der vorrangige Anhaltspunkt für eine Seelsorge sein, die zum Erhalt oder zur Förderung von Selbstbestimmung beitragen will. Hier wird es schließlich in den wenigsten Fällen explizit um Fragen der Selbstbestimmung gehen, schon gar nicht in der oben eingeführten Differenziertheit des Begriffs. Dennoch – so die hier vertretene These – bieten die Differenzierungen eine Heuristik und Orientierung für eine Seelsorge, der an Selbstbestimmung gelegen ist. Und zwar vor allem in der Deutung von Unstimmigkeiten: Sind diese Unstimmigkeiten durch einen Mangel an Handlungsfreiheit bedingt und liegt damit also die »situative Selbstbestimmung« im Argen – weil eine Person durchaus noch anders wollte als sie von den äußeren Bedingungen her kann?

Da will eine Frau gerne vom außerhalb gelegenen Pflegeheim »in die Stadt«, um ein Geschenk zu besorgen. Dazu bräuchte sie Hilfe. Beim Personal erfährt sie nur, man könne sie alleine nicht gehen lassen; ihre Kinder wohnen zu weit entfernt, um ihr behilflich zu sein. So verschenkt sie nun Geld – was sie aber nur sehr ungern tut.

Oder fällt es einer Person schwer, angesichts der konkreten Gegebenheiten und Bedingtheiten über ihr weiteres Handeln zu entscheiden? Ist sie dazu nicht willens oder nicht in der Lage? Steht also eher die »lebensgeschichtliche Selbstbestimmung« infrage?

Wenn einer Person trotz entsprechender persönlicher Voraussetzungen z. B. jegliche Vorstellungskraft dafür fehlt, dass sich auch das Leben im Pflegeheim noch als »das eigene« gestalten ließe.

Eine Antwort des Seelsorgers bzw. der Seelsorgerin in die eine oder die andere Richtung wird kaum etwas verändern; aber es geht auch zunächst einmal um eine Wahrnehmungshilfe. Zentral ist zudem, ob die betreffende Person will, dass sich etwas an ihrer Situation hin zu einem größeren Erleben von Selbstbestimmung ändert. Letztlich kann es in der Seelsorge nur dann tatsächlich um eine Förderung von Selbstbestimmung gehen.

Sind keine Veränderungen angestrebt oder möglich, dann wird es die vorrangige Aufgabe von Seelsorge sein, das Gegenüber in seiner jeweiligen Situation zu begleiten und diese Situation so angenehm wie möglich zu gestalten. Dabei ist nicht ausgeschlossen, dass Gespräche, in denen es z. B. um Selbstdeutungen geht, auch Veränderungen in der Stimmigkeit von Selbsterzählungen hervorrufen können.[1047]

Ist einem Bewohner oder einer Bewohnerin aber daran gelegen, etwas zu verändern und z.B. mehr der eigenen Person und Persönlichkeit entsprechend zu handeln, oder stehen beispielsweise weitreichende Entscheidungen an, so legen sich aus den bisherigen Überlegungen unterschiedliche Ansatzpunkte für die Seelsorge nahe. Dabei kann es einmal darum gehen, der situativen Selbstbestimmung einer Person Rechnung zu tragen, sowie andererseits darum, ihre lebensgeschichtliche Selbstbestimmung zu begünstigen.

Anwaltschaft: Seelsorgerinnen und Seelsorger können sich zu Anwälten von Bewohnerinnen und Bewohnern machen und für ihre Interessen eintreten. Dies kann, bei klarem Auftrag und mit großer Vorsicht, auch einmal im Gegenüber zu Angehörigen oder zu Mitarbeitern im Heim geschehen.

So z.B. wenn über Fragen nach künstlicher Ernährung entschieden werden muss und sich die Frage nach dem mutmaßlichen Willen einer Person stellt: Will die betreffende Person noch leben oder nicht? Gestrich weist darauf hin, dass es Aufgabe von Seelsorgerinnen und Seelsorgern sein kann, sich der Machbarkeit entgegen zu stellen:

> »Wir schwimmen im Namen der Ohnmacht manchmal gegen den Geist des Alles-Machen-Wollens. So kommt es vor, daß wir uns zum Fürsprecher von Patienten machen, die nicht mehr weiterbehandelt werden wollen [...] Wir sind Gegenspieler gegen den Geist des Machens, indem wir Patienten dort sein lassen, wo sie sind. Indem wir uns dort aufhalten, wo nichts mehr zu machen ist. Indem wir nichts machen. Indem wir sind.«[1048]

Handlungsmöglichkeiten: Es kann um »handfeste« Unterstützung in Form einer Hilfe zur Selbsthilfe gehen: Die Seelsorgerin kann sich z.B. dafür einsetzen, dass eine Bewohnerin ein neues Hörgerät oder eine neue Brille bekommt, wenn diese das wünscht. Darüber hinaus kann über bestehende Handlungsmöglichkeiten einer Person nachgedacht werden: Gäbe es z.B. konkrete Aufgaben im Haus, die sie übernehmen könnte? Bestünde die Möglichkeit, aus Eigeninitiative z.B. einen Gesprächskreis zu initiieren etc.? Dabei können die Bedingungen, unter denen Personen handeln und unter denen sich Selbstbestimmung vollzieht, in ihren Möglichkeiten und Grenzen wahrgenommen werden: Sind sie tatsächlich so einengend, wie sie empfunden werden? Gibt es nicht andere, vielleicht kreativere Ansatzpunkte, mit diesen Bedingungen umzugehen?

> Frau P. ringt sehr damit, nun im Heim zu leben, sie reagiert depressiv auf die neue Situation. Eigentlich ist sie aber noch sehr rüstig. Bei der Seelsorgerin beschwert sie

[1047] Zum Thema »Reframing« s. weiter unten in diesem Unterkapitel.

[1048] Gestrich, Krankenbett, 114.

sich darüber, dass sie keine Beschäftigung mehr habe. Die wiederum sagt nur, ach, sie hätte da schon so seine Idee. Frau P. geht nicht weiter darauf ein; fragt bei der nächsten Begegnung aber neugierig nach, was sie denn gemeint habe. Schließlich schlägt ihr die Seelsorgerin vor, Besuche bei einigen Bewohnerinnen zu machen, die selbst nicht mehr mobil sind. Frau P. ist angetan und geht darauf ein. Sie wirkt stolz, nun eine sinnvolle Aufgabe zu haben.

Seelsorgegespräche können darüber hinaus auch ein angemessener Rahmen sein, sich von Möglichkeiten tatsächlich zu verabschieden, Geschehenes und Erlittenes zu betrauern und ein Weiterleben unter stärker eingeschränkten Handlungsbedingungen in den Blick zu nehmen.

Selbstverantwortung: Selbstbestimmung zu fördern, wird zugleich damit einhergehen, auch zu Eigenverantwortlichkeit zu ermutigen.

> »Selbstverantwortung beschreibt die Fähigkeit und die Bereitschaft des Individuums, den Alltag in einer den eigenen Leitbildern eines guten Lebens entsprechenden, das heißt den eigenen Bedürfnissen, Normen und Werten folgenden Art und Weise zu gestalten und sich reflektiert mit der eigenen Person [...] sowie mit den Anforderungen und Möglichkeiten der persönlichen Lebenssituation auseinanderzusetzen.«[1049]

In diesem von Kruse eingeführten *umfassenden* Sinn wird Selbstverantwortung in einer Situation der Pflegebedürftigkeit in den seltensten Fällen realisierbar sein. Den (Pflege-)Alltag eines Heims in einer Weise zu beeinflussen oder gar zu gestalten, der den eigenen Vorstellungen eines guten Lebens entspricht, wird sich vielfach persönlicher Macht und Machbarkeit entziehen. Dennoch muss der Gedanke der Selbstverantwortung nicht aufgegeben werden: Es kann als Aufgabe von Seelsorge angesehen werden, für eine Wahrnehmung der tatsächlich bestehenden Spielräume von Selbstverantwortung zu sensibilisieren – in ihren bestehenden Möglichkeiten und Grenzen.[1050] Dies stellt sicherlich nicht

[1049] Kruse, Selbstständigkeit, 281.

[1050] Kruse geht auch in der Ausdehnung seines Begriffs von Selbstverantwortung sehr weit: »Es wurde betont, dass die Kategorie der Selbstverantwortung in [besonderer] Weise auf die Reflexionsfähigkeit des Menschen ziele. Mit dieser Aussage wird keinesfalls in Abrede gestellt, dass die Selbstverantwortung auch dann als eine zentrale ethische Kategorie zu verstehen ist, wenn Menschen in ihrer kognitiven Leistungsfähigkeit deutlich eingeschränkt sind und nur in begrenztem Maße Orientierungs- und Entscheidungsvermögen zeigen. Selbstverantwortung kann sich bei diesen Menschen in dem Maße verwirklichen, in dem die für die Hilfe verantwortlichen Personen darum bemüht sind, deren emotionale Befindlichkeit in konkreten Situationen zu erkunden sowie deren zentrale Werte zu erfassen.« (Kruse, Selbstständigkeit, 282). Den Begriff der Selbstverantwortung auch noch auf Menschen zu beziehen, die kognitiv stark eingeschränkt sind, kann als eine Aushöhlung des Verantwortungsbegriffs angesehen werden: Der Begriff wird dadurch zu einer solch umfassenden Norm, dass er droht, seine Aussagekraft zu verlieren. Für den von Kruse beschriebenen Sachverhalt, dass sich andere Menschen

die erste und auch keine leichte Aufgabe von Seelsorge dar. In diesem Zusammenhang kann je nach Situation z.B. an konfrontative Verhaltensweisen gedacht werden – beispielsweise dann, wenn sich jemand in einem fort über sein Schicksal beschwert, über das Personal, das Heim, das Essen, die Kinder, die Gesundheit – ohne auch nur die geringste Bereitschaft, selbst dafür zu sorgen, dass es ihm besser geht. »Tja, Frau M., da krieg' ich den Eindruck, dass Sie im Moment aber auch wirklich in jeder Beziehung hilflos sind.«

»Willensarbeit«[1051]: Es kann im Seelsorgegespräch darum gehen, klarer herauszuarbeiten, was eine Bewohnerin bzw. ein Bewohner tatsächlich will – z.B. im Blick auf die Alltagsgestaltung oder hinsichtlich einer anstehenden Entscheidung. Was sind die Wünsche einer Bewohnerin, was ist ihr Wille?[1052] In diesem Zusammenhang kann der Seelsorge – wie bereits beschrieben[1053] – eine hermeneutische Funktion zukommen.

> Die Familie von Frau S. hätte gerne, dass sie in ein anderes Pflegeheim umzieht, das näher am Wohnort der Kinder liegt – nachdem sie sich mit viel Mühe gerade eingelebt und auch einige Kontakte geknüpft hat. Neben dem erneuten Umzug befürchtet Frau S., in einem anderen Heim bei höherem Pflegebedarf in ein Doppelzimmer ziehen zu müssen. Mit ihren Kindern kann sie über das Thema nicht sachlich reden. Hier kann die Seelsorge ein Ort sein, unabhängiger von den Bedürfnissen der

---

darum bemühen, so weit wie möglich dem Willen einer Person entsprechend an ihr zu handeln, scheint es naheliegender, den Begriff der Fürsorge oder auch – im Anschluss an Härle (s. Kapitel 3, 3.3.1.2) – konkreter den der »wahrnehmungssensiblen Fürsorge« heranzuziehen. Dieser Begriff scheint aber in der gegenwärtigen gerontologischen Forschung in einem Maße unpopulär zu sein, dass man sich um eine sinnvolle Füllung nicht zu bemühen scheint.

[1051] In der neueren Seelsorgeliteratur ist Wilfried Engemann einer der wenigen, die sich explizit mit der Frage nach dem Willen in ihrer Bedeutung für die Seelsorge auseinandersetzen. Er sieht in der »Willensarbeit« (Engemann, Lebenswissen, 313) und der Förderung von »Basiskompetenzen der Lebenskunst« (a.a.O., 317) wichtige Aufgaben der Seelsorge. Dabei ähnelt sein Verständnis von Lebenskunst in einzelnen Elementen dem in dieser Arbeit entwickelten Begriff lebensgeschichtlicher Selbstbestimmung: »Lebenskunst ist die Kunst, unter vorgegebenen Bedingungen ein nicht vorgegebenes Leben zu führen, indem ich in Auseinandersetzung mit meinen Möglichkeiten und Grenzen einerseits und meinen Wünschen andererseits einen Spielraum erkenne und auf der Basis eigener Urteile freie Entscheidungen treffe, die meinen Willen widerspiegeln und mich in meinem Verhalten bestimmen. Die Ausübung dieser Kunst ist mit einem intensiven Erleben der Gegenwart verbunden und ermöglicht ein Leben aus Leidenschaft.« (a.a.O., 311).

[1052] Engemann differenziert zum Thema der »Aneignung des Willens« in Anlehnung an Peter Bieri 1. Die Klärung der Wünsche und die Artikulation des Willens; 2. die Interpretation der Wünsche und das Verständnis des Willens und 3. die Bewertung der Wünsche und die Bejahung des Willens, vgl. Engemann, Praktisch-philosophische Dimension, 317–322.

[1053] S. Kapitel 3, 3.3.1.2.

Kinder Informationen abzuwägen und die Entscheidung in ihren für die alte Frau jeweils vorstellbaren Konsequenzen zu bedenken.

Methodisch können in diesem Zusammenhang z.B. imaginierte »Zukunftsgeschichten« von Bedeutung sein, anhand derer in der Gegenwart spürbar wird, wie stimmig oder unstimmig sich eine Alternative anfühlt.[1054]

Selbstbilder und Selbsterzählungen: Schließlich wird es in der Seelsorge implizit oder explizit immer wieder um die Frage nach Selbstbildern gehen – um Selbstbilder und Selbsterzählungen, die in einer gewissen Stimmigkeit zur gegenwärtigen Situation und zum faktischen Selbst einer Person stehen oder eben gerade nicht. An unstimmigen Selbsterzählungen und an Selbstbildern, die von der Identität des faktischen Selbst deutlich abweichen,[1055] wird sich durch sporadische Seelsorgekontakte wenig ändern. Aber Seelsorgegespräche können dafür sensibilisieren, eine Spannung zwischen faktischem Selbst und Selbstbild wahrzunehmen – z.B. indem Gefühle so wahrgenommen werden dürfen, wie sie sind.[1056]

Im Seelsorgegespräch können auch Aspekte der eigenen Identität entdeckt und in den Vordergrund gerückt werden, die sonst übersehen werden – Aspekte, die einer wertschätzenden Deutung der aktuellen Situation vielleicht zuträglicher sind als die üblicherweise bemühten. So kann eine Person z.B. Eigenschaften an sich wahrnehmen, die ihr bisher nicht wichtig waren. Vielleicht hat sie eine sehr geduldige Seite, die ihr im hohen Alter zu Hilfe kommt. Oder sie begegnet körperlichen Einschränkungen, indem sie andere Fähigkeiten besser nutzt: Jemand, der im Rollstuhl sitzt, fängt vielleicht an, zu schreiben.[1057] In Seelsorgegesprächen können ohnehin erfolgende Veränderungen wahrgenommen, benannt und auf diese Weise leichter in eigene Selbstbilder integriert werden.

Es kann deshalb, je nach Situation und Gesprächszusammenhang, angemessen sein, scheinbar Selbstverständliches zu benennen oder vielleicht auch kritisch anzufragen: Sind die bestehenden Interpretationsmuster tatsächlich die einzig vorstellbaren? Wie steht es z.B. mit dem Stellenwert von Arbeit und Leistung? Welche Besonderheiten kann eine christliche Auffassung vom Menschen beinhalten? In Auseinandersetzung mit Selbstdeutungen dürfte es immer wieder einmal darum gehen, auf kreative und vielleicht auch mutige Weise eine Differenz der Auffassungen zum Ausdruck zu bringen. In diesem Zusammen-

---

[1054] S. dazu im Abschnitt zum Thema Selbstbestimmung und Erzählen Kapitel 2, 10.7.3.

[1055] Vgl. für eine an Carl Rogers orientierte Beschreibung von Entstehung und Ausprägung von Spannungen zwischen Selbst und Selbstkonzept LEMKE, Beratung, 32–35.

[1056] Die an Rogers orientierte »gesprächspsychotherapeutische Seelsorge« (vgl. NAUER, Seelsorgekonzepte, 156–172) hat die Bedeutung der Wahrnehmung – auch unterschwelliger – Gefühle für die Seelsorge deutlich herausgearbeitet, vgl. NAUER, Seelsorgekonzepte, 160.

[1057] Zum Gedanken einer Freiheit der Wahrnehmung s. Kapitel 2, 10.3.3.

hang kann eine Haltung der »respektvollen Respektlosigkeit«[1058], wie sie systemische Therapie und Seelsorge vorschlagen, hilfreich sein. Im Zusammenhang mit Selbstbildern ist darüber hinaus z.B. auch an Möglichkeiten des »Reframing« zu denken.[1059]

Auch ist im Zusammenhang einer Auseinandersetzung mit Selbstbildern und Selbsterzählungen auf die Predigt als ein wichtiges Element von Seelsorge in Pflegeheimen hinzuweisen, das gerade *die* Bewohnerinnen und Bewohner ansprechen kann, die zur Selbstreflexion in der Lage sind.

3.3.1.4 Seelsorge und die Grenzen von Selbstbestimmung

Schwierigkeiten können zum einen mit der Ausübung von Selbstbestimmung und zum anderen mit ihrem Verlust einhergehen. Einerseits beinhaltet selbstbestimmtes Handeln immer Risiken: Wer Entscheidungen trifft, riskiert *Fehlentscheidungen*, die er rückblickend bereut. Dabei kann neben der falschen, z.B. schuldhaften Handlung auch die zu gegebener Zeit nicht ergriffene Möglichkeit im Nachhinein große Virulenz entfalten. Thomas Fuchs schreibt in diesem Zusammenhang vom »*ungelebten Leben*« (a).[1060] Andererseits kann gerade der Verlust von Selbstbestimmung – sei es z.B. angesichts einer Demenz oder im Sterbeprozess – als unerträglich wahrgenommen werden und – unter anderem – Angst und Scham auslösen (b).

a) Selbstbestimmung und das ungelebte Leben

Das Gefühl, entscheidende Gelegenheiten im Leben unwiederbringlich verpasst zu haben, ist eine mögliche Kehrseite einer Sicht auf das eigene Leben, die vorrangig an Selbstbestimmung orientiert ist. Fuchs beschreibt *Versagung* und *Verzicht*, vor allem aber das *Versäumnis* trotz bestehender Gelegenheit und schließlich ein unwiederbringliches *Verpassen* einer Möglichkeit als Formen ungelebten Lebens, die in Selbstanklagen, Unglück oder depressiven Verhaltensweisen münden können.[1061] Daraus resultierende Gedanken wie »hätte ich doch« oder »wäre ich doch« als »Sätze des Irrealis der Vergangenheit und damit Sätze [...] des Unglücks«[1062] können den Lebensrückblick bitter machen und den Blick auf das Positive in Vergangenheit und Gegenwart verstellen. Darüber hinaus verweist Fuchs auf eine Form des Ungelebten, die er im Anschluss an

---

1058 Vgl. Morgenthaler, Systemische Seelsorge, 159.

1059 Vgl. Morgenthaler, Systemische Seelsorge, 154.246f.

1060 Vgl. Fuchs, Das ungelebte Leben, 8f. »Die unrealisierten Möglichkeiten bleiben latent gegenwärtig und virulent. So kann das Ungelebte zur Quelle von Insuffizienz-, Reue- und Schuldgefühlen werden [...]. Viktor von Weizsäcker sah im ungelebten Leben sogar das eigentlich Wirksame. ›Die getöteten Söhne, die ungeborenen Kinder, sind sie nicht wirksamer als alles andere? Auch die unmöglichen Träume und Pläne, die nie getanen Taten, sind sie nicht wirksamer als alles ... was geschehen ist?‹« (a.a.O., 8).

1061 Fuchs, Das ungelebte Leben, 9f.

1062 Fuchs, Das ungelebte Leben, 10.

Karl Jaspers als »neurotische Vorläufigkeit«[1063] bezeichnet: Sie betrifft nicht nur die einzelne nicht realisierte Möglichkeit, sondern »besteht darin, sich gar nicht wirklich auf das Leben einzulassen, sich ihm nicht hinzugeben, nicht in der Gegenwart des eigenen Lebens anzukommen.«[1064] Davon bedroht seien vor allem solche Menschen, die Entscheidung und Beschränkung als schwer erträgliche Einschränkung ihrer persönlichen Freiheit erleben.[1065] Auch Zeiten des Lebens, die eher verbracht denn erlebt wurden, können damit auf eine Haltung zurückgehen, in der Freiheit, Selbstbestimmung und Unabhängigkeit gleichgesetzt wurden und aus der heraus es verpasst wurde, sich von den konkreten, endlichen Möglichkeiten des Lebens ansprechen und – auch – bestimmen zu lassen.[1066]

> Zu denken ist dabei z. B. an den Fall, dass eine Beziehung innerlich dauerhaft unter dem Vorbehalt geführt wurde, es käme vielleicht noch jemand, der »besser passt«. Ein weiteres Beispiel ist der Beruf, der im permanenten Zweifel ausgeübt wurde, ob er nun der richtige sei.

Seelsorge, der an der Selbstbestimmung gelegen ist, muss sich auch mit diesen kritischen Aspekten reflektiert auseinandersetzen:

Lebensentscheidungen, die Bewohnerinnen oder Bewohner im Rückblick als falsch erleben, benötigen Raum, um betrauert zu werden. Der Klage kann hier eine besondere Rolle zukommen.[1067] Auch bleiben die *Grenzen der jeweiligen Verantwortlichkeit* zu bedenken: Hätte die Person es »besser« gewusst, hätte sie anders entschieden. Aber die Folgen von Lebensentscheidungen unterliegen – wie bereits mehrfach benannt – einem hohem Maß an Kontingenz, und das Wissen über einen Lebenszusammenhang, das man zu einem späteren Zeitpunkt hat, stand zuvor nicht zur Verfügung.[1068] Diese Grenze aller lebensgeschichtlichen Selbstbestimmung ins Bewusstsein zu rufen, kann zur Entlastung im Blick auf die eigene Lebensgeschichte beitragen.

Die Erkenntnis, das eigene Leben oder Zeiten des Lebens »nicht wirklich« gelebt und sich nie tatsächlich für den eigenen, ohnehin eingeschlagenen Weg entschieden zu haben, kann Schrecken und (Todes-)Angst auslösen.[1069] In der Seelsorge wird es darum gehen, den unterschiedlichen Gemütslagen in diesem

---

1063 FUCHS, Das ungelebte Leben, 10.

1064 FUCHS, Das ungelebte Leben, 11.

1065 FUCHS, Das ungelebte Leben, 11.

1066 S. zum Gedanken des Sich-bestimmen-Lassens im Abschnitt zu Seel Kapitel 2, 8.2.2.

1067 Vgl. zum Thema Klage aus systematisch-theologischer Sicht SCHMIDT, Klage.

1068 »›Leben lässt sich nur rückwärts verstehen, muss aber vorwärts gelebt werden‹, trägt Kierkegaard 1843 in sein Tagebuch ein.« (FUCHS, Das ungelebte Leben, 7).

1069 Vgl. FUCHS, Das ungelebte Leben, 14: »Die Angst vor dem Tod, so zeigen Untersuchungen an Krebskranken, steigt in dem Maß, als zentrale Möglichkeiten endgültig versagt blieben, versäumt oder verfehlt wurden. Dann droht der Tod selbst die noch verbleibende Zeit in den Strudel der Entwertung und Sinnlosigkeit zu reißen.«

Zusammenhang Raum zu geben: Trauer und Schrecken, aber womöglich auch dem Willen, die verbleibende Zeit auszukosten. So mag es durchaus zu einer neuen Konzentration auf das Stück Leben kommen, das noch vor einem liegt, unter den konkreten Lebensumständen im Pflegeheim, wie sie nun einmal sind:[1070] Vielleicht wird sich jemand noch einen neuen Schachpartner suchen oder sich einmal öfter auf die Bank vorm Haus setzen.

b) Selbstbestimmung und Scham

Selbstbestimmtes Handeln kann – wie beschrieben – schuldhaft sein. Solcher Schuld, sei es tatsächlicher oder vermeintlicher, muss bei Bedarf ein angemessener Ort in der Seelsorgebegegnung gegeben werden. Im Zuge dessen wird vielfach die Frage danach zu stellen sein, was wirklich zum eigenen Verantwortungsbereich gehörte und was nicht.[1071] Am Ende der Auseinandersetzung mit der eigenen Schuld *kann* der – möglicherweise liturgisch unterstützte – Zuspruch von Vergebung stehen.[1072]

Spätestens im Sterbeprozess, häufig aber auch schon früher, kommen die Möglichkeiten von Selbstbestimmung und Verantwortungsübernahme an ihre Grenzen. Dies gilt ähnlich für Demenzen, gerade in ihren fortgeschrittenen Stadien. Dabei macht der Verlust von Selbstbestimmung Angst; denn Abhängigkeit, Kontrollverlust und fehlende Möglichkeiten, dem eigenen Willen nach zu handeln bzw. behandelt zu werden, sind gerade in einer Gesellschaft Schreckensszenarien, für die Selbstbestimmung ein hohes Gut ist. Diesem Sachverhalt geben nicht zuletzt die Diskurse um Patientenverfügungen Ausdruck, durch die versucht wird, dem Selbstbestimmungsrecht auch in der Situation von Urteilsunfähigkeit Rechnung zu tragen.[1073]

Ein in diesem Zusammenhang wichtiges, wenngleich wenig thematisiertes Thema der Seelsorge ist das Thema *Scham*.[1074] Der Verlust von Selbstbestimmung und Kontrolle geht vielfach mit Situationen einher, die schambesetzt oder gar beschämend sind; zudem kann dieser Verlust selbst Schamgefühle auslösen.[1075]

Koch-Straube schildert in ihrer Studie »Fremde Welt Pflegeheim« zahlreiche schambesetzte Situationen, die im routinierten Heimalltag Gang und Gäbe sind: die unge-

---

[1070] Vgl. ähnlich FUCHS, Das ungelebte Leben, 15.

[1071] Vgl. als ein Beispiel der vielfältigen Literatur zum Thema KLESSMANN, Schuld.

[1072] Vgl. zum Thema Vergebung KLESSMANN, Seelsorge, 240–244.

[1073] Zu Chancen und Schwierigkeiten von Patientenverfügungen vgl. BOBBERT, Chancen, 698–706.

[1074] Erst allmählich begegnet das Thema Scham in der Seelsorgeliteratur: vgl. DRECHSEL, Begleiterperspektive, 1091–1093; KLESSMANN, Mensch; KLESSMANN, Seelsorge, ZOBEL, Herr; ZOBEL, Scham.

[1075] Vgl. ZOBEL, Herr, 213. Drechsel arbeitet heraus, dass das Sterben in hohem Maße schambesetzt ist, vgl. DRECHSEL, Begleiterperspektive, 1094; vgl. dort auch insgesamt zum Abschnitt.

schützte Entblößung des Körpers im Zusammenhang der Pflege – teilweise in Anwesenheit kaum bekannter Personen, häufig des anderen Geschlechts; unkontrollierte Ausscheidungen und »eingenässte« oder »-gekotete« Kleidung und Betten, um nur einige allgemeine Beispiele zu nennen.[1076] Zu diesen Situationen, die schon als solche mit großer Scham einhergehen können, kommen immer wieder Situationen, in denen Grenzen verletzt und Menschen beschämt werden. So im Beispiel einer Frau, von der Koch-Straube berichtet, die bei einem Ausflug, als sie »pinkeln« muss, unmittelbar neben dem Kleinbus und vor den Augen aller anderen »abgehalten« wird.[1077] Oder wenn die Seelsorgerin, auf ihr Anklopfen hin von der Pflegerin ins Zimmer gebeten wird – obwohl Frau S., die sie besuchen will, gerade bei offener Tür auf der Toilette sitzt.
Gleichzeitig kann in vielen Fällen ein Abstumpfen Schamgrenzen gegenüber festgestellt werden – bei Bewohnerinnen und Bewohnern, aber auch bei Mitarbeiterinnen und Mitarbeitern.[1078] Die Schamthematik wird sich in diesem Fall vor allen Dingen bei denjenigen niederschlagen, die von außen kommen – z. B. bei der Seelsorgerin.

Diese Beispiele machen deutlich, dass die Lebenssituation in Pflegeheimen anfällig ist für Erfahrungen von Scham und Beschämung; weil Bewohnerinnen und Bewohner immer wieder auf eine Weise exponiert sind, die unter anderen Lebensumständen undenkbar wäre. Auch der Alternsprozess als solcher kann, verstärkt durch negative Bilder vom Alter, Scham auslösen – weil sich Schwäche, Hilflosigkeit und Abhängigkeit zeigen.[1079] Nicht zuletzt ist es massiv mit Scham besetzt, an einer Demenz zu erkranken.[1080]

Stephan Marks unterscheidet fünf Grundformen der Scham,[1081] wobei die Lebenssituation im Pflegeheim besonders für Erfahrungen von *Intimitätsscham* und *Anpassungsscham* prädestiniert zu sein scheint – wenn die eigenen Gren-

---

[1076] Vgl. KOCH-STRAUBE, Fremde Welt, 211–222.

[1077] KOCH-STRAUBE, Fremde Welt, 212.

[1078] Vgl. KOCH-STRAUBE, Fremde Welt, 214.

[1079] Vgl. MARKS, Scham, 20.

[1080] So versuchen Betroffene in frühen Stadien der Krankheit zumeist, ihre Probleme zu verbergen. Klaus Kießling zufolge lässt sich genau darin der Unterschied zwischen demenzbedingten und depressiven Symptomen erkennen: Während Menschen mit depressiver Symptomatik über ihre Probleme klagen (z. B. Leistungsabbau, Schlafstörungen), versuchen demenzkranke Menschen dieselben Symptome zu verheimlichen; vgl. KIESSLING, Vergessen, 463f.

[1081] Vgl. MARKS, Scham und Beschämung, 33–35: 1. Intimitäts-Scham, die dafür sorgt, dass wir unsere körperlichen und seelischen Grenzen wahren und die sich angesichts aktiver oder passiver Grenzverletzungen äußert 2. Gewissens-Scham, die hilft, die eigene Integrität zu bewahren und die sich beim Handeln gegen das eigenen Gewissen meldet; 3. Anpassungsscham, die für Zugehörigkeit sorgt, indem sie uns zu angemessenem Verhalten bringt; 4. Gruppen-Scham, die sich z. B. auf andere Personen der eigenen Familie oder auf die eigene Gruppe insgesamt bezieht; 5. Empathische Scham, bei der wir mitfühlen, wenn ein anderer Mensch sich schämt.

zen wie in den genannten Beispielen verletzt werden oder wenn man als pflegebedürftiger Mensch eigenen oder gesellschaftlichen Erwartungen nicht mehr entspricht.

Scham hängt in ihrer entwicklungspsychologischen Entstehung zentral mit dem »Blick der Anderen« zusammen, der verinnerlicht und zum Selbstbild wird,[1082] und hat auch in ihrer je aktuellen Ausprägung mit diesem Blick zu tun – sei es dem tatsächlichen oder dem vermeintlichen. Sie kann als ein selbstreflexives[1083] und »heimliches« Gefühl beschrieben werden, das sich meist körperlich äußert, etwa durch Erröten oder Abwenden des Blicks, Stammeln oder den Wunsch, im Boden zu versinken.[1084] »Sich schämen heißt: Man fühlt sich vor den Augen anderer erniedrigt, entwürdigt, verachtet, entehrt. Und weil das die ganze Person betrifft, ihr Sein, ihr Wesen, geht Scham so tief [...] – eben weil man sich darin als ganze Person aufgedeckt, schutzlos und durchschaut weiß.«[1085]

Bei der Seelsorge im Pflegeheim ist daher einerseits mit Scham als einem unterschwelligen und äußerst unangenehmen Gefühl zu rechnen, andererseits aber auch mit Reaktionen der Scham-Abwehr – auch bei Seelsorgerinnen oder Seelsorgern:[1086] Im besten Fall werden diese zur Flucht aus der Situation führen; im schlimmsten Fall zur erneuten Beschämung des Gegenübers.

Marks stellt in seinen Vorschlägen für einen guten Umgang mit Scham die Themen *Schutz*, *Zugehörigkeit*, *Anerkennung* und *Integrität* in den Mittelpunkt – Schutz im Gegenüber zur Intimitätsscham, Zugehörigkeit angesichts von Anpassungsscham.[1087] Insbesondere Schutz und Zugehörigkeit, aber auch Integrität und Anerkennung können in Situationen des Verlusts persönlicher Selbstbestimmung auch für die Seelsorge als zentral angesehen werden. Nur in einem Raum, in dem die persönlichen Grenzen wahrgenommen und auch dann noch geschützt werden, wenn man das selbst nicht mehr zu leisten vermag, in einem Raum, in dem Menschen mit dem, was sie ausmacht, angenommen sind, wird es möglich sein, auch die eigene Abhängigkeit anzunehmen.[1088]

Um als Seelsorgerin solchen Schutz bieten zu können, bedarf es der Reflexion des eigenen Umgangs mit Scham, der Anerkennung für die eigene Person in ihrer Bedürftigkeit und ihren Schamgefühlen sowie der Sensibilität für die Bedürfnisse des Gegenübers nach Schutz, Anerkennung, Zugehörigkeit und

[1082] Vgl. Marks, Scham und Beschämung, 37.

[1083] Vgl. Fuchs, Selbst, 890.

[1084] Vgl. Marks, Scham und Beschämung, 33.

[1085] Klessmann, Schuld, 18.

[1086] Emotionale Erstarrung bis hin zur Maskenhaftigkeit, Projektionen, die zur Beschämung anderer führen, Arroganz, Zynismus oder Gewalt, aber auch Perfektionismus, Größenphantasien oder übermäßige Rechtfertigungen können dazu zählen, vgl. Marks, Scham, 71–100.

[1087] Vgl. Marks, Scham und Beschämung, 40. 43.

[1088] S. zum Gedanken der bewusst angenommenen Abhängigkeit Kapitel 3, 3.3.2.2.

Integrität.[1089] Zudem braucht es Wissen und Gespür dafür, dass auch Seelsorgebegegnungen in hohem Maße schamanfällig sind. (Wie unangenehm kann die nächste Begegnung mit jemandem sein, demgegenüber man zuletzt im Gespräch intime Dinge preisgegeben hat; wie unerträglich, kaum mehr Einfluss auf Aussehen und Geruch zu haben!)[1090] Nur wenn beides gegeben ist, Sensibilität für die eigene Person und für das Gegenüber, wird es in der Seelsorge möglich sein, einen guten Umgang mit Schamgefühlen zu finden.

Dagmar Zobel arbeitet heraus, dass der aaronitische Segen angesichts von Scham Zuspruch und Vergewisserung des liebevollen Angesehen- und Angenommenseins des Menschen durch Gott darstellen kann.[1091]

Das eigene Angenommensein des Menschen durch Gott ist nach Tietz Grundlage von Selbstannahme. Selbstannahme und Scham lassen sich mit Friedrich Nietzsche in einem unmittelbaren Zusammenhang sehen: »Was ist das Siegel der erreichten Freiheit? Sich nicht mehr vor sich selber schämen.«[1092] Auch und gerade dann, wenn Selbstbestimmung an ihre Grenzen kommt, kann es Freiheit geben – nicht im Sinne von Selbständigkeit oder Unabhängigkeit, aber eine Freiheit, die auch in engen Grenzen erlebt und erfahren werden kann; eine Freiheit der Selbstannahme.

3.3.2 Förderung von Selbstannahme

> Frau S. ist vor einem Jahr ins Pflegeheim eingezogen. Sie hatte damals einen Schlaganfall, seither sitzt sie im Rollstuhl, kann einen Arm nicht mehr bewegen und hat dazu noch eine halbseitige Gesichtslähmung. »Und dann ist man so abhängig, nix kann man mehr selber machen. Und die Sache mit dem Gesicht, ich sag Ihnen. Das ist schon nochmal ne ganz andere Nummer. Da kannste niemanden mehr anlächeln, einfach so, wo ich ja auch gerade neu im Heim war und so. Geht nicht mehr, wird nur noch ne Grimasse. [...] Da fällt dir dann erst so richtig auf, wie zufällig das vorher alles war. Dass man immer gern und schön gelacht hat. Und leicht Kontakt gekriegt und so. Naja, und dann verstehste irgendwann, dass du das ja auch schon vorher warst, abhängig halt davon, wie man so gemacht ist, was man von dem da oben mitbekommen hat. Dass ich halt jemand bin, der Leute anlacht [...]. Und dann versuchste halt trotz allem was draus zu machen. Mich hier einzugewöhnen und dann halt mit schepper Grimasse trotzdem noch'n bissl Kontakt zu kriegen. Ging dann ja auch. [...] Die haben sich schon auch gut gekümmert um mich. Ist schon gar nicht so verkehrt hier.«

1089 Vgl. Marks, Scham und Beschämung, 40–43.

1090 Vgl. Klessmann, Seelsorge, 234.

1091 Vgl. Zobel, Herr, 218.

1092 Friedrich Nietzsche, Die fröhliche Wissenschaft, zitiert nach Marks, Scham und Beschämung, 42.

Sich seiner nicht schämen; sich selbst – in seiner Leiblichkeit, mit seiner Geschichte, seinen Eigenschaften, Beziehungen und Lebensumständen – annehmen: Wie eine Förderung von Selbstannahme gedacht werden kann, soll im Folgenden in zwei Schritten näher ausgeführt werden. Dazu wird erneut auf Christiane Tietz' Theologie zurückgegriffen, konkret auf den Teil ihres Konzepts, in dem sie sich – von ihrer Theorie der Selbstannahme ausgehend – mit der *Annahme des Nächsten* beschäftigt. Dieses wird dabei auf das Seelsorgegeschehen bezogen.

3.3.2.1 Annahme der Person als von Gott angenommen

Die aus dem Glauben an die Rechtfertigung resultierende Annahme des Nächsten besteht für Tietz aus *zwei Aspekten:* der *Annahme des Anderen als von Gott angenommen* sowie der *differenzierten Annahme des faktischen Selbst des Anderen.*[1093]

Der *erste* Aspekt, *den Anderen als von Gott angenommen anzunehmen*, bedeutet, ihn:

> 1. als der Gemeinschaft mit Gott gewürdigt anzusehen,
> 2. als durch Gottes Annahme von seinem faktischen Selbst unterschieden anzunehmen,
> 3. »in seinem Mensch-und-nicht-Gott-Sein zu bejahen«[1094], d.h. ihn in seinen menschlichen Existenzbedingungen zu akzeptieren und ihm deshalb
> 4. den nötigen Freiraum zu gewähren. Er ist daher einerseits in seiner konkreten Endlichkeit anzunehmen, aber andererseits auch in seiner Unendlichkeit, seiner Phantasie und seinen Entwicklungsmöglichkeiten,[1095] wahrzunehmen als ein besonderer Mensch, der sich verändern kann und der nicht darauf festgeschrieben werden darf, wie er jetzt gerade ist.[1096]

Tietz' Ausführungen lassen sich sinnvoll auf die Seelsorge übertragen: Dieser erste Aspekt der Annahme des Nächsten, die Annahme des Anderen als von Gott angenommen, kann als eine Grundhaltung angesehen werden, mit der Seelsorgepartnern zu begegnen ist.[1097] Die Annahme des Anderen als von Gott angenommen beinhaltet einen von der Rechtfertigungslehre her kommenden Blick auf den Menschen, mit dem noch wenig über den Umgang mit der konkreten Person gesagt ist. Sie expliziert aber eine Sicht auf den Menschen, die es Seelsorgerinnen und Seelsorgern ermöglichen kann, sich mit großer Offenheit und Wertschätzung einem konkreten Menschen in den unterschiedlichen Facetten seiner Identität zuzuwenden.

1093 Vgl. dazu wie auch zum Folgenden TIETZ, Freiheit zu sich selbst, 194–197.
1094 TIETZ, Freiheit zu sich selbst, 194.
1095 Zu den menschlichen Existenzbedingungen, wie sie Tietz von Kierkegaard her beschreibt, s. Kapitel 2, 7.2.3.2.
1096 Vgl. TIETZ, Freiheit zu sich selbst, 194f.
1097 S. zu »Wahrnehmen und Annehmen« Kapitel 3, 3.3.2.2; 4,3.

Der Gedanke der Annahme des Nächsten als von Gott angenommen trägt in hohem Maße der *Passivität* von Menschsein Rechnung, insofern damit keine Annahme aufgrund von Aktivität, Leistung oder etwa gar Attraktivität gemeint ist. Dies erscheint gerade im Pflegeheim zentral, wo die meisten Bewohner und Bewohnerinnen gesundheitlich stark beeinträchtigt sind und viele nicht nur damit konfrontiert sind, nichts mehr leisten zu können, sondern – wie im oben beschriebenen Beispiel – zusätzlich z. B. auch noch damit, nicht mehr schön auszusehen und in ihren Kommunikationsmöglichkeiten eingeschränkt zu sein. Zugleich wird bei Tietz aber – gerade durch die Unterscheidung von Person und faktischem Selbst – keine Reduktion auf diese Passivität vollzogen: Dass die Notwendigkeit, dem Gegenüber Entwicklungsmöglichkeiten zuzugestehen, hier rechtfertigungstheologisch begründet einbezogen wird, hat für die Thematik dieser Arbeit großen Wert. Die Annahme des Anderen als von Gott angenommen kann der Seelsorgepartnerin bzw. dem Seelsorgepartner einerseits helfen, Schritte in Richtung der Annahme der eigenen Identität zu gehen und sie – vor dem Hintergrund dieser Annahme – andererseits zu selbstbestimmtem Handeln ermutigen.

Gehört eine annäherungsweise Stimmigkeit der eigenen Erzählungen zum Erleben von Selbstbestimmung hinzu, setzt diese also ein gewisses Maß der Selbstannahme voraus, dann liegen Selbstannahme und Selbstbestimmungserleben näher beieinander als es ein erster Anschein vermuten lässt.

Damit kann die *Annahme des Gegenübers als von Gott angenommen* in der Seelsorge als zentral angesehen werden – sowohl für eine Förderung von Selbstannahme als auch von Selbstbestimmung. Sie stellt wiederum die Grundlage dafür dar, sich dem Nächsten in seiner konkreten Identität mit seinen Eigenschaften, seiner Leiblichkeit, seiner Geschichte, seinen Umständen und seinen Beziehungen zuzuwenden[1098] – in Wahrnehmung und Annahme seines faktischen Selbst.

3.3.2.2 Differenzierte Annahme des faktischen Selbst des Anderen

Damit ist der zweite Aspekt benannt, den Tietz für das Verhältnis zum Nächsten ausarbeitet, die *differenzierte Annahme des faktischen Selbst des Anderen.* Hierbei richtet sich die Aufmerksamkeit von der beschriebenen theologischen Bestimmtheit des Menschen wieder stärker dem Gegenüber in seiner konkreten Identität zu. Die differenzierte Annahme des faktischen Selbst des Anderen, wie sie Tietz versteht, zielt nun nicht darauf, Gottes Ja und Nein zu seiner Identität zu wiederholen, denn diese richtende Funktion kommt Gott und nicht den Menschen zu und wird ja gerade als in der Rechtfertigung geschehend vorausgesetzt.[1099] Vielmehr gilt es, den Anderen in seinen konkreten *Eigenschaften*,

---

[1098] Zum Tietz gegenüber veränderten Gebrauch des Begriffs des faktischen Selbst s. Kapitel 2, 10.3.1.3.

[1099] Vgl. TIETZ, Freiheit zu sich selbst, 195.

seiner *Geschichte* und seinen *Umständen* sowie in seinen *Beziehungen* und seiner *Leiblichkeit* wahr- und anzunehmen.[1100]

Seine *Eigenschaften* ehrlich wahrzunehmen und anzunehmen bedeutet, ihn *trotz* bestimmter Eigenschaften auszuhalten und ihm dennoch Gemeinschaft anzubieten – und nicht etwa, alles Wahrgenommene gutzuheißen.[1101] Dabei darf das Gegenüber nicht auf seine momentanen Eigenschaften festgeschrieben werden, sondern es ist bei jedem Menschen damit zu rechnen, dass er sich auch noch ändern könnte – egal in welchem Alter. Ihn wahrzunehmen bedeutet weiterhin, seiner *Geschichte* zuzuhören und ihn als durch seine Geschichte geprägt anzusehen. Die *Umstände* des Nächsten wahrzunehmen heißt, insbesondere darauf zu achten, woran er leidet und ihn dann entweder im Aushalten der Umstände zu begleiten oder – wo das möglich und damit notwendig ist – sich der Veränderung der Umstände anzunehmen.[1102]

Eine Förderung der Selbstannahme wird sich vor diesem Hintergrund in *Wahrnehmung und Annahme* des Gegenübers vollziehen.

»Wahrnehmen und Annehmen« gehört in der Seelsorgetheorie seit der Seelsorgebewegung geradezu zu den allgemein anerkannten Grundlagen der förderlichen Verhaltensweisen bzw. Haltungen von Seelsorgern.[1103] Allerdings ist damit oft ein anderer Schwerpunkt gesetzt als hier, wo der Annahmebegriff von Christiane Tietz her bestimmt wird. Bei Tietz basiert die Annahme des Nächsten auf dessen Angenommensein durch Gott, denn der Andere ist – als Person und von daher auch in seinem faktischen Selbst – anzunehmen als von Gott angenommen: Gottes Annahme als die Annahme des Sünders beinhaltet aber immer auch die Gerichtsperspektive, denn Gott spricht sein Ja und Nein über das faktische Selbst des Sünders. Die Annahme des Nächsten, zu der Christen im Sinne von Röm 15,7 aufgerufen sind, kann dann in der Gewissheit geschehen, dass Gott mich selbst wie auch meinen Nächsten als Sünder bereits angenommen hat und dass es damit Gott ist, der den Nächsten wie mich selbst richtet. Dies erleichtert es dann wiederum, den Anderen – zumindest annäherungsweise – (als den von Gott angenommenen Sünder) anzunehmen.

1100 Zur Notwendigkeit dieser über Tietz hinausgehenden Erweiterung s. Kapitel 2, 10.3.1.3.

1101 Vgl. Tietz, Freiheit zu sich selbst, 195f.

1102 Vgl. Tietz, Freiheit zu sich selbst, 196: Tietz beschreibt es geradezu als absurd, die Annahme der Umstände des Anderen mit deren Akzeptanz gleichzusetzen – wenn sie vom Gegenüber als »notvoll« erlebt werden und zudem veränderbar sind.

1103 Vgl. Stollberg, Wahrnehmen, oder auch viele Seelsorgekonzeptionen, die in Aufnahme von Rogers' Therapeutenvariablen zumindest den Punkt der »Annahme« verhandeln, so z.B. in der neueren Literatur Klessmann, Seelsorge, 132–137, der im Zuge seiner Darstellung förderlicher Verhaltensweisen im Gespräch von Rogers ausgehend sowohl auf »aufmerksame und differenzierte Wahrnehmung« als auch auf »Annahme und Wertschätzung« eingeht.

Mit dieser Perspektive ist insofern viel gewonnen als dadurch die Annahme kein bloßes »Du darfst Sünder sein«[1104] beinhaltet, sondern Sünde und Sündersein – von Gegenüber und Seelsorger – können auch in der zwischenmenschlichen Annahme noch als kritische Momente wahrgenommen werden. Dies kann es der Seelsorgerin erleichtern, z. B. auch Aggressionen bei sich selbst offen wahrzunehmen[1105] und sich dennoch um Annahme des Nächsten zu bemühen. Zugleich nehmen Seelsorgerin oder Seelsorger aber auch keine Funktion ein, die nur Gott zukommen kann als demjenigen, der die Sünder rechtfertigt und annimmt.[1106] Gott allein kann tatsächlich zwischen Person und Werk unterscheiden – bei Menschen wird dies höchstens annäherungsweise gelingen.

Tietz greift bei der Begründung zwischenmenschlicher christlicher Annahme auf theologische Argumente zurück,[1107] wobei der hohe psychologische Wert von »Wahrnehmen und Annehmen« deswegen keineswegs bestritten werden muss.[1108]

Damit können zusammenfassend zentrale Aufgaben für die Seelsorge mit alten Menschen in Pflegeheimen festgehalten werden: Es gilt,

- den Seelsorgepartner oder die -partnerin in ihren *Eigenschaften* und ihrer *Leiblichkeit* diskret, aber ehrlich wahrzunehmen, ohne die Person festzu-

---

1104 Stollberg, Wahrnehmen, 50f.; vgl. dazu auch Tietz, Freiheit zu sich selbst, 147.

1105 Zum Thema »Aggression in der Seelsorge« vgl. exemplarisch Klessmann, Aggression.

1106 Vgl. für eine grundlegende Kritik an Konzeptionen, die der zwischenmenschlichen Annahme zu viel zutrauen Tacke, Glaubenshilfe, 141. Er schreibt 1975: »Die Erfahrung zwischenmenschlicher Annahme hat immer weniger die Funktion, eine Analogie zur Rechtfertigung des Menschen durch Gott darzustellen. Heute hat die zwischenmenschliche Analogie das Gewicht der Sache selbst. Sie verweist nicht länger auf Gottes Annahme des Menschen, sondern sie mutet sich zu, selber die Verwirklichung dieser Annahme Gottes zu sein. [...] Wenn Menschen einander annehmen, ereignet sich die Rechtfertigung Gottes. Diese Konstruktion, die zu einer dominanten Stellung innerhalb moderner Seelsorgeentwürfe gekommen ist, hat also ein Analogieschema aufgelöst zugunsten der Identifikation.«

1107 In Klessmanns Seelsorge-Lehrbuch findet sich unter dem Abschnitt zu »Annahme und Wertschätzung« im Zusammenhang förderlicher Verhaltensweisen im Gespräch kein theologisches Argument für die Annahme des Anderen. Zwar begegnet der Satz »Gott liebt den Sünder, nicht die Sünde«; er scheint aber ausschließlich als Verständnishilfe für die These zu dienen, dass die Annahme der Person von der Billigung ihres Verhaltens zu unterscheiden ist (vgl. Klessmann, Seelsorge, 135f.).

1108 Vgl. dazu ebenfalls Tietz, 178, Anm. 254, die darauf verweist, dass es in der »therapeutischen Seelsorge« ein zentraler Gedanke ist, dass es einer Atmosphäre der Annahme bedarf, damit ein Mensch sich einem anderen öffnen kann. Vgl. dazu z. B. auch Lemke, Beratung, 39f: »Eine angstfreie Atmosphäre im Gespräch zu schaffen, ist Voraussetzung für jegliche Form der Einsicht und Veränderung. Gewinnt der Ratsuchende die weitgehende Einsicht, weder kategorisiert noch verurteilt, geschweige denn verachtet zu werden, so wagt er es, seine von ihm als negativ empfundenen Impulse auszusprechen und anzusehen, ohne sich deswegen selbst verachten zu müssen.«

schreiben. Sie anzunehmen wird sich manchmal darauf beschränken, sie in ihrem Verhalten und ihren Eigenschaften auszuhalten oder auch zu ertragen – und z. B. auch der als gehässig empfundenen alten Frau immer wieder neu Gesprächsangebote zu machen.

- die *Lebensgeschichte* des Seelsorgepartners zu hören und ihr in Wertschätzung und Anteilnahme zu begegnen. Zuweilen wird dies heißen, sich dieser Geschichte anzunehmen – gerade wenn es um offen Gebliebenes geht oder wenn Fragen der Schuld im Raum sind.

- die *Umstände* und *Beziehungen*, in denen das Gegenüber steht, wahrzunehmen. Hinsichtlich der Verhältnisse, an denen die Person leidet, wird es darum gehen, ihr im Aushalten dessen, was sich nicht ändern lässt, beizustehen und sie in der Veränderung dessen, was sich ändern lässt, zu unterstützen – sei es, indem sie z. B. darin bestärkt wird, der Schwester, mit der seit langer Zeit kein Kontakt mehr besteht, noch einmal ein Gesprächsangebot zu machen; oder sei es, eine Person in ihrer Trauer um den Tod des Partners oder der Partnerin auszuhalten.

Als eine positive Folge differenzierter Selbstannahme kann die *bewusst angenommene Abhängigkeit* angesehen werden – ein Umgang mit einer Situation der Abhängigkeit, in dem diese als solche akzeptiert wird. Eine solche Annahme erleichtert es, auf Unterstützung und z. B. auch Hilfsmittel zurückzugreifen, die wiederum einen – je nach Situation – selbständigeren oder auch zufriedeneren Umgang mit der Abhängigkeit erlauben.[1109]

3.4 Begleitung von Sterbenden

Sterbebegleitung stellt eine wichtige Aufgabe von Seelsorgerinnen und Seelsorgern in Pflegeheimen dar. Die Notwendigkeit von seelsorglicher Sterbebegleitung wird durch die Tatsache verstärkt, dass vielen alten Menschen ein soziales Netz fehlt und den Pflegenden als häufig wichtigsten Bezugspersonen oft nicht genügend Zeit dazu bleibt.[1110]

In den folgenden Überlegungen sollen daher Perspektiven umrissen werden, die sich von den bisherigen Überlegungen mit ihrem Fokus auf Freiheit und Freiheitserleben ausgehend für die Sterbebegleitung ergeben.

Seelsorgliche Sterbebegleitung bewegt sich in der Spannung zwischen Fürsorge für das Gegenüber und Anerkennung seiner Selbstbestimmung.[1111] Von daher sind die Möglichkeiten zur Selbstbestimmung, die eine Person im Ster-

---

[1109] Vgl. Kruse, Lebensjahr, 219 sowie Kruse, Selbstständigkeit, 276.

[1110] Vgl. Feichtner, Sterbende, 834f. Zudem sind die Pflegerinnen und Pfleger häufig durch die Situation als solche überfordert – sei es aufgrund fehlender Ausbildung oder aufgrund eigener Verlustängste, vgl. ebd.

[1111] S. zum Verhältnis zwischen Fürsorge und Selbstbestimmung Kapitel 3, 3.3.1.2.

ben noch besitzt, in der Seelsorge zu achten:[1112] Konkret wird sich dies darin äußern, dass *ihre* Antworten auf die Situation in der Seelsorgebegegnung als die *maßgeblichen* Antworten angesehen werden: Dies gilt *erstens* hinsichtlich der *Inhalte* von Seelsorgegesprächen angesichts des Sterbens. Ob jemandem daran gelegen ist, sich über das eigene Sterben auszutauschen oder nicht, ob er Lebens-Themen – in welcher Form auch immer – zu einem Abschluss bringen oder von der Pfarrerin Neuigkeiten aus der Gemeinde hören will, weil er es bei seinem Sterben nicht mehr aushält – Seelsorge im Zusammenhang des Sterbens hat von allen Ansprüchen inhaltlicher Art abzusehen. Dies gilt *zweitens* auch für *emotionale* Antworten auf die Situation: Trauer, Angst, Liebesbedürfnis oder Wut – wer stirbt, hat alles Recht auf seinen eigenen Abschied und seine eigene Antwort auf die Situation.[1113] Vorstellungen des Seelsorgers oder der Seelsorgerin, wie gutes Sterben auszusehen habe, die bis heute häufig von Phasenmodellen wie dem von Kübler-Ross beeinflusst[1114] und in hohem Maße normativ besetzt sind, werden sich vielfach nicht gänzlich vermeiden lassen; sie müssen aber reflektiert werden und als das Eigene, das der Befindlichkeit des Gegenübers vollständig widersprechen kann, nach Möglichkeit aus der Interaktion herausgehalten werden. Dem Wunsch, das Gegenüber möge doch friedlich entschlafen, bleibt – zumindest innerlich – der Schrei Jesu am Kreuz als unerbittlicher Protest gegen Leiden und Tod entgegenzuhalten.[1115] *Drittens* sind die *Bedürfnisse*, die sich für den sterbenden Menschen aus seiner Situation heraus ergeben, nicht nur Richtschnur pflegerischen,[1116] sondern auch seelsorglichen Handelns. – Ob ein Mensch im Sterben Körperkontakt will, ob leises Singen oder Summen der Seelsorgerin als angenehm empfunden wird oder nicht, hängt stark von der jeweiligen Person und ihrer Biographie ab. Alle fürsorgende und unterstützende Zuwendung wird sich im Zusammenhang des Sterbens am Gegenüber und seinen Bedürfnissen ausrichten[1117] sowie durch Sensibilität, Konzentration und Kontinuität geprägt sein müssen.[1118]

Die sterbende Person in ihrem faktischen Selbst mit all seiner Verletzlichkeit, Bedürftigkeit und Langsamkeit wahrzunehmen und anzunehmen,[1119] ist daher auch bei der Seelsorge im Zusammenhang des Sterbens die zentrale Grundhaltung. Freiheit im Sterbeprozess ist nur vor einem solchen Hintergrund

---

1112 Auf die im Zusammenhang von Sterben und Selbstbestimmung zentralen Fragen nach Sterbehilfe, Chancen und Grenzen von Patientenverfügungen etc. kann im Rahmen dieser Arbeit nicht eingegangen werden, denn sie betreffen Seelsorgerinnen und Seelsorger meist nur mittelbar; zudem würde eine solche Ausweitung des Themas den Rahmen der vorliegenden Arbeit überschreiten.

1113 Vgl. Drechsel, Seelsorge, 811.819.

1114 Kübler-Ross, Interviews.

1115 Vgl. Berner, Sterben, 95.

1116 Vgl. Kruse, Sterben, 663.

1117 Vgl. Moser, Identität, 353.

1118 Vgl. Kruse, Sterben, 659.

1119 Zum Thema »Wahrnehmen und Annehmen« s. Kapitel 3, 3.3.2.2.

vorstellbar und vielleicht noch eindeutiger als in jeder anderen Lebenssituation ausschließlich als *Freiheit in Beziehung* denkbar: Die Gewissheit, nicht verlassen zu werden und in einer Situation getragen zu sein, in der man sich selbst nicht mehr halten kann, erscheint als eine Grundvoraussetzung von Freiheit in der Situation des Sterbens.[1120] Freiheit kann dann darin gesehen werden, uneingeschränkt die sein zu dürfen, die man ist – schwach und verletzlich, vielleicht zornig oder schreiend, sterbend – und sich trotz allem getragen und ertragen zu wissen. Der unverlierbaren Würde des Menschen kann und muss in der Sterbebegleitung entsprochen werden, durch vielfältige Formen von Beistand und Erleichterung des Sterbens.[1121] Dies kann und darf aber nicht geschehen, indem Kriterien würdevollen Sterbens erhoben werden und vom sterbenden Menschen erwartet wird, dass er ihnen in seinem Verhalten entspreche.[1122]

Der Abenteuergedanke erweist sich auch im Zusammenhang der Sterbebegleitung als fruchtbringend. Versteht man die eigene Aufgabe als Begleitung und Unterstützung im Rahmen des Abenteuers des sterbenden Menschen, so drückt dieses Bild zweierlei aus: *erstens* die Notwendigkeit, mit allem, was man zu geben hat, für das Gegenüber da zu sein, ohne dass es sich um einen selbst sorgen müsste. Dies wird nur dann möglich sein, wenn der Seelsorger oder die Seelsorgerin in dieser belastenden Situation gut mit der eigenen Bedürftigkeit umgeht. *Zweitens* kommt darin die Notwendigkeit zum Ausdruck, das Gegenüber in allem Beistehen zugleich *loszulassen* – weil das Ende zu jedem Abenteuer dazugehört. Die eigene Hoffnung für den sterbenden Menschen kann den Seelsorger oder die Seelsorgerin in der auch für sie selbst schwierigen Situation tragen und stützen; vertraut und gehofft werden darf und kann auch stellvertretend und die Hoffnung auf einen guten Ausgang der Geschichte kann schließlich – je nach Situation und Beziehung – zugesprochen werden. Aus der eigenen Hoffnung lässt sich aber kein Anspruch ableiten, auch das Gegenüber möge diese

---

[1120] Moser schreibt im Blick auf den Sterbeprozess von einem »unbedingten Wunsch nach Beziehung«, der sich vor allem auf andere Menschen, bei gläubigen Menschen aber auch auf Gott bezieht, MOSER, Identität, 353. Dennoch sei angemerkt, dass auch Sterbende den Wunsch verspüren können, allein zu sein. Auch diesem Wunsch ist dann – in Bezogenheit – zu entsprechen.

[1121] Vgl. BERNER, Sterben, 92.

[1122] Den Ruf nach einem Sterben in Würde sieht Knut Berner mit einer stark imperativischen Funktion verbunden, indem der Würdebegriff etwa im Zusammenhang der Diskussion um Sterbehilfe an bestimmte Verhaltensweisen gekoppelt werde, so dass es den Anschein habe, es ginge nicht nur darum, das Sterben der menschlichen Würde *entsprechend* zu gestalten, sondern darum, etwas für die eigene Würde zu tun (vgl. BERNER, Sterben, 92): »Es geht zunehmend auch um die Gestaltung von alternativen Szenarien, bei denen der Vorgang des Sterbens den Anschein einer letzten Aktivität und abschließenden Leistung erhalten kann, für deren Bewertung sich Qualitätsurteile erheben lassen, es geht mindestens unterschwellig um das Aufstellen von Kriterien für konventionell-akzeptable oder irritierende, vielleicht sogar peinliche, weil aus dem Rahmen fallende Formen des Abscheidens.« (ebd.).

Hoffnung teilen. Die Spannung zwischen der Hoffnung auf einen – zumindest eschatisch – guten Ausgang des Abenteuers und der gleichzeitigen Ungewissheit des Endes auszuhalten und sie *als Spannung* aufrechtzuerhalten, stellt dabei eine große Herausforderung dar.

4. Haltungen für die Seelsorge mit alten Menschen in Pflegeheimen

4.1 Einleitung

Wurde der theologischen Reflexion im Rahmen dieser Seelsorgearbeit bisher viel Raum gegeben und versucht, Dogmatik und Philosophie als Entdeckungszusammenhänge[1123] für die Seelsorge fruchtbar zu machen, so geht dies nicht zuletzt auf folgende Annahme zurück: Wie sich ein Seelsorgegespräch entwickelt, hängt – neben zahlreichen weiteren Faktoren – grundlegend mit der *Haltung* zusammen, mit der ein Seelsorger bzw. eine Seelsorgerin in ein Gespräch geht. Nicht nur die impliziten oder expliziten Altersbilder[1124] der Seelsorgepartner, sondern auch ihr Glaube und ihre Theologie, ihre Auffassungen vom Menschen sowie von Seelsorge prägen die jeweilige Begegnung.

Vor dem Hintergrund der bisherigen theologischen Überlegungen werden daher im Folgenden erstrebenswerte Haltungen bzw. Einstellungen für die Seelsorge herausgearbeitet.

Dabei ist ein Problem offenkundig: Allein die Tatsache, dass die beschriebenen Haltungen aus der in dieser Arbeit vertretenen theologischen Position heraus sinnvoll erscheinen, lässt sie noch nicht zu *internalisierten* Einstellungen oder Verhaltensweisen werden, die im Seelsorgegespräch tatsächlich *spontan* und *authentisch* vertreten werden könnten. Gleichzeitig sind aber die eigene Einstellung und das eigene Verhalten *die* Aspekte des Gesprächs, auf die Seelsorgerinnen und Seelsorger potentiell Einfluss nehmen können – im Gegensatz zu dem, was das Gegenüber aus einem Gespräch mitnimmt. So lassen sich weder Selbstbestimmung noch differenzierte, aus dem Glauben resultierende Selbstannahme von außen induzieren: Beides sind für Seelsorgerin bzw. Seelsorger unverfügbare Geschehen, die man sich zwar für sein Gegenüber wünschen mag, aber selbstverständlich nicht produzieren kann. Somit bleibt also vor allem die Möglichkeit, nach den eigenen Anteilen zu schauen, diese zu reflektieren und an ihnen zu arbeiten. Eine Auseinandersetzung mit und eine Arbeit an der eigenen Haltung erscheint daher wichtig für Seelsorge in Pflegeheimen.[1125]

1123 S. Kapitel 2, 1.

1124 Zur Altersbildern und ihren Implikationen vgl. exemplarisch SCHMITT, Altersbildforschung.

1125 Die Frage nach der Haltung von Seelsorgerinnen und Seelsorgern wurde in der Seelsorgetheorie besonders im Anschluss an Carl Rogers' Gesprächspsychotherapie

Sich (theologische) Einsichten und Vorstellungen, denen man zustimmt, mit dem Ziel bewusst zu machen, sie zu verinnerlichen, erscheint als möglicher und sinnvoller Aspekt des Seelsorgelernens.[1126] An dieser Stelle kann auch auf Hauerwas zurückgegriffen werden, der die Bedeutung von Erzählungen für die persönliche Charakterbildung betonte.[1127] Auch theologische Einsichten, wie sie im Zuge des systematisch-theologischen Kapitels formuliert wurden und im Folgenden aufgenommen werden, lassen sich letztlich als Geschichten verstehen, anhand derer wir unser Leben interpretieren, und die wir verinnerlichen müssen, um aus ihnen heraus zu leben.

Welche Haltungen erscheinen vor dem Hintergrund der bisherigen Überlegungen sinnvoll?

4.2 Gott im Gespräch

Jenson betonte die Bedeutung des Gottesbildes für die Auffassung vom Menschen.[1128] Teilt man seine These, dass beides in engem Zusammenhang steht, so ist davon auszugehen, dass sich aus Überlegungen zum Gottesverständnis heraus Aussagen über die Seelsorge und konkret über Haltungen im Seelsorgegespräch treffen lassen.

---

diskutiert, als dessen »vielleicht wichtigste Entdeckung« es mit Michael Klessmann angesehen werden kann, »dass es die Haltung des Therapeuten ist, die es dem Klienten ermöglicht, innerlich zu wachsen und zu sich selbst zu finden« (Klessmann, Seelsorge, 132). Im Zuge der Auseinandersetzung mit Rogers hielten die klassischen, sogenannten Therapeutenvariablen (Kongruenz, Empathie und Akzeptanz) breiten Einzug in Seelsorgetheorie und -praxis; vgl. für einen Überblick über Konzepte gesprächspsychotherapeutisch orientierter Seelsorge Nauer, Seelsorgekonzepte, 156–172.

1126 Einen konkreten Vorschlag zur Arbeit an der eigenen Einstellung bietet Michael Herbst. Er begegnet unter dem Stichwort »Seelsorge an der eigenen Seele« dem Gedanken negativer »Einreden«, die Menschen in negativen Gemütslagen und Beurteilungen bestätigen, indem er biblische »Gegenreden« vorschlägt. Gegen den Verdacht, allein positives Denken oder Autosuggestion zu bemühen, wendet er ein, den Gegenreden müsse ein größeres Maß an Realität zukommen als den Einreden. Er beschreibt die Praxis der Gegenreden als ein »Tun auf Hoffnung hin«, das unter einem Vertrauensvorschuss geschieht (vgl. insgesamt: Herbst, Beziehungsweise, 340f.). Dieser Vorschlag scheint bedenkenswert: Könnte nicht auch eine theologische Einsicht als eine solche Gegenrede fungieren, die man festgefahrenen Deutungsmustern bewusst entgegenstellen kann?

1127 Vgl. Hauerwas, Character, 151: »The development of character involves more than adherence to principles for their own sake; rather, it demands that we acquire a narrative that gives us the skill to fit what we do and do not do into a coherent account sufficient to claim our life as our own.« Zur Charakterbildung bei Hauerwas s. Kapitel 2, 4.2.2.

1128 Vgl. Jenson, Triune God, 88: »The plot and energy of life are determined by which eternity we rely on, and the truth of any mode of life is determined by the reality of the eternity it posits. If we speak of ›God‹, our life's substance is given by which God we worship, and our life's truth is given by whether this is the God that really is.«

Kann Gott in Auseinandersetzung mit Jenson und Schwöbel selbst als Gespräch beschrieben werden,[1129] so ist mit der Möglichkeit von Gottes Wirken im Seelsorgegespräch zu rechnen. Geht man dabei davon aus, dass Gott selbst Gespräch ist, Gespräche ist, die als innertrinitarisches Geschehen die Grundlage der wiederum kommunikativ konstituierten Beziehung von Gott und Welt darstellen,[1130] so beinhaltet dies Folgendes: Anders als Konzeptionen, die – in Lévinas'scher Tradition – Gott im Anderen (mitsamt seiner prinzipiell unerfüllbaren Forderung, ihm zu entsprechen)[1131] aufscheinen sehen,[1132] ist mit diesem stärker relationalen Gottesbild ein anderer Schwerpunkt gesetzt: Die Möglichkeit der Gotteserfahrung wird von vornherein in der Beziehung zwischen den beiden Gesprächspartnern verortet, so dass allzu hohe Ansprüche an den Einzelnen ausgeschlossen bleiben. Gott findet gerade im Geschehen *zwischen* den Gesprächspartnern seinen Ort und weder im nie erreichbaren Außen des Anderen noch – im möglichen Umkehrschluss – in der eigenen Person. Wie Gott durch die Beziehungen der trinitarischen Personen geprägt ist und nicht durch deren substanzhafte Eigenschaften, so kommt es nun im Blick auf ein mögliches Wirken Gottes im Seelsorgegespräch weniger auf die Eigenschaften der Gesprächspartner an als vielmehr auf die Beziehung zwischen den Gesprächspartnern, in der ein Wirken des Heiligen Geistes sich ereignen kann. Beziehungen wiederum liegen nie in der Hand eines der Gesprächspartner, sondern sind eben »Beziehungssache«: Für dieses Geschehen kann man als Einzelner wohl etwas tun, sie liegen aber in gleichen Teilen in der Verantwortung aller Beteiligten.

Aus dem Gedanken von Gott als Gespräch lassen sich für die Seelsorge mehrere Konsequenzen ableiten:

- Die Gestaltung der Seelsorgebeziehung und der Kommunikation in der Seelsorgebegegnung stellt den Schwerpunkt allen seelsorglichen Bemühens dar. Dass dies so ist – seit Zeiten der Seelsorgebewegung ein Standard der Seelsorgetheorie –,[1133] kann von diesem Gottesverständnis her nicht nur durch die Erkenntnis begründet werden, dass die Wirksamkeit von Gesprächen höher ist, je besser die Beziehung sich gestaltet,[1134] oder dass Identitätsbildung sich in Beziehungen vollzieht. Vielmehr gründen Bedeutung und Stellenwert von Beziehungen im trinitarischen Gottesbild selbst.[1135]

[1129] S. Kapitel 2, 10.5.1.

[1130] Vgl. Schwöbel, Gott als Gespräch, 453f.

[1131] Vgl. Schmidt, Klage, 74.

[1132] Zur Lévinas-Rezeption bei Henning Luther vgl. Luther, »Ich ist ein Anderer«, 74–87.

[1133] Vgl. dazu Stollberg als exemplarischen Vertreter der Seelsorgebewegung: »Da das In-Beziehung-Stehen zu den Grundbedürfnissen des Menschen gehört, ist es sowohl Gegenstand als auch Mittel der Seelsorge.« (Stollberg, Wahrnehmen, 44).

[1134] Für Hinweise zur Bedeutung der Beziehung zwischen Therapeut und Klient für die Wirksamkeit von Therapien vgl. die Angaben bei Morgenthaler, Seelsorge, 226f.

[1135] S. zu einem relationalen Gottesverständnis Kapitel 2, 10.5.1.

- Auch wenn Gottes Gegenwart selbstverständlich nicht »beschlossen« oder hergestellt werden kann, so bedarf es doch einer gewissen Offenheit von Seelsorgerinnen und Seelsorgern für die Möglichkeit von Gottes Wirken im Seelsorgegespräch. Es ist damit eine nicht aufzulösende Grundspannung angezeigt zwischen dem Bemühen um möglichst gelingende Seelsorgebegegnungen einerseits und dem Wissen um eine grundlegende »Nicht-Machbarkeit« gelingender Seelsorge andererseits.
- Zudem lässt sich ein weiteres, für die Seelsorge charakteristisches Spannungsgefüge erkennen – zwischen einem strukturellen Machtgefälle und gemeinsamer Angewiesenheit: Bei der Seelsorge mit alten Menschen in Pflegeheimen ist immer ein Machtgefälle gegeben, denn die Seelsorgerin kann das Haus jederzeit problemlos wieder verlassen, sie ist gesundheitlich und geistig in besserer Verfassung als die Bewohnerinnen, sie steht meist mitten im Berufsleben und ist von den Problemen des hohen Alters nur über andere betroffen. Dieses Machtgefälle zu den meisten Bewohnerinnen und Bewohnern von Pflegeheimen ist wahrzunehmen und reflektiert damit umzugehen.[1136] Was aber vom Gedanken von Gott im Gespräch her *besonders* deutlich wird, ist, dass dieses Machtgefälle, in dessen Zusammenhang auch die Frage nach Professionalität zu sehen ist, vom *gemeinsamen Angewiesensein* auf Gottes Wirken und Trost umfangen ist. Dies lässt sich von Mirjam und Ruben Zimmermanns Ausführungen her unterstreichen, die darauf hinweisen, dass die Erfahrung von Grenzen üblicher Kommunikationsformen und die Fremdheitserfahrung im Gegenüber zu Menschen mit Demenz Seelsorger und Gegenüber auf »die gleiche Ebene der Bedürftigkeit vor Gott«[1137] stellen.[1138] Dies ist in keiner Seelsorgesituation anders, wird aber in der Seelsorge bei Menschen mit Demenz besonders offensichtlich. Es ist daher Sibylle Rolf zuzustimmen, wenn sie schreibt:

> »Die Offenheit des seelsorglichen Gesprächs hängt [...] grundlegend an der *Trost*bedürftigkeit *beider* Partner, die eine seelsorgliche Solidarität stiftet, und weist zugleich auf den Ort der Seelsorge unter dem geöffneten Himmel Gottes, der die Seelsorge in letzter Konsequenz der menschlichen Machbarkeit entzieht.«[1139]

- Die bereits angedeutete Unverfügbarkeit von Gottes »Beteiligung« am Gespräch sowie das auch angesichts eines Machtgefälles gegebene, gemeinsame Angewiesensein auf Gottes Wirken machen nun aber nicht das Bemühen um gelingende Kommunikation überflüssig: Es geht darum, das Mögliche und An-

---

[1136] Zum Thema Macht in der Seelsorge vgl. Klessmann, Seelsorge, 336–340 sowie Morgenthaler, Seelsorge, 374, der sich mit Macht im Zusammenhang von Missbrauch in der Seelsorge auseinandersetzt.

[1137] Zimmermann/Zimmermann, Multidimensionalität, 418.

[1138] Vgl. Zimmermann/Zimmermann, Multidimensionalität, 418.

[1139] Rolf, Trost, 52.

gemessene zu tun und z. B. dem Glauben daran, dass Gott den Menschen angenommen hat, nach Möglichkeit auch im Handeln zu entsprechen – ohne dabei zu denken, man müsse oder könne »machen«, was sich nur ereignen kann.

- Mit dem Gedanken von »Gott im Gespräch« ist zugleich auch eine Grenze allen seelsorglichen Engagements benannt, denn mit der Möglichkeit von »Gott im Gespräch« zu rechnen, bedeutet zugleich, sich selbst in Anspruch und Engagement zu beschränken: auf die Anteile an einer Beziehung, die tatsächlich bei einem selbst liegen. Anzuerkennen, dass die Qualität einer Seelsorgebegegnung nicht allein in der Hand des Seelsorgers, sondern auch in der Hand des Seelsorgepartners und nicht zuletzt in Gottes Hand liegt, kann ein wichtiger Schritt zu einer Selbstbeschränkung sein, die Professionalität überhaupt erst ermöglicht.

4.3 Im Licht der Rechtfertigung *sola gratia*

Das zentrale Moment christlichen Glaubens ist für Protestanten die Rechtfertigungslehre, deren Bedeutung für die Freiheitsthematik und für Seelsorge im Zusammenhang der Selbstannahme bereits ausgeführt wurde. Zugleich ist die Rechtfertigung *sola gratia* Seelsorgepartnern mitunter schwer zu kommunizieren.[1140] Im Zuge des Abbruchs einer gesellschaftlich geteilten christlichen Wirklichkeitssicht wird sich dieses zu jeder Zeit gegebene Problem tendenziell weiter verschärfen:[1141] Seelsorger und Seelsorgerinnen werden damit konfrontiert, dass die Lehre von der Rechtfertigung *sola gratia* bei ihrem Gegenüber keine Resonanz findet, genau wie sie sich womöglich auch immer wieder selbst die Frage stellen werden, inwiefern sich diese in ihrem eigenen Leben und Glauben niederschlägt. Zugleich lässt sich auch aus theologischer bzw. seelsorglicher Sicht fragen: »[...] geht es denn in der Seelsorge immer um die Frage der Erlösung?«[1142]

Die im vorigen Kapitel eingeführte Unterscheidung dreier Ebenen von Freiheit – der Konstitutions-, der Vollzugs- und der Vollendungsebene,[1143] kann im letzten Punkt zu mehr Klarheit verhelfen: Die Vollendungsebene, die Frage nach dem Heil, wird sich immer auf die Vollzugsebene auswirken – und sei es im Sinne einer heilsamen Beschränkung. Zugleich geht es selbstverständlich nicht in jedem Gespräch um Fragen der Erlösung, eher im Gegenteil. Dennoch wird die Rechtfertigungslehre als eine Grundentscheidung in der Frage nach dem Menschenbild jede noch so profane, banale oder alltägliche Begegnung prägen – so sie denn die Überzeugung von Seelsorger bzw. Seelsorgerin ist. Da sie eine maßgebliche protestantische Grundauffassung vom Menschen ist, erscheint es als angebracht, sie auch als Haltung zu formulieren, die potentiell in jedem Seelsorgegespräch mitschwingt – auch wenn es in dem Gespräch

---

1140 Vgl. Klessmann, Seelsorge, 196.

1141 Vgl. Schirrmacher, Seelsorge, 22f.

1142 Engemann, Praktisch-philosophische Dimension, 313.

1143 S. Kapitel 2, 10.2.

inhaltlich um ganz Anderes gehen mag. Diese Haltung wurde bereits näher beschrieben als eine, in der Seelsorgepartnerinnen oder -partner *wahrgenommen* und *als von Gott Angenommene angenommen* werden.[1144]

Die Rechtfertigungsbotschaft unterscheidet sich von den üblichen leistungsorientierten Alltagslogiken. Eben diese Differenz kann als Herausforderung, Problem und Potential der Rechtfertigungsbotschaft zugleich angesehen werden: Sie beinhaltet in ihrer Widerständigkeit und Andersartigkeit ein *überraschendes* Moment – gerade in einer (Heim-)Welt, in der Überraschungen die große Ausnahme sind. Dieses überraschende Moment kann darin gesehen werden, dass der Mensch von der Rechtfertigungsbotschaft her in seiner Personalität aus einer grundlegenden *Passivität* heraus wahrgenommen wird, ohne dass damit vielfältigste Aktivitäten und Gestaltungsmöglichkeiten des Menschen, gerade auch seine Identität betreffend, in Abrede gestellt werden müssten.[1145] Gerade dann, wenn der vorgängigen Passivität einer Person entsprochen wird – indem z. B. die Seelsorgerin ungeheißen zu Besuch kommt, indem jemandem im positiven Sinne etwas zuge-mutet wird, das er sich anschließend auch selbst zutraut, indem jemand, der sich selbst ablehnt, angenommen wird, können sich Aktivität, Mut, Selbstannahme und Selbstbestimmung entwickeln.

Erfahrungen von Rechtfertigung werden immer Ereignischarakter haben; sie können sich in einem gelingenden Gespräch punktuell ergeben, bleiben aber unverfügbar.[1146]

Wird dem Gegenüber im Vertrauen auf die Rechtfertigung *sola gratia* begegnet, so kann in der Begegnung zum Ausdruck gebracht werden, dass die Person nicht in ihrer Lebensgeschichte aufgeht und dass sie nicht versuchen muss, sich durch die Rechtfertigung ihrer Lebensgeschichte selbst zu rechtfertigen. Zugleich ist es auch nicht die Aufgabe von Seelsorgern, das zu tun. Vielmehr können Seelsorger oder Seelsorgerin als Teilnehmer oder Teilnehmerin an der Suche des Gegenübers nach seiner Identität verstanden werden – einer Suche, die sich vor dem Hintergrund des Vertrauens in das Angenommensein der Person durch Gott in Freiheit vollziehen kann.[1147]

1144 S. dazu ausführlich Kapitel 3, 3.3.2.2; eine Wiederaufnahme der Thematik an dieser Stelle wurde zur Vermeidung von Redundanzen vermieden.

1145 Auf die primäre Passivität von Menschsein verweist Gunda Schneider-Flume in ihren Kritiken am Autonomiebegriff immer wieder, vgl. z. B. Schneider-Flume, Alter, 33. Dabei läuft sie allerdings Gefahr zu einer *Idealisierung* von Passivität und Abhängigkeit zu gelangen, der zufolge Abhängigkeit als solche befreiend wirkt: »Abhängigkeit erscheint wie eine Kränkung des (primären) Narzissmus, ebenso wie der Tod nach Freud die größte narzisstische Kränkung ist. Im Lichte der Geschichte Gottes kann Abhängigkeit auch anders gedeutet werden. Sie ist die Befreiung davon, sich selbst leisten zu müssen, und die Befreiung dazu, sich annehmen zu lassen, selbst mit schwindenden Kräften.« (Schneider-Flume, Alter, 37).

1146 S. Kapitel 3, 4.2.

1147 Henning Luther versteht die Autobiographie statt von der Selbstrechtfertigung von der Selbstsuche her (Luther, Herz, 129f.) Bei MacIntyre begegnete der Gedanke der narrativen Suche (s. Kapitel 2, 3.2.4). Lebensgeschichtliches Erzählen vom Glauben an

4.4 Nächstenliebe und Professionalität

»Wer als Seelsorger, Seelsorgerin ins Altenheim geht, der muss seine alten Leute wirklich mögen. Wer ohne diese Liebe ins Altenheim geht, [...] der bleibt draußen [...].«[1148] Von Tietz' Ausführungen zur Nächstenliebe her, die sich auf die 28. These von Luthers Heidelberger Disputation sowie auf seine Hebräerbriefvorlesung beziehen,[1149] lässt sich Wolfgang Drechsels Postulat von Altenseelsorge als einer liebenden Zuwendung zum alten Menschen unterstreichen:[1150] Auch angesichts aller sündhaften Verfehlung geht es in der Seelsorge mit alten Menschen um christliche (Nächsten-)Liebe. Diese unterscheidet sich von der natürlichen Liebe im aristotelischen Sinne dadurch, dass sie nicht aus dem vorfindlich Liebenswerten an einer Person resultiert. Vielmehr macht sie das Geliebte im Lieben dieser Liebe wert. So lässt sich in einer Seelsorgebegegnung zwar mitunter viel Liebenswertes an einem Menschen entdecken, aber darin liegt nicht der Grund christlicher Nächstenliebe. Auf die Seelsorge im Pflegeheim bezogen bedeutet dies, dass sie prinzipiell für alle Bewohnerinnen und Bewohner offen ist – unabhängig davon, wie liebenswert oder sympathisch eine Person erscheint, wie viel Entwicklungspotential sie mitbringt oder welchen Effekt Seelsorge (noch) haben kann. Sie richtet sich – als aufsuchendes Angebot, das abgelehnt werden kann – auch und gerade an Bewohnerinnen und Bewohner, die man weniger gerne besucht, die als verbittert und bösartig erscheinen, an die, die scheinbar ohne jede Regung demenzkrank im Bett liegen, und auch an die, vor deren Erscheinung oder Gerüchen man sich vielleicht ekelt.

Seelsorge mit alten Menschen in Pflegeheimen richtet aus dieser Grundhaltung der Nächstenliebe heraus keine Erwartungen an ihr Gegenüber: Bewohnerinnen und Bewohner, die Seelsorge in Anspruch nehmen, müssen nichts wollen und nichts können, es müssen in der Seelsorge keine Ziele gesteckt oder erreicht werden.[1151] Dass es Entwicklung geben *kann*, dass

---

die Rechtfertigung der Person her als narrative Suche nach der eigenen gegenwärtigen Identität zu verstehen, erscheint vor diesem Hintergrund sinnvoll und naheliegend. Lebensgeschichtlichem Erzählen zuzuhören ist dann nicht als Versuch anzusehen, die Lebensgeschichte des Gegenübers zu rechtfertigen (von der Rechtfertigung von Lebensgeschichte schreibt etwa GRÄB, Lebensgeschichten, 201; s. dazu oben Anm. 959), sondern als Teilnahme an der Suche des Gegenübers nach seinem Selbst.

1148 DRECHSEL, Das Spezifische, 479.

1149 Vgl. TIETZ, Freiheit zu sich selbst, 197f. Zu Tietz' Verständnis christlicher Liebe und Nächstenliebe sowie zu den folgenden Ausführungen s. Kapitel 2, 7.2.4.

1150 Vgl. DRECHSEL, Das Spezifische, 478f.

1151 Dies kann als ein grundlegender Unterschied zur Psychotherapie angesehen werden, in der notwendigerweise Ziele formuliert werden, wie Kießling im Anschluss an Radebold zusammenfasst: »Ziele einer Psychotherapie im Alter sind die Förderung von Selbstständigkeit und Eigenverantwortung; die Verbesserung sozialer Fähigkeiten; das Fördern eines Gegenwartsbezugs und die Bilanzziehung; die Suche nach Fantasien, Wünschen, Unerledigtem aus Kindheit und Jugend, deren Förderung oder auch der Abschied davon; das Erarbeiten ganz praktischer Problemlösungen; ein achtsamer Umgang

Veränderungen *möglich* sind und dass Selbstbestimmung und Selbstannahme erfolgen können, ist erfreulich, und es ist Aufgabe von Seelsorgerinnen und Seelsorgern, Menschen in der Wahrnehmung ihrer Freiheit zu unterstützen und zu fördern – so viel wurde im Zuge dieses Kapitels deutlich. Aber aus dieser Möglichkeit lässt sich kein Anspruch ableiten.[1152]

Welche Konsequenzen aus dieser Haltung der Nächstenliebe abgeleitet werden, ist dabei nicht vorrangig an die Wünsche von Seelsorger oder Seelsorgerin gebunden, sondern hängt – im Rahmen des Möglichen – davon ab, was das Gegenüber will oder braucht: »Was willst du, dass ich für dich tun soll?« (Mk 10,51) kann dabei – wenn auch implizit – als die maßgebliche Frage angesehen werden.[1153] Die Ebene, auf der sich eine Seelsorgebeziehung vollzieht, kann daher sehr unterschiedlich sein: Selbstverständlich wollen sich auch Bewohner von Pflegeheimen *mitunter* intensiv mit ihren Problemen auseinandersetzen, so dass Seelsorgegespräche mit therapeutischer Dimension geführt werden können. Zuweilen müssen Dinge ausgesprochen, auf den Punkt gebracht oder neu sortiert werden. Oft geht es – wie beschrieben[1154] – aber auch schlicht um Unterhaltung und vielfach ist vor allem Beistand im Ertragen des Gegebenen angebracht. Dies auszuhalten und zugleich wertzuschätzen stellt eine wichtige Aufgabe und Herausforderung von Seelsorge mit alten Menschen im Pflegeheim dar.

All dies verlangt viel von Seelsorgerinnen und Seelsorgern: Manche Menschen sind für eine Person nun einmal sympathischer als andere. Häufig erweist es sich zudem als besonders schwierig, die Dinge auszuhalten, wie sie sind, und die eigenen Ansprüche an Seelsorgegespräche flexibel dem Gegenüber anzupassen. *Professionalität* stellt daher eine notwendige Ergänzung von Liebe in der Seelsorge dar – als Reflexion auf eigene Motive, Vorurteile und Ängste

mit dem eigenen Körper; das Bearbeiten der Verlustthematik; die Auseinandersetzung mit Altern und Tod« (KIESSLING, Alter – nativen, 109).

[1152] Als von der primären Zielsetzung her verschieden präsentiert sich der Ansatz von KRUSE, Neue Seelsorge, 40, der in seinen Überlegungen zur Seelsorge mit alten Menschen bei deren Selbstverantwortung und Mitverantwortung einsetzt: »Die verbesserte Gesundheit, die erhöhte Selbständigkeit, die Zunahme der Jahre in Aktivität wirft auch die Frage nach der Selbstverantwortung und Mitverantwortung älterer Menschen, das heißt, die Verantwortung für ihr Leben und das Gemeinwohl auf. Eine erste Aufgabe von Seelsorge kann darin gesehen werden, einen Appell an Menschen zu richten, dessen Kern die Mitverantwortung für andere Menschen sowie für das Gemeinwohl bildet.«

[1153] Morgenthaler verweist anhand dieser Bibelstelle auf die Notwendigkeit von Auftragsklärung in der Seelsorge (MORGENTHALER, Systemische Seelsorge, 164–169). Bei der Seelsorge mit alten Menschen in Pflegeheimen wird es höchstens in Ausnahmefällen zu einer solchen Auftragsklärung kommen. Bei einem aufsuchenden Seelsorgeangebot mag man sich als Seelsorger oder Seelsorgerin zwar – gerade bei einem regelmäßigen Kontakt – implizit die Frage nach dem eigenen Auftrag stellen; diese zu formulieren scheint mit der Gehstruktur von Seelsorge im Pflegeheim aber kaum vereinbar.

[1154] Zum Thema Unterhaltung s. Kapitel 3, 3.1.1.

sowie als bewusste Bezogenheit auf eigene Bedürfnisse und Grenzen, ohne deren Wahrung gelingendes seelsorgliches Handeln im Sinne einer liebenden Zuwendung auf Dauer nicht möglich ist.[1155] Gerade eine Haltung, die nichts vom Anderen will, beinhaltet damit insofern hohe Ansprüche an die Person der Seelsorgerin bzw. des Seelsorgers als die Fähigkeit, selbst für sich zu sorgen, unabdingbar ist. Die Spannung zwischen Nächstenliebe und Professionalität steht damit in Analogie zu den oben beschriebenen Spannungen zwischen dem Bemühen um gelingende Seelsorge und deren Unverfügbarkeit sowie zwischen dem Machtgefälle in Seelsorgebegegnungen und dem gemeinsamen Angewiesensein aller Beteiligten auf Gottes Wirken und Trost.[1156]

4.5 Zukunftsoffenheit und Hoffnung

Seelsorge im Pflegeheim richtet sich zumeist an Menschen am Ende ihres Lebens. Viele sehen nur noch wenig Zukunft vor sich und Hoffnungslosigkeit kommt in Gesprächen immer wieder zum Ausdruck. Auch depressive Verhaltensweisen begegnen häufig.[1157] Sätze wie »Alles ist versiegt und ich versiege auch« können auch Seelsorgerinnen und Seelsorger in ihren Bann ziehen – auf dass das Gespräch denselben trostlosen Weg gehe. Um angesichts dessen eine Außenperspektive wahren zu können, die die Befindlichkeit des Gegenübers zwar wahrnimmt, aber nicht in ihr versinkt, erscheint es wichtig, sich der eigenen Hoffnungen und Zukunftsgedanken bewusst zu sein.[1158] Meier-Baumgartner bringt diese Notwendigkeit treffend zum Ausdruck:

> »Nur wenn wir selbst in unserer Arbeit, und sei es die Arbeit mit dem sogenannten ›Hoffnungslosen‹, Hoffnung sehen, [...] macht diese Arbeit – trotz ihrer Probleme und Grenzen – Freude. Alle, die im Pflegeheim arbeiten, müssen diese ›Trotzdem-Haltung‹ erwerben [...].«[1159]

In der vorliegenden Arbeit ergaben sich hinsichtlich der Frage nach der Hoffnung bisher folgende Perspektiven: Das letzte Wort über eine Person ist weder mit ihrem letzten Wort noch mit dem der Anderen gesprochen. Die gegenwärtige Identität eines Menschen steht im Horizont der Hoffnung auf ihre eschatische Vollendung, so dass die Zukunft offen ist – auch wenn eine Person nicht mehr lange zu leben hat. Die eschatische Identität als diejenige, die Gott dem Menschen zuspricht, als Gottes Erzählung über diesen einen Menschen, kann in der Gegenwart Verheißung im Glauben sein und im Glauben erfahren werden;

[1155] Vgl. Drechsel, Das Spezifische, 479; vgl. auch Isolde Karle, die sich Pfarrerinnen und Pfarrer wünscht, die »keine unerfüllbaren Erwartungen an sich selbst und andere richten« (Karle, Pfarrerinnen und Pfarrer, 618) und mit Humor und Gelassenheit auch zur Selbstdistanzierung in der Lage sind, vgl. ebd.

[1156] S. dazu oben Kapitel 3, 4.2.

[1157] S. zum Thema Depression in Pflegeheimen Kapitel 1, 3.3.2.2.

[1158] Vgl. auch Klessmann, Seelsorge, 138.

[1159] Meier-Baumgartner, Rehabilitation, 127.

tatsächliche, endgültige Selbsterkenntnis erhält der Mensch aber in der Gegenwart noch nicht – sie steht noch aus.[1160] Als Bild christlicher, eschatischer Hoffnung kann das »Happyend« einer Abenteuergeschichte angesehen werden,[1161] das mit dem Genre verheißen, aber bis zuletzt immer wieder ungewiss ist.

Vor diesem Hintergrund legen sich verschiedene Konsequenzen für die Seelsorge nahe:

Sich selbst mit der Frage zu beschäftigen, worin die eigene Hoffnung liegt, kann wichtiges Rüstzeug für Seelsorgerinnen und Seelsorger im Pflegeheim sein, die häufig mit Gefühlen von Aussichtslosigkeit und Zukunftslosigkeit konfrontiert werden.

Festschreibungen sind in der Seelsorge zu vermeiden: *Zum einen* ist sowohl im Blick auf das weitere Leben im Pflegeheim als auch im Blick auf die erhoffte eschatische Zukunft mit Veränderungsmöglichkeiten zu rechnen, weil die Zukunft nicht einfach aus Vergangenheit und Gegenwart ableitbar ist. *Zum anderen* konnte im Lauf der Arbeit bereits die Fähigkeit zur Selbsterkenntnis als nur eingeschränkt gegeben beschrieben werden, so dass der Mensch sich selbst immer auch »*homo absconditus*«[1162] ist. Was im Blick auf Selbsterkenntnis zu sagen ist, gilt umso mehr hinsichtlich Fremdwahrnehmungen: Als Seelsorgerin lerne ich immer nur einen kleinen Ausschnitt einer Person kennen und bleibe – bei allem Bemühen um Einfühlung – in meiner Perspektive verhaftet, die eine Außenwahrnehmung ist. Dazu kommt der zeitliche Aspekt: Wie viel mehr beinhaltet ein langes Leben als den kleinen Ausschnitt, den Seelsorgespräche widerspiegeln können! In diesem Zusammenhang sind gerade auch für die Altenseelsorge Zugänge zur Biographiearbeit zu kritisieren, die im Bemühen um Wertschätzung von Lebensgeschichte Festschreibungen vollziehen.

Den Anschein genau dies zu tun, erweckt der Vorschlag von Martin Ferel zur Biographiearbeit[1163] – wenn im Rahmen seiner systemischen Orientierung auch sicherlich *contra intentionem*. Im Zuge der Darstellung eines Praxisprojekts schlägt Ferel vor, ein Gespräch – ähnlich einem Interview – zu führen, in dem die Seelsorgerin den Besuchten bittet, ihr seine Lebensgeschichte zu erzählen. In einem zweiten Teil des Gesprächs können Rückfragen gestellt werden, wobei es durchaus darum geht, eine Gesamtsicht auf das erzählte Leben zu entwerfen. Im Anschluss an das Gespräch schreibt die Seelsorgerin die Lebensgeschichte, die sie gehört hat, in der ersten Person nieder. Sie kann dabei an schwierigen Stellen eine veränderte Sicht einbringen. Im von Ferel genannten Beispiel werden auf diese Weise aus »nicht gewünschten Kindern«, von denen die Besuchte sprach,

[1160] S. auch zu einer Deutung von 1Kor 13,9–12 her Kapitel 2, 10.3.1.2.

[1161] Zu *notwendigen* Einschränkungen im Blick auf den Gedanken des Happyend als Hoffnung s. Kapitel 2, 10.5.3.

[1162] Berner, Der Neue Mensch, 190.

[1163] Vgl. Ferel, Seelsorge.

in der Niederschrift »nicht geplante Kinder«.[1164] Schließlich wird die so gestaltete Lebensgeschichte dem bzw. der Besuchten ausgehändigt.[1165]

Zukunftsoffenheit und die – gerade aus systemischer Sicht sonst geforderte – Möglichkeit der Umschreibung von Lebensgeschichte werden schon allein durch den Akt des Aufschreibens strukturell erschwert. Denn will man im Rahmen des Gesprächsangebots bei dieser Form von Biographiearbeit bleiben, erscheinen zukünftige Umschreibungen mit hoher Wahrscheinlichkeit als Nachträge bzw. Änderungsvorschläge zu einem konkreten Text und bleiben damit zumindest in Abgrenzung auf diesen Text bezogen. Erschwerend kommt hinzu, dass die vorgelegte Lebensgeschichte von einer Amtsperson verfasst wird, wodurch diese Lesart eines Lebens noch einmal stärker autorisiert wahrgenommen werden könnte. Zudem erscheint es zumindest fragwürdig, ob die Beschönigung von (vorliegender oder auch nur empfundener) Schuld einen für die Seelsorge angemessenen Umgang mit Lebensgeschichten darstellt. Auch Vorsicht vor einer strukturellen Uneinsehbarkeit fremden Lebens scheint kaum gegeben zu sein, insbesondere wenn die Texte in der ersten Person verfasst werden. Dazu kommt eine weitere Schwierigkeit: Gerade die Aufforderung, die (ganze) Lebensgeschichte zu erzählen, sowie die damit einhergehenden, von Ferel positiv beschrieben Zugzwänge des Erzählens[1166] können z.B. dazu führen, dass Traumata angerührt werden, die dann aber häufig nicht, wie Ferel schreibt, als »Vergangenes markiert«[1167] werden können, sondern die im Gegenteil als *gegenwärtig* erlebt werden. Gerade darin besteht ja die *Crux* posttraumatischer Belastungen.[1168] Wie aber als in diesem Bereich nicht ausgebildete Seelsorgerin mit einem aufbrechenden Trauma angemessen umgehen?

Für die Seelsorge gibt es – im theologischen Sinn – keine hoffnungslosen Fälle[1169] und auch der hochaltrige und pflegebedürftige Mensch kann der »Neue Mensch« sein.[1170] Es gilt also – im klaren Wissen um die Voraussetzungslosigkeit von Gottes Annahme – Bewohnerinnen und Bewohner unabhängig von ihrem Alter in ihren *Ressourcen* und Möglichkeiten anzusprechen.[1171] Eine Möglichkeit einer ressourcenorientierten Heuristik bietet sich mit dem Gedanken des Lebens als Abenteuer:

1164 Vgl. FEREL, Seelsorge, 250f.

1165 Vgl. zum Abschnitt insgesamt FEREL, Seelsorge, v.a. 245–252.

1166 FEREL, Seelsorge, 249.

1167 FEREL, Seelsorge, 247.

1168 Vgl. FUCHS, Leibgedächtnis, 44.

1169 Vgl. KLESSMANN, Seelsorge, 139.

1170 S. Kapitel 2, 10.3.1.2.

1171 Dies wird – abgesehen von theologischen Argumenten – auch durch die gerontologischen Erkenntnisse bezüglich der Plastizität des Alterns unterstützt; vgl. RÜEGGER, Altern, 147; WAHL/HEYL, Gerontologie, 50.

4.6 Begleitung und Unterstützung im Abenteuer

Der Gedanke, das Leben als Abenteuergeschichte zu verstehen, begegnete bereits im Zusammenhang der verschiedenen Aufgaben von Seelsorge. Im Folgenden gilt es, ihn konkreter auf Konsequenzen für das Verhalten von Seelsorgerinnen und Seelsorgern hin zu befragen.

Geht es in einem Seelsorgeverhältnis darum, jemanden in einem Abenteuer beizustehen, dann ist es für die Seelsorge – auch und gerade im Pflegeheim – zentral, das Gegenüber von seinen Fähigkeiten und Ressourcen her zu sehen. Eine Orientierung an den Defiziten des Gegenübers, eine nachhaltige Fixierung auf das, was nicht mehr[1172] ist oder vermisst wird, erscheint geradezu kontraindiziert – sie wird dem Gegenüber nicht helfen, eine bestimmte Situation zu meistern, sondern sie möglicherweise noch verschlimmern, indem die vielfach negative und defizitorientierte eigene Lesart der Situation auch noch von außen bestätigt wird. Dies heißt selbstverständlich nicht, dass das, woran Heimbewohnerinnen und Heimbewohner leiden, relativiert werden oder diesem Leiden kein Raum gegeben werden sollte – im Gegenteil. Aber es heißt, dass ein Mensch in seiner mitunter leidvollen Situation zumindest implizit auch mit dem im Blick bleiben muss, was ihm an Ressourcen und Potentialen zur Verfügung steht – seien dies eigene Kompetenzen, sein Glaube, ein soziales Netzwerk oder auch seine Geschichte, in der er immer wieder schwierige Situationen gemeistert hat.[1173]

Wer in einem Abenteuer steckt, dies wurde im Zusammenhang von Hauerwas' Ansatz bereits ausgeführt,[1174] den muss man ernst nehmen und der braucht kein Mitleid,[1175] sondern Ermutigung, Unterstützung und Beistand – gerade dann, wenn es droht, nicht mehr weiterzugehen und wenn die Zukunft ungewiss ist. Der Gedanke, dass jemand in einem Abenteuer begriffen ist, bei dem man ihn zwar ein Stück Wegs begleiten und unterstützen kann, das aber immer *sein* Abenteuer bleibt, fordert Respekt vor der Eigenheit dieses Lebens. Stärker als bisher wird vom Abenteuergedanken her die Notwendigkeit deutlich, sich klarzumachen, dass die Perspektiven bei allem Bemühen um Einfühlung grundverschieden sind – je nachdem, ob ich z. B. selbst im Pflegeheim wohne oder von außen komme, ob ich selbst an Demenz erkranke oder jemanden in hohem Alter kennen lerne, der demenzkrank ist.

1172 S. zum Gedanken des »Nicht-mehr« Kapitel 3, 2.1.

1173 Die Bedeutung von Ressourcenorientierung für die Seelsorge wird besonders aus systemischer Sicht hervorgehoben, vgl. exemplarisch MORGENTHALER, Systemische Seelsorge, 215–218.

1174 Zu Kritik und Würdigung des Abenteuer-Gedankens bei Hauerwas s. Kapitel 2, 4.2.3.

1175 Das veranschaulicht auf eindrückliche Weise der Film »Ziemlich beste Freunde«, vgl. dazu TISSERON, Empathie, 33f.

> Detlef Spitzbart arbeitet in seinem feinsinnigen Artikel »›Das Gefühl für Humanität hat mich noch nicht verlassen‹. Demenz als Leiden beschädigten Bewusstseins«[1176], in dem er auf einen Beitrag von Manfred Josuttis[1177] antwortet, pointiert die Unmöglichkeit heraus, zu wissen, wie sich ein demenzkranker Mensch tatsächlich fühlt. Zwar könne man viel über Demenz wissen, auch betont er den Wert solcher Erkenntnisse beispielsweise für gerontopsychiatrische Interventionen, letztlich gleiche aber das »Nachdenken über Demenz und darüber, wie es ist oder sich anfühlt, dement zu sein, [...] den hypothetischen Unterhaltungen über ein Land, das keine/r der Nachdenkenden je betreten hat.«[1178] Pointiert vergleicht Spitzbart die Frage danach, wie sich demenzkranke Menschen fühlen, mit der Frage, mit der Thomas Nagel seinen berühmten Aufsatz zur Qualia-Debatte überschrieb: »What is it like to be a bat?« Man könne wohl viel über Fledermäuse wissen, nicht aber, wie es ist, eine zu sein.[1179] Von Spitzbarts Ausführungen her werden die Grenzen von Einfühlungsvermögen gerade angesichts von Demenz offenkundig.

Die Notwendigkeit, die eigene Perspektive und die des Gegenübers voneinander zu unterscheiden, verlangt einerseits nach Bescheidenheit hinsichtlich der eigenen Empathiefähigkeit und beinhaltet andererseits die Chance, Zugänge, Möglichkeiten und Spielräume zu erkennen, die sich aus der Innenperspektive nicht auftun. Auch hinsichtlich der Hoffnung lässt sich diese Unterscheidung fruchtbar machen: Man kann, wie oben angedeutet, die Auferstehungshoffnung als Hoffnung darauf verstehen, dass die Abenteuergeschichte, die das persönliche Leben darstellt, ein »gutes Ende« nehmen wird – analog dem Abenteuerroman, den ich zur Hand nehme und bei dem mit dem Genre die Aussicht auf ein gutes Ende gegeben ist.[1180] Beim Lesen, aus der Innenperspektive also, erscheint das Ende aber schlicht unvorhersehbar. Da es sich bei Abenteuern um Risiken für Leib und Leben handelt, ist es zentral, alles in den eigenen Grenzen Mögliche dafür zu tun, dass auch das fremde Abenteuer, zu dessen Teil ich kurzfristig werde, gelinge.

Der Begriff des Abenteuers und damit gerade auch der Begriff des Helden bzw. der Heldin ist aus theologischer Sicht nur mit deutlicher Brechung durch eine christologische Perspektive zu gebrauchen:[1181] Die Attribute, die von dieser ausgehen, sind andere – oder anders akzentuiert – als in den üblichen Definitionen von Abenteuer: Mut wird in keinem Fall z. B. im Sinne von »Mutproben« zu verstehen sein, sondern ist eng verbunden mit dem Gedanken, dem Notwendigen

---

1176 Spitzbart, Gefühl.

1177 Josuttis, Dasein ohne Bewusstsein; zu Josuttis' Antwort auf Spitzbart vgl. Josuttis, Bewusstsein ohne Dasein.

1178 Spitzbart, Gefühl, 88; zum Vorangehenden vgl. ebd.

1179 Vgl. Spitzbart, Gefühl, 88.

1180 S. Kapitel 2, 10.5.3.

1181 S. Kapitel 2, 10.5.3.

gegenüberzutreten, es anzunehmen und mit den Konsequenzen zu leben;[1182] Kraft wird als eine Kraft zu verstehen sein, die sich besonders in der Ohnmacht zeigt und Klugheit wird weniger im Sinne von Intelligenz oder Geschicklichkeit als vielmehr mit Weisheit[1183] verbunden gedacht werden müssen. Mit Jesus am Kreuz wird ein Antiheld zum Helden, dessen Stärke sich im Ertragen von Schwäche erweist. Für die Seelsorge mit alten Menschen im Pflegeheim kann diese – durchaus traditionelle – Vorstellung ansprechend sein: Auch Jesus Christus hat sich ganz auf die Welt eingelassen und hat sich seinem Abenteuer bis zuletzt gestellt. In seine Nachfolge ist auch Seelsorge in Pflegeheimen berufen, die es häufig mit den Antihelden der Gesellschaft zu tun hat. Dass aus christlicher Sicht insbesondere Antihelden Helden sein können, macht für die Haltung von Seelsorgerinnen und Seelsorgern einen Unterschied.

Der Gedanke, das Leben als ein Abenteuer zu sehen, kann somit hilfreich sein, um den *Herausforderungen von Seelsorge in Pflegeheimen* zu begegnen, die eingangs der Arbeit benannt wurden:[1184] *Eigene Ängste* gehören schlicht und ergreifend dazu, auch bei denen, die Menschen in einem Abenteuer begleiten, denn schließlich ist die Situation tatsächlich schwierig. Vor diesem Hintergrund dürfen eigene Angst und Abwehr als solche wahrgenommen werden, wodurch besser mit ihnen umgegangen werden kann. Auch die *Fremdheit* und Eigenständigkeit, vielleicht sogar die Anstößigkeit des Gegenübers können vor dem Hintergrund des Abenteuergedankens besser ausgehalten werden; man steckt ja nun selbst nicht in solch einer Situation. Dass ein Abenteuer ein Leben an der *Grenze* bedeutet, ist dem Begriff inhärent – die Gefahren für Leib, Leben und Seele *sind* bedrohlich und die Ressourcen endlich. Schließlich erlaubt der Abenteuergedanke auch einen Freiheit eröffnenden Blick auf die Frage nach

---

[1182] Im Sinne von Luk 22,42f.: »Vater, willst du, so nimm diesen Kelch von mir; doch nicht mein, sondern dein Wille geschehe! Es erschien ihm aber ein Engel vom Himmel und stärkte ihn.« Der Text macht deutlich, dass und inwiefern es gerade der Stärkung und des Mutes bedarf, sich der Todesnähe, der Angst und dem Tod selbst zu stellen.

[1183] In der gerontologischen Forschung wird »Weisheit« als Expertenwissen in den grundlegenden Fragen des Lebens beschrieben (vgl. wie auch zum Folgenden Martin/Kliegel, Grundlagen, 190; Kruse/Wahl, Zukunft Altern, 147–149). Dabei werden unter dem Begriff fünf grundlegende Aspekte von Lebenswissen gefasst: 1. Reiches Faktenwissen über die Welt und die eigene Person, 2. reiches Strategiewissen über die Folgen getroffener Entscheidungen, 3. Berücksichtigung des Lebensspannen-Kontexts, d. h. des Wissens darüber, wie Lebensprobleme zeitlich und lebensweltlich eingebettet sind und inwiefern sich Lebensentscheidungen gegenseitig bedingen und langfristig auswirken, 4. Wert-Relativität von Urteilen, die einerseits an kulturellen bzw. religiösen Werten und Zielen festhält und andererseits um deren Relativität weiß, 5. die Fähigkeit, mit Unsicherheiten und Ungewissheiten des Lebens umzugehen. Die Ergebnisse der diesbezüglichen Forschung zeigen, dass Weisheit über die Lebensspanne hin weitgehend konstant bleibt – dass Alter *per se* also weder zu mehr noch zu weniger Weisheit verhilft, vgl. Martin/Kliegel, Grundlagen, 191.

[1184] S. Kapitel 1, 4.

dem Umgang mit *Einschränkungen* und *Abhängigkeiten*: Auch in einer Abenteuergeschichte läuft letztlich alles auf ein Ziel zu, auf das Ende der Geschichte. Freiheit ist auch hier immer als Freiheit angesichts von Einschränkungen und Gefahren zu verstehen und häufig als Freiheit nicht nur angesichts äußerer, sondern auch innerer Gefährdungen des Helden oder der Heldin. Die hoffnungsvolle Perspektive, die vom Gedanken der Abenteuergeschichte ausgeht, kann die Wahrnehmung solcher Freiheiten erleichtern.

4.7 Zur Freiheit befreit

Geht es um eine Haltung für die Seelsorge, die der Freiheit des Gegenübers Rechnung trägt und diese unterstützt, so bleibt nach Gemeinsamkeiten der drei Aspekte narrativer Freiheit zu fragen, die im Rahmen dieser Arbeit herausgestellt wurden.

Für eine Haltung, die narrative Freiheit eröffnen will, scheinen folgende Zusammenhänge zentral zu sein: Freiheit ist auch dann möglich, wenn eine Person nicht mehr selbständig handeln und agieren kann. Sie ist nicht als Unbestimmtheit oder Unabhängigkeit zu verstehen, sondern realisiert sich als Freiheit angesichts konkreter Bestimmtheiten (historisch, biographisch, sozial, leiblich etc.) und als Freiheit in Beziehung zu anderen Personen. Inwiefern Freiheit und Freiheitserleben möglich sind, hängt deshalb – besonders offenkundig angesichts von z. B. Pflegebedürftigkeit oder Demenz – von den *Beziehungen* ab, in denen ein Mensch steht und in denen Lebensgeschichten entstehen.

Die *Gottesbeziehung* als die Bezogenheit Gottes auf jeden einzelnen Menschen beinhaltet die Zusage der Unterscheidung der Person von ihren Werken bzw. ihrem faktischen Selbst. Auf diese Unterscheidung zu vertrauen, in die aus reformatorischer Sicht alles menschliche Erzählen und alles Bemühen um Identitätsbildung und -sicherung eingebettet sind, kann es ermöglichen, die verschiedenen Aspekte von Freiheit im Zusammenhang der Entstehung von Identität, die oben beschrieben wurden, wahrzunehmen und auszukosten: Freiheit als Selbstannahme, als Selbstbestimmung und als eine Freiheit christlicher Deutungen.

Das *seelsorgliche Beziehungsangebot*, so weit es in der Verantwortung des Seelsorgers oder der Seelsorgerin liegt, so zu gestalten, dass der Freiheit des Gegenübers Rechnung getragen bzw. dass dieses in seiner Freiheit unterstützt wird, beinhaltet, die Person als von Gott angenommene wahrzunehmen und anzunehmen.

Damit geht *erstens* einher, die Person im Horizont grundlegender *Zukunftsoffenheit* zu sehen, sie nicht auf ihr faktisches Selbst festzuschreiben und ihr in ihrer Andersartigkeit und Fremdartigkeit Raum zu geben. Der Gedanke des Lebens als einem Abenteuer kann dazu beitragen, jemandem den Raum zu geben, zu sein, wie er ist, und zu werden, wie er es will und vermag. In diesem Zusammenhang steht die Möglichkeit, im lebensgeschichtlichen Erzählen und in der Seelsorge Aspekte der eigenen Identität zu entdecken, die ansonsten außen vor geblieben sind, und sich von ihnen bewusst bestimmen zu lassen.

Damit geht *zweitens* einher, *Passivität* wie *Aktivität* einer Person zu ent-sprechen. Ihrer Passivität zu entsprechen, heißt, für sie da zu sein, wenn sie das will, und ihr – im Rahmen der eigenen Grenzen – so viel Unterstützung anzubieten, wie sie benötigt. Aus einer Haltung christlicher Nächstenliebe heraus werden damit keine Ansprüche verbunden. Ihrer Aktivität zu entsprechen, bedeutet, ihr Raum zu geben – mit ihren Zielen und Wünschen, mit ihren Fähigkeiten und Möglichkeiten. Dabei kann ersteres letzteres begünstigen: Wird der Passivität entsprochen, erleichtert dies aktives Handeln. Wird jemandem zugehört, so kann erzählt werden.

Dass die Person als von Gott angenommene wahrgenommen wird, können Seelsorgerin oder Seelsorger *drittens* dadurch zum Ausdruck bringen, dass freiheitseröffnende, christliche Lebensdeutungen implizit oder explizit, verbal oder liturgisch mit ins Spiel gebracht werden. Wird Gott als der angesehen, der sich nicht nur in die Abenteuergeschichte dieser Welt hineinbegeben hat, sondern der die Erzählungen, die zu dieser Geschichte beitragen, zugleich umfängt, so liegt narrative Freiheit insbesondere darin, die eigene Geschichte mutig, um ihre Gefahren und Abgründe wissend und doch auf ein gutes Ende hoffend, im Zusammenhang der Geschichte Gottes mit den Menschen immer wieder neu zu erzählen.

Schluss

1. Ertrag

1.1 Narrative Freiheit ...

Das *Ziel* einer theologischen Selbst-Verständigung über Seelsorge mit alten Menschen in Pflegeheimen wurde in der vorliegenden Arbeit anhand der *Frage* verfolgt, inwiefern Seelsorge zu deren Freiheit beitragen kann. Ein besonderes *Anliegen* war es dabei, sowohl die Verletzlichkeit hochaltriger Menschen als auch ihre Ressourcen wahrzunehmen. Der *Ansatz*, die Fragestellung zu beantworten, ging vom Erzählen aus, und die *Antwort* lässt sich im Begriff der *narrativen Freiheit* zusammenfassen: Seelsorge trägt zur Freiheit alter Menschen in Pflegeheimen bei, indem sie Aspekte narrativer Freiheit eröffnet. Im lebensgeschichtlichen Erzählen wird Leben gedeutet und in Seelsorgebegegnungen geschieht dies im Horizont des christlichen Glaubens. Gerade im Zusammenhang *christlicher Lebensdeutungen* können sich *Selbstannahme* und *Selbstbestimmung* vollziehen. Den *Hintergrund* der Antwort bilden neben systematisch-theologischen Reflexionen zum Freiheitsverständnis solche zum Identitäts- und Personbegriff sowie zum christlichen Gottesverständnis. Als *Konsequenzen* dieser Überlegungen wurden spezifische *Aufgaben* von Seelsorge mit alten Menschen in Pflegeheimen erarbeitet sowie Vorschläge zu *Haltungen* von Seelsorgerinnen und Seelsorgern.

1.2 ... in einer Deutung des Lebens als Abenteuer

Das in dieser Arbeit vertretene Verständnis narrativer Freiheit kommt *exemplarisch* im Gedanken des Lebens als Abenteuer zum Ausdruck, in dem sich systematisch-theologische und seelsorgliche Überlegungen miteinander verbinden. Er bietet sich als *heuristische Kategorie* für die Seelsorge mit alten Menschen in Pflegeheimen an: Der Gedanke erlaubt es, differenzierte Selbstannahme und Selbstbestimmung einer Person zu fördern, insofern er die Art und Weise beeinflusst, wie eine Geschichte erzählt wird. Eine Lebensgeschichte als Abenteuergeschichte unter dem Vorzeichen eines christlichen Gottesverständnisses und in christologischer Brechung des Helden-Begriffs zu verstehen, erleichtert es, das Leben in all seinen Facetten anzunehmen (Röm 8,38f.). Reichtum und Abgründigkeit können wahrgenommen, beim Namen genannt und als die persönliche Geschichte beeinflussend angesehen werden, ohne dass dadurch Möglichkeit oder Notwendigkeit in Abrede gestellt würden, im Umgang mit eigenen Möglichkeiten und Grenzen dieses Leben selbst bestimmend zu leben. Der gute Ausgang der Abenteuergeschichte ist mit Kreuz und Auferstehung Jesu Christi verheißen und bleibt gerade dadurch unverfügbar. Diese Perspektive kann

Spielräume eröffnen, um hoffnungsvoll und mutig, d. h. unter Inkaufnahme unwägbarer Konsequenzen, im Horizont der eigenen Abenteuergeschichte selbstbestimmt zu handeln. Sie erlaubt es zugleich, die Grenzen eigener und fremder Handlungsfähigkeit anzuerkennen.

Eine solche Heuristik des Abenteuers kann es Seelsorgerinnen und Seelsorgern erleichtern, Herausforderungen der Seelsorge in Pflegeheimen zu begegnen: Sie hilft, Bedrohungen und Gefährdungen als solche wahrzunehmen und zu würdigen; sie beinhaltet eine ressourcenorientierte Sichtweise und ermutigt dazu, die Hoffnung nicht aufzugeben.

2. AUSBLICK

Waren poimenische Reflexion und theologische Überlegungen im Rahmen dieser Arbeit immer auf die spezifische Situation von Seelsorge mit alten Menschen in Pflegeheimen bezogen, so besteht doch die Hoffnung, dass sie auch darüber hinaus einen Wert haben. Zwar wird die Fragilität menschlichen Lebens im hohen Alter offenkundiger als in anderen Lebensphasen, aber Leben ist doch immer genau dies: verletzlich. Insbesondere dadurch, dass in dieser Arbeit von Anfang an versucht wurde, die Spannung zwischen der Wahrnehmung von Verletzlichkeit *und* Ressourcen aufrechtzuerhalten, ohne sie einseitig aufzulösen,[1185] scheint eine Übertragbarkeit auf andere Seelsorgesituationen vorstellbar. Die theologischen Überlegungen zum Selbstbestimmungsbegriff fordern auch geradezu dazu heraus: Der Begriff lebensgeschichtlicher Selbstbestimmung ließe sich für andere Zusammenhänge sicherlich noch stärker fruchtbar machen, als es im Zusammenhang der poimenischen Überlegungen zur Seelsorge in Pflegeheimen naheliegend und sinnvoll erschien.

Die vorliegende Arbeit versteht sich als Beitrag zur theologischen Reflexion und Selbst-Verständigung über Seelsorge in Pflegeheimen. Dabei blieben offenkundig ganze Personengruppen bzw. Seelsorgesituationen außen vor, die es doch zu bedenken gälte: Seelsorge bei Mitarbeiterinnen und Mitarbeitern von Pflegeheimen etwa oder auch Seelsorge bei alten Menschen, die *vor* einer Heimübersiedlung stehen. Mit der Konzentration auf Bewohnerinnen und Bewohner sowie auf die Freiheitsthematik, der wiederum anhand einer sehr spezifischen Auswahl von Ansätzen nachgegangen wurde, musste vieles ausgeblendet werden, das spannend und weiterführend gewesen wäre. Im Zusammenhang der

---

[1185] Während z. B. Theorien erfolgreichen Alter(n)s zu einseitig auf Stärken und Kompetenzen fokussieren, so dass Leistung auch noch für das hohe Alter als maßgebliches Paradigma angesehen wird (vgl. für einen Überblick zum Thema »successful aging« RÜEGGER, Altern, 155f.), droht die theologische Kritik daran zu einseitig Passivität und Verletzlichkeit alternder Menschen zu betonen (vgl. für eine ähnliche Einschätzung WAGNER-RAU, Denkanstöße, 117f.).

Frage nach Freiheit von Bewohnerinnen und Bewohnern wäre ergänzend zur vorliegenden Arbeit mit ihrer Wahrnehmung aus Seelsorgerinnen-Sicht ein stärker empirisch vorgehendes und bei der Wahrnehmung von Bewohnerinnen und Bewohnern ansetzendes Projekt denkbar und interessant: Eine Korrelation der Sichtweisen könnte für die Seelsorgetheorie erhellend sein. Unter den Themen, deren Relevanz im Verlauf der Arbeit offensichtlich wurde, denen aber nicht weiter nachgegangen werden konnte, sei exemplarisch die Frage nach der Bedeutung der Leiblichkeit für die Seelsorge bei hochaltrigen Menschen genannt. Sie kommt bisher vor allem im Zusammenhang der Frage nach Seelsorge bei Menschen mit Demenz – häufig eher am Rande – in den Blick. Die aktuellen Diskurse in Philosophie und Systematischer Theologie,[1186] vermittelt mit leibzentrierten Konzepten der Psychotherapie für die Seelsorge mit alten Menschen in Pflegeheimen fruchtbar zu machen, wäre sicherlich lohnend. Auch die Frage nach Hoffnungsperspektiven angesichts des nahen Todes systematisch-theologisch und poimenisch stärker zu verfolgen, könnte für die Seelsorgetheorie aufschlussreich sein.

So bleibt auch am Ende dieser Arbeit viel zu tun, stehen doch die theologischen und poimenischen Diskurse über das hohe Alter gerade erst am Anfang. Muss man also mitreden, wenn ohnehin alle darüber reden? Erneut lautet die Antwort: Ja – denn es gibt noch viel zu sagen.

[1186] Vgl. exemplarisch unter den neueren Veröffentlichungen die Sammelbände ALLOA (Hg.), Leiblichkeit; STAUDIGL (Hg.), Leib; FALK (Hg.), Leib.

Literatur

Abkürzungen, so weit verwendet, richten sich nach Schwertner, Siegfried M., Internationales Abkürzungsverzeichnis für Theologie und Grenzgebiete, Berlin ²1994.

Agich, George J., Dependence and Autonomy in Old Age. An Ethical Framework for Long-Term Care, Cambridge ²2003.

Alloa, Emmanuel (Hg.), Leiblichkeit. Geschichte und Aktualität eines Konzepts, Tübingen 2012.

Améry, Jean, Über das Altern. Revolte und Resignation, in: Boussart, Monique (Hg.), Jean Améry Werke, Bd. 3: Über das Altern. Revolte und Resignation; Hand an sich legen. Diskurs über den Freitod, Stuttgart 2005, 19–171.

Auer, Alfons, Geglücktes Altern. Eine theologisch-ethische Ermutigung, Freiburg i. Br. u. a. 1995.

Aus der Au, Christina, Leiblichkeit: Die rezeptive Dimension des Selbst. Von der Alzheimer-Krankheit zur *conditio humana*, in: Klie, Thomas/Kumlehn, Martina/Kunz, Ralph (Hg.), Praktische Theologie des Alterns, Berlin/New York 2009, 133–153.

Baumann, Urs, u. a., Übergang ins Seniorenheim: eine Herausforderung für Senioren – und für Psychologen, in: Maercker, Andreas (Hg.), Alterspsychotherapie und klinische Gerontopsychologie, Berlin u. a. 2002, 283–318.

Becker, Clemens, u. a., Fähigkeiten und Einschränkungen von Heimbewohnern. Eine Querschnittserhebung mit dem Minimum Data Set des Resident Assessment Instruments, in: Zeitschrift für Gerontologie und Geriatrie 36 (2003), 260–265.

Berner, Knut, Der Neue Mensch. Rechtfertigungslehre und personale Identität, in: EvTh 65 (2005), 179–195.

–, Sterben mit beschränkter Haftung, in: Berner, Knut (Hg.), Leben mit beschränkter Haftung. Studien zur Systematischen Theologie, Leipzig 2008, 91–101.

Berzlanovich, Andrea/Kohls, Niko, Freiheitsentziehende Maßnahmen (FeM) in der Pflege von Menschen mit Demenz: Problem und Alternativen, in: Kruse, Andreas (Hg.), Lebensqualität bei Demenz? Zum gesellschaftlichen und individuellen Umgang mit einer Grenzsituation im Alter, Heidelberg 2010, 355–361.

Bierlein, Karl H., Arbeit an der religiösen Biographie, in: WzM 48 (1996), 400–410.

–, Lebensbilanz. Krisen des Älterwerdens meistern – kreativ auf das Leben zurückblicken – Zukunftspotentiale ausschöpfen, München 1994.

Blasberg-Kuhnke, Martina/Wittrahm, Andreas (Hg.), Altern in Freiheit und Würde. Handbuch christliche Altenarbeit, München 2007.

Bobbert, Monika, Chancen und Schwierigkeiten von Patientenverfügungen aus ethischer Sicht, in: Anderheiden, Michael/Eckart, Wolfgang U. (Hg.), Handbuch Sterben und Menschenwürde, Bd. 1, Berlin/Boston 2012, 697–713.

Braaten, Carl E./Jenson, Robert W. (Hg.), Christian Dogmatics, Philadelphia 1984.

BROCKHAUS-ENZYKLOPÄDIE ONLINE, Art. Abenteuer, verfügbar unter http://www.brockhaus-enzyklopaedie.de/be21_article.php (letzter Zugriff am 07.04.2013).

-, Art. Abenteuerroman, verfügbar unter http://www.brockhaus-enzyklopaedie.de/be21_article.php (letzter Zugriff am 03.04.2013).

BROMKAMP, PETER (Hg.), Praxisbuch Altenheimseelsorge, Ostfildern 2010.

BROWNING, DON S., Preface to a Practical Theology of Aging, in: PastPsy 24 (1975), 151–166.

BRUNN, FRANK M./ROLF, SIBYLLE, Selbstbestimmung in theologischer Perspektive – Impulse aus der Theologie Martin Luthers, in: BRUNN, FRANK M./DIETZ, ALEXANDER (Hg.), Selbstbestimmung in der Perspektive theologischer Ethik, Leipzig 2011, 7–31.

BUKOWSKI, PETER, Die Bibel ins Gespräch bringen. Erwägungen zu einer Grundfrage der Seelsorge, Neukirchen-Vluyn [8]2011.

-, Die christliche Tradition im Blickpunkt der Seelsorge, in: ENGEMANN, WILFRIED (Hg.), Handbuch der Seelsorge. Grundlagen und Profile, Leipzig 2007, 187–201.

BUNDESMINISTERIUM FÜR FAMILIE, SENIOREN, FRAUEN UND JUGEND (Hg.), Vierter Bericht zur Lage der älteren Generation in der Bundesrepublik Deutschland: Risiken, Lebensqualität und Versorgung Hochaltriger – unter besonderer Berücksichtigung demenzieller Erkrankungen, Berlin 2002.

BUNDESMINISTERIUM FÜR GESUNDHEIT, Pflegebedürftigkeit, verfügbar unter http://www.bmg.bund.de/pflege/wer-ist-pflegebeduerftig/pflegebeduerftigkeit.html (letzter Zugriff am 22.02.2013).

CHARBONNIER, LARS, Religion im Alter. Eine empirische Studie zur Erforschung religiöser Kommunikation, Berlin/Boston 2014.

CHARBONNIER, LARS/ROY, LENA-KATHARINA, Religion – Alter – Demenz. Zum Forschungsstand einer wachsenden Herausforderung für Theologie und Kirche, in: International Journal of Practical Theology 16 (2012), 349–408.

DANNENMANN, MATTHIAS, Die Begleitung älterer Menschen durch Bildung, Gemeindeaufbau und Seelsorge. Ein wachsender Auftrag christlicher Gemeinden in einer älter werdenden Gesellschaft, Berlin 2009.

DEPPING, KLAUS, Altersverwirrte Menschen seelsorgerlich begleiten. Bd. 1: Hintergründe, Zugänge, Begegnungsebenen, Hannover 1993.

-, Demenz: Seelsorgliche Kommunikation bei Rationalitätsverlust, in: KLIE, THOMAS/KUMLEHN, MARTINA/KUNZ, RALPH (Hg.), Praktische Theologie des Alterns, Berlin/New York 2009, 365–384.

DING-GREINER, CHRISTINA, Demenz vom Alzheimer Typ – Grundlagen und Begleiterkrankungen, in: KRUSE, ANDREAS (Hg.), Lebensqualität bei Demenz? Zum gesellschaftlichen und individuellen Umgang mit einer Grenzsituation im Alter, Heidelberg 2010, 281–296.

DRECHSEL, WOLFGANG, Das Schweigen der Hirten? Altenseelsorge als (kein) Thema poimenischer Theoriebildung, in: SCHMIDT, HEINZ/KOBLER-VON KOMOROWSKI, SUSANNE (Hg.), Seelsorge im Alter. Herausforderung für den Pflegealltag, Heidelberg [2]2006, 45–63.

-, Der lange Schatten des Mythos vom gelingenden Leben. Theologische Anmerkungen zur Angst vor der eigenen Endlichkeit und zur Frage der Seelsorge, in: PTh 95 (2006), 314–328.

–, Die Begleiterperspektive: Der Seelsorger im Umgang mit dem Sterbenden, in: ANDERHEIDEN, MICHAEL/ECKART, WOLFGANG U. (Hg.), Handbuch Sterben und Menschenwürde, Bd. 2, Berlin/Boston 2012, 1077–1098.

–, Erinnerung: Lebensgeschichte im Alter, in: KLIE, THOMAS/KUMLEHN, MARTINA/KUNZ, RALPH (Hg.), Praktische Theologie des Alterns, Berlin/New York 2009, 207–233.

–, Lebensgeschichte und Lebens-Geschichten. Zugänge zur Seelsorge aus biographischer Perspektive, Gütersloh 2002.

–, Seelsorge an Sterbenden, in: ECKART, WOLFGANG U./ANDERHEIDEN, MICHAEL (Hg.), Handbuch Sterben und Menschenwürde, Bd. 2, Berlin/Boston 2012, 799–822.

–, »Was ist das Spezifische der Seelsorge bei alten Menschen?«, in: WzM 62 (2010), 469–487.

–, »Wenn ich mich auf deine Welt einlasse ...«. Altenseelsorge als eine Anfrage an Seelsorgetheorie und Theologie, in: KUNZ, RALPH (Hg.), Religiöse Begleitung im Alter. Religion als Thema der Gerontologie, Zürich 2007, 187–216.

ENGEMANN, WILFRIED, Das Lebenswissen des Evangeliums in seinem Bezug zur Seelsorge, in: ENGEMANN, WILFRIED (Hg.), Handbuch der Seelsorge. Grundlagen und Profile, Leipzig 2007, 467–473.

–, Die praktisch-philosophische Dimension der Seelsorge, in: ENGEMANN, WILFRIED (Hg.), Handbuch der Seelsorge. Grundlagen und Profile, Leipzig 2007, 308–322.

FALK, ILSE, u. a. (Hg.), So ist mein Leib. Alter, Krankheit und Behinderung – feministisch-theologische Anstöße, Gütersloh 2012.

FEICHTNER, ANGELIKA, Sterbende im Pflegeheim und ihre BegleiterInnen, in: ANDERHEIDEN, MICHAEL/ECKART, WOLFGANG U. (Hg.), Handbuch Sterben und Menschenwürde, Bd. 2, Berlin/Boston 2012, 824–838.

FEREL, MARTIN, Seelsorge als Konstruktion von Biographie, in: Familiendynamik. Interdisziplinäre Zeitschrift für systemorientierte Praxis und Forschung 31 (2006), 240–252.

FETZER, ANTJE, Ansätze zu einer narrativen Ethik in der Moralphilosophie Alasdair MacIntyres, in: HOFHEINZ, MARCO/MATHWIG, FRANK/ZEINDLER, MATTHIAS (Hg.), Ethik und Erzählung. Theologische und philosophische Beiträge zur narrativen Ethik, Zürich 2009, 225–245.

–, Tradition im Pluralismus. Alasdair MacIntyre und Karl Barth als Inspiration für christliches Selbstverständnis in der pluralen Gesellschaft, Neukirchen-Vluyn 2002.

FILIPP, SIGRUN-HEIDE/AYMANNS, PETER, Kritische Lebensereignisse und Lebenskrisen. Vom Umgang mit den Schattenseiten des Lebens, Stuttgart 2010.

FINK, FRANZ, Das Pflegeheim – ein guter Ort zum Leben, in: Diakonia 43 (2012), 92–97.

FITZGERALD, JOSEPH A./WOODRUFF, DOUGLAS O., Foreword, in: PastPsy 24 (1975), 95f.

FRANKFURT, HARRY G., Willensfreiheit und der Begriff der Person, in: BIERI, PETER (Hg.), Analytische Philosophie des Geistes, Bodenheim [2]1992, 287–302.

FRÖCHTLING, ANDREA, »Und dann habe ich auch noch den Kopf verloren ...«. Menschen mit Demenz in Theologie, Seelsorge und Gottesdienst wahrnehmen, Leipzig 2008.

FUCHS, THOMAS, Das Leibgedächtnis in der Demenz, in: KRUSE, ANDREAS (Hg.), Lebensqualität bei Demenz? Zum gesellschaftlichen und individuellen Umgang mit einer Grenzsituation im Alter, Heidelberg 2010, 231–242.

–, Das ungelebte Leben, in: ANDERHEIDEN, MICHAEL/BARDENHEUER, HUBERT J./ECKART, WOLFGANG U. (Hg.), Ambulante Palliativmedizin als Bedingung einer *ars moriendi*, Tübingen 2008, 7–19.

–, Leibgedächtnis und Unbewusstes. Zur Phänomenologie der Selbstverborgenheit des Subjekts, in: Psycho-Logik. Jahrbuch für Psychotherapie, Philosophie und Kultur 3 (2008), 33–50.

–, Selbst und Schizophrenie, in: DZPh 60 (2012), 887–901.

FUSSEK, CLAUS/LOERZER, SVEN, Alt und abgeschoben. Der Pflegenotstand und die Würde des Menschen, Freiburg i.Br. 2005.

GESTRICH, REINHOLD, Am Krankenbett. Seelsorge in der Klinik, Stuttgart 1987.

–, Hirten füreinander sein. Seelsorge in der Gemeinde, Stuttgart 1990.

GLOY, KAREN, Art. Identität I. Philosophisch, in: TRE 16 (1987), 25–28.

GOFFMAN, ERVING, Asyle. Über die soziale Situation psychiatrischer Patienten und anderer Insassen, Franfurt a.M. 1973.

GRÄB, WILHELM, Der hermeneutische Imperativ, in: SPARN, WALTER (Hg.), Wer schreibt meine Lebensgeschichte? Biographie, Autobiographie, Hagiographie und ihre Entstehungszusammenhänge, Gütersloh 1990, 79–89.

–, Lebensgeschichten, Lebensentwürfe, Sinndeutungen. Eine Praktische Theologie gelebter Religion, Gütersloh [2]2000.

GRETHLEIN, CHRISTIAN, Praktische Theologie, Berlin/Boston 2012.

GRONEMEYER, REIMER, Sterben in Deutschland. Wie wir dem Tod wieder einen Platz in unserem Leben einräumen können, Frankfurt a. M. 2007.

GUARDINI, ROMANO, Die Lebensalter. Ihre ethische und pädagogische Bedeutung, Mainz [10]1986.

GÜNTHER, MATTHIAS, Ermutigung. Die Individualpsychologie Alfred Adlers und die christliche Seelsorge, Frankfurt a. M. 1996.

HÄRLE, WILFRIED, Autonomie – ein viel versprechender Begriff, in: HÄRLE, WILFRIED (Hg.), Menschsein in Beziehungen. Studien zur Rechtfertigungslehre und Anthropologie, Tübingen 2005, 213–241.

–, Lebensqualität demenzerkrankter Menschen aus Sicht der christlichen Ethik, in: KRUSE, ANDREAS (Hg.), Lebensqualität bei Demenz? Zum gesellschaftlichen und individuellen Umgang mit einer Grenzsituation im Alter, Heidelberg 2010, 43–50.

–, Selbstbestimmung oder Menschenwürde?, in: HÄRLE, WILFRIED (Hg.), Menschsein in Beziehungen. Studien zur Rechtfertigungslehre und Anthropologie, Tübingen 2005, 243–251.

–, Selbstbestimmung und Fürsorge – ein unlösbarer Widerspruch?, in: ANDERHEIDEN, MICHAEL/BARDENHEUER, HUBERT J./ECKART, WOLFGANG U. (Hg.), Ambulante Palliativmedizin als Bedingung einer *ars moriendi*, Tübingen 2008, 53–66.

HAUERWAS, STANLEY, Character, Narrative, and Growth in the Christian Life, in: HAUERWAS, STANLEY (Hg.), A Community of Character. Toward a Constructive Christian Social Ethic, Notre Dame 1981, 129–152.

–, The Church and Liberal Democracy: The Moral Limits of a Secular Polity, in: HAUERWAS, STANLEY (Hg.), A Community of Character. Toward a Constructive Christian Social Ethic, Notre Dame 1981, 72–86.

–, The Church in a Divided World: The Interpretative Power of the Christian Story, in: HAUERWAS, STANLEY (Hg.), A Community of Character. Toward a Constructive Christian Social Ethic, Notre Dame 1981, 89–110.

–, Introduction, in: HAUERWAS, STANLEY (Hg.), A Community of Character. Toward a Constructive Christian Social Ethic, Notre Dame 1981, 1–6.

–, Jesus: The Story of the Kingdom, in: HAUERWAS, STANLEY (Hg.), A Community of Character. Toward a Constructive Christian Social Ethic, Notre Dame 1981, 36–52.

–, The Moral Authority of Scripture: The Politics and Ethics of Remembering, in: HAUERWAS, STANLEY (Hg.), A Community of Character. Toward a Constructive Christian Social Ethic, Notre Dame 1981, 53–71.

–, Preface, in: HAUERWAS, STANLEY (Hg.), A Community of Character. Toward a Constructive Christian Social Ethic, Notre Dame 1981, IX–X.

–, Selig sind die Friedfertigen. Ein Entwurf christlicher Ethik, hg. v. Reinhard Hütter, Neukirchen-Vluyn 1995.

–, A Story-Formed Community: Reflections on *Watership Down*, in: HAUERWAS, STANLEY (Hg.), A Community of Character. Toward a Constructive Christian Social Ethic, Notre Dame 1981, 9–35.

–, The Virtues and Our Communities: Human Nature as History, in: HAUERWAS, STANLEY (Hg.), A Community of Character. Toward a Constructive Christian Social Ethic, Notre Dame 1981, 111–128.

HAUSCHILD, EBERHARD, Alltagsseelsorge. Der Alltag der Seelsorge und die Seelsorge im Alltag, in: POHL-PATALONG, UTA/MUCHLINSKY, FRANK (Hg.), Seelsorge im Plural. Perspektiven für ein neues Jahrhundert, Hamburg 1999, 8–18.

–, Alltagsseelsorge. Eine sozio-linguistische Analyse des pastoralen Geburtstagsbesuches, Göttingen 1996.

HEINEMANN-KNOCH, MARIANNE, u. a., Möglichkeiten und Grenzen selbständigen Lebens und Arbeitens in stationären Einrichtungen: Belastungskonfigurationen und Empfehlungen zur Weiterentwicklung der Hilfen. Ergebnisse von Fallstudien – Endbericht, Stuttgart u. a. 1999.

HENNING, TIM, Personale Identität und personale Identitäten – ein Problemfeld der Philosophie, in: PETZOLD, HILARION G. (Hg.), Identität. Ein Kernthema moderner Psychotherapie – Interdisziplinäre Perspektiven, Wiesbaden 2012, 19–38.

HERBST, MICHAEL, Beziehungsweise. Grundlagen und Praxisfelder evangelischer Seelsorge, Neukirchen-Vluyn 2012.

HERMS, EILERT, Der Leib als Symbol menschlicher Freiheit und Abhängigkeit, in: HERMS, EILERT (Hg.), Sport. Partner der Kirche und Thema der Theologie, Hannover 1991, 13–24.

HILLER, DORIS, Gottes Geschichte. Hermeneutische und theologische Reflexionen zum Geschehen der Gottesgeschichte orientiert an der Erzählkonzeption Paul Ricoeurs, Neukirchen-Vluyn 2009.

HILPERT, KONRAD, Art. Selbstbestimmung, in: Lexikon der christlichen Ethik (2003), 1566–1567.

HÖFNER, MARKUS, »Alter« als Kriterium für die Rationierung von Gesundheitsleistungen? Theologisch-ethische Überlegungen zu einem Vorschlag von Norman Daniels, in: HÖFNER, MARKUS/SCHAEDE, STEPHAN/THOMAS, GÜNTER (Hg.), Endliches Leben. Interdisziplinäre Zugänge zum Phänomen der Krankheit, Tübingen 2010, 257–285.

HOLZHAUSEN, MARTIN/SCHEIDT-NAVE, CHRISTA, Multimorbidität als Interventionsherausforderung, in: WAHL, HANS-WERNER/TESCH-RÖMER, CLEMENS/ZIEGELMANN, JOCHEN P. (Hg.), Angewandte Gerontologie. Interventionen für ein gutes Altern in 100 Schlüsselbegriffen, Stuttgart ²2012, 48–53.

HUBER, MARTIN, u.a., Autonomie im Alter. Leben und Altwerden im Pflegeheim – Wie Pflegende die Autonomie von alten und pflegebedürftigen Menschen fördern, Hannover 2005.

HÜTTER, REINHARD, Einführung in die deutsche Ausgabe, in: HÜTTER, REINHARD (Hg.), Hauerwas, Stanley, Selig sind die Friedfertigen. Ein Entwurf christlicher Ethik, Neukirchen-Vluyn 1995, 1–22.

JENSON, ROBERT W., The Triune God, in: BRAATEN, CARL E. /JENSON, ROBERT W. (Hg.), Christian Dogmatics, Philadelphia 1984, 83–191.

JOISTEN, KAREN, Das »narrative Selbst« und das Problem der Verantwortung in Alasdair MacIntyres *Der Verlust der Tugend*, in: JOISTEN, KAREN (Hg.), Narrative Ethik. Das Gute und das Böse erzählen, Berlin 2007, 187–199.

JOSUTTIS, MANFRED, Bewusstsein ohne Dasein? Antwort auf einen subjektiven theoretischen Ansatz, in: Deutsches Pfarrerblatt 112 (2012), 382–387.

–, Dasein ohne Bewusstsein. Demenz in energetischer Perspektive, in: Deutsches Pfarrerblatt 111 (2011), 633–636.

JÜNGEL, EBERHARD, Der alte Mensch – als Kriterium der Lebensqualität. Bemerkungen zur Menschenwürde der leistungsunfähigen Person, in: JÜNGEL, EBERHARD (Hg.), Entsprechungen: Gott – Wahrheit – Mensch. Theologische Erörterungen, München 1980, 318–321.

KALTENEGGER, JUTTA, Lebensqualität im Pflegeheim, in: Die Schwester Der Pfleger 49 (2010), 280–284.

KANT, IMMANUEL, Grundlegung zur Metaphysik der Sitten, hg. v. Bernd Kraft/Dieter Schönecker, Hamburg 1999.

KARLE, ISOLDE, Welche Pfarrerinnen und Pfarrer braucht das Land? Vortrag beim deutschen Pfarrertag 2012 in Hannover, in: Deutsches Pfarrerblatt 112 (2012), 612–619.

KEETMANN, REGINE/BEJICK, URTE, Verwirrte alte Menschen seelsorglich begleiten, in: KOBLER-VON KOMOROWSKI, SUSANNE/SCHMIDT, HEINZ (Hg.), Seelsorge im Alter. Herausforderung für den Pflegealltag, Heidelberg ²2006, 124–141.

KESSLER, EVA, Suizidprävention, in: WAHL, HANS-WERNER/TESCH-RÖMER, CLEMENS/ZIEGELMANN, JOCHEN PHILIPP (Hg.), Angewandte Gerontologie. Interventionen für ein gutes Altern in 100 Schlüsselbegriffen, Stuttgart ²2012, 205–211.

KEUPP, HEINER, Art. Identität, in: Online-Lexikon der Psychologie (2003), verfügbar unter http://www.wissenschaft-online.de.ubproxy.ub.uni-heidelberg.de/abo/lexikon/psycho/6968 (letzter Zugriff am 10.04.2013).

KIELMANSEGG, PETER GRAF, Vorwort, in: STAUDINGER, URSULA M./HÄFNER, HEINZ (Hg.), Was ist Alter(n)? Neue Antworten auf eine scheinbar einfache Frage, Berlin/Heidelberg 2008, V–VIII.

KIESSLING, KLAUS, Alter - nativen. Unterwegs von Altersklischees zu Zukunftsbildern. Bericht zum 39. Jahreskongress der Deutschen Gesellschaft für Pastoralpsychologie 2011, in: WzM 64 (2012), 103–111.

–, Schlimmer als das Vergessen: vergessen zu werden, in: WzM 59 (2007), 461–473.

KIRCHENAMT DER EVANGELISCHEN KIRCHE IN DEUTSCHLAND (Hg.), Im Alter neu werden können. Evangelische Perspektiven für Individuum, Gesellschaft und Kirche – eine Orientierungshilfe des Rates der Evangelischen Kirche in Deutschland, Gütersloh 2009.

– (Hg.), Leben mit Demenz. Beiträge aus medizinisch-pflegerischer, theologischer und lebenspraktischer Sicht, Hannover 2008.

KLESSMANN, MICHAEL, Aggression in der Seelsorge, in: WzM 38 (1986), 410–421.

–, »Das Ganze ist das Unwahre« (Th. Adorno). Theologische Anmerkungen zur Identitätsthematik, in: Petzold, Hilarion G. (Hg.), Identität. Ein Kernthema moderner Psychotherapie – Interdisziplinäre Perspektiven, Wiesbaden 2012, 173–189.

–, »Ich armer, elender, sündiger Mensch ...«. Das Christentum, die Schuld und die Scham, in: Reader Gefängnisseelsorge 18 (2010), 16–31.

–, Seelsorge. Begleitung, Begegnung, Lebensdeutung im Horizont des christlichen Glaubens. Ein Lehrbuch, Neukirchen-Vluyn 2008.

–, »Was habe ich bloß gemacht ...!?« Schuld, Schuldgefühl und Vergebung aus pastoralpsychologischer Sicht, in: EBACH, JÜRGEN, u. a. (Hg.), »Wie? Auch wir vergeben unsern Schuldigern?« Mit Schuld leben, Gütersloh 2004, 158–178.

KLIE, THOMAS, Das Grauen als Bild und Vorstellung. Wenn Verheißung auf alt macht, in: KUMLEHN, MARTINA/KLIE, THOMAS (Hg.), Aging – Anti-Aging – Pro-Aging. Altersdiskurse in theologischer Deutung, Stuttgart 2009, 176–188.

–, Liturgik: Alte im Gottesdienst – Gottesdienst für Alte, in: KLIE, THOMAS/KUMLEHN, MARTINA/KUNZ, RALPH (Hg.), Praktische Theologie des Alterns, Berlin/New York 2009, 449–470.

KLIE, THOMAS/KUMLEHN, MARTINA/KUNZ, RALPH (Hg.), Praktische Theologie des Alterns, Berlin/New York 2009.

KNÖBEL-METHNER, JUDITH, »Ich fühle mich von meiner Arbeit beschenkt. Altenheimseelsorge ist eine schöne und sehr befriedigende Aufgabe«, verfügbar unter http://www.ekiba.de/10039_15768.php (letzter Zugriff am 09.04.2013).

KOBLER-VON KOMOROWSKI, SUSANNE/SCHMIDT, HEINZ (Hg.), Seelsorge im Alter. Herausforderung für den Pflegealltag, Heidelberg [2]2006.

KOCH-STRAUBE, URSULA, Fremde Welt Pflegeheim. Eine ethnologische Studie, Bern u. a. 1997.

KÖCHER, RENATE/BRUTTEL, OLIVER, Generali Altersstudie 2013. Wie ältere Menschen leben, denken und sich engagieren, hg. v. Generali Zukunftsfonds, Frankfurt a.M. 2012.

KÖPKE, SASCHA, u. a., Methodenpapier zur Entwicklung einer Praxisleitlinie zur Vermeidung von freiheitseinschränkenden Maßnahmen in der beruflichen Altenpflege, in: Zeitschrift für Evidenz, Fortbildung und Qualität im Gesundheitswesen 102 (2008), 45–53.

KÖRTNER, ULRICH H., Leib und Leben. Bioethische Erkundungen zur Leiblichkeit des Menschen, Göttingen 2010.

–, »Wenn ich nur dich habe ...«. Über den Umgang mit Verlusten im Alter, in: WzM 62 (2010), 451–468.

KREITZSCHECK, DAGMAR, Zeitgewinn. Theorie und Praxis der erzählenden Predigt, Leipzig 2004.

KRUSE, ANDREAS, Chancen und Grenzen der Selbstverantwortung im Alter, in: WzM 59 (2007), 421–446.

–, Das letzte Lebensjahr. Zur körperlichen, psychischen und sozialen Situation des alten Menschen am Ende seines Lebens, Stuttgart 2007.

–, Menschenbild und Menschenwürde als grundlegende Kategorien der Lebensqualität demenzkranker Menschen, in: RENTSCH, THOMAS/VOLLMANN, MORRIS (Hg.), Gutes Leben im Alter. Die philosophischen Grundlagen, Stuttgart 2012, 233–251.

–, Neue Seelsorge mit alten Menschen, in: KOBLER-VON KOMOROWSKI, SUSANNE/SCHMIDT, HEINZ (Hg.), Seelsorge im Alter. Herausforderungen für den Pflegealltag, Heidelberg [2]2006, 34–44.

–, Selbstständigkeit, bewusst angenommene Abhängigkeit, Selbstverantwortung und Mitverantwortung als zentrale Kategorien einer ethischen Betrachtung des Alters, in: Zeitschrift für Gerontologie und Geriatrie 38 (2005), 273–298.

–, Sterben in Demenz, in: ANDERHEIDEN, MICHAEL/ECKART, WOLFGANG U. (Hg.), Handbuch Sterben und Menschenwürde, Bd. 1, Berlin/Boston 2012, 649–670.

KRUSE, ANDREAS/WAHL, HANS-WERNER, Zukunft Altern. Individuelle und gesellschaftliche Weichenstellungen, Heidelberg 2010.

KÜBLER-ROSS, ELISABETH, Interviews mit Sterbenden, Stuttgart u. a. [14]1982.

KUMLEHN, MARTINA, Vom Vergessen erzählen. Demenz und narrative Identität als Herausforderungen für Seelsorge und theologische Reflexion, in: KUMLEHN, MARTINA/KLIE, THOMAS (Hg.), Aging – Anti-Aging – Pro-Aging. Altersdiskurse in theologischer Deutung, Stuttgart 2009, 201–212.

KUMLEHN, MARTINA/KLIE, THOMAS (Hg.), Aging – Anti-Aging – Pro-Aging. Altersdiskurse in theologischer Deutung, Stuttgart 2009.

KUNZ, RALPH (Hg.), Religiöse Begleitung im Alter. Religion als Thema der Gerontologie, Zürich 2007.

KUZMA, ELZBIETA/PANTEL, JOHANNES/SCHRÖDER, JOHANNES, Prävention psychischer Krankheiten im Alter, in: WAHL, HANS-WERNER/TESCH-RÖMER, CLEMENS/ZIEGELMANN, JOCHEN P. (Hg.), Angewandte Gerontologie. Interventionen für ein gutes Altern in 100 Schlüsselbegriffen, Stuttgart [2]2012, 188–193.

LEIPOLD, BERNHARD/GREVE, WERNER, Krise und Bewältigung, in: WAHL, HANS-WERNER/TESCH-RÖMER, CLEMENS/ZIEGELMANN, JOCHEN P. (Hg.), Angewandte Gerontologie. Interventionen für ein gutes Altern in 100 Schlüsselbegriffen, Stuttgart [2]2012, 90–95.

LEMKE, HELGA, Personzentrierte Beratung in der Seelsorge, Stuttgart u. a. 1995.

LÜCHT-STEINBERG, MARGOT, Gespräche mit älteren Menschen, Göttingen 1981.

LUTHER, HENNING, Das unruhige Herz. Über implizite Zusammenhänge zwischen Autobiographie, Subjektivität und Religion, in: LUTHER, HENNING (Hg.), Religion und Alltag. Bausteine zu einer Praktischen Theologie des Subjekts, Stuttgart 1992, 123–149.

–, Der fiktive Andere. Mutmaßungen über das Religiöse an Biographie, in: LUTHER, HENNING (Hg.), Religion und Alltag. Bausteine zu einer Praktischen Theologie des Subjekts, Stuttgart 1992, 111–122.

–, »Ich ist ein Anderer«. Zur Subjektfrage in der Praktischen Theologie, in: LUTHER, HENNING (Hg.), Religion und Alltag. Bausteine zu einer Praktischen Theologie des Subjekts, Stuttgart 1992, 62–87.

–, Identität und Fragment. Praktisch-theologische Überlegungen zur Unabschließbarkeit von Bildungsprozessen, in: LUTHER, HENNING (Hg.), Religion und Alltag. Bausteine zu einer Praktischen Theologie des Subjekts, Stuttgart 1992, 160–182.

LUTHER, MARTIN, De servo arbitrio / Vom unfreien Willensvermögen (1525), in: HÄRLE, WILFRIED (Hg.), Martin Luther – Lateinisch-deutsche Studienausgabe, Bd. 1: Der Mensch vor Gott, Leipzig 2006, 600–787.

LUTZ, CHRISTOPHER S., Reading Alasdair MacIntyre's After Virtue, London u. a. 2012.

MACINTYRE, ALASDAIR, After Virtue. A study in moral theory, [3]2007.

–, Der Verlust der Tugend. Zur moralischen Krise der Gegenwart, Frankfurt/New York 2006.

MAERCKER, ANDREAS, Psychologie des höheren Lebensalters. Grundlagen der Alterspsychotherapie und klinischen Gerontopsychologie, in: MAERCKER, ANDREAS (Hg.), Alterspsychotherapie und klinische Gerontopsychologie, Berlin u. a. 2002, 2–58.

MARKS, STEPHAN, Scham – die tabuisierte Emotion, Düsseldorf 2009.

–, Von Scham und Beschämung zu Anerkennung und Menschenwürde, in: Reader Gefängnisseelsorge 18 (2010), 32–44.

MARTI, PETER, Das Zusammenspiel von Wohlbefinden und Lebenssinn in der Entwicklung zum Alter, Wien u. a. 2014.

MARTIN, MIKE/KLIEGEL, MATTHIAS, Psychologische Grundlagen der Gerontologie, Stuttgart [3]2010.

MATTERN, JENS, Paul Ricoeur zur Einführung, Hamburg 1996.

MÄULE, THOMAS/RIEDEL, ANNETTE, Religiöse Bedürfnisse pflegebedürftiger älterer Menschen. Herausforderungen und Aufgaben für seelsorgliche Begleitung, Kirchengemeinden, Altenhilfeeinrichtungen, in: KOBLER-VON KOMOROWSKI, SUSANNE/SCHMIDT, HEINZ (Hg.), Seelsorge im Alter. Herausforderung für den Pflegealltag, Heidelberg [2]2006, 93–103.

MEIER-BAUMGARTNER, PETER, Rehabilitation in Pflegeheimen, in: KRUSE, ANDREAS/WAHL, HANS-WERNER (Hg.), Altern und Wohnen im Heim: Endstation oder Lebensort?, Bern u. a. 1994, 121–128.

MEYER-BLANCK, MICHAEL, Theologische Implikationen der Seelsorge, in: ENGEMANN, WILFRIED (Hg.), Handbuch der Seelsorge. Grundlagen und Profile, Leipzig 2007, 19–33.

MOLLENKOPF, HEIDRUN, u. a., Räumlich-soziale Umwelten älterer Menschen: Die ökogerontologische Perspektive, in: KRUSE, ANDREAS/MARTIN, MIKE (Hg.), Enzyklopädie der Gerontologie, Bern u. a. 2004, 343–361.

MORGENTHALER, CHRISTOPH, Seelsorge, Gütersloh 2009.

–, Systemische Seelsorge. Impulse der Familien- und Systemtherapie für die kirchliche Praxis, Stuttgart [4]2005.

MOSER, ULRICH, Identität, Spiritualität und Lebenssinn. Grundlagen seelsorglicher Begleitung im Altenheim, Würzburg 2000.

MÜHLING, MARKUS, Art. Immanente/ökonomische Trinität, in: RGG[4] 4 (2001), 58.

–, Grundinformation Eschatologie. Systematische Theologie aus der Perspektive der Hoffnung, Göttingen 2007.

–, Liebesgeschichte Gott. Systematische Theologie im Konzept, Göttingen 2013.

–, Systematische Theologie: Ethik. Eine christliche Theorie vorzuziehenden Handelns, Göttingen 2012.

MULIA, CHRISTIAN, Kirchliche Altenbildung, Stuttgart 2011.

MUNTANJOHL, FELIZITAS, Der letzte Umzug. Seelsorge bei Menschen in Pflegeheimen, in: KUNZ, RALPH (Hg.), Religiöse Begleitung im Alter. Religion als Thema der Gerontologie, Zürich 2007, 295–306.

–, Ich will euch tragen bis zum Alter hin. Gottesdienste, Rituale und Besuche in Pflegeheimen, Gütersloh 2005.

NAUER, DORIS, Seelsorgekonzepte im Widerstreit. Ein Kompendium, Stuttgart/Berlin/Köln 2001.

NAURATH, ELISABETH, Seelsorge als Leibsorge. Perspektiven einer leiborientierten Krankenhausseelsorge, Stuttgart u. a. 2000.

PANNENBERG, WOLFHART, Systematic Theology. Volumes I & II, in: First Things May (2000), verfügbar unter http://www.firstthings.com/article/2007/01/systematic-theology-volumes-i-amp-ii-25 (letzter Zugriff am 09.04.2013).

PECHMANN, BURKHARD, Zwischen Fremde und Heimat, Lebensrealität und Zukunftshoffnung: seelsorgliche Begegnungen im Altenheim, in: Deutsches Pfarrerblatt 111 (2011), 164–166.

PFAFF, HEIKO, Pflegestatistik 2009. Pflege im Rahmen der Pflegeversicherung – Deutschlandergebnisse, Wiesbaden 2011, verfügbar unter www.destatis.de/DE/Publikationen/Thematisch/Gesundheit/Pflege/PflegeDeutschlandergebnisse5224001099004.pdf?__blob=publicationFile (letzter Zugriff am 10.04.2013).

–, Pflegestatistik 2011. Pflege im Rahmen der Pflegeversicherung – Deutschlandergebnisse, Wiesbaden 2013, verfügbar unter www.destatis.de/DE/Publikationen/Thematisch/Gesundheit/Pflege/PflegeDeutschlandergebnisse5224001119004.pdf?__blob=publicationFile (letzter Zugriff am 10.04.2013).

PFAFF, PETRA, Gegenwärtigkeit als Kategorie der Seelsorge an Menschen mit Demenz, in: WzM 64 (2012), 165–177.

PLIETH, MARTINA, »..., wenn Sie kommen, bin ich schön.«, in: WzM 62 (2010), 488–500.

POHLMANN, ROSEMARIE, Art. Autonomie, in: HWP 1 (1971), 701–719.

POLKE, CHRISTIAN, Individualität der Autonomie am Lebensende. Rechtliche und moralische Aspekte selbstbestimmten Sterbens, in: BRUNN, FRANK M./DIETZ, ALEXANDER (Hg.), Selbstbestimmung in der Perspektive theologischer Ethik, Leipzig 2011, 81–113.

RADEBOLD, HARTMUT, Zeitgeschichtliche Erfahrungen und ihre Folgen, in: WzM 64 (2012), 155–164.

RAHNER, KARL, Zum theologischen und anthropologischen Grundverständnis des Alters, in: RAHNER, KARL (Hg.), Schriften zur Theologie, Bd. 15: Wissenschaft und christlicher Glaube, Zürich u.a. 1983, 315–325.

REGGENTIN, HEIKE, Belastungen von Angehörigen demenziell Erkrankter in Wohngruppen im Vergleich zu häuslicher und stationärer Versorgung, in: Zeitschrift für Gerontologie und Geriatrie 38 (2005), 101–107.

RENTSCH, THOMAS, Altern als Werden zu sich selbst. Philosophische Ethik der späten Lebenszeit, in: BORSCHEID, PETER (Hg.), Alter und Gesellschaft, Suttgart 1995, 53–62.

RICOEUR, PAUL, Das Selbst als ein Anderer, München 1996.

–, Narrative Identität, in: WELSEN, PETER (Hg.), Ricoeur, Paul. Vom Text zur Person. Hermeneutische Aufsätze (1970–1999), Hamburg 2005, 209–225.

–, Zeit und Erzählung, Bd. 1: Zeit und historische Erzählung, München 1988.

–, Zeit und Erzählung, Bd. 3: Die erzählte Zeit, München 1991.

ROLF, SIBYLLE, Die Tragfähigkeit von Luthers Freiheitskonzept für die bioethische Debatte um den menschlichen Lebensbeginn, in: BRUNN, FRANK M./DIETZ, ALEXANDER (Hg.), Selbstbestimmung in der Perspektive theologischer Ethik, Leipzig 2011, 55–79.

–, Vom Sinn zum Trost. Überlegungen zur Seelsorge im Horizont einer relationalen Ontologie, Münster u.a. 2003.

RÖMER, INGA, Das Zeitdenken bei Husserl, Heidegger und Ricoeur, Dordrecht 2010.

ROMMEL, BIRGIT, Ekklesiologie und Ethik bei Stanley Hauerwas. Von der Bedeutung der Kirche für die Rede von Gott, Münster u.a. 2003.

ROSER, TRAUGOTT, »Ich habe mich selbst verloren!«. Demenzerkrankung als Problem evangelischer Seelsorge, in: KUNZ, RALPH (Hg.), Religiöse Begleitung im Alter. Religion als Thema der Gerontologie, Zürich 2007, 307–319.

ROTH, MICHAEL, Zum Glück. Glaube und gelingendes Leben, München 2011.

ROY, LENA-KATHARINA, Demenz in Theologie und Seelsorge, Berlin/Boston 2013.

RÜEGGER, HEINZ, Alter(n) als Herausforderung. Gerontologisch-ethische Perspektiven, Zürich 2009.

–, Altern im Spannungsfeld von ›Anti-Aging‹ und ›Successful Aging‹. Gerontologische Perspektiven einer seelsorglichen Begleitung älterer Menschen, in: KUNZ, RALPH (Hg.), Religiöse Begleitung im Alter. Religion als Thema der Gerontologie, Zürich 2007, 143–182.

–, Selbstbestimmung am Lebensende. Zur Bedeutung der Autonomie im Blick auf pflegebedürftige Hochbetagte und Sterbende, in: WzM 60 (2008), 529–545.

–, Würde im Alter. Eine kritische Besinnung auf das Verständnis menschlicher Würde, in: WzM 59 (2007), 137–151.

RUHE, HANS G., Methoden der Biografiearbeit. Lebensspuren entdecken und verstehen, Weinheim/München [3]2007.

SAUP, WINFRIED, Alten- und Pflegeheime, in: WAHL, HANS-WERNER/TESCH-RÖMER, CLEMENS (Hg.), Angewandte Gerontologie in Schlüsselbegriffen, Stuttgart u.a. 2000, 242–248.

SCHAEDE, INA, Bildung und Würde. Religionspädagogische Reflexionen im interdisziplinären Kontext, Leipzig 2014.

SCHAEFFER, DORIS/WINGENFELD, KLAUS, Pflegerische Versorgung alter Menschen, in: KRUSE, ANDREAS/MARTIN, MIKE (Hg.), Enzyklopädie der Gerontologie, Bern u. a. 2004, 477-490.

SCHARFENBERG, JOACHIM, Einführung in die Pastoralpsychologie, Göttingen [2]1990.

SCHIRRMACHER, FREIMUT, Seelsorge als Beziehungsgeschehen. Perspektiven zur Weiterentwicklung der Seelsorgepraxis, Neukirchen-Vluyn 2012.

SCHMIDT, JOCHEN, Klage. Überlegungen zur Linderung reflexiven Leidens, Tübingen 2011.

SCHMIDTKE, ARMIN/SELL, ROXANE /LÖHR, CORDULA, Epidemiologie von Suizidalität im Alter, in: Zeitschrift für Gerontologie und Geriatrie 41 (2008), 3-13.

SCHMITT, ERIC, Was trägt die Altersbildforschung zum gelingenden Alter bei?, in: KUMLEHN, MARTINA/KUBIK, ANDREAS (Hg.), Konstrukte gelingenden Alterns, Stuttgart 2012, 229-247.

SCHNEEKLOTH, ULRICH/WAHL, HANS-WERNER (Hg.), Möglichkeiten und Grenzen selbständiger Lebensführung in privaten Haushalten (MuG III). Repräsentativbefunde und Vertiefungsstudien zu häuslichen Pflegearrangements, Demenz und professionellen Versorgungsangeboten - Integrierter Abschlussbericht im Auftrag des Bundesministeriums für Familie, Senioren, Frauen und Jugend, München 2005, verfügbar unter http://www.bmfsfj.de/doku/Publikationen/mug/01-Redaktion/PDF-Anlagen/gesamtdokument,property=pdf,bereich=mug,sprache=de,rwb=true.pdf (letzter Zugriff am 10.04.2013).

- (Hg.), Pflegebedarf und Versorgungssituation bei älteren Menschen in Heimen. Demenz, Angehörige und Freiwillige, Beispiele für »Good Practice« (Forschungsprojekt MuG IV), Stuttgart 2009.

SCHNEIDER-FLUME, GUNDA, Alter - Schicksal oder Gnade? Theologische Überlegungen zum demographischen Wandel und zum Alter(n), Göttingen [2]2010.

-, Leben ist kostbar. Wider die Tyrannei des gelingenden Lebens, Göttingen/Zürich 2004.

SCHRAGE, BRUNO/DÖHNER, BEATRICE, »Singen Sie?«. Eine Frage der Seelsorge - auch im Alter, in: Deutsches Pfarrerblatt 112 (2012), 382-387.

SCHÜTT, HANS-PETER, Art. Person II. Philosophisch-anthropologisch, in: RGG[4] 6 (2003), 1121-1123.

SCHÜTTE, ANNE, Würde im Alter im Horizont von Seelsorge und Pflege. Der Beitrag eines integrativen dialogischen Seelsorgekonzepts in der palliativen Betreuung pflegebedürftiger Menschen in Altenpflegeheimen, Würzburg 2006.

SCHWAB, ULRICH, Lebensgeschichte erzählen. Wandlungen in der Wahrnehmung einer religiösen Gattung durch die Praktische Theologie, in: HAUSCHILD, EBERHARD/LAUBE, MARTIN/ROTH, URSULA (Hg.), Praktische Theologie als Topographie des Christentums. Eine phänomenologische Wissenschaft und ihre hermeneutische Dimension, Rheinbach 2000, 290-303.

SCHWÖBEL, CHRISTOPH, Gott als Gespräch. Überlegungen zu einer ontologischen Theologie kommunikativer Beziehungen, in: SCHWÖBEL, CHRISTOPH (Hg.), Gott im Gespräch. Theologische Studien zur Gegenwartsdeutung, Tübingen 2011, 451-478.

–, Imago Libertatis: Freiheit des Menschen und Freiheit Gottes, in: SCHWÖBEL, CHRISTOPH (Hg.), Gott in Beziehung. Studien zur Dogmatik, Tübingen 2002, 227–256.

–, Menschenwürde als Leitfunktion der Altersseelsorge, in: KOBLER-VON KOMOROWSKI, SUSANNE/SCHMIDT, HEINZ (Hg.), Seelsorge im Alter. Herausforderung für den Pflegealltag, Heidelberg [2]2006, 16–18.

SEEL, MARTIN, Kleine Phänomenologie des Lassens, in: SEEL, MARTIN (Hg.), Sich bestimmen lassen. Studien zur theoretischen und praktischen Philosophie, Frankfurt a.M. 2002, 270–278.

–, Sich bestimmen lassen. Ein revidierter Begriff von Selbstbestimmung, in: SEEL, MARTIN (Hg.), Sich bestimmen lassen. Studien zur theoretischen und praktischen Philosophie, Frankfurt a.M. 2002, 279–298.

–, Versuch über die Form des Glücks, Frankfurt a.M. 1999.

SMITH, JACQUI, u. a., Wohlbefinden im hohen Alter: Vorhersagen aufgrund objektiver Lebensbedingungen und subjektiver Bewertung, in: LINDENBERGER, ULMAN, u. a. (Hg.), Die Berliner Altersstudie, Berlin [3]2010, 521–548.

SPECHT-TOMANN, MONIKA, Biografiearbeit in der Gesundheits-, Kranken- und Altenpflege, Berlin/Heidelberg 2009.

SPITZBART, DETLEF, »Das Gefühl für Humanität hat mich noch nicht verlassen«. Demenz als Leiden beschädigten Bewusstseins, in: Deutsches Pfarrerblatt 112 (2012), 87–92.

SPRAKTIES, GERHARD, Sinnorientierte Altenseelsorge. Die seelsorgliche Begleitung alter Menschen bei Demenz, Depression und im Sterbeprozess, Neukirchen-Vluyn 2013.

STATISTISCHES LANDESAMT BADEN-WÜRTTEMBERG (Hg.), Der demographische Wandel in Baden-Württemberg, Stuttgart 2009.

STAUDIGL, MICHAEL (Hg.), Gelebter Leib – verkörpertes Leben. Neue Beiträge zur Phänomenologie der Leiblichkeit, Würzburg 2012.

STAUDINGER, URSULA M., Viele Gründe sprechen dagegen, und trotzdem geht es vielen Menschen gut: Das Paradox des subjektiven Wohlbefindens, in: Psychologische Rundschau 51 (2000), 185–197.

STEINMEIER, ANNE, Editorial, in: WzM 62 (2010), 421f.

STOLLBERG, DIETRICH, Wahrnehmen und Annehmen. Seelsorge in Theorie und Praxis, Gütersloh 1978.

STREIB, HEINZ, Heilsames Erzählen. Pastoraltheologische und pastoralpsychologische Perspektiven zur Begründung und Gestaltung der Seelsorge, in: WzM 48 (1996), 339–359.

STRUPPEK, DELIA, Patientensouveränität im Pflegeheim. Sichtweisen hochaltriger mehrfach erkrankter Pflegeheimbewohner, ihrer Pflegekräfte, Ärzte und privaten Bezugspersonen, Bern 2010.

SUMMA, MICHELA, Zwischen Erinnern und Vergessen. Implizites Leibgedächtnis und das Selbst am Beispiel der Demenz-Erkrankungen, in: Phänomenologische Forschungen (2011), 155–174.

TACKE, HELMUT, Glaubenshilfe als Lebenshilfe. Probleme und Chancen heutiger Seelsorge, Neukirchen-Vluyn 1975.

THEUNISSEN, MICHAEL, Zeit des Lebens, in: THEUNISSEN, MICHAEL (Hg.), Negative Theologie der Zeit, Frankfurt a.M. [4]2002, 299–317.

THOMÄ, DIETER, Erzähle dich selbst. Lebensgeschichte als philosophisches Problem, München 2007.

–, Vom Nutzen und Nachteil der Erzählung für das Leben, in: JOISTEN, KAREN (Hg.), Narrative Ethik. Das Gute und das Böse erzählen, Berlin 2007, 75–93.

THOMAS, CHRISTINE/THOMAS, GÜNTER, Autonomie und Endlichkeit im Alterungsprozess. Gerontologische und systematisch-theologische Beobachtungen, in: KUMLEHN, MARTINA/ KLIE, THOMAS (Hg.), Aging – Anti-Aging – Pro-Aging. Altersdiskurse in theologischer Deutung, Stuttgart 2009, 128–143.

THÖNNES, MICHAELA/JAKOBY, NINA R., Wo sterben Menschen? Zur Frage des Sterbens in Institutionen, in: Zeitschrift für Gerontologie und Geriatrie 44 (2011), 336–339.

TIETZ, CHRISTIANE, Freiheit zu sich selbst. Entfaltung eines christlichen Begriffs von Selbstannahme, Göttingen 2005.

TISSERON, SERGE, Empathie statt Mitleid. Kann man Menschen mit Behinderung wertschätzen, ohne sie zu bedauern? Der französische Kinoerfolg »Ziemlich beste Freunde« zeigt, wie das gelingt, in: Gehirn und Geist 7/8 (2012), 33f.

TRACEY, DAVID, Eschatological Perspectives on Aging, in: PastPsy 24 (1975), 119–134.

WAGNER-RAU, ULRIKE, »... und eure Alten werden Träume träumen ...«. Praktisch-theologische Denkanstöße zum Prozess des Alterns, in: WzM 64 (2012), 112–124.

WAHL, HANS-WERNER/HEYL, VERA, Gerontologie – Einführung und Geschichte, Stuttgart 2004.

WAHL, HANS-WERNER/REICHERT, MONIKA, Übersiedlung und Wohnen im Altenheim als Lebensaufgabe, in: KRUSE, ANDREAS/WAHL, HANS-WERNER (Hg.), Altern und Wohnen im Heim. Endstation oder Lebensort?, Bern u. a. 1994, 15–47.

WIEDEMANN, WOLFGANG, Keine Angst vor der Seelsorge. Praktische Hilfen für Haupt- und Ehrenamtliche, Göttingen 2009.

WINKLER, KLAUS, Seelsorge, Berlin/New York ²2000.

WITTRAHM, ANDREAS, »Unsere Tage zu zählen lehre uns ...«. Theologische Bausteine zu einem Altern in Freiheit und Würde, in: KRUSE, ANDREAS (Hg.), Potenziale im Altern. Chancen und Aufgaben für Individuum und Gesellschaft, Heidelberg 2010, 131–143.

ZARNOW, CHRISTOPHER, Identität und Religion. Philosophische, soziologische, religionspsychologische und theologische Dimensionen des Identitätsbegriffs, Tübingen 2010.

ZIEMER, JÜRGEN, Seelsorgelehre. Eine Einführung für Studium und Praxis, Göttingen ³2008.

ZIMMERMANN, MIRJAM/ZIMMERMANN, RUBEN, Multidimensionalität und Identität in der Seelsorge. Die poimenische Herausforderung durch altersverwirrte Menschen, in: PTh 88 (1999), 404–421.

ZOBEL, DAGMAR, »Der Herr lasse sein Angesicht leuchten über dir ...«. Scham in der Seelsorge – eine Problemskizze, in: OEHMING, MANFRED/BOES, WALTER (Hg.), Alttestamentliche Wissenschaft und kirchliche Praxis (Festschrift Jürgen Kegler), Berlin/Münster 2009, 205–218.

–, Scham in der Seelsorge, in: WzM 65 (2013), 33–48.